国家民委少数民族古籍保护与资料信息中心
中央民族大学中国少数民族古籍研究所

（第三辑）

民族古籍研究

Studies of Minority Classics

张公瑾　主编

中国社会科学出版社

图书在版编目(CIP)数据

民族古籍研究.第三辑/张公瑾主编.—北京:中国
社会科学出版社,2016.6
ISBN 978-7-5161-7847-8

Ⅰ.①民… Ⅱ.①张… Ⅲ.①民族文化-古籍研究-
中国 Ⅳ.①G256.1

中国版本图书馆 CIP 数据核字(2016)第 063211 号

出 版 人	赵剑英
责任编辑	任 明
特约编辑	李晓丽
责任校对	王佳玉
责任印制	何 艳

出 版	中国社会科学出版社
社 址	北京鼓楼西大街甲 158 号
邮 编	100720
网 址	http://www.csspw.cn
发 行 部	010-84083685
门 市 部	010-84029450
经 销	新华书店及其他书店

印刷装订	北京市兴怀印刷厂
版 次	2016 年 6 月第 1 版
印 次	2016 年 6 月第 1 次印刷

开 本	787×1092 1/16
印 张	21.25
插 页	2
字 数	531 千字
定 价	85.00 元

目　录

回鹘文《居庸关碑》研究

张铁山[*]

内容提要 《居庸关碑》是用梵、藏、八思巴、回鹘、西夏、汉六种文字刻写的大型碑刻，也是保存至今的不多的回鹘文碑刻之一，对元代回鹘佛教及语言文字研究有着重要价值。本文拟在前人研究的基础上，对回鹘文部分进行研究。

关键词 《居庸关碑》 回鹘文 译释

居庸关位于北京城西北昌平县境内。关城始建于明洪武元年（1368），后多次重修。云台位于城中心，是元代过街塔的基座，始建于元至正二年（1342），至正五年（1345）建成。今塔已不存。云台坐北朝南，平面长方形，底部东西长 28.59 米，南北宽 15.76 米，高 9.5 米。台上东西长 26.3 米，南北宽 13.4 米。云台四边从下至上有 10% 左右收分。台正中有六角形券门，门宽 6.32 米，高 7.27 米，进深 15.8 米。台顶四周有汉白玉石护栏围绕。云台的雕刻主要集中于券门和券洞内，券门上两旁刻着交叉金刚杵组成的图案，还有象、龙、怪兽和大鹏金翅鸟以及卷草纹等。券洞穹顶中央雕刻有五个"曼荼罗"图案，每个图案外边均为正方形，边长 2.7 米。券洞内两壁刻有四大天王像，每尊高 3 米，宽 4 米，为许多石块拼成的大幅浮雕。东西两侧斜面各雕刻五尊佛教，合称"十方佛"，每尊佛的周围分布刻有 102 座小佛，共计 1020 座，取其千佛之意。云台的各种雕刻极为精美，除局部有脱落外，至今保存完好，是元代石刻艺术的杰出作品，有着重要的史料价值和艺术价值。早在 1961 年，位于关内的云台就被国务院公布为第一批国家级风景名胜区，1987 年联合国教科文组织将其列入世界人类文化遗产。

券洞内两壁用梵、藏、八思巴、回鹘、西夏、汉六种文字刻写《陀罗尼经咒》及除梵文外其他五种文字刻写的《建塔功德记》和至正五年（1345）年号。文字刻在长 6.36 米、高 2.54 米的石面上，面积合计 16.15 平方米。六种文字排列顺序为三层横写，依次为梵文、藏文加嘎尔体、藏文吐蕃体，下层竖写，自左向右为八思巴文、回鹘文，自右向左为汉文、西夏文。六种文字的具体排列及内容如下：[①]

东壁上部（十二列）

位置	文体	内容
上层五列	梵文	1.《佛说一切如来乌瑟腻沙最胜总持法门》全咒 2. 略咒及《尊胜佛母总持心咒》 3.《曼殊室利根本一字真言》

---

* 张铁山（1960— ），男，中央民族大学少数民族语言与古籍研究所教授。

① 李德仲：《居庸关的记忆》，北京出版社出版集团、北京美术摄影出版社 2005 年版，第 99—100 页。

续表

位置	文体	内容
中层三列	藏文加嘎尔体	《尊胜广咒》
下层四列	藏文吐蕃体	偈颂

东壁下部（十二列）

位置	左第一段	左第一段	左第一段	左第一段
文种	八思巴文	回鹘文	西夏文	汉文
内容	《尊胜广咒》（大字二十行，小字七行）	《佛说一切如来乌瑟腻沙最胜总持法门》（大字二十行，小字十二行）	《奇哉佛成无垢净光陀罗尼》《佛顶无垢普门三世如来心陀罗尼》《经题》（大字二十七行，小字十一行）	《尊胜广咒》《尊胜佛母总持心咒》（大字三十一行，小字二十一行）

西壁上部（十二列）

位置	文体	内容
上层五列	梵文	1. 前四列为《佛顶放无垢光明入普门观察一切如来心三摩耶陀罗尼》正咒 2. 末列为《佛顶无垢普门三世如来心陀罗尼》 3. 末列殿以《佛顶无垢心咒》
中层三列	藏文加嘎尔体	1. 《佛顶无垢》前后二咒及心咒 2. 《大明六字真言》
下层四列	藏文吐蕃体	偈颂

西壁下部（十二列）

位置	左第一段	左第一段	左第一段	左第一段
文体	八思巴文	回鹘文	西夏文	汉文
内容	与上层五列中层三列的内容同（大字十九行，小字十二行）	同左第一段（大字二十行，小字十四行）	《佛顶无垢陀罗尼》（大字二十四行，小字十三行）	同左第一段，另有十二因缘咒（大字二十一行，小字二十行）

　　回鹘文《造塔功德记》由引子（隐约1行）、31段诗歌（每段4行）和结语（存3行）组成。如此用六种不同文字铭刻的大型石刻在我国古代石刻文献中仅此一处，是研究古代民族文字的重要资料。

　　自19世纪末以来，居庸关之回鹘文一直引起各国学者的关注，许多学者如俄国的拉德罗夫（W. Radloff）[1]、日本的藤枝晃[2]、匈牙利的李盖提（L. Ligeti）[3]等都曾对此进行过研究。1980 年，德国学者罗伯恩和土耳其学者色尔特卡娅合作进行了研究，对原文进行了换写、转写、德文翻译和注释。[4] 2003 年杨富学对《功德记》中 uday 一词进行了考证，认为该词来自汉语五台山的"五台"。[5] 但时至今日，国内尚无人对居庸关之回鹘文进行全面的研究。下面是在前人研究的基础上对《居庸关碑·造塔功德记》回鹘文的换写、转写和汉译文。

回鹘文换写、转写和汉译文

东壁
001 //////D/S/M'RD//////

I.

（第 1 行）
002 （a） ···sanı bilil ［mäz］ ···
003 （b） üstün （?） tüpinsiz （?） ［al］ t ［ın］ ···
004 （c） ［üzlünčüsüz］ mäŋi arıg m （ä） nlig adruqı tüpsiz
005 （d） ürgüt yüküngülük bolmıš bu nomluγ ät'öz
001. 南无菩萨（?）
002. ······无数的······
003. 上（?）无尽头（?）下······
004. 无尽快乐，清净我之德无尽，
005. 常拜之此法身。

II.

006 （a） bu nomluγ ät'özüg tuymaduqlar tuyγu uqγuqa
　　（第 2 行）
007 （b） ［buyanlıγ］ bilgä biliglig yivig tolγu tošγuqa
008 （c） burhan šazını ［yer］ tinčüt ［ä］ ···
009 （d） ···ärür muna bu ästupqa

① W. Radloff, Note préliminare sur l'inscription de Kiu-yong-koan: Troisième partie: Les Inscriptions ouigoures, Journal Asiatique 9/4, 1894, pp. 546—550.

② 藤枝晃，"ウイグル小字刻文"，村田治郎编《居庸关》I，京都大学工学部，1957 年，第 270—278 页。

③ L. Ligeti, Le Mérite d'ériger un stupa et l'histoire de l'éléphant d'or, Proceedings of the Csoma de Körös Memorial Symposium, held at Matrafüred, Hungary 24—30 September 1976, Budapest 1978, pp. 223—284.

④ K. Röhrbom-Osman Sertkaya, Die alttürkische Inschrift am Tor-Stūpa von Chü-yung-kuan, Zeitschrift der Deutschen Morgenländischen Gesellschaft 130, 1980, s. 304—339.

⑤ 杨富学：《居庸关回鹘文功德记 uday 考》，《民族语文》2003 年第 2 期，第 62—64 页。

006. 不懂此法身者而懂得，

007. 积功德和智慧而满溢，

008. 佛之教义在世间……

009. ……在此塔。

III.

010 （a） üč ät'özli① üč kölüŋü sayu yorıγu yolı

011 （b） üč qutrulmaq qapıγ ärür bolγuluq tuč［ı］

（第 3 行）

012 （c）［üč kölüŋ］ülärig ukıt［g］u üčün bir ärür tüši

013 （d） üč ästupnıŋ anın boltı［al］tın bir üdi

010. 三身及三乘的每一条行路，

011. 即是三解脱门②，

012. 均是解三乘之一果，

013. 亦是通三塔之一道。

IV.

014 （a） abi［talı šakimunili sar］va-vıtılı

015 （b） Aqšobılı v（a）čirapanınıŋ beš uγuš mantalı

016 （c） ančulayu oq ontın sıŋarqılı badırakalptaqı

　　（第 4 行）

017 （d）［alqu adı kötr］ülmiš burhanlarnıŋ ymä körkläri

014. 阿弥陀佛、释迦牟尼和普明，

015. 阿閦佛和金刚手之五族曼荼罗，

016. 如此十方与贤劫中的，

017. 所有世尊佛之像。

V.

018 （a） ürgüt tınl（ı）γ oγlanlar［ın oz］γurda［čı］lar

019 （b） öŋlüg［no］ml［uγ ät'öz …šar］ırlar

020 （c） öŋdün sıŋarqı dartıraštrı bašlap m（a）haračlar

021 （d） ülgülänčsiz uz uγurın ornatıltılar

018. 是常解救人类之子者，

019. 色身法身……舍利骨，

---

① üč ät'öz：佛教术语，译自汉语"三身"。

② 三解脱门：佛教术语，译自汉语。指得解脱达到涅槃之三种法门。

020. 以东方持国天为首之诸天王，
021. 均已尽善尽美地安置完毕。

VI.

（第 5 行）

022 （a） bu ［r］ han körkin ästupčaydi idtürmäk yolınta
023 （b） burhan körkin ornatmaqlı … ［qudaγar sudur］ ta
024 （c） burhan tidimi （？） satdarm-a-pundarikt ［a］ …
025 （d） …urıqa （？） nomlamıš karma-vipakta

022. 佛像被塑于佛塔中，
023. 佛像被置于云台中，
024. 佛趣在妙法莲花中，
025. ……在对后代演说的业报中。

VII.

026 （a） ančulayu kälmišniŋ ästupınčaydi orunuγ
（第 6 行）

027 （b） ［alımla］ča etip ymä arpača körküg
028 （c） apam birök ornatsarlar alqınčsız t ［üšlär］ i
029 （d） adırtl （ı） γ bolur tep burhan bahšı nomlamıš ärür

026. 将如来佛之塔，
027. 以苹果和大麦状修饰，
028. 如此安置，即是佛僧所说，
029. 无限果报之不同。

VIII.

030 （a） ［üč miŋ］ yirtinčülärig tolγurup ärdiniin
031 （b） ürgüt qutl （u） γ tınl （ı） γlarqa bermiš buyantın
（第 7 行）

032 （c） ［üč är］ dinilärniŋ tayaqı bolmıščaydi örtmäktin
033 （d） ünmiš b （ä） lgürmiš buyan yegädür tep ［nomlamıš］ ärür

030. 以宝物充满三千世界，
031. 从降临幸福众生之福，
032. 从建立三宝所依之塔，
033. 即是显现出功德鸿福。

IX.

034 （a）birök tınl（ı）γlar yeti ärdinin baqırın tunčın

035 （b）［birinčin］（?）täm［ir］in qumınčaydınıŋ bodın

036 （c）bilip ymä bilmädin etsär munuŋ yeg tüšin

（第 8 行）

037 （d）［bir yint］äm burhan qutın bulmaqı bolur

034. 若众生将七宝以铜、

035. 铁、沙做成塔身，

036. 无论知或不知做此善果，

037. 即可常得佛果。

X.

038 （a）ädgü atlıγ ädgüčayluγ enčgü［lüg］…

039 （b）ädgü saqınčlıγ tınlaŋurmaqlıγ uzun öz yašlıγ

040 （c）［ädgü］… küsänčig yeg ordu karšılıγ

041 （d）ädi tavarı terini kuvraγı üküš keŋ alqı［γ］

038. （可得）好名声和温和，

039. 善思辨和长寿，

040. 好希望和妙宫殿，

041. 广积财源。

XI.

（第 9 行）

042 （a）［tarıγ］ısı yaŋası atı köpädmiš yılqılıγ

043 （b）taplaγu（?）täg altun öŋlü［g qırtıšlıγ miŋ］oγulluγ

044 （c）taŋlančıg muŋadınčıg körklüg mäŋizlig ädgü　išlig

045 （d）tal［uykatägi ärksi］nd［äč］ičakiravart han ymä mundırtın bolur

042. 粮食、大象和马丰盈，

043. 如意金色面庞千儿孙，

044. 无比美丽的相貌和善行，

045. 成为达到智慧海的转轮圣王和顶生王。

XII.

046 （a）artuq yana t（ä）ŋrilärtä toγup b（ä）lgürüp

　　（第 10 行）

047 （b）［a］d［ı］n ymä bodi köŋülüg öritmäk qılıp

048 （c）artamaqsız v（a）žırlıɣ ät'özüg …… ［bul］up

049 （d）amrılmıš nirvanlıɣ qutuɣ yintäm bulmaqı bolur

046. 更生于诸天神之中，

047. 甚至发起菩提之心，

048. 得到不坏金刚之身，

049. 常得寂静涅槃之果。

XIII.

050 （a）süpirt［ip arı］tıp v（i）rhar ästupuɣ yula tamdurmıš

051 （b）süzülüp aya qavšurup yükünüp tütsüg tütüzmiš

（第 11 行）

052 （c）sököp psak qoŋraɣučaŋ ton kädim ötünmiš

053 （d）soqančıɣ onar törlüg tüšin …… ［bu］lur

050. 用灯点燃僧房和佛塔，

051. 清净手合掌恭敬进香，

052. 跪拜敬奉钟铃和衣冠，

053. 可得到数十种妙果报。

XIV.

054 （a）ašnu burhanlarnıŋ toɣum tutmıš ästupın sapıp

055 （b）ažun［ažun］sayu altun yaŋalıɣ ol kiši bolup

056 （c）adaqta nagapalı atl（ı）ɣ bolup burhanqa tošup

（第 12 行）

057 （d）arhant qutın tanuqladı sansartın ozup

054. 装饰安置以前诸佛身之塔，

055. 各世成为金象之人，

056. 终成名为龙象之佛，

057. 解脱轮回证阿罗汉果。

XV.

058 （a）öŋrä üdtä ašoki at［l（ı）ɣ elig han bo］lup

059 （b）uduztačı burhan bahšınıŋ šarirın yıɣıp

060 （c）uluš［lar］sayu ästup üküš ettürüp

061 （d）utmıšnıŋ šazının yirtinčütä y（a）rut（t）ı keŋürt（t）i

058. 以前阿育成为国王时，

059. 汇集导师佛陀之舍利，

060. 在各国修建众多佛塔，
061. 让胜利教义传遍世界。

西壁
（第13行）
062　　［oom su］vasti s［it］dam
062.（佛咒）

XVI.

063（a）uday tägr［ä］ki bilgä atl（ı）γ［qagan］han bolup
064（b）/////////////////////////u［luš］（？）……
065（c）［od］γuraq säkiz on yašayur tep viyakiritliq
066（d）uš［n］ırı biliglig uluγ süülüg säčän hanım（ı）z
063. 园林中称作"贤明"的可汗，
064.……国家，
065. 长寿八十岁，
066. 是贤明的大军统帅薛禅汗。

XVII.

067（a）　　taluy täg b［odun boqun］…
　　（第14行）
068（b）///
069（c）///
070（d）　　…buyan…- ında ornat（t）ı
067. 大海般的民众……
068.……
069.……
070.……积了功德。

XVIII.

071（a）antaγ［o］suγluγ uluγ ıduq öŋräkilärniŋ
072（b）anı täg osuγluγ s［oqančıγ］…
　　（第15行）
073（c）bodis（a）t（a）v hanım（ı）z
074（d）adınčıγ ı［d］uq…
071. 如此大德先辈们的，
072. 如此非凡的……

073. 菩萨、我们的汗……
074. 特别的功德……

XIX.

075 （a）［adın］lar asıɣlıɣıŋa bu muntaɣ buyanlıɣ
076 （b）adruq［ı］d［uq］yeg üstünkičaytıɣ turɣurup
077 （c）ayaɣqa tägimlig …
　　（第 16 行）
078 （d）arıɣ ašaylıɣ lama qutıŋa rabnaz qılturtı
075. 对别人的善处有这般功德，
076. 建立无上神圣佛塔，
077. 世尊……
078. 赞颂清净意乐的喇嘛。

XX.

079 （a）arıɣ isig yig üstünki bu buyan küčin
080 （b）［üküš］nüŋ umuɣı qagan süüsi bodis（a）t（a）v idim（i）z
081 （c）…sözlälmiš tüš uthalarıɣ tükäl täginip
082 （d）üzüksizin üs［tälzün asılzun］…
079. 以清净无上此功德，
080. 众望的可汗军队，
081. 完全得到我主菩萨所说果报，
082. 其功德无量增长。

XXI.

（第 17 行）
083 （a）täpränčsizin taɣlar hanı sumer tag nätäg
084 （b）täpitsizin altunluɣ yaɣız y［erig bas］ıp b（ä）k t［utsar］
085 （c）…ärkigi altun adaqın bütün yirtinčüg
086 （d）täpip basıp ürügin turqaru mäŋiläyü turzun
083. 岿然不动的山王如须弥山，
084. 站立在不动的金色大地上，
085. ……以金足将全部的世界，
086. 踏遍千山万水常欢乐开怀。

XXII.

087（a）yalaŋuz künt［ä tört diviplarıγ tägzinü yorıp］
（第18行）
088（b）yalınayu turur y（a）roqluγ küči birtäm üküšlüg
089（c）yapanıŋ yulası kün t［（ä）ŋri tä］g nom šazın
090（d）y（a）γrulmıš šazın yirtinčütä yadlayu yašızın
087．太阳围绕着四洲，
088．光芒万丈照耀着，
089．佛教教义如太阳，
090．光辉普照着大地。

XXIII.

091（a）alqu tınl（ı）γlarqa asıγlıγ tu［suluγ q］utluγlar
092（b）arıγ ačuq［küz ödtäki tolu tägirmi ay t（ä）ŋrilär］
　　　（第19行）
093（c）［adır］tsız täŋ tüz y（a）ruqı üzä tınl（ı）γ oγlanın
094（d）asırayu ikäläyü uzun … ［mäŋitä］tınzunlar
091．给众生带来了幸福，
092．如晴朗秋天的满月，
093．将其光亮普照众生，
094．为其增添无尽幸福。

XXIV.

095（a）üküšnüŋ idisi qagan han süüsiniŋ
096（b）ük［üš ärdämilig üč är］d［in］iläri töpü tidimi
097（c）ülgüsüz üküš adištitıg［qılıp］…
　　　（第20行）
098（d）üzüksüz alqu yirtinčütä mäŋig yaratzun
095．众生之主可汗的军队，
096．聚集诸德三宝于头冠，
097．以无量的祝福……
098．将欢乐带给无垠的世界。

XXV.

099（a）yapanıŋ küsämiš［küsüšiniŋ yalaŋuz］tayaqı

100 （b） y （a） rumıš b （u） yanlıγ qagan süüsi kalpavırıkš sögütnüŋ

101 （c） ［yapır］ γaqčäčäk tüš yemišlig altun uruγları

102 （d） yadılıp kökädlip ür ödün … ［turzun］

99. 众生期盼的唯一依靠，

100. 是功德无量的可汗军队，

101. 如意树一样枝繁叶茂，

102. 果实累累，长生不老。

XXVI.

（第 21 行）

103 （a） ［alt］ un idigkä nätäg al nal yarašur ärsär

104 （b） alqunuŋ　idisi …

105 （c） ［alq］ u ödtä ädgü nomluγ mäŋi mäŋiläp

106 （d） ［apam］ uluγın uzun ödün ［qa］ lmaqı bolzun

103. 戴上红色的金饰，

104. 众生之主……

105. 永世以善法欢乐，

106. 愿其万世长存。

XXVII.

107 （a） alqu tümkä （?） tınl （ı） γlarnıŋ…

　　　（第 22 行）

108 （b） arıγ köŋül （l） üg ašayyı arıγ bilgä biliglig

109 （c） aγır buyanlıγ …

110 （d） ［alqınmaqs］ ızın miŋ küz ödtä küz （ä） mäki bolzun

107. 一切众生……

108. 清净心清净智，

109. 大功德的……

110. 千秋永葆不灭。

XXVIII.

111 （a） y ［ertinčü］ täki （?） … -l ［ar］ bägätlär köŋli tüzüküp

112 （b） yel yaγmur ı tarıγ ymä ödinč ［ä］ ///////////////

（第 23 行）

113 （c） y ［ert］ inčütä yaγı yavlaq ig kigänlär boγup

114 （d） yindäm tutčı alqu ［tınl （ı） γ oγlanları］ …

111. 端正世间……富人之心，

112. 风调雨顺五谷丰登……
113. 去除世间罪恶和病痛，
114. 造福一切众生之子。

XXIX.

115 （a） … ayıp （?） enčgülüg （?） …
116 （b） …tutuzmıš išin učuqdurtačı
117 （c） guwšı.namqa seŋke lamnıŋ uluγ［titsisi］…
　　　　（第 24 行）
118 （d） köni išlig irinčen torčı［nıŋ］…
115. ……安乐的……
116. ……化繁为简的，
117. 国师 namqa seŋke （人名）喇嘛的大弟子……
118. 正事的……

XXX.

119 （a）［yapıγ ü］zä kadaka［lakčı］…
120 （b）//
121 （c） … taykiŋ balаširi tidemnıŋ
122 （d） yapa ädgülüg išläri …
119. ……
120. ……
121. 太卿 balаširi （人名）的，
122. 诸善行……

XXXI.

（第 25 行）
123 （a） yazın küzin （?） bu qapıγča （?） yorıdačılar
124 （b） yapa qamaγ ädgül［üg］……
125 （c） /////////////////////K'Y YYŠ //////////
126 （d） …qutuγ bulzunlar
123. 夏秋从此门路过者，
124. 均怀慈善之（心）……
125. ……
126. ……得到幸福。
（第 26 行）
127…? … bod （i） s （a） t （a） v … ? … yaratu tägindim

128 čičing…Dharmašırı k（ä）ši …

129 šali änätkäkča türkčä bitiyü（？）tägindim（i）z

127.……菩萨……（我）翻译了，

128. 至正……Dharmašırı k（ä）ši（人名）……

129. 撒里（人名）（我们）从梵语译成突厥语。

注释

001 此行回鹘文仅可识几个字母。藤枝晃识读为 namo bodist［w qot］dı［m］"南无菩萨"。见藤枝晃："ウイグル小字刻文"，村田治郎编《居庸关》I，京都大学工学部，1957年，第 273 页。

004　adruq：此处意为"德、功德"，相当于梵语 guṇa。见 K. Röhrbom-Osman Sertkaya, Die alttürkische Inschrift am Tor-Stūpa von Chü-yung-kuan, Zeitschrift der Deutschen Morgenländischen Gesellschaft 130, 1980, s. 327.

005 yüküngülük：藤枝晃释读为 yu küngürür。

010 ät'özli：若本和色尔特卡亚释读为 ınaγlı。

011 üč qutrulmaq qapıγ：意为"三解脱门"，略称"三解脱、三脱门、三门"，指得解脱到涅槃之三种法门：（1）空门；（2）无相门；（3）无愿门。

014 sarva-vıtı：来自梵文 sarvavid "普明"。

015 aqšobı：借自梵文 Akṣobhya，汉音译为"阿阂、阿阂鞞、阿阂婆"，意译"无动、不动、无瞋恚"。如来名。藤枝晃释读为 aqšabı。

　v（a）čirapa：借自梵文 Vajrapāṇi "金刚手"，音译"伐折罗播尼"。又称"执金刚菩萨、秘密主菩萨、金刚手药叉将"。广指执持金刚杵之菩萨，亦特用以称密迹金刚力士。

　mantal：借自梵文 maṇdala "轮、界"，音译"曼拏罗、曼荼罗"。

016 badırakalp：借自梵语 bhadrakalpa，音译"陂陀劫、波陀劫"，意译"贤劫"，指三劫之现在住劫。与"过去庄严劫""未来星宿劫"合称三劫。

019 šarır：借自梵语 sarira "舍利"，汉文音译"实利、设利罗、室利罗"，意译"体、身、身骨、遗身"。通常指佛陀之遗骨，称佛骨、佛舍利，其后亦指高僧死后焚烧所遗之骨。

020 dartıraštrı：借自梵语 Dhṛtarāṣra "持国天"。汉语音译"提头赖吒、持梨哆阿啰哆、提多罗吒"，意译又作"治国天、安民天、顺怨天"。此天王护持国土，安抚众生，故称持国天。为四天王之一，又称东方天。

022 čaydi：借自梵语 caitya "塔、庙"与前面的 ästup 意义相同。

024 satdarm-a-pundarik：借自梵语 Saddharmapuṇḍarika "正法华经"。

025 karma-vipak：借自梵语 Karma-vipāka "果报、业报"。

038 čayluγ：由 čay + luγ 构成，其中 čay 来自梵语 caya "胜"。

042 藤枝晃释读为 küzädmiš，释义为"养"。仔细比对原文，似应为 köpätmiš 或 kübätmiš。

045 čakiravart：借自梵语 cakravarti "转轮"。

　mundırt：借自梵语 mūrdhagata "顶生王"。

050   v（i）rhar：借自梵语 vihāra "僧房、精舍"。

056   nagapalı：借自梵语 nāgapāla "龙象"。

058   ašokı：借自梵语 Aśoka "阿育王"。为中印度摩揭陀国孔雀王朝第三世王。公元前 3 世纪左右出世，统一印度，为保护佛教最有力之统治者。

063   uday：滕枝晃释认为该词来自汉语 udaı "五台"。罗伯恩和色尔特卡娅认为来自蒙古语 ut'ayi，后者借自梵语 udyāna "园、苑"。此处从罗伯恩说。

065   viyakirit：来自梵语 vyakṛta "授记"。

066   säčän han：元世祖忽必烈的蒙古语尊号 "薛禅"，汉语意为 "贤明"。忽必烈出生于 1215 年，1294 年在大都病逝，终年八十岁。

078   šaylıγ：由 šay＋lıγ 构成，šay 来自梵语 Āśaya "意乐"。汉语音译为 "阿世耶、阿奢也"。有休息处、住处、意思、意向等意义，故意译 "意乐、意欲、志愿"。凡心里所欲之作为，皆称为 "意乐"。

rabnaz：来自藏语 rab-gnas "赞颂"。

087   divip：借自梵语 dvīpa "洲"。

100   kalpavırıkš：借自梵语 kalpa-vṛkṣa "如意树"。

117   guwšı：来自汉语 "国师"。

121   taykiŋ：来自汉语 "太卿"。

图版

居庸关碑局部

谈回鹘文《金光明经》偈颂的翻译

张巧云*

内容提要 回鹘语与古汉语差别很大，它们分别属于两种不同的语系，各自所依托的文化背景也不同。回鹘文《金光明经》是由汉译佛经《金光明最胜王经》翻译而来，尤其是佛经中的偈颂，含蓄精练，句式整齐，承载着民族文化的精华，它对语言依赖性较大，翻译时难度也最高，所面临的矛盾和对立关系也最为复杂。翻译不仅是一种语言转换活动，也是一种社会文化活动，文章将宏观的社会操控概念引入到这部经的研究中来，就是要把这项翻译活动置于社会、历史、文化的大背景下进行审视，然后分别从社会意识形态对翻译的影响和微观层面文化语句的翻译两方面进行分析，最后探讨回鹘文《金光明经》偈颂的翻译原则和翻译规律。

关键词 偈颂 意识形态 文化语句 翻译原则

回鹘译经事业是随着佛教的东传而开始，伴随着中土佛教的兴盛和藏传佛教的影响而不断成长，最后又是以伊斯兰教的进入逐渐走向衰落。回鹘文译经在回鹘佛教的流传过程中也经历了一个漫长的发展过程。从一种语言转换成另外一种语言，在语言文字内部必然要做一些调整，而且我们不能将翻译当成一种单纯的语言转换活动，或看成是与他人和社会没有关系的个人行为，社会、政治、习俗传统、环境等都会对翻译活动产生这样或那样的影响。文章将从回鹘文《金光明经》偈颂的翻译角度来进行分析，以便更清楚地展现这两种语言文化的碰撞和融合。

一 回鹘文佛经之"偈颂"翻译

古印度在佛教创立之前就有用诗歌形式来歌颂、赞叹的传统，佛教创立之后继承了这一简便易行、易于口耳相传的韵文形式，散文形式的长行是后来加入的。梵文佛典中偈的种类较多，最常用的有三种：一种是由两句八音节组成的 sloka（首卢迦），又称通偈；另一种是两句十一到十二音节组成的 tristubh；还有一种不限音节数，是由两行八句组成的 āryā。

汉文佛经术语"偈颂"有狭义和广义之分，狭义上的偈单指梵语 Gāthā，音译为"伽陀""伽他""偈他""偈陀"，意译为"偈颂""孤起颂""颂""讽颂""歌谣"等。广义上的偈颂包括十二部教史中的 Gāthā（伽陀）和 Geya（祇夜）。二者都为韵文形式，其区别

---

* 张巧云（1982— ），女，中央民族大学少数民族语言文学系博士，现为西南科技大学文学与艺术学院讲师。本文系西南科技大学博士研究生基金项目"回鹘文汉译佛典的跨文化转译研究"的阶段性成果（项目编号：15sx7112）。

是伽陀直接以韵文形式宣教，而祇夜是以韵文形式重复长行之意，诸经纶中经常混用这两个概念，其间并没有明显的界限，或统称为"偈颂"。[1]

在回鹘文佛经中，这个概念又得到了怎么的转译，下面我们分别举例来看。

例1　ol ödün alqu orun-lar-taqï mančušïrï bodïstv-lar öngin t（ä）nngri burhan-nïng orun-ïnta bir ödtä ün üntürüp bu šlök-uɣ söz-läti-lär：[2]

汉文原文：各 于 佛 所 。同 时 发 生 。说 此 颂 言 。[3]

这部分内容选自张铁山和皮特·茨默首次刊布的《两页回鹘文〈华严经·光明觉品〉写本残卷研究》原件，现藏中国文化遗产研究院，编号为 x224 – 0661. 11 和 jx223 – 0661. 10，内容属"八十华严"卷十三《光明觉品》。在汉文原文中的"颂言"，回鹘文中译为"šlök-uɣ söz-läti-lär"，其中"颂"译为"šlök"。

例2　ol ilik bäg tünlä küntz uzatï linhuačäčä yöläšürüklüg ögdi üzä turqaru üč ödki burhan-larïɣ šlok taqšutïn ögär küyläyür ärti. anïng ögmiš šlok taqšut üzäki uzatï ögmäki bu ärür tip ötrü šlok sözläyü y（a）rlïqadï. [4]

汉文原文：常 以 莲 花 喻 赞 ，称 叹 十 方 三 世 诸 佛 。即 为 大 众 说 其 赞 曰 。[5]

汉文中的"赞"，回鹘文《金光明经》中译为"šlok"。

例3　olarïng ymä ök bolur üčün öz yas ülgüsi ikin arasïnta nirwan bolmaqlarï in č ip [yrlïqamamïs ol tigü täg] sözläm-ämäki ärsär anta barnïng（ara）nirwan boltacï tip qltï udan šlokta söz-lämis täg titir[6]

汉文原文：有 彼 亦 有 寿 量 中 间 般 涅 槃 故 、然 不 说 彼 有 中 般 者 、如 呾 扡 南 伽 他 中 说 。[7]

上面这部分内容选自耿世民的《回鹘文〈阿毗达磨俱舍论〉残卷研究》，回鹘文原件《俱舍论》现藏于兰州甘肃省博物馆，编号为 10561，是译自汉文本玄奘传的第三十卷，译者不详。在汉文原文里"伽他"译成回鹘文"šlok"。

例4　yükünü tükätip bir učluɣ [s] üzük klöngülin ayalarïn qawšurup öngi öngi tilin bir ünin t（a）ngri t（a）ngrisi burhanïɣ ögä küyläyü inčä tip ötüntilär /[8]

汉文原文：礼 世 尊 已 一 心 合 掌。异 口 同 音 而 赞 叹 曰 。[9]

汉文原文中的"赞叹"，回鹘文《金光明经》中译为"ögä küyläyü"，"ög-"为"赞扬"之意，"küy-"为"歌颂"之意。

例5　tört šlöklüg nom üzä　　　　我以四偈的颂诗

tutqï ögärmän üzüksüz　　　　不断的赞颂，

tüh birip munï täg buyanï　　　这样的功德必有善报，

tuhayïn sizingä maytrï[10]　　　愿能和您会见，弥勒！

上面这首诗中的"偈"译为"šlök"。通过以上例子，我们可以看出，汉文原文翻译成回鹘文佛经后，其中的"颂""伽他"之类翻译成回鹘文后为"šlök"，而"šlök"也是梵文佛典中的偈颂种类之一"sloka"（首卢迦）；汉文原文中的"赞"，在回鹘文佛经中被译成"šlök"或"ögä küyläyü"。

二　意识形态对翻译的操控

翻译是一种复杂的社会活动，其中的各个因素之间相互影响、相互作用，最终浑然一体。翻译不仅是一种语言转换活动，也是一种社会文化活动。社会、政治、习俗传统、环境等都会对翻译活动产生这样或那样的影响，因此我们不能将翻译当成一种单纯的语言转换活动，或看成是与他人和社会没有关系的个人行为。将社会意识形态概念引入这部经进行研究，就是要把这项翻译活动置于社会、历史、文化的大背景下进行审视，这将有利于拓宽研究的理论视野。

从整体来看，影响佛经翻译的因素似乎分为内因和外因两种，内因是佛经翻译的专业人士——译师们，外因是能够促进或阻止佛经翻译的人或机构。从表层上看，翻译活动似乎是由专业译经人和其他拥有某些权力的人或机构共同完成，但从深层次来看，影响翻译行为的实质上是某种意识形态。"意识形态"一词有广义和狭义之分，广义的"意识形态"可以指任何一种注重实践的理论，或者根据一种观念系统从事政治的企图。狭义的"意识形态"包含五个特点：一是它包含一种关于人类经验和外部世界解释性的综合理论；二是它以概括、抽象的措辞提出一种社会政治组织的纲领；三是它认定实现这个纲领需要斗争；四是它不仅要说服，而且要吸收忠实的信徒，还要求人们承担义务；五是它面向广大群众，但往往对知识分子授予某种特殊的领导任务。[11]《现代汉语词典》（2000 年修订本）中关于"意识形态"的定义是："在一定的经济基础上形成的人对世界和社会有系统的看法和见解，哲学、政治、艺术、宗教、道德等是它的具体表现。意识形态是上层建筑的组成部分，在阶级社会里具有阶级性，也叫观念形态。"

翻译是两种语言在两种文化传统语境下进行的，意识形态决定了译者的基本翻译策略和怎样处理原作语言的话语世界关系。文本的选择是翻译活动的开始，意识形态从这一刻起就如影随形地"操控"着翻译活动。译者选择何种体裁的文本来翻译，不仅被自身意识形态左右，也为当时的社会大环境所影响，当我们把译本置于其产生的社会历史环境中，就会发现翻译何类文本的缘由了。

西域很早就有了佛经翻译活动，回鹘在 9 世纪中期西迁后继承和发扬了这一优良传统，而这一时期唐宋的佛教也达到全盛，强烈影响着西域的宗教信仰，加之回鹘统治阶级的大力扶持，使得回鹘人中的佛教也出现全盛的景象，随之形成一股用回鹘文翻译佛教典籍的高潮，涌现出一大批如胜光法师这样的用回鹘文进行翻译的翻译家。回鹘佛教受汉传佛教影响最大，从汉文翻译的佛经文献也是最多的，汉文《大藏经》中的经、论几乎都被翻译成了回鹘文，由此我们得出汉地佛教信仰及其特点对回鹘产生的影响是巨大的。

早在先秦时期，西域就与中原有了交往，至秦汉时期，西域与中原建立了更为密切的政治、经济和文化等方面的联系，后随着隋唐的统一，中原汉文化和汉语文对西域的影响就更大了，西域历史上精通汉语文的人很多，有的在中土为官，有的在中土经商，有的用汉语文写作。所以出现一个像胜光法师这样精通本民族语文和汉语，熟悉中原历史和佛教典籍的人也就不足为怪了。

佛教文化的大环境和胜光法师自身的信仰及语言能力左右了他翻译文本的选择。所以说，大翻译家胜光法师的出现，以及汉译佛经《金光明经》的二次转译不是偶然的，他不可能背离当时意识形态和主流信仰的要求，他的翻译选材也基本上局限于佛教典籍的范围。除此之外，还有词语的选用，任何作品都是当时社会、历史文化的产物，自然会沾染一定的意识形态色彩。译者在理解原文时也不会超然物外，必定戴着某种意识形态的"有色眼镜"来解读原文。译者在这种跨文化的交流过程中有多重文化身份，他的意识形态也是多重的、复杂的。在这些意识形态的影响下，译者对词句的选择有些可能是无意识的，有些则是译者有意为之，去迎合某些人或是社会意识形态，来满足受众的期待以及维护整个译语意识形态的稳定，兹举一例。

例 6　tursunlar yaqïn üskintä //　　　　t（ä）ngri burhan körkining /

bir učluɣ qïlïp köni ögin /　　　　　täbrämädin ornatsun　 /

anta oq bulɣay siziksiz /　　　　　　dyan bilgä bilik ikägüni /

bulɣay qopta d（a）r（a）ni tigmä ädrämig /[12]

汉文原文：应 在 世 尊 形 像 前，　一 心 正 念 而 安 坐；

　　　　　即 得 妙 智 三 摩 地，　并 获 最 胜 陀 罗 尼。[13]

汉文佛偈第一句中的"世尊"，胜光法师译为"t（ä）ngri burhan"，"t（ä）ngri"意为"天、天神"，是回鹘人原始宗教中的最高神，"burhan"意为"佛"，是一个外来词。在这部经中，回鹘人的原始宗教与佛教相融合的例子有很多。"t（ä）ngri"已经根深蒂固地扎根于回鹘人的意识中，所以这种结合会更容易被接受，于是"t（ä）ngri burhan"就潜移默化地进入了回鹘人的意识形态领域。

三　微观层面的文化语句

由于语言和文化等的差异，汉译佛偈与回鹘文佛偈之间的差别较大，用词和句式都有各自鲜明的语言文化特征，翻译时有些词句或者找不到与之对应的表达方式，或在另一种语言中难以入偈，某些词句外在的形式难以保全，结果是要么弃而不译，要么是在译语中根据自己的语言特色和文化传统另行创造。这就需要翻译时根据不同的情况采用灵活多样的处理方法，对于大量负载着中原汉文化特色的词语，胜光法师在翻译时根据不同的需要采用了不同的翻译方法，主要有直译、意译、音译、改译、词句增删法、句子结构调整法、分译合译法等。下面从词和句两个层面来具体分析回鹘文《金光明经》偈颂在翻译时的处理方法。

（一）音译

音译就是按照原文的发音来翻译，是翻译各种专有名词时采用的最简单、最基本的方法。如回鹘文《金光明经》偈颂中的术语："阿难陀"—"ananta"、"瞻部洲"—"čambudiwip"、"罗睺"— "rahu"、"佛"—"buddaya"、"布施"—"bušï"、"尊敬"—"namo"等。国内回鹘文研究专家买提热依木·沙依提先生根据现代翻译理论和他本人的翻译经验总结了使用音译的几种情况。一是佛教界的一些专用术语，表示"神圣"的概念，采用音译的方法；二是译者不能完全理解，或是"中夏实无此术"的名物时需音译；三是译者认为有些词是众所周知的，直接音译就可。[14]

还有一种情况，在翻译人名、地名、河湖、动物名、花草树木等名称时，硬译会产生歧义，意译又不易被理解，会造成误解或者语句不通顺，在这种情况下，一般采取音译，且在翻译的名称前或后加上"地方"或者"花草树木"等类别名，如"huačačak"—"花"、"linhuačačak"—"莲花"、"ärdini yinčü"—"宝物"、"ratnaraši atl ačarï"—"宝积法师"、"sumir taɤ" —— "须弥山"等。①

（二）直译

这部经中的偈颂大多是采用直译的方法翻译，为了忠实于原文，在没有影响到原意的情况下，能直译的都按原文直译。偈颂记录释迦及其弟子的"圣言"，对于佛教徒来说，忠于原文尤为重要。直译法最大的优点就是能最大限度地保留出发语的语言形式，从而有效地保留原经中包含的文化。如"üč ärdini" —— "三宝"、"bilgä biliglig köz" —— "慧眼"、"uluɤ yarlïqančučï" —— "大悲"、"üč ät öz" —— "三身"、"on urun" —— "十地"等②。再来看两首偈。

例7　yir suw oot yiil t（ä）ngrisi /　　sumir taɤqa tayaqlïɤlar　/
　　　地水　火风神　　　　　　　　须弥　山③　　居住
　　yiti altunluɤ taɤ ičintä /　　　　orun orunaɤ tutmïš-lar /
　　　七个 金的 山 中、里　　　　　　中　所有的 眷属
　　purnabadri pančasiki /　　　　　kün ay grhlar yultuzlar　/
　　　满财　　五顶　　　　　　　　　日 月 星空　星星
　　munčulayu bu qamaɤ /　　　　　t（ä）ngrilärning quwraɤ-ï /
　　　这样的　这　全部　　　　　　　神　　　众人
　　bu yirtinčüg közätip/　　　　　　inč mängilig qïlsunlar /[15]
　　　这　世界　眼中　　　　　　　　里面 安乐　做

汉文原文：地 水 火 风 神，依 妙 高 山 住；　　七 海 山④神 众，　　所 有 诸 眷 属。
　　　　　满 财 及 五 顶，日 月 诸 星 辰；　　　　如 是　诸 天 众，令 世 间 安
隐。[16]

为了更好地表现出译师在取与舍之间的选择，文章分别附上直译和原文，译者除了把汉译佛经偈颂原文中的"七海山"译成了回鹘家喻户晓的"金山"（altunluɤ taɤ），其他都是逐词对译的。

（三）意译

意译是一种在不违背经义，易于理解，又能准确表达原文的情况下采用的一种方法。有些偈颂内容如果完全使用字面上的直译方法，就会造成硬译、死译，反而使受众难以理解，这时候采用意译的方法会更好，兹举两例。

例8　birük yana yalanguqlar /　　　qïlsarlar buyan ädgü qïlïnčïɤ　/

---

①　注："hua"是从汉文音译而来，即"花"，"čäčäk"也译为"花"；"linhua"意为"莲花"；"ärdini"意为"宝贝"，"yinčü"是从汉文音译而来，意为"珍珠"；"ratnaraši"意为"宝积法师"；"ačari"意为"法师"；"sumir"意为"须弥山"，"taɤ"意为"山"。"弥楼山""妙高山"，这个词是由梵文借词"sumeru"音译而来。须弥山地理上位于宁夏回族自治区南部固原县，是宁夏境内最大的石窟群。

②　"十地"是指大乘菩萨道的修行阶位，《华严经》云：一欢喜地、二离垢地、三发光地、四焰慧地、五难胜地、六现前地、七远行地、八不动地、九善慧地、十法云地。

③　据佛教教义的解释，我们所住的世界中心是一座大山，叫"须弥山"，"须弥山"又译为"苏迷嚧""苏迷卢山"。

④　译者将汉文中的"七海山"译成了金山，即阿尔泰山，此山被突厥语民族认为是圣山。

siziksizin inčip toɣarlar /	üstünki tngri yirintä　　/
birük yana qïlsarlar/	irig yawlaq ayïɣ qïlïnčïɣ　　/
otquratï tüšärlär/	üč yawlaq yollar ičintä　　/ [17]

汉文原文：若 人 修 善 行，当 得 生 天 上；　　若 造 恶 业 者，死 必 堕 三 涂。[18]

汉文偈颂第四句中的"三涂"①，在回鹘文中译成"üč yawlaq yol"，译为"三条坏路"或"三种不好的方式"。这里采取意译的方式，笔者认为原因有二：一是佛教术语繁多，有些出现频率不是太高，对于回鹘佛教僧侣来说不易理解，若采取释义，又显得累赘，故采用意译的方式，译为"三种坏的方式"；二是译者可能把"三涂"中的"涂"理解成了"路途"的"途"，即"三种不好的道路"。

例 9　bodis（a）t（a）w tigin ät'özin /　　　kämišmiš-tä taɣ qodï/

anasï qatun balïqta　　　　　　　　　　ordu ičintä olurup/

biš yüzqïzlar quwraɣïn /　　　　　　　　tägirmiläyü qawšatïp/

ašayïr ärkän birkärü /　　　　　　　　　mängi ilinčü irüyin/ [19]

汉文原文：菩 萨 舍 身 时，慈 母 在 宫 内；　　五 百 诸 采 女 ②，共 受 于 妙 乐。[20]

汉文偈颂第三句中的"采女"应指"宫女"，在回鹘文偈颂中译成"qïzlar quwraɣïn"（女僧众）③。回鹘佛教的传播主要是从上而下地传播，胜光法师认为生活在上层社会的"宫女"也应该都是佛教徒，遂译成"qïzlar quwraɣïn"。

（四）改译

在佛经偈颂翻译中，有一个普遍存在而又未彻底讨论过的问题，即改译问题。因为这些近于"诗"的偈颂较之其他文体，承载了较多的文化内涵，几乎是某种文化的个性体现，最能体现文化的差异。译者想要把一种文字的齐言"非诗"的偈颂翻译成另外一种语言的诗体偈颂，改译方法的运用是必不可少的，但是限于要忠实于原偈和佛经偈颂的神圣性，改译后的偈颂不能有悖于原佛经偈颂的内容和宣教情感。偈颂的翻译有时候要求译者在理解佛经原意的基础上做一些必要的变通，以确保原偈的准确传递，即要么是在内容意义不变的前提下改变某些词的表达方法，要么是对偈颂词句的顺序进行调整。回鹘文《金光明经》偈颂中也使用了一些改译的方法。

例 10　t（ä）ngrim sizing yüüzüngüz /　　　tolun ay-qa oqšatï ärür /

yüz ming kün t（ä）ngri birgärü /　　　　y（a）rutu yašutu turur täg //

közüngüznüng itigi /　　　　　　　　　kök linhuaqa oqšayur /

tüzdäm yürüng tiš-ingiz /　　　　　　　qarlïɣ taɣ täg yaltrïyur // [21]

汉文原文：佛 面 犹 如 净 满 月，　　亦 如 千 日 放 光 明；

　　　　　　目 净 修 广 若 青 莲，　　齿 白 齐 密 犹 珂 ④雪。[22]

---

①　"三涂"又称"三途"，指火涂、刀涂、血涂，分别对应地狱、饿鬼、畜生三恶趣。地狱名火涂，火聚多故；畜生名血涂，因屡受残害故；饿鬼名刀涂，刀杖加于身故。

②　"采女"原为汉代六宫的一种称号，因其选自民间，故曰"采女"，后来用作宫女的通称。

③　"qïzlar"意为"姑娘们"，"quwraɣ"意为"僧众"。

④　"珂"是一种白色似玉的美石。

汉文偈颂四句中的"猶珂雪"，回鹘文翻译成了"qarlïɣ taɣ täg"（若雪山），但是本体没变还是形容牙齿之白，只是喻体变了，"珂"换成了"雪山"。对于回鹘底层大众来说，"珂"也许真没几人见过，用出门就能看见的"雪山"来比喻牙齿更易于被理解。此外，前面例7汉文原偈中的"七海山"，胜光法师将其译成了回鹘人妇孺皆知的圣山——"金山"（altunluɣ taɣ）。译者取"雪山""金山"而舍"珂雪""七海山"，体现了胜光法师翻译时在传统文化基础上所做出的变通。

（五）增译法和减译法

胜光法师在翻译时，还运用了增译法和减译法。词句增减法是根据语法、修辞以及逻辑的需要而在译文中增加或删去一些词或句子的翻译方法，下面分别举例来看。

例11　ol tiginning bar ärti /　　　　　　ičiläri tigitlär/

　　　这 王子　 有 是　　　　　　　　 哥哥 王子

birisining atï m（a）habali/　　　　ikintisining atï m（a）hadiwi tip/

一个　 名为 马哈巴力　　　　　　　第二个 名为 马哈堤维

bu üčägü　bir　tüštä /　　　　　　yumqïn üntilär ilinčükä/①

这 三个 一个 落下　　　　　　　　一起　　 出去　 玩

ärü ärü tägdilär /　　　　　　　　taɣta tiztä arïɣta/[23]

渐渐地　 到了　　　　　　　　　　山上 膝盖 树林（山腰的树林中）

汉文原文：王 子 有 二 兄 ，号 大 渠 大 天 ；　三 人 同 出 游 ，渐 至 山 林 所 。[24]

我们通过对比这段偈的汉文原偈与回鹘文直译，发现增加了不少词。增加了这些词后，原偈更加准确生动了，语言上也显得更加丰富多彩，不但增加了韵律性，还避免了单调呆板。除此之外，回鹘文《金光明经》中还增添了几首偈颂，这几首偈是汉文原偈中没有的，如：

例12　taqï［ymä］ayïtmïš k（ä）rgäk //

t（ä）ngrim birkäyä m（ä）n yalanguz özkäyäm /

bir tilk（ä）y-äm üzä tngrim sizni tözü tükäl ögkäli qanta uɣay m（ä）n //

ötünür m（ä）n ämti, oqšatɣuluq-suz t（ä）ngrim sizing utrunguzta öküš türlüg ogrïn yalwaru qut qolunu täginür m（ä）n /[25]

译者还可以根据回鹘语的语言习惯，删减原偈中的词句，其基本原则是只能删减一些可有可无的，形式上冗余的，没必要译出的词句，不能改变原文内容，来看下面两段偈。

例13　köyürgülük sačɣuluq türtgülük ïslaɣuluq näčä ädgü yïd yïparlar ärsär　/

äsringü körklä tüü türlüg tütsüg ädgü xuačäčäklär ymä

küntämäk üč öd－tä ï ïɣač sögütlärtin üzük-süz yaɣsun /

köngül iyin išlatip artuqraq ögrünčlüg säwinčlig bolz-unlar　/[26]

汉文原文：烧 香 末 香 及 涂 香 ，　众 妙 杂 花 非 一 色 ；

　　　　　每 日 三 时 从 树 堕 ，　随 心 受 用 生 欢 喜 。[27]

例14　taqï ymä öngrä ärtmiš /　　　　sansïz saqïšsïz kalp ödün　/

küsämiš üčün arïɣ süzüg /　　　　nomluɣ ät' özčin kirtüg　/

---

① ilinčü 意为"游玩"。

alqu oɣurïn ïdaladïm /　　　　　　　säwär amraq ät'öz　/

ang mïntïn ät'özüg /　　　　　　　　isig özümin ymä äsirkänčsiz　/[28]

汉文原文：我 于 往 昔 无 量 劫 ，　 为 求 清 净 真 法 身 ；

　　　　　　所 爱 之 物 皆 悉 舍 ，　 乃 至 身 命 心 无 吝 。[29]

　　在第一段汉文偈中，"杂花"本身就是"非一色"的，汉文这样翻译是出于汉文偈颂字数要等同的特点，但是从意义上来说，这两个词的意义显然是重复的，回鹘文不存在这个特点，它只要求押韵和音节数，所以译者翻译时删除了"非一色"这个词。第二段回鹘偈中省去了汉文原偈中的"我"，这种情况在回鹘文中很常见，这是因为回鹘语的主语是可以通过谓语动词体现出来的。

（六）分译、合译法

　　回鹘文《金光明经》偈颂的翻译中，分译、合译法也是常用的翻译方法之一。由于受民族思维和语言表达习惯的影响，同一句或同一首偈的内容可能会在词句结构上有不同的安排，出现合译或分译的翻译。合译是指将汉文原文结构或意义紧密联系的词或者一个句子、一首偈，甚至是几首偈进行整合翻译的情况。而分译正好相反，指的是译者根据翻译的需要将汉文原文的一个句子或一首偈分成若干句子进行翻译的，例如：

　　例15　mantal ičintä tütsüg huačäčäklär sačïp altun kümüš idišlärtä tolu mir süttä ulatï tatïqlïɣ közüngü ooq qïlïč birlä tükäl ursun /[30]

汉文原文：应 涂 牛 粪 作 其 坛 ，　 于 上 普 散 诸 花 彩 ；

　　　　　　当 以 净 洁 金 银 器 ，　 盛 满 美 味 并 乳 蜜 。[31]

　　例16　mantalnïng tört qapïqïnta kiši turqursun　/

yana tört oɣlanq（ä）ya-larïɣ uz tonanturup itip yaratïp birär burnačta suw tutturup tört bulungta olɣurutsun /[32]

汉文原文：于 彼 坛 场 四 门 所 ，　 四 人 守 护 法 如 常 ；

　　　　　　令 四 童 子 好 严 身 ，　 各 于 一 角 持 瓶 水 。[33]

　　上面两段回鹘偈都是对汉文原偈的合译，在第一首偈中，将义净的七言四句偈合译为回鹘文佛偈的一句"坛上，鲜花散撒，香烛、干净金银器皿、蜜乳都被安排好了"。将第二首汉文原偈合为回鹘文佛偈的一句"坛场的四门各有人，四个能巧的年轻护法将瓶子装满水，在四个角落坐着"。再来看下面一例。

　　例17　ötrü ol tüzünlärning qutï buyanï ašïlɣay /

yana kim qayu kiši uzun igläp nä ymä äm qïlïp öngätmäsär /

ötrü bu nom ärdinig oqïïp bu yunquluɣ törüg qïlïp yunsun arïtïnsun /

igi aɣrïqï kitkäy adasï tudasï tarïqɣay[34]

汉文原文：若 有 病 苦 诸 众 生 ，　 种 种 方 药 治 不 差 ；

　　　　　　若 依 如 是 洗 浴 法 ，　 并 复 读 诵 斯 经 典 。

　　　　　　常 于 日 夜 念 不 散 ，　 专 想 殷 勤 生 信 心 ；

　　　　　　所 有 患 苦 尽 消 除 ，　 解 脱 贫 穷 足 财 宝 。

　　　　　　四 方 星 辰 及 日 月 ，　 威 神 拥 护 得 延 年 ；

　　　　　　吉 祥 安 隐 福 德 增 ，　 灾 变 厄 难 皆 除 遣 。[35]

　　在上面的例子中，回鹘偈共计四句，对应的汉文原偈共计三首十二句。这四句回鹘文偈颂是对这十二句汉文偈颂的合译，意为"若有人病了很长时间，久治不愈，可念此咒，按照洗浴法净身，病可除，灾难也一并都除去"。这里译者就采用了合译的翻译方法，这种方法必然会省去回鹘偈中的很多内容，从而使句子显得更加简练、紧凑。下面再来看一例分译的例子。

例18　bu ärsär arzilar／　　　　　　　turɣuluq orun ol

mäning idi qorqïnčïm ayïnčïm yoq／　　　öngi adïrïlmaqlïɣ busušum ymä yoq／

inčip ät' özümtä tolu ögrünč säwinč toɣar／ bulɣay ärki biz yig adruq buyanïɣ／[36]

汉文原文：此 是 神 仙 所 居 处，　　我 无 恐 怖 别 离 忧；

　　　　　　身 心 充 遍 生 欢 喜，　　当 获 殊 胜 诸 功 德。[37]

上面这首回鹘偈中的第三句、第四句是对汉文偈第二句的翻译，分成"我无恐怖"和"无别离愁"两句了。这样的处理方式，使得分句之间排列整齐，音节数近似，也押尾韵，表现力也更强了。

（七）句子结构调整法

为了更好地与汉文佛偈进行对比，笔者对下面这几首偈进行了逐词翻译。回鹘语的句法结构是"主语＋宾语＋谓语"，从下面的句子结构可以看出，胜光法师在不影响理解的基础上改变了这种结构，他是按照汉语的"主语＋谓语＋宾语"结构进行翻译的，这种译法在回鹘文《金光明经》中大量存在，这也是译文忠实原文的一个表现。

例19　yana äšittim taštïnqï／　　　　yolqï kiši sözlämišin／
　　　又　听到　其他　　　　　　　路上　人　说

kičig tiginig tiläyü／　　　　　　　taqï tapïšmaz ärmiš／
小的　特勤①　要求　　　　　　　又　没找到　是

mäning köngülüm arïtï／　　　　　　ančaq（a）ya inč ärmäz／
我　（我）的心　绝不　　　　　　那样多　安静　是

küsüšüm ol ilik bäg／　　　　　　　irinčkäzün mini ymä／[38]
我希望　国 王　　　　　　　　　可怜　　我 也

汉文原文：又 闻 外 人 语，小 子 求 不 得；　我 今 意 不 安，愿 王 哀 愍 我。[39]

除了对句子结构进行改变以外，还有对语序的改变，再看一例。

例20　ač ämgäkin sïqïlmïš／　　　　tiši　barsïɣ kört-lär／
　　　饥饿　痛苦的　　　　　　　　雌的　老虎 看到

ötrü toɣdï ularnïng／　　　　　　　munï munčulayu saqïnčïn／
之后　生　它们　　　　　　　　　这个　这样的　想法

ačmaq ootïn örtänür／bu tiši bars ät' özi／
饥饿　火中　燃烧　　　这 雌老虎 自身

munta yana közünmäz／　　　　　　munga yigülük aš ičkü／[40]
在这里又　现出　　　　　　　　　对此 没有吃的食物 喝的

汉文原文：见 虎 饥 所 逼，便 生 如 是 心："此 虎 饥 火 烧，更 无 余 可 食。"[41]

通过这段回鹘偈可以看出，译者对多处汉文偈的语序进行了调整，"饥饿痛苦的"和

---

① "特勤"是古代突厥民族的官号，主要授封于可汗子弟或宗族，在这里指国王的儿子，即"王子"。

"雌老虎"，以及"饥饿火中烧"与"雌老虎"的顺序进行改变。这种语序的改变并不影响原偈的意思，笔者认为有些部分提前是为了起强调的作用。

四　回鹘文《金光明经》偈颂翻译原则的探讨

我们知道，如果译经时没有一个共同遵循的翻译标准和翻译要求，佛教名词术语等的翻译就会出现混乱，不但会影响翻译的严肃性和准确性，还会给佛教文化的传播带来消极影响。汉译佛经、藏译佛经等的翻译是比较成熟的，翻译时不但有翻译、校订、书写的分工，而且根据译师水平的高低，分成不同的等级。我们目前还不清楚回鹘人为了适应翻译规范化的需要，是否也有相关佛经翻译的一系列规范。

回鹘人经历了长期的佛经翻译实践活动，特别是在大量汉传佛教经典的翻译中积累了不少宝贵的经验，逐渐形成了一些可以供后人借鉴的翻译方法和遵循的规律。虽然这些经验和方法没有被正式提出或记录下来，但是它们却存在于具体的佛经翻译实践中。我们经过认真地比较汉文与回鹘文《金光明经》偈颂之间的对应关系，也能总结出一些佛经翻译的规律以及翻译的方式和技巧。

佛经翻译首先有应该遵循的三条原则，即佛经的翻译要符合佛教经典的教义；要符合回鹘普通大众的传统文化；译后的经应是回鹘人易于理解的。

其次，我们发现回鹘文《金光明经》偈颂的翻译中也有一些规则可循，总结如下：翻译时在不违背原文原意的前提下，在符合回鹘语表达形式的基础上，尽量做到直译；具体翻译时，尽量按照汉译偈颂的词序进行翻译，如果既符合回鹘语的表达形式又能明确表达原意的，一般都不用调整结构；如果按照原偈词句顺序进行了翻译，其结果既不能表达原偈的确切意义，也不符合回鹘人的表达习惯，就要调整其结构进行翻译了，但是顺序的调整一般是以一偈为单位，在偈内进行；翻译具体的某一句偈时，若能使译文更准确，语句更优美、更通顺易懂，也可以在一个表达完整意义的句子内进行调整翻译。

最后是具体翻译方法的使用规律。回鹘文《金光明经》中最常用的翻译方法就是直译、音译、意译和改译。直译使用得最多，一般情况下都要按照原偈词句的顺序进行逐词翻译；对于那些难以理解的词或按照回鹘语的表达习惯也不宜意译的词采用音译的方法，对那些虽然可以译成回鹘语，但意译后可能会产生误解的佛教术语采取音译的方法处理；意译是指运用上述两种翻译方法都不能很好地翻译，那么在不违背经义，又能准确表达原文意思的基础上可以采用意译的方法进行翻译。改译是为了避免按照回鹘文词句的顺序直译会产生误解，而变动原文的顺序所使用的方法。

参考文献

［1］湛如：《印度早期佛教经律中的赞颂辨析》，载《文学与文化》2010年第1期，第35页。

［2］张铁山、皮特·茨默：《两页回鹘文〈华严经·光明觉品〉写本残卷研究》，载《民族语文》2012年，第75—76页，第15—17行。

［3］［5］［9］［13］［16］［18］［20］［22］［24］［27］［29］［31］［33］［35］［37］［39］［41］高楠顺次郎、渡边海旭等编修：《大正新修大藏经》（第16册金光明最胜王经），东京：大正一切经刊行会，1934年，T10，p0063c；第422页第c2—4行；第454页第c1—2行；第436页第b23—24行；第424

页第 c27—29 行到第 425 页第 a1 行；第 423 页第 b17—20 行；第 438 页第 b15—17 行；第 438 页第 b27—29 行到第 c1 行；第 443 页第 b13—14 行；第 453 页第 b10—11 行；第 432 页第 a11—12 行；第 453 页第 a17—18 行；第 413 页第 a29 行到第 b1 行；第 444 页第 a18—19 行；第 435 页第 a21—22 行；第 435 页第 a23—24 行；第 435 页第 b17—22 行；第 452 页第 a20—21 行；第 453 页第 b26—27 行；第 453 页第 a19—20 行。

［4］［8］［12］［15］［17］［19］］［21］［23］［25］［26］［28］［30］［32］［34］［36］·［38］［40］ Ceval Kaya, Uygurca Altun Yaruk, Giriş, Metin ve Dizin, Ankara, 1994：346/4—10；645/10—13；485/10—15；370/12—24；354/17—24；507/19—23—508/1—5；509/12—20；560/9—16；632/12—17；450/4—9；629/20—630/3；114/13—21；120/13—21；571/10—17；477/3—6；477/7—11；478/15—21；609/7—11；634/7—12；630/3—8.

［6］耿世民：《回鹘文〈阿毗达磨俱舍论〉残卷研究》，《民族语文》1987 年第 1 期，第 58 页，第 22—26 行。

［7］《阿毗达磨俱舍论》第八卷，频伽精舍本第十三叶反面，大正藏卷二十九页四五上栏。

［10］拉赫马提：《吐鲁番突厥文献》（Turkische Turfantexte）卷上，柏林：《普鲁士科学院学报》（SPAW）1934 年，第 60 页。

［11］王东风：《一只看不见的手——论意识形态对翻译实践的操作》，载《中国翻译》2003 年第 5 期，第 42 页。

［14］买提热依木·沙依提先生：《僧古·萨里〈金光明经〉翻译方法谈》，载《民族翻译》2011 年第 3 期，第 8—9 页。

回鹘文《玄奘传》研究综述

崔　焱*

内容提要　回鹘文《玄奘传》译自汉文。汉文《玄奘传》共十卷，是玄奘弟子慧立据玄奘口述撰写的一部名著。书中详细记述了公元 7 世纪我国伟大旅行家、翻译家和佛教大师玄奘的生平事迹。本文分为对回鹘文《玄奘传》相关信息的概括、对回鹘文《玄奘传》翻译方法的研究、学界对回鹘文《玄奘传》释读的研究、对回鹘文《玄奘传》语言研究 4 个方面，主要对这些方面做出综述。

关键词　回鹘文　《玄奘传》　研究综述

汉文《大唐大慈恩寺三藏法师传》，简称《玄奘传》，原为慧立所撰。慧立为幽州照仁寺住持，后参加玄奘主持的译经工作达十二年之久。唐高宗麟德元年（664）玄奘逝世后，慧立为了表彰其师功业，便将玄奘的取经事迹写成书，即该书的前五卷。初稿完成后，慧立虑有遗缺，便藏之于地穴中，秘不示人。到慧立临终时，方命其门徒取出公之于世。到武则天垂拱四年（688），玄奘的另一个弟子彦悰又将这五卷重加整理，另又自撰五卷（即该书的后五卷）合成十卷，署名"沙门慧立本，释彦悰笺"，这就是现在的正文十卷。书中详细记述了公元 7 世纪我国伟大的旅行家、翻译家和佛教大师玄奘的生平事迹。前五卷主要是关于玄奘早年及其旅游印度的经过；后五卷主要是他归国后从事译著的经过。该书内容丰富，层次分明，行文典雅，文字修辞都很有特色，是我国古籍中传记文学和游记文学的名著。它与玄奘本人所写的名著《大唐西域记》一起，成为研究唐代中西交通及中亚、印度历史、民族、语言、宗教的珍贵资料，尤其对研究唐代佛教历史有重要参考价值。回鹘文《玄奘传》在公元 10—11 世纪由新疆别失八里入胜光法师译自汉文，它是 20 世纪以来新疆出土的重要回鹘文文献之一，就其价值而言，只有《金光明经》《弥勒会见记》等少数几部篇幅较大的回鹘文文献可与之相比。该文献不仅为我们提供了关于中亚及印度佛教史方面的材料，还为我们提供了中亚及印度的许多地名的正确发音，对研究古代维吾尔族及其周围中亚诸民族的语言文字、文化、宗教、历史等具有十分重要的意义。

对汉文《玄奘传》和对玄奘本人生平、思想、贡献等方面的研究都已经取得了令人瞩目的成就。汉文本《玄奘传》流传抄刻本很多。1923 年支那内学院欧阳竟无等以日本《弘教正藏》为底本，校以《高丽藏》本和宋、元、明四本，并参校《大唐西域记》、可珙《音义》、慧琳《音义》等书，校出了一本比较精密的本子；后来吕澂又再加校订，改正了一些误字，补如《奘师表启补遗》作附录。1932 年日本东方学院京都研究所又将《高丽藏》本影印出版，同时并校以日本所见诸古本，写出了详细的《考异》。中华书局于 1983 年出版的中外交通史籍书刊，题为《大慈恩寺三藏法师传》，由孙毓棠、谢方点校，以吕校

---

* 崔焱（1991—　），女，中央民族大学少数民族语言文学系在读硕士研究生。

支那内学院本为底本，校以日本京都研究所的刊的《高丽本》和南宋《碛砂藏》本。并且尽可能采用原支那内学院本校勘引用诸书（如《大唐西域记》《续高僧传·玄奘传》《开元释教录》《玄奘法师行状》《法师塔铭》《法师表启》）所写的旁注及吕校本的《刊误》，日本京都研究所的《考异》。

回鹘文方面牛汝极先生曾在《回鹘佛教文献》（新疆大学出版社，2000：196）中总结了回鹘文《玄奘传》研究具体情况。笔者试图在此基础上整理国内外学者对回鹘文《玄奘传》研究内容进行，分类总结，主要表现在以下几个方面：

一　回鹘文《玄奘传》相关信息的概括

回鹘文《玄奘传》自出土以来，逐渐受到国内外突厥学界的关注和重视。出现了一部分关于回鹘文《玄奘传》基本情况介绍的相关文章。1953 年冯家昇先生发表了《回鹘写本"菩萨大唐三藏法师传"研究报告》（《冯家昇论著集粹》，中华书局 1987 年版，第 373—375 页），这部报告长达 35 页，分九部分对该回鹘文写本的译者、翻译年代、回鹘文译本进行了较为详细的论述，并整理出"本书残叶与汉文本对照表"，文末对第七卷中的两叶作为"图版与转写示例"进行了转写，为以后研究该回鹘文文献提供了方便。

业师耿世民的《回鹘文〈玄奘传〉及其译者胜光法师》（《中央民族学院学报》1990 年第 6 期），文中首先强调了回鹘文《玄奘传》在民族历史文化交流方面的重要性，又介绍了南疆出土的回鹘文《玄奘传》写本残卷的概貌，重点表现了回鹘文《玄奘传》的译者胜光法师在佛典翻译方面的成就和贡献。文章通过现有资料，具体分析胜光法师的翻译作品，特别是对汉文《玄奘传》的翻译，证明其卓越的语言才能，"他的确不愧为当时维吾尔族中精通汉语文的大师"（第 68 页）。文章还进一步说明了维吾尔族人民和汉族人民存在着源远流长的亲密关系，表明"汉文《玄奘传》早在一千多年前译成回鹘文绝不是一件偶然的事"（第 70 页），而是新疆各族人民与汉族人民长期共同生活、相互学习源远流长的历史原因。耿世民先生的这篇论著是学者们研究回鹘文《玄奘传》的重要参考。

此外还有全桂花的《回鹘文〈玄奘传〉》（《中国文物报》2002 年 2 月 27 日第 4 版），文章介绍了回鹘文文献《玄奘传》的发现、流散、保存方面的历史过程，部分散布于俄、德、法等国的悲哀现实，并叙述了国家图书馆收藏着的除 240 页手抄本以外的 3 册影印本的来历，使读者了解到现存古籍的珍贵性，并指出回鹘文抄本《菩萨大唐三藏法师传》对维吾尔语文研究的重要价值。林巽培的《回鹘文〈慈恩传〉的收藏与研究》（《民族语文》2013 年第 1 期），对该文献出土以来各国学者的整理研究进行梳理，回鹘文本《大慈恩寺三藏法师传》各残叶之分卷归属、存逸概况，大略可观。

国外学者在这方面也已经出版过专著，首先对回鹘文《玄奘传》研究做出贡献的是德国葛玛丽的《玄奘传回鹘文译本》（SPAW，1935）和德国学者茨默的《回鹘译本〈玄奘传〉和〈西域记〉》。

二　回鹘文《玄奘传》翻译方法的研究

根据耿世民先生的研究，《玄奘传》回鹘文的译者胜光法师是一位难得的精通回鹘文，汉语文，熟悉我国历史和佛教典籍的大师。对胜光法师所译的回鹘文《玄奘传》的翻译情况的研究成为近来学者们研究的热点。

　　朱国祥的《试论回鹘文〈玄奘传〉专有名词的翻译方式——以回鹘文第九、第十卷为例》（《宁夏大学学报》第 36 卷第 2 期）以回鹘文《玄奘传》第九、第十卷为基础，对回鹘文专有名词的翻译进行分类，并将其与汉文本进行对照，探讨回鹘文《玄奘传》的翻译方式。文章举要其中一些代表性的专有名词，在阐释的基础上进行回鹘文翻译分类：职官制度名的翻译；地名、人名、朝代等专有名词的翻译；还列举了地理、山川、河流等专有名词的翻译，总结出胜光法师对《玄奘传》中的专有名词翻译有直译、音译、音译加直译、意译等方式，真正做到了"文和义切合原作"，而不是汉回鹘化的回鹘文。

　　郑桓的《回鹘文〈大唐大慈恩寺三藏法师传〉对源语文化概念的翻译》（民族翻译，2009 年第 4 期）指出面对源语（即汉语）中包含着丰富的民族文化内涵和文化概念的词汇，译者采取了两种不同的翻译策略，以寻求在古代突厥语中的准确表达：一种是尽可能以源语为归宿，另一种则是尽可能以目的语为目标。文章以实例对比说明该文献对源语文化概念的阐释方式，揭示译者向古代突厥语转换时对源语文化概念阐释的语言特色。

　　国外学者对回鹘文《玄奘传》的翻译情况也有一定研究，［德］茨默的《玄奘和弥勒——回鹘文〈玄奘传〉研究》（《喀什师范学院学报》1998 年第 1 期）通过具体的回鹘文译本和汉文版内容相比较，分析出回鹘译本中玄奘法师对弥勒崇拜的来龙去脉。

三　学界对回鹘文《玄奘传》释读的研究

　　对于回鹘文《玄奘传》中某叶的释读研究是国内外突厥学界关注的重要内容，耿世民的《回鹘文〈玄奘传〉第七卷研究》系统地介绍回鹘民族和回鹘文的历史与变迁，阐述了回鹘文《玄奘传》和其译者的基本情况，总结了回鹘文《玄奘传》写本在书写方面的特点，文章重点对现存我国的回鹘文《玄奘传》第七卷开头部分中比较完整的四叶（八面）进行研究，这已经是第三稿了。

　　洪勇明的《回鹘文〈玄奘传〉第十章七叶释读》（《中央民族大学学报》2012 年第 5 期）以吐谷舍娃的研究为基础，再次对吐谷舍娃与孟列夫合撰的《回鹘文玄奘传》（1971）附有的不甚清晰的照片 7 叶（属原书卷十）写本进行拉丁字母转写、翻译、注释和研究，获得了更为翔实、准确的阐释。

　　马小玲的《俄藏回鹘文〈玄奘传〉一叶释读》（《伊犁师范学院学报》2010 年 6 月第 2 期）以回鹘文《玄奘传》第五卷的残叶为蓝本，对其进行转写、翻译和注释。同时，根据汉文《大慈恩寺三藏法师传》第五卷"起尼乾古国终至帝城之西漕"的内容，比对回鹘译文，并对其中史地资料进行诠释。

　　此外还有中央民族大学的硕士论文：乔睿的《国家图书馆所藏回鹘文〈玄奘传〉九页之语言研究》，文章首先对国家图书馆所藏回鹘文《玄奘传》第 16a—16b 页第 8 行进行了转写，再加之以德国著名突厥学家冯·加班教授的转写部分（笔者对其中某些词汇进行了补充和改动），构成了一个比较完整的文献转写材料。在此基础上，对其中所有的词汇进行了切分，词性标注、形态标注和语义标注（即直译），从而建立起一个关于回鹘文《玄奘传》相关部分的熟语料库。接着对转写部分进行了现代汉语的翻译，之后对文献中出现的一些词汇和术语进行了注释。总体来讲，本文属于对古代维吾尔文献的综合性研究。

　　冯家昇先生的《回鹘写本"菩萨大唐三藏法师传"研究报告》（《冯家昇论著集粹》，

中华书局 1987 年版，第 373—375 页）对 1946 年德国送还我国的部分回鹘文《玄奘传》进行研究。冯先生仅整理了第 1—158 页分属卷 3、7、9、10，而第 159—242 页则尚未整理，海金所得 8 页属第九卷，由德国的葛玛丽著成《回鹘文玄奘传中的信》，研究了卷 7 中的三封信函，凡 7 页半（第 16—23 页），共 397 行。

国外对回鹘文《玄奘传》某叶释读的研究还有冯加班的《回鹘文玄奘传第五卷残卷研究》（《德国科学院纪要》，1935 年）、卡哈尔·巴拉提（Kahar Barat）的《回鹘文玄奘传卷三》（《突厥学研究杂志》卷 16，1992 年；《回鹘文玄奘传卷九》，《突厥学杂志》创刊号，1993 年）、德国的若尔本（KlauseRöhrborn）的《回鹘文〈玄奘传〉第七卷研究》、铁兹江（S. Tezcan）的《回鹘文〈玄奘传〉第十卷研究》（《匈牙利东方学报》（Acta Orientalia Academiae Scientiarum Hungaricae）第 30 卷，1976 年，第 257—260 页）收藏于俄罗斯圣彼得堡的 94 叶写本，1971 年，吐谷舍娃与孟列夫著《回鹘文〈玄奘传〉第十卷残片》，并附有 7 页照片，编号为 SI Uig 6。1980 年，吐谷舍娃所著《回鹘译本〈玄奘传〉残卷》一书出版，研究了第 5 卷之最后部分，共 16 叶，编号为 SI Uig 3。1991 年，吐氏又撰写并翻译了回鹘文《玄奘传》第五、六、八、十卷诸卷之内容。葛玛丽（A. von Gabain）研究刊布吉美博物馆所藏回鹘文《玄奘传》第五卷 6 页，凡 324 行；托尔斯泰（J. P. C. Toalster）发表了该馆所藏回鹘文《玄奘传》卷 4 的 42 叶《回鹘文玄奘传第四卷译注》（Gieβen，1977 年）。

四 回鹘文《玄奘传》语言研究情况

回鹘文《玄奘传》的字音和句式的考究方面也有不少研究成果。在字音方面，1984 年黄盛璋旁征博引其他有关史料及研究成果在《西北地史》1984 年第 3 期上发表了《回鹘译本〈玄奘传〉残卷五玄奘回城之地望与对音研究》一文。聂鸿音的《回鹘文〈玄奘传〉中的汉字古音》（《民族语文》1998 年第 6 期）中从古汉语西北音韵的角度阐述古汉语辅音韵尾的演化过程，即古阳声韵的演化始于-ng 的脱落，古入声韵的演化始于 -t 和 -k 的弱化，这和我们此前通过汉语现代方言得到的印象迥异。另外，汉语的见溪疑晓匣五个声母在回鹘文中依韵母的洪细分为 q -、k - 两类，这也可以引发我们对古汉语声母领化现象的某些思考。

黄艾榕、张盛如的《从回鹘文〈玄奘传〉看西北方言入声的演化》（《武汉教育学院学报》第 18 卷第 1 期）采用传统的"番汉对音法"，通过回鹘文《玄奘传》汉译入声字的分析，探讨了 11 世纪中国西北方言入声字的演化规律。王新青的《回鹘文〈玄奘传〉的汉语对音》指出了回鹘文《玄奘传》汉语对音研究的意义及方法，但是没有落实到具体的分析研究。

句式方面，中央民族大学硕士学位论文郑桓的《回鹘文〈慈恩寺三藏法师传〉句式标记研究》通过对回鹘文《慈恩寺三藏法师传》的各种句子类型的句式标记的描写，对标记使用情况的分析，以及和其现代语言中的句式标记的对比研究，明确一些词汇作为句式标记的作用，归纳总结了句式标记的位置、性质等方面的特点，探讨了句式标记和句式质之间的关系，梳理了标记的语法化过程。句法研究是古代突厥语语法研究的薄弱领域，弥补了对古代突厥语的句式标记没有进行过系统完整的研究的不足。

纵观国内外突厥学界对回鹘文《玄奘传》研究的学术成果，我们感受到成果丰硕，为回鹘文《玄奘传》的进一步研究提供了坚实的基础。同时也发现对于回鹘文《玄奘传》的研究还存在很多发展空间，需要我们继续努力，打开视野，多角度多方面对进行深层次研究，在对回鹘文《玄奘传》某一叶的释读方面达到能一叶知秋的程度。回鹘文《玄奘传》对于研究古代维吾尔人及其周围和中亚诸民族的语言文字、文化、宗教、历史等具有十分重要的意义。作为突厥学界一直以来的研究热点，深入对回鹘文《玄奘传》的分析探究将会对维吾尔族古代语言等各方面产生重大价值和影响。

　　对回鹘文《玄奘传》进行整理研究还具有一定的现实意义。回鹘文《玄奘传》是现代维吾尔族人民的宝贵文化遗产，是维吾尔族民族文化的结晶，现已被联合国教科文组织列为其文化遗产保护项目之一。因此，它作为一种文化资源，具有十分重要的开发利用价值。研究该文献不仅能够弘扬维吾尔族的文化传统，发掘其民族精神文化财富，推动维吾尔族乃至我国现代诸突厥民族的现代化建设，促进我国西部地区文化事业的发展，更能够丰富中华民族的文化，增进民族间的理解和团结，维护祖国统一。

俄藏回鹘文《玄奘传》第八卷81a—82b研究

姚淑艳[*]

内容提要 本文以俄藏回鹘文《玄奘传》第八卷为蓝本，对其81a—82b进行转写，翻译和注释。

关键词 回鹘文 《玄奘传》第八卷 整理研究

一 回鹘及回鹘文《玄奘传》

回鹘为我国史籍上对隋唐时期游牧在漠北蒙古高原一带古代维吾尔族的称呼。9世纪中期，回鹘汗国（744—840）在黠戛斯人（今柯尔克孜族的祖先）的攻击下灭亡。回鹘各部分三支西迁，其中重要的一支到了新疆的吐鲁番盆地，建立了高昌回鹘王国。在高昌王国时期（约前850—125年），以粟特文为基础创制的回鹘文逐渐取代了漠北时期使用的古代突厥文（或称鄂尔浑文），用它创作和翻译了许多作品。回鹘文遂成为当时新疆和中亚地区广泛通行的语言之一。公元10世纪下半期，因伊斯兰教的传入，回鹘文逐渐废弃不用，而代之以阿拉伯字母的文字。各种非伊斯兰教的古代新疆民族文字文献（包括回鹘文文献）曾遭到大规模的毁坏。所以目前留存下来的回鹘文文献不多，以宗教（主要是佛教）内容为多。

约在1930年前后回鹘文《大唐大慈恩寺三藏法师传》（以下简称《玄奘传》）写本在南疆出土，其中一部分为袁复礼教授购得，后交给北京图书馆保存，已于1951年在北京影印出版，题作《回鹘文菩萨大唐三藏法师传》；另两部分分别卖给苏联亚洲博物馆和法国吉美博物馆。写本形式为所谓的梵荚式，长44公分，高18公分，四边画有红格线，两面书写，每面27行（竖写）。在每叶文字的第五行到第九行之间画有圆圈，直径约4.9分。圆圈中间有穿绳用的小孔。

回鹘文《玄奘传》译自汉文。译者是新疆别失八里（即北庭，遗址在今乌鲁木齐市北吉木萨尔县境内）人胜光法师。关于回鹘文《玄奘传》翻译的年代，目前尚无一致的意见。但回鹘文《玄奘传》写本的发现表明，一千多年以前汉文《玄奘传》就被翻译为古代维吾尔文了。

汉文《玄奘传》，是玄奘弟子慧立据玄奘口述撰写的一部名著。书中详细记述了公元7世纪我国伟大旅行家和佛教大师玄奘的生平事迹。特别是该书的卷一到卷五详细记述了玄奘法师在公元629—645年（唐贞观三年至贞观十九年）去印度取经期间在西域、中亚和印度各地的见闻。它和玄奘的另一名著《大唐西域记》一起构成了今天我们研究西域和印度古

---

* 姚淑艳（1975— ），女，蒙古族，内蒙古大学助理研究员，中央民族大学在读博士。

代历史、地理、文化方面的珍贵史料。

回鹘文《玄奘传》与汉文版《玄奘传》一样，共十卷。最早对回鹘文《玄奘传》研究做出贡献的是德国的葛玛丽《玄奘传回鹘文译本》，其后有我国的冯家昇《回鹘文写本〈菩萨大唐三藏法师传〉研究报告》，接着耿世明等中外专家、学者研究了回鹘文《玄奘传》第五、七、三、九、十卷。

二　回鹘文《玄奘传》第八卷81a—82b转写、翻译

81a

1 （1） nung （?） tupraq-sɪz-ɪnga：ötrü	（四海）无尘，遂
2 （2） kräž-ä tonɪn silkdi：uz-un	佛衣飘动在长
3 （3） yol-tačɪngratɣu-sɪn tayandɪ	路上，他的铃铛摇动
4 （4） käz art-ta：näng tatɪɣ tɪl –	在葱岭山口。不论味道
5 （5） taɣɪnta aš-qa ičgü-gä ilin –	与吃、喝无关
6 （6） mädi：köni yol intki –	寻找真路
7 （7） sin sürdi：näng	跟踪；不论
8 （8） itigkä yaratɪɣ-qa	衣饰，
9 （9） … ［i］lmädin ɪrak yoluɣ yakɪn	又把远路想成近路，
10 （10） ［sa］kɪntɪ üskintä：tüpgärdi	走完
11 （11） ／ö／güz-lär käčig-lär suvɪn kidin	许多河水渡口于西
12 （12） ［änät］käk yirintä：käčtigang	印度，渡过恒
13 （13） ögüz suvɪn öngdün bulung	河于东维
14 （14） p［u］rvadeš ulušta：altɪ tal	国。采柳
15 （15） ［y］apɪrqaq-lɪɣ-ɪɣ k（a）ra kuš	叶于鹫
16 （16） sängir-lig taɣta：kördi altun 山，	阅经
17 （17） už-iklɪɣ-ɪɣ küyüzlüg arɪqta	文于婆罗林。
18 （18） käz-di kamaɣ balɪq uluš-larɪɣ	游历所有城区、国家
19 （19） yüz artuq：bultɪ sudur-lar	百余多，
20 （20） šastr-lar yiti yüz böluk：：	获得许多经
21 （21） barčanɪ ulayu nomlayu katɪn	论，约七百部。
22 （22） katɪn tüšün-lüklärdä yanamlɪq –	所有经论经站口、口岸
23 （23） larda kutluɣ　tavɣac	运到有福的关内。
24 （24） uluš-qa kälti：bu tɪltaɣɪň	这因
25 （25） t（ä）ngri ilig kutɪ birlä …	唐王福气联合……
26 （26） …tütrüm tär［ing］	……极深
（Zeile 27 zerstört）	（第27行残）

81b

（paginierung zerstört：VIII：5）

27 （1） ［bu］iňmi lun šastr ärsärɪnčɪp	此《英明论》即是
28 （2） samtso ačari ävirmiš änätkäk-čä	三藏法师所译梵文

29（3）bitig-lärdäki birisi ärür：：　　　　　经书其中一部。

30（4）yörüg-intä sɪγmɪš ol üč　　　　　　　义理包括

31（5）qutrulmaq-lɪγ kölüngü-lär：：　　　　　三解脱多乘，

32（6）［s］avɪnta tutulmɪš ol　　　　　　　言语涉及

33（7）［y］üz bölük nomlar：čɪn［u］－　　　百部经法，求真

34（8）yur töz-gärür bar-lɪ yoq－　　　　　追根有无

35（9）lɪ töz-lärig：ačar yad̦ar　　　　　　 来源，打开

36（10）ičintäki tašdɪnqɪ taplaγ-larɪγ　　　内外（联系），崇尚

37（11）savɪ az ärsär ymä töz-üg　　　　　词语少而道理

38（12）kingürtdäči ärür：už-ikɪ är［sär］　广，文字少而

39（13）ymä yörüg-üg uqɪtdačɪ t［olp］　　意义显。

40（14）bošγutčɪ-lar utru bošγuru bu …　　学习者当面学习这（经书）……

41（15）körgäli umaz-lar anɪng　　　　　　不能够看到其

42（16）täring-in：öngrängüči-lär　　　　　深奥，学习者

43（17）qač yɪl-ta tükäl bilü umaz－　　　许多年不能完全了解

44（18）lar munung töz-in；bu　　　　　　其根源。

45（19）muntaγ üküš ädgü-lär-ning　　　　因为如此多善妙

46（20）kapɪγɪ üčün anɪn öngrä－　　　　　之门，所以前面话

47（21）ki sav-larɪγ biltürgäli samtao　　让三奘法师知道，

48（22）ačari t（a）vγač tilinčä aqtardɪ　用中原语言翻译，

49（23）kim ol šintai vapši：：　　　　　　有神泰法师，

50（24）［ts］ibai vapši：miqoγ vapši：　　靖迈法师，明觉法师等。

51（25）［bu］üč nomčɪ ačari-lar töz　　　三法师源根

52（26）… kan：y（a）ruq yašuq …　　　　……明晰……

82a

53（1）ačuq adruq yoruγlɪγ kingürü　　　　打开许多光亮（佛经），广泛

54（2）bošγunup kamaγ bitig-lärdä　　　　 学习所有经书，

55（3）üküšüg ötkürmiš topulmɪš　　　　　把许多（经文）精通。

56（4）ärdilär：üčägü barča t（ä）ngri　　三者都蒙受

57（5）iligim（i）z kutɪ-nɪng ɪduq　　　　国王福气圣

58（6）y（a）rl（ɪ）γ ü-zä nomluγ orun－　　令到法场

59（7）qa tägip ilig-lärin－　　　　　　　去，手

60（8）tä ž-uču tutmɪš ärd－　　　　　　 拿函丈。

61（9）lär：bu ačari-lar ymä bitig　　　　这些法师拿着经书，

62（10）［t］utup ötügči-ligin savčɪlɪγ-。　承旨（学经）。

63（11）［ɪ］n samtso ačari-ta tüz nom－　三藏深入

64（12）［uγ］bošγunup nom nomlamaq-ta　学法，讲法精

65（13）［u］z：täring yörügüg tükäțmäk－　妙，深意

66（14）［tä］käd boltɪ-lar：anɪ üčün　　　 通透，因此，

67 （15）［bu］üč ačari-lar samtso ačari –	神泰三法师请求三藏法师
68 （16）［qa］ötüglügin äšidmiš nom –	把所讲法
69 （17）l［a］rın tuta öngin öngin	分别
70 （18）bitip：king yörüg qıltı-lar：	记录，扩张经意，
71 （19）bilgülügin uqɣuluqın orantu	（使人）知道。
72 （20）tükät ip timin ök bulung yıngaq	（诠释）之后，各地流通。
73 （21）sayu yad dı-lar：antaɣ kılıp ymä	这样做之后
74 （22）avantsız tıltaɣsız titsi-lär	无缘的弟子们
75 （23）üküši körmädin äšidmätin	多未曾看到、听到。
76 （24）qaltı-lar：yana ymä bar ärdi	又有
77 （25）sihuin atl（ı）ɣ nomčı ačari bu	名叫栖玄的法师，
78 （26）ačari yana m（ä）n···i inmi lun	这法师，又我······《英明论》
（Zeile 27 zerstört）	（第 27 行残）

82b

79 （Paginierung：）säkiz-inč［a］l［t］ı	
80 （1）··· miš ädgü-läšmiš ädgü öglim ärür：	年少时朋友，
81 （2）bu ačari öngrä süng šan	这法师在名叫嵩山的
82 （3）atl（ı）ɣ taɣ-da turup taɣ arıɣ	山上清净
83 （4）yorıɣınča yorıyur ärdi：näčä –	行走，
84 （5）dä birök adın-larqa asıɣ –	既为他人服务
85 （6）lıqın balıq-qa	于上京，
86 （7）kälsär ašnuča m（ä）n	又按照之前的
87 （8）čıɣay-nıng qıyınta käli［r］	我在穷人街走动。
88 （9）ärdi：yırınmaq-ta yaratındı	完善，创造自身
89 （10）qırq artuq yıl：čınɣaru saq［ın］ –	四十多年。切思
90 （11）ıp kertü-sinčä iki alp-lar［ıɣ］	之诚，二难
91 （12）ikigüni barča tükädti：inč［ip］	俱尽。然这法师
92 （13）yänä bu nomčı ačari-nıng	经法精洁，戒
93 （14）nomı törüsi arıɣ：č（a）hšaput –	行干净。
94 （15）lıɣ yorıqı kirsiz titir；bošyu［t］	学习
95 （16）üzä y（a）ruq yašuq ötmiš	光亮达到
96 （17）ol：bir töz-lüg m（a）hayan nom –	一乘，
97 （18）ta：ät'öz-in yänä yıɣa tirä	自身集中于
98 （19）ögrätmiš titir：on sözlä-mäk –	十诵，
99 （20）lig yıɣı-ta：m（ä）n lütsai körü	我吕才
100 （21）tükädmäkim üzä bu ačari-nıng	看到这法师的
101 （22）ačıɣ ämgäkin：küsüšüm boltı	清苦，希望
102 （23）ačɣalı tıdılmıš yörüglärig	打开阻碍教义
103 （24）t（ä）k ič nom：taš sukšu bir ärmäz	但内外碰撞不一
104 （25）［üč］ün：öngi öngi yörüg	原因，意见不同

105（26）…［yör］dükin ………   行为……

（Zeile 27 zerstört）   （第 27 行残）

三　回鹘文《玄奘传》第八卷 81a—82b 注释

1（2）käž-ä，"袈裟"来源于梵文 kasāya 。

8（8）itgkä yaratiγ-qa "装饰、工具"，26（26）tütrum tär［ing］"深的"，76（24）yana ymä "又"，95（16）yaruq yasuq "光亮、明亮"。勒内·吉罗认为：是古代突厥语中重言法构成的复合词，其一来源于突厥语，其二为外来因素。

12（12）ang，"恒河"，来源于梵文 ganga。

14（14）madyadïš，来源于梵文 madhyadeša，印度地名。

14（14）、15（15）tal［y］apïrqaq "柳树叶子"，对应汉文中"贝叶"。

15（15），16（16）k（a）ra quš 、sängir-lig tayta "凶猛鸟""悬崖峭壁山"，对应汉原文中"鹫山"。

17（17）küyüzlüg arïqta "佛圆寂树林"，对应汉原文中"鹤树"。

23（23）tavγač、48（22）t（a）vγač，即中国，特指中原地区。该词源于拓跋氏，因其所建北魏势力雄厚，故此在中亚地区成为中原王朝的代名词。

27（1）inmi lun "《因明论》"，汉语借词。

27（1）ärsär…29（3）ärür，"……者……也"，相当于汉语判断句式。

35（9）yadar "铺开"，来源于梵语 yaч。

38（12）kingürtdäči "扩展"，词中 king 是词根，gür 表使动，t 表使动，däči 构形附加。

42（16）öngrängüči，根据汉文，此处 "学习者"。

49（23）vapši，"法师"，汉语借词。

49（23）šintai vapši "神泰法师"、50（24）［ts］ibai vapši "靖迈法师"、miqoγ vapši "明觉法师"，三法师人名都是汉语借词。

56（4）t（ä）ngri 表尊重，"圣"。

60（8）ž-uču "函丈"汉语借词。

77（25）sihuin "栖玄"人名，汉语借词。

89（10）qïrq artuq yïl "四十年"，而在汉原文中为"三十年"。

93（14）č（a）hšaput "戒"来源于梵文 čiksūpada。

94（15）titir "说"，此处表判断语气。

96（17）m（a）hanyan "大乘"来源于梵文 mabāyana。

97（18）yïγya "集中"来源于梵文 yiγin。

99（20）lütsai "吕才"人名，汉语借词。

107（2）külčirä "微笑"，kül 是词根 "脸"，cirä 是构词附加成分 "微微的"。

109（4）upasi "比丘"来源于粟特语 "'wp' sy"，"'wp' sy"来源于梵文 upāsaka。

110（5）vy（a）nčan "符号"来源于梵文 vyañjana。

118（13）šabi "生平"，回鹘文中是人的名字。

四　回鹘文《玄奘传》第八卷 81a—83a 汉原文

　　四海无尘，遂得拂衣玄漠，振锡葱岭。不由味于蒟酱，直路夷通，岂藉佩于杜衡，遥途近易。于是穷河源于西域，涉恒水于东维，采贝叶于鹫山，窥金文于鹤树。所历诸国，百有余都；所获经论，向七百部。并传以藩驲，聿归上京，因得面奉圣颜，对扬宗极。

　　此《因明论》者，即是三藏所获梵本之内之一部也。理则包括于三乘，事乃牢笼于百法，研机空有之际，发挥内外之宗。虽词约而理弘，实文微而义显，学之者当生不能窥其奥；游之者数载未足测其源。以其众妙之门，是以先事翻译。

　　其有神泰法师、靖迈法师、明觉法师等，并以神机昭晢，志业兼该；精习群经，多所通悟，皆蒙别敕，追赴法筵，遂得函丈请益，执卷承旨。三藏即善宣法要，妙尽幽深，泰法师等，是以各录所闻，为之义疏。诠表既定，方拟流通；无缘之徒，多未闻见。

　　复有栖玄法师者，乃是才之幼少之旧也。昔栖遁于嵩岳，尝枉步于山门；既筮仕于上京，犹曲眷于穷巷。自蒙修摄，三十余年，忉怛之诚，二难俱尽，然法师节操精洁，戒行冰霜，学既照达于一乘，身乃拘局于十诵。才既睹其清苦，时以开遮折之；但以内外不同，行已各异。

对 qara 一词之我见

李增祥*

内容提要 本文由 qara 一词的英文译文引出，与其原突厥文、汉译文、现代哈萨克语对照，提出了商榷意见。

关键词 qara 突厥文 汉译文 哈语词义

本文之所以针对 qara 一词谈个人的看法是出于以下考虑，在古突厥碑铭文献中有如下的句子：

塔拉提·铁肯教授在其《鄂尔浑突厥语语法》（英文版）一书中，在"暾欲谷碑"的第二块碑文，东面第 1、2 行的转写（第 252 页）和英文译文（第 289 页）中是这样转写和翻译的：tün udïmatï（东第 1 行）küntüz olurmatï, qïzïl qanïm töküti qara tärim yögürti（i）sig küčüg bertim ök.（东第 2 行）（横线所标 yögürti 英文版原转写或印刷有误，应为 yügürti，后面引用时作了更正——笔者注）without sleeping by night, or getting rest by day, and letting my red blood pour and making my black sweat flow, I gave my services（to my kagans and people）……

在林幹著《突厥与回纥史》中，作者在该书的"下篇"第 254 页引耿世民译突厥文碑铭译文（一）暾欲谷碑第 51、52 行中，先生作如下翻译："我夜不能眠，昼不安坐，流鲜血，洒黑汗，我（为国）贡献了力量。"

针对上述原突厥文、英文和汉文译文，再与现代哈萨克语作对照，笔者要表述不同的看法，不妥之处望方家指正。

在突厥语族的语言中，qara 一词是常用词。最基本的含义是表示颜色"黑"。该词在突厥语族语言中使用频繁、词义多样，且不仅仅作"黑"解释。若都按"黑"的意思解释和翻译，就很值得认真商榷。现结合古突厥语并以哈萨克语为例，来观察 qara 一词的用法。

首先，我们对汉译文的洒"黑汗"不能苟同！因为任何人流的汗水也不会是"黑"的。即便突厥人原是柔然的锻奴，整日劳累，流出的汗水也不会是黑色，但查阅铁肯的译文后，也发现他是用"black"对译的"qara"。那么，英文的 black 有无其他解释？为了慎重起见，经查阅《牛津高阶英汉双解词典》，得知 black 一词的解释有：1. a. 黑的、黑色的；b. 没有光亮的；2. a. 黑色人种的，b. 黑人的；3. 很脏的、有污垢的……显然作者在这里直接把古突厥语碑文中的 qara 用英文翻译成 black 是采用"赃"和"有污垢"之意，而不是作"黑"解释，这还说得过去。

其次，再经查阅民族出版社出版的《哈汉辞典》一书中的 qara 词条，有以下解释："1. 黑的、黑色的、乌黑的；2.（人或物的）影子、黑影、身影、背影；3.【旧】贫贱的、

---

* 李增祥（1933— ），男，中央民族大学哈萨克语言文学系退休教授。

低下的，如：qara xalïq '平民'（庶人）、qara süyek '贫苦出身的人'；4. qara 或 qara mal '大畜'；5. 孝服、丧服；6. 普通的。"再看该词条下文中，由 qara 组成的词组，不难看出其词义更是五花八门，不一而足。限于篇幅这里不能一一列出。但是与 qara 所组成的词组中确有 qara ter bolïw "流大汗、汗流浃背、徒劳"之意，这恰好说明现代哈萨克语延续了古突厥语 qara tärim yügürti 的类似用法。又：在哈萨克斯坦学者 E. 阿赫曼诺夫 著《哈萨克语历史句法学》① 一书第 5 页中，作者对暾欲谷碑的前引文，用现代哈萨克语作了如下解释：qara terim yügürti—qara terim aqtï，……作者在文中解释说：qara ter 是指 qïynalɣannan šïɣatïn ter 译作汉语应该是"因经受辛苦、苦难而出的汗水"之意。所以汉文中译作"黑汗"显然不妥，似应译作"流大汗"或"大汗淋漓"，又古突厥语 yügürti 一词，作 to run "跑"和 flow "流"解②。古突厥语 yügür- 在现代哈萨克语中与 jügir-"跑"对应，但现代哈萨克语中已失去"流"的含义，代之的是 aq-"流"。又，我们认为 qara 一词，汉文中适合用"大"字翻译，但这里不是"大小"的"大"，而是"多"和"汗流浃背"，表示"程度之深"。这样解释也符合当时突厥人的实际，也和哈萨克语中阿赫曼诺夫的解释吻合。不过，先生在翻译此句时，"洒"字用得巧妙，但这已距原文相去甚远。

　　说到这里我们又联想到另外一个专名："喀拉汗王朝"又译"喀喇汗王朝""黑汗王朝"③，另在《新疆历史词典》第 473 页中还写成"哈剌汗朝""喀拉汗朝"。第 632 页词条中还作"黑汗王朝"。这里的几种不同写法，实际都是对"Qarakhanid"一词的不同译法。不过我们认为译作"黑汗王朝"不妥，应以音译为好。至于为什么在该"王朝"前加 qara 这一"前缀"，是否与过去自唐、宋……清以来惯于在其前，加上"大"字，即大唐、大宋、大清，不无关系，值得商榷。

---

① 　阿拉木图学校出版社 1986 年版。

② 　参见铁肯《鄂尔浑突厥语语法》，第 408 页。

③ 　见陈永龄主编《民族词典》第 1079 页相关词条。

小儿锦文献的整理与分类

闫进芳*

内容提要 小儿锦文字是我国部分信仰伊斯兰教的穆斯林（主要是回族、东乡族、撒拉族、保安族）运用阿拉伯字母来记录汉语及本民族语言的文字，经过几百年的发展与传承，已经形成了独具特色的文献资料。其整理与搜集受到越来越多学者的关注和研究。本文将借鉴前辈的研究成果，初探小儿锦文献的分类与整理。

关键词 小儿锦 小经 阿拉伯字母

小儿锦文字就是一种主要是运用阿拉伯字母拼写汉语（主要为回族汉语）及民族语言（如东乡语、撒拉语、保安语等）的文字。小儿锦文字又称"小经""消经"或"狭经"。本文以回回汉语小儿锦材料和其他民族语语言小儿锦材料为主，对小儿锦文献进行初步的分类与整理。

一 小儿锦基本情况简介

自元代回回民族形成以来，在历史发展的长河中，由于历史原因以及元代特殊的环境中，回回民族（这个回回区别于现代的回族，概其范围比现在回族大）的发展在元代社会阶级等级中的作为以色目人的身份紧随蒙古人身后，由于地位越来越显要，加上当时中原社会的大力发展以及海上丝绸之路越来越强的发展，致使很多外来回回融入中原文化中，并逐渐放弃自己的母语，接受汉语，进而用自己原有的文字记录他们在中原学到的汉语，但也保留了一部分自己特有的波斯语或阿拉伯语成分。因此，运用阿拉伯字母记录汉语算是民族语言文字上一种特殊的现象。但是，对广大回回人来说，学会汉语比较容易，而学会汉文难度就大了。为了便于学习汉语、汉文和内部通信记事等社会交际的需要，他们用阿拉伯字母创造了一种辅助性的拼音文字。这种文字，在近代回族作者的一些著作中，被称作"小儿锦"或"消经"。人们学习汉语、汉文和日常记事或书信往来，大多使用这种文字。清真寺里传授宗教知识，也兼用这种文字。从目前发现的碑铭中推断，这种文字出现的时限，大约在13世纪和14世纪之交。西安大学习巷清真寺有块碑铭，其间就刻有小儿锦，这块碑铭撰于回历740年（1318）。① 可见，小儿锦文字，当时在民间已很流行了。16世纪初，在回族中

* 闫进芳（1989— ），女，中央民族大学少数民族语言文学系在读硕士研究生。本文是2015年国家社科基金重大项目"新发现民族古文字调查研究与数据库建设"子课题"小儿经与土尔克文"的阶段性成果之一。论文在写作过程中，得到了子课题负责人张铁山教授的指导和帮助，在此表示感谢。

① 《中国最早的中文拼音——小经文字》，宁夏新闻网，2004年8月4日17：55：31 [2008年5月25日13：09]（中文（中国大陆））。

兴起的"经堂教育"中，小儿锦文字得到了广泛的应用，并获得了较大的发展，许多经典都有全套的小儿锦译本，有些是手写本，也有一些是石印本。

小儿锦文字可视为回族的民族文字，也是回族、撒拉族、东乡族等族的共同书面语。

关于小儿锦的起源，说法不一。冯增烈先生曾举出在回民中流传的两种说法：第一种说法认为，回族的先民入华之初不会汉语，为学习汉话，他们便用阿拉伯字母将汉语拼出来认读，此即"小经"文字的前身。其产生年代当在公元8世纪初。冯增烈先生认为，目前虽无史料和文物佐证此说，但有合理成分。第二种说法认为，"小经"产生于明嘉靖—万历年间奠基回族伊斯兰经堂教育的胡登洲。① 持"小经"产生于明中期以后观点的，还有中国社会科学院世界宗教研究所的寅住。其论据是："小经"应该是"伴随着经堂教育的普及而产生的。当时经堂教育的宗教读本完全是阿拉伯文和波斯文，但经师讲授则使用汉语，而多数学员又不大识汉字。这种经堂教育的客观状况成为创造小儿锦的诱因，换句话说，当时的讲授条件逼迫学员们不自觉地用阿拉伯字母记录汉语讲授的内容。那时的经堂教育主要学习阿拉伯语和波斯语的语言知识，所以小儿锦一般只在经堂教育中使用，例如记笔记、注释经文等"②。

另有学者认为小儿锦是伊斯兰教文化扩展的产物。伊斯兰教传入中国后，与儒家思想和封建宗法制度相融合，在甘、宁、青地区形成了一系列门宦。各门宦兴起后，首要任务是要在群众中宣传本教派的教义，壮大自己的势力。穆斯林们认为，伊斯兰教的教义在其根本经典《古兰经》中已包揽无遗，无须任何补充、修订，只要系统地阐述即可。各门宦的教长、阿訇、满拉及职业讲道师都是学习过阿拉伯语文知识的宗教人士，而广大的教民却是操各种民族语和地方话的普通群众，传教士在讲经布道时又主要依靠口耳相传。这样在传播伊斯兰教的过程中就出现了布道者和信徒之间的语言障碍，虽然阿訇们可以把阿拉伯语、波斯语经文译成汉字，但是，信徒们既不识汉字，也不懂阿拉伯语，全靠口耳相传，容易遗忘，也可能对经文内容产生误解，违背先知的圣训。随着经堂教育的普及，经师们为了让学员和信教群众能够准确地记录和通俗易懂地理解他们讲授的内容，用脱胎于阿拉伯字母的拼音字母来书写大家熟悉的混合语，并取名"消经""小经""狭经"，即消化经典之意。由此，"消经"就成了在非阿拉伯语民族中传播伊斯兰教典籍文化的书面语言。在中国回教寺院教育所常用的基本教典中，差不多每一种教典都附有小儿锦文字。有的是在经典原文底左右空白上（即书页底边缘上）写着，有的是在一个单字底附近写着，有的是在一段原文完结后写着。头两种写法，以解释字句者为多；第三种写法则是解释全段原文的意思的。用第三种写法的，一段文字写得很长，除了大体上写的是中国话外，还夹杂着许多阿拉伯话和波斯话。凡学习这类经典而不识中国方块字的回教徒，平常都是用这种文写信，记账和记事。

二　小儿锦文献分类

见于文献已发现的最早小儿锦文献，据冯增烈先生介绍有两种：其一是清初一位佚名阿訇写的《塔志尼》；其二是20世纪法国著名东方学家布洛歇（Blochet）在甘肃收集到的约

---

① 冯增烈：《"小儿锦"初探——介绍一种阿拉伯字母的汉语拼音文字》，载《阿拉伯世界》1982年第1期。

② 寅住：《经堂语与小儿锦》，载《文史知识》1995年10月13日。

18 世纪的《米尔萨德》的抄本，内有用阿拉伯文字母拼写的汉语，即小经的注解。①

著名小儿锦研究奠基人白寿彝先生在《回民起义》第 1 册《纪事》的文前编者说明中提到：小儿锦是用阿拉伯文拼写的一种文字，基本上是汉语拼音，并包含着阿拉伯语、波斯语的词汇，有时也夹杂着一两个汉字。② 他明确指出，小儿锦文字沿用阿拉伯语、波斯语字母是一个问题，其所拼写的语言则是另一个问题。当我们总结小儿锦这种当代通行于回族、撒拉族、保安族与东乡族的文字时，可以发现其最重要的特征是字母体系采纳阿拉伯/波斯字母，而其语言基础为回族汉语以及其他民族语言的记录。由于民族成分的不同以及语言使用的不同，笔者将小儿锦文献分为以下几个方面进行分类阐述：

1. 回族小儿锦主要文献及内容概述

回族"小儿锦"文字是回族人民在近六个世纪以来，通过长期的社会实践，用阿拉伯字母创造的一种拼写回族话的拼音文字，是回族人民在转用汉文的过程中，使用过的一种过渡性的辅助文字。在历史上它对回族人民学习汉语言文字和进行交际做出了一定的贡献，它是回族文化同汉族文化交融的结晶，它对于汉语拼音的发展有着不可磨灭的功绩。从众多小儿锦研究学者的研究成果中，得出一个结论，回族小儿锦主要是指用阿拉伯字母记录回族汉语的文献，而这种"汉语"是区别于普通汉语的一种语言，其区别于当地汉语的最重要特点是包含大量来自波斯语与阿拉伯语的音译词汇。以下是笔者罗列整理的主要的回族小儿锦文献：

（1）《正大光明》，普洱马阿洪撰，全 2 册，第一册共 48 页，第二册共 150 页，小经文字，竖排手写。草纸线装，墨书。版面上册 25cm×25cm，下册 32cm×18cm，保存完好。书的封皮的左上角用工整秀丽的楷书竖写着汉字《正大光明》的书名。③ 用小经撰写的一本随军日记，简要记录和回忆了那时回民起义的起因、经过、受抚、谈判的情况、善后的安置、义军的活动、开支账目、作者的感想、回民被左宗棠大肆屠杀以及义军悲壮逃难的历史等。具体时间是从同治九年（1870）八月十六日开始至同治十三年（1874）二月十九日。每一月所撰写的日记不等，有 30 天的，有 25 天的，也有 18 天的，每一天日记的日期用小楷汉字竖写，内容用小经文字撰写，每页 28 行至 25 行不等，有些页内还贴有补充某一天日记遗漏内容的长纸条。《正大光明》是截至目前发现的陕甘回民起义中唯一的回族当事人自己以日记形式记录那段历史的文本。

以下内容从第 2 部到第 38 部均参引刘迎胜先生对于小儿锦文献的整理与罗列。④

（2）《阿语基础注解》，阿拉伯文标题 Asas al-Ulum（译言《学术之基础》）。并有阿文副标题 Al-Sharh al-Sini wa al-Harakat wa al-a. rab（意为"汉文解释及阿拉伯文原文"）。新疆马良骏阿洪（甘肃天水张家川人）著，手抄影印本，无出版地及出版时间，16 开，平装，无汉字，白色封面。另一种版本无中文名，作者署名"新疆致本氏马良骏"，161 页，"小经"与阿拉伯语合刊，亦为手抄影印本，署有回历 1359 年与 1358 年两个日期，正文无任何汉字，无出版地，16 开，平装，蓝色封面。

（3）Ali al-Ghafiya（《阿里·噶菲耶经》，按，此言《阿里诗篇》）。临夏市各经书摊未

① 冯增烈：《"小儿锦"初探——介绍一种阿拉伯字母的汉语拼音文字》，载《阿拉伯世界》1982 年第 1 期。

② 白寿彝：《回民起义 1》，《纪事》，上海神州国光出版社 1952 年版，第 11 页。

③ 摘引自虎隆、马献喜《"消经"日记〈正大光明〉与普洱马阿洪》，载《回族研究》2006 年第 3 期。

④ 参见刘迎胜《关于我国部分穆斯林民族中通行的"小经"文字的几个问题》，载《回族研究》2001 年第 4 期。

见有任何印本出售，甘肃临夏老拱北藏，手抄本，据说有 100—200 年历史。老拱北住持曾向前辈学者出示过此文献。

（4）《对广大穆斯林的忠告》，有阿拉伯文标题 Nasihatal-Muslmin，译言《穆斯林们的劝言》，并有"小经"书名 Dui Tiuanti Muslim Di Sin Jun（《对全体穆斯林的信遵》），哈三教长著，依斯哈克·马金成译于 1999 年 6 月 15 日，书中附有甘肃广河三甲集中心寺哈三教长的短文，铅字排印本文。此书为中、阿、"小经"三种合刊。作者在前言中称，改革开放后，因"我国国门打开"，伊斯兰教的"万哈比叶派（文中又写作'万哈宾'派。按，即瓦哈比派）乘虚而入"，反对正统派信仰，制造矛盾。为正本清源，作者曾组织人编写过《走出穆斯林的误区》《引导成功者于端正的路道》等书。因一些穆斯林群众不会汉字，作者便在上述两书的基础上编写了此书。译者马金成是经堂学生，在翻译过程中得到同学哈三·本·伊得勒思的帮助。本书中文内容 26 页。哈三教长附文共 4 页，其内容主要是反驳马坚汉译本。"小经"和阿拉伯文部分为 53 页，共计 82 页，平装，32 开。

（5）《〈古兰经〉读法规则》，有阿拉伯文书名 Tajvid，意作"做好"、"发好字音"。打印影印本，100 页，32 开，平装，无作者名、无出版地及出版时间，白色封面，第 1 页为"小经"，以下为汉文解释。

（6）《回教必遵"小经"释意中阿对照》，上有"小经"书名 Huikiyu Bizun（《回教必遵》）。共 154 页，打印影印本。第 1—135 页为"小经"、汉字合璧本。"小经"文字经堂语特点较为明显，其中夹杂大量阿拉伯语与波斯语。第 135—154 页为阿、中合璧。作者未署名，亦未标明出版年代及出版地，平装，16 开，黄色封面。

（7）《穆民教诲》（小经），穆斯林书店 2000 年 10 月影印手书出版，纯"小经"文本，33 页，无作者署名，平装，16 开，无任何汉字。主要介绍宗教劝诫。

（8）Mawaciz al-Shati，无汉文书名，阿拉伯文书名意为《杂散的劝话》。手抄影印本，177 页（上、下册合订），纯"小经"文本，无任何汉字，无作者署名及出版地与出版时间。第 1—92 页为上册；第 93 页至书末为下册。16 开，平装，黄色封面。

（9）Sharacif al-Avarad，无汉文书名，阿拉伯文书名意为《天经之尊贵》。"小经"与阿文合刊。无任何汉文，116 页，无作者署名及年代和出版地，16 开，套红封面，平装。

（10）Tarjim al-Gulistan，无中文书名。其阿拉伯文书名意为《真境花园译》。海潮安写于 1989 年 1 月。此为波斯著名诗人萨迪诗集《蔷薇园》的"小经"译本，"小经"、波斯文合刊，手抄影印本，385 页，无出版地，精装，16 开，紫红色封面。

（11）《脱离之路》，有阿拉伯文书名 Tarigh al-Na-jat，其意为《营救之路》。手抄影印本，无作者署名及出版地，纯"小经"文本。第 2 页有年代 1974 年，书末有年份 1968 年及 1990 年，104 页，16 开，白色封面，平装。另一种版本版式、内容完全一样，但无汉文标题，套红封面。

（12）《小经东热那岁黑乃》，有阿拉伯文书名 Duraal-Nasihin，其意为《劝告者的珍珠》。封面标有时间 1955 年 7 月 16 日，扉页为阿拉伯文，手抄影印本，译者马继良，205 页。正文为纯"小经"文本，无任何汉文，无出版年代，平装，16 开，绿色套黑封面。其阿拉伯文原文排印本影印件在临夏经书摊上亦有出售，精装，蓝色封面，192 页。

（13）《小经古兰》，有阿拉伯文书名 Tajuma Soghraal-Quran al-. Azim ba-Lelsan al-Sin，其意为《尊贵〈古兰〉汉语小译》。阿文、小经对勘本，无译者、出版时间及出版地，正文无任何汉字，分上、下两部分。第一部分前言 5 页，正文 337 页，书中 337 页附记为 351 页。

第二部分 347 页，合计全书 705 页，精装，16 开。

（14）《小经开达尼》，圣彼得堡石印本，刊于 1899 年。共分为三部分，各部分的页数分别为 99 页、37 页与 56 页，共计 192 页。由入俄东干人编。编者为"灵州马"（今宁夏灵武县），经名"穆罕默德·沙里哈·孜亚文迪尼"。据说他的后代仍在焉耆回族自治县，一个儿子 1940 年前后曾是焉耆灵州寺的掌坊阿訇，当时已年过半百。此书安继武译称《忾达尼》，并云"忾达尼"一词在这里具有"汇集、辑录"等含义。1954 年上海穆民经书社影印重版，汉文书名是《回教教条》。全书分章节介绍了伊斯兰教教义的基本知识，每个段落的前面是阿拉伯原文，后面便是波斯化的阿拉伯字母拼写新疆回族话的"忾达尼"字译文。另一种版本，封面有阿拉伯文书名 KaidanKitab。1988 年 9 月 30 日写毕，无译者署名及出版地，133 页，平装，16 开，黄色封面，正文部分无任何汉字。此书冯增烈先生译为《克塔尼》，他说："较早的一本《克塔尼》是由清初米喇印时代的一位阿訇用小儿锦撰写的。"[①]

（15）《小经穆安比哈其》，有阿拉伯文书名 Monab-bihat，意为《被预告的》。由于甘肃临夏方言中将声母 t（特）一概念作 q（欺），此书汉文译名的"穆安比哈其"的最末一字"其"即源于此，扉页下署有回历 1209 年，译者马继良，译于公历 1989 年，89 页，无出版地，16 开，平装，黄色封面，正文无汉字。

（16）《小经穆斯林指南》，上册（中、下未出），译者曹奴海，1998 年 3 月 18 日写于临夏大西关。曹奴海为甘肃临夏人，现在宁夏为阿訇，曾译过《小经谈比海》。译者在序言中表示，他将此经分为上、中、下三册。全书共 196 页，平装，16 开，蓝色封面，正文基本为"小经"，间或有汉文，无出版单位。

（17）《伊斯兰妇女月经教律问答》，阿拉伯文、"小经"为马天明（井口四师傅）著，汉文由其子马希庆于回历 1409 年（1989）译于堡子清真寺。初刊于 1956 年，印于临夏清真寺韩家寺。临夏市堡子清真寺 1996 年重刊。第 1—52 页为阿拉伯文、"小经"合刊，第 53—80 页为汉译。平装，32 开，粉红色封面。

（18）《伊斯兰教条切实问答中、阿、小经对照》，出版地甘肃临夏市。有马步青民国 26 年（1937）8 月序，回历 1355 年 5 月。马步青序言中说，为对甘凉穆斯林进行宗教教育，特请伊斯兰教"经学深渊之阿訇、中阿兼通之硕士，共同研讨"，将五功教条分门别类，"中阿合参"，汇聚成册。另一篇序写于 1998 年 11 月。此序中说，此书在马步青任职青海期间，协助西宁东关清真大寺以素夫教长等人写成。另有阿文序。此书正文为"小经"与汉字合刊，马步青序中所谓"中阿合参"即指此。全书 90 页，书后有目录，16 开，平装，黄褐色封面。

（19）《伊斯兰礼拜封斋问答》，阿文、小经对照，马天明（井口四师傅）著，汉文由其子马希庆译。初刊于 1954 年，印于临夏清真寺韩家寺。临夏市堡子清真寺回历 1406 年（1987）重刊。60 页，平装，32 开。

（20）《伊斯兰教信仰问答》，上海回教经书局出版，该书是汉字和小儿锦对照的伊斯兰教读物，每页分为上下两部分，中间隔开，上面印有汉字，下面则是按字对照的小儿锦。虽然该书不是严格意义上关于小儿锦的学术研究论著，但却是目前发现的最早公开出版的有关小儿锦内容的著作。阿文、小经对照，马天明（井口四师傅）著，汉文译者未署名，写于 1952 年。临夏市堡子清真寺回历 1405 年（1986）重刊，70 页，平装，32 开。

---

① 冯增烈：《"小儿锦"初探——介绍一种阿拉伯字母的汉语拼音文字》，载《阿拉伯世界》1982 年第 1 期。

（21）《杂学全本》，472 页，无作者、出版年代及出版地，无汉文，16 开，精装。另一种题为：《杂学》（Hiza Kitab Zatiyud）。127 页，平装，短于 16 开，无作者署名及出版时间和出版地。20 世纪 30 年代，新疆马良骏阿洪编有《大杂学》，不知是否与此书有关。

（22）《足如分都而木》（Zuruf al-Dumac），无作者署名及出版地。书末署有两个日期：1962 年 6 月 12 日全，1992 年 8 月 12 日全。131 页，16 开，平装，无汉字。

（23）《最新口语小经谈比海》，1993 年曹奴海译（汉译《醒世录》，王孝智译于 1991 年，无出版地，179 页，32 开）。

（24）《热什哈尔》，作者关里爷，成书于清乾隆四十九年至嘉庆间。此书系一种圣徒纪，记哲赫忍耶派教主马明心事。《热什哈尔》一词系阿拉伯文 rashah 之音译，原义是"泄漏出""出汗"，引申为"晶莹""烁亮"。《热什哈尔》一书主要使用阿拉伯文写成。书的后半部又改用波斯文，张承志在其小说《心灵史》中在谈及《热什哈儿》时说："关里爷用阿拉伯文和波斯文创造了一种中国文学史的新形式，第一是秘密，不外传也不使用外人能读的汉文；第二是散文体兼以神密主义。"此书原文未见。有杨万宝、马学凯、张承志汉译本，生活·读书·新知三联书店 1993 年版。汉译本并非"小经"原文的严格直译，译文经过润饰。

（25）《塔勒克》，马良骏编译：20 世纪 30 年代编。

（26）《迈孜拜图》，马良骏编译：20 世纪 30 年代编。

（27）《大台里哈苏》，马良骏编译：20 世纪 30 年代编。

（28）《大杂学》，马良骏编译：20 世纪 30 年代编。

（29）《苏热夫夏尔代》，马良骏编译：20 世纪 30 年代编。

（30）《穆赫默诗》，马良骏编译：20 世纪 30 年代编。此书是用波斯文、汉文、"忾达尼"文字译释阿拉伯文的四体文字合璧的经书。

（31）小经《满俩》。

（32）小经《拜亚尼》。

（33）小经《伟嘎业》。

（34）小经《嘎最》。①

（35）《清真教条切实问题》，1935 年 8 月上海出版，"上面印有汉字，下面则是按字对照的小儿锦"。此书与上引序号第 18 的《伊斯兰教条切实问答中、阿、小经对照》不知是否同一书。

（36）《回语读本》，上面是小儿锦，下面是汉字，虽然讲的是信仰和礼拜知识，但当地一般穆斯林却又把它作为学习汉字的读物。

（37）《岁日夫》，冯增烈先生提道，"在新疆等地有整本小儿锦的《岁日夫》等。这些读物当然仅在阿訇中间流行，然而这些阿訇，也包括内地的女阿訇。这些女阿訇与经堂学员不一样，她们只需要掌握一些阿语和普通的宗教知识，就完全可以胜任工作了"②。

（38）《依玛尼问答实说》，虎学良使用中文与"消经"文字为回族儿童著述了伊斯兰教义普及读物《依玛尼问答实说》。《依玛尼问答实说》也是他得益于经堂教育，回报穆斯

① 以上（25）—（34）的内容只是有简单的记录，但是具体文献的保存以及出版没有查到相关资料，笔者会在今后的学习中尽量关注与研究。

② 冯增烈：《"小儿锦"初探——介绍一种阿拉伯字母的汉语拼音文字》，载《阿拉伯世界》1982 年第 1 期。

林大众，关注儿童信仰教育的第一部作品。

下面罗列的是现在收集到的小儿锦工具书。我们所见到的能称上词典的，只有《中阿双解字典》（Juhar al-Lughat）。"小经"的工具书的数量有多少，无人做过统计，也无法做出统计，因为当代仍有民间穆斯林学者在编写。尽管这些工具书并不是完整意义上的字典，但仍有重要的学术意义。

以下（1）—（12）罗列的工具书内容，仍然是参引刘迎胜先生的整理罗列的。①

（1）《古兰经词典》（Lughat al-Qurcan al-cazim），扉页：《中阿对照〈古兰经〉词典》，1988 年。书末：1986 年 11 月 15 日，回历 1406 年 10 月，91 页，16 开，平装，无作者，无出版地。

（2）《胡赛尼大字典》（Lughat-i al-Husain），扉页：侯赛尼大辞典，1951 年 5 月 1 日增订再版。有中文，862 页，无作者，16 开，精装。

（3）《〈米什卡提〉字典》（Mishkwat al-Lughat），无作者及出版地，254 页，16 开，平装，有阿文尾跋。本书又有一种题为《〈米世喀期〉字典》，内容及版式相同。

（4）《委尕耶词典——中阿对照》（Lughat Sharh al-Qacyh al-Tarjuma Balsan al-Sini），115 页，无作者及出版地，写于 1989 年，平装，有中文。

（5）《者俩来尼字典》（Lughat Tafsin al-Jalalin），阿文原文之上注小经，无汉字，105 页，无作者、年代及出版地。16 开，平装。

（6）《〈真境花园〉字典》（Lughat al-Gulistan），由李百川阿洪的经生汇集课堂笔记而成，三营河东清真寺油印，1990 年 5 月 25 日。词汇按在书中出现的先后排列，内容包括波斯文生词、中文释意与小经注音，81 页，宽于 32 开，平装。

（7）《中阿对照〈伯亚尼〉字典》（前有阿文），写于 1984 年农历，署有时间公元 1984 年 5 月 18 日。第三版 1989 年 7 月 6 日。无作者及出版地，76 页，有中文，16 开，平装。

（8）《中阿对照〈满俩〉字典》（前有阿文），51 页，写于 1983 年 6 月 1 日，无作者及出版地，平装，16 开，有阿文尾跋。

（9）《中阿双解字典》（Juhar al-Lughat），上海方浜西路马桥受百里一号穆民经书会发行。扉页：Mucjim al-cArbiah al-Siniah Juhari al-Lughat。编者李殿君，1955 年，372 页，有中文，简体字。原件当为抄本，后附老式中、阿、小经字汇，101 页，收 3000 词，排列无序。从第 102 页起有另一种中、阿、小经字汇，按阿文字母顺序排列，至第 185 页，共 83 页。作者附言收 2959 字，附勘误表，精装，16 开。后两部分系刊印本。

（10）《中文消经双解》，阿文标题 Lughat al-Maltubat alabiyat al-Tarjuma bi-Siukin wa Ju-wun。118 页，无作者及出版年代与出版地，平装，16 开。

（11）《中文消经双解〈噶兑〉新字典》，1996 年。译者苏生达，写于 1996 年 8 月 22 日，甘肃广河县三甲集大场，227 页，平装，16 开。

（12）《中文消经双解〈伊哈雅仪〉字典》（Lughat AhiyccUlum al-Din），有阿文序言，译者未署名，写毕于 1994 年 10 月 22 日，无出版地点，199 页，16 开，平装。

（13）《照赫勒》，冯增烈先生提道"随着小儿锦的应用和发展，又产生了小儿锦字典。在上海流行的一种抄本和印本的《照赫勒》（意为'珠宝'），就是一本通用的小儿锦

---

① 参见刘迎胜《关于我国部分穆斯林民族中通行的"小经"文字的几个问题》，载《回族研究》2001 年第 4 期。

字典"①。

（14）《中阿双解谐韵字典》，冯增烈先生提道，"西安解放后编印的《中阿双解谐韵字典》，是一部以汉语词汇为主、附有阿文原词，同时注上小儿锦汉语读音的字典"②。

（15）合著阿拉伯文、中文、波斯文、小儿锦文字合璧的《波文之源》和《侯赛尼大辞典》等。

关于回族小儿锦的文献，还有一些更早期的资料，存留至今的有回回馆教师的作品，主要是二十余篇《回回馆来文》。这些《回回馆来文》，有许多以波斯字母拼写的汉语词语，如 Dalming，"大明"；vang，"王"；dudu，"都督"；suJiu，"肃州"（地名）；qamjiu，"甘州"（地名）；yungchang，"永昌"（地名）；vai，"卫"（明军事单位名）；ji，"只"（量词）等。③

1952 年出版的《回民起义》第三册中，白寿彝先生收录了庞士谦翻译的小儿锦文献《纪事》，在该文编者按中，他简单扼要地提出了小儿锦的概念，对此后的学术界产生了深远影响。白寿彝先生除在《回民起义》第三册中收入的那帧照片和译文《记事》以外，马光启先生也珍藏过一批记述秦难的小儿锦史料。还有西安马静山阿訇的记事手册，其中更有用小儿锦记录的中医偏方。新中国成立以后，西安刘宗云阿訇于 1955 年 8 月曾经应邀参加陕、甘回民赴东北参观团，从 8 月 5 日报到开始，刘宗云就用小儿锦写下了一个多月的参观日记，成为记述新中国风貌的小儿锦作品。《记事》、刘氏《日记》和西安大皮院清真寺内的《马忠吉遗恩阿文碑》等使用的"小儿锦"，夹杂有阿、波语词、经堂语和自己生造的语词，带有浓厚的经堂文风，读译起来艰涩难懂。这类"小儿锦"可以叫作"经堂式的小儿锦"，而《清真教条切实问题》和《中阿双解谐韵字典》等，则完全抛却了各类语词的混合和生造，拼法也较简单，纯粹是汉语译音。这是近代经过一番改革的"小儿锦"，只要略通阿文字母拼音的人，拼读起来是不太困难的。这类"小儿锦"可以叫作"现代的小儿锦"。④

回族小儿锦文献远不止这些，随着研究的深入，将会出现更多的小儿锦文献罗列其中。

2. 东乡族小儿锦文献及内容概要

东乡族是我国西北地区信仰伊斯兰教的少数民族之一，在长期的历史发展长河中，东乡族也为人类留下了众多的文献材料，是我国民族文献不可或缺的一部分。与回族一样东乡族信仰伊斯兰教，因此在自身的发展过程中广泛运用阿拉伯文和波斯文经典传播教义，进行经堂教育以及传播古老的故事传说，他们不仅通晓汉语，并且有其自己的民族语，因此在发展过程中，也仿效回族用阿拉伯字母，记录和撰写本民族语言，留下了众多东乡族小儿锦文献。据陈元龙先生介绍，清康熙、乾隆年间东乡族学者、高山门宦创始人马哈三（1682—1770）遗留的札记，其中有大量用东乡族"小经"记载的民间叙事、劝善言、事记和宗教知识等。四分之一东乡"小经"系受回族"小经"影响而创制，故东乡族"小经"产生的时代较回族小儿锦稍晚些。以下主要是笔者摘录《中国少数民族古籍总目提要》的关于东

---

①　冯增烈：《"小儿锦"初探——介绍一种阿拉伯字母的汉语拼音文字》，载《阿拉伯世界》1982 年第 1 期。

②　同上。

③　参见刘迎胜《〈回回馆杂字〉与〈回回馆译语〉研究》，中国人民大学出版社 2008 年版，以及其《小儿锦研究》，兰州出版社 2012 年版的资料。

④　以上材料和观点均引自冯增烈《"小儿锦"初探——介绍一种阿拉伯字母的汉语拼音文字》的材料。

乡族卷罗列东乡族小儿锦文献，以供大家参考和查阅。

从文学角度看，东乡族文献中专门有小经抄录（阿拉伯文字母拼写东乡语），这类作品后来也由一般的信徒直接用本民族的母语口耳相传了。这方面的作品有诗歌，也有散文、故事。《中国少数民族古籍总目提要》将其编类于"甲编·书籍类"中，主要有以下 11 部作品：

（1）《艾布则吉麦哪盖布（二）》，1 卷 1 册，428 页。马伏海撰。作者是中国伊斯兰教胡门门宦创始人。该书为作者小经手札，主要记录和阐述胡门门宦的一些哲学主张和观念。手札后来经胡门门宦上层人士修改加工并汉译，蜡刻装订后在教内传播。有阿拉伯文本。墨书。页面 25cm×19cm，13 行。在胡门门宦上层人士间有收藏。①

（2）《艾利夫》，不分卷 1 册，19 页。佚名撰。小经文哲理性（索求哲理性）"拜题"（波斯语，诗歌）。"艾利夫"是阿拉伯头一个字母的三个音节，按照东乡族伊斯兰教胡门派的解释是，"一字分三，三字归一"，真主、先知、穆斯林民众三位一体，合起来就成了艾利夫，与清代回族学者刘介廉所著的《天方情理》艺术的观点同出一辙。麻纸，线装，阿拉伯文库法体，墨书。页面 25cm×16.8cm，7 行。保存较为完整，其中三段已被整理译成汉文。今藏甘肃省东乡族自治县达板乡红柳村阿麻萨胡门拱北。②

（3）《先知登米尔那芝》，不分卷 1 册，21 页。佚名撰。以小经文记述的伊斯兰教先知穆罕默德的登霄传说。该传说最早源于《古兰经》《圣训》先后出现的阿拉伯文、波斯文版本有四五十种之多，清代以来，登霄传说才有了东乡语版本。手抄本。麻纸、线装，阿拉伯文库法体，墨书。页面 22.5cm×15.5cm，7 行。保存不甚完好。今藏甘肃省东乡族自治县大树乡关卜村一阿訇家中。《圣人上米尔芝那》是登霄传说的东乡语诗歌版本。由于受到诸多的局限，类似的不少"拜提"见诸文字刊印的几乎没有，大都为口传、手抄，而且是用小经拼写抄录的。③

（4）《〈伟嘎业〉注释》，不分卷 1 册，450 页。佚名撰。《伟嘎业》是伊斯兰教教法的著名经典书籍，为东乡族伊斯兰经堂教育的必背教材和阿訇们常用以讲解瓦尔兹劝导教诲的词书。书中有小经文和波斯文注解。对研究东乡族的宗教有参考价值。抄刻本。麻纸，线装，阿拉伯文文体，墨书。页面 27cm×17cm，有墨框，单线边栏，16 行。白口版。有破损、漏缺页。今藏甘肃省东乡族自治县锁南镇西寺。④

（5）《杂学》，1 卷 1 册，180 页。马上赢撰。主要介绍伊斯兰教的一些基本知识，如如何礼拜、洗大小净、做"嘟哇"（祈祷词）等，多用土话小经和汉语小经注释，一般多在门宦（老教）内流传。手抄本。墨书，8 行，白口版，有数页残损。今藏甘肃省东乡族自治县锁南镇锁南村马依斯麻家。⑤

（6）《米拉尕黑》，不分卷 1 册，306 页。佚名撰。用小经文记音拼写、用东乡语延长的东乡族中最有影响的民间叙事长诗。长 436 行。这部"拜提"（诗歌）中，既描写了政

---

① 《中国少数民族古籍总目提要》（东乡族卷、裕固族卷、保安族卷），中国大百科全书出版社 2006 年版，第 31 页。

② 同上书，第 32 页。

③ 同上书，第 33 页。

④ 同上书，第 34 页。

⑤ 同上。

治，也描写了爱情，是一部爱情政治叙事长诗。其政治一面，诚如在诗歌中所描绘的，米拉尕黑为保卫民族生存而深明大义，毅然决然离别亲人，奔赴战场，在刀光剑影中立下了汗马功劳。手抄本。黄纸，线装，阿拉伯文体，墨书。页面 19.8cm×14cm，版墨框 14cm×10cm，12 行。白口版。有缺漏。今藏甘肃省东乡族自治县达板乡陈家村一阿訇家。①

（7）《呀·卧里油》，不分卷 1 册，9 页。佚名撰。小经文"拜题"（诗歌）收集辑录富有象征意味的宗教劝诫诗和警句式格言，内容多为对人性的贪婪进行了责难，指出习惯奴役心灵，为此，意志应战胜习惯，以使心灵摆脱污染，得以解脱。中堂条幅。宣纸，阿拉伯文艺术体，墨书。1 行。保存基本完好。其中的许多段落已被整理译成汉文。今藏东乡族民间部分群众家中。②

（8）《和者阿姑》，不分卷 1 册，5 页。佚名撰。用阿拉伯字母拼写东乡语的小经文字书。是记录伊斯兰教苏菲文学（神秘）的一种"拜题"。用隐喻、象征手法，诗中少女的美丽、善良已不是字眼表面上的普通含义了，通过对"情人"的思念、爱恋和追求，委婉含蓄地表达出对真主的虔诚和信仰，进而阐发"人主合一"的神秘主义观点。手抄本。麻纸，线装。阿拉伯文三一体，墨书。页面 25cm×19cm，版墨框 18cm×14.5cm，13 行。页面残缺不全。原存甘肃省东乡族自治县大树乡黄家村古斗社马继梁处。其中两段已整理成汉文。③

（9）《哈散与侯赛尼》，不分卷 1 册，19 页。佚名撰。用小经文记述的"拜提"，则带有浓厚的悲剧色彩，是吟诵祈求的哀诗。"拜提"所述的主线内容取自伊斯兰教四大哈里发后期的一次导致伊斯兰分裂为逊尼派、十月派的重要历史事件。该书仿照 12 世纪波斯苏菲文学中的神秘剧《塔阿吉亚》并加以改编，所不同的是，东乡语"拜题"中原书具体的历史背景、地名、人名皆模糊淡化了。麻纸，线装，阿拉伯文三一体，墨书。页面 19cm×15cm，7 行。保存不甚完整。原藏甘肃省东乡族自治县大叔黄家村古斗村马继梁家。其中部分段落已被译成汉文。④

（10）《清真指南》，不分卷 1 册，390 页。清乾隆二十二年（1757）马明清撰。作者是伊斯兰教嘎底忍耶（大拱北）教派第二代传人，东乡族。该书用阿拉伯文、小经文讲解伊斯兰教教旨教义。手刻本。麻纸，阿拉伯文体，墨书。页面 20cm×14cm，7 行。保存基本完好。今藏甘肃省临夏市太子拱北内。⑤

（11）《葡萄蛾儿》，不分卷 1 册，7 页。佚名撰。用阿拉伯字母拼写东乡语的小经文字书，记录伊斯兰教苏菲文学中一种可供吟诵的"拜题"。巧妙地构思了"灯蛾扑火"，不惜牺牲身躯的寂灭，孜孜追求光明，滤净心性，得以永生的情节，借以阐明一个重要哲理：要想接近真主，就必须攀欲苦修，清心寡欲，甚至通过大劫大难就能达到以"人主合一"的佳境，从而使灵魂获得永生。手抄本。麻纸，线装，阿拉伯文库法体，墨书。页面 23cm×15cm，6 行。页码缺漏，有残缺，纸张陈旧破烂。原藏甘肃省东乡族自治县大树乡黄家村古

---

① 《中国少数民族古籍总目提要》（东乡族卷、裕固族卷、保安族卷），中国大百科全书出版社 2006 年版，第 35 页。

② 同上书，第 36 页。

③ 同上书，第 37 页。

④ 同上书，第 38 页。

⑤ 同上。

斗社马继梁处。少部分段落已被整理。①

除上述 11 部《中国少数民族古籍总目提要》罗列的小经文作品外，笔者参阅并整理其他前辈研究过的一部东乡族小儿锦文献如下：（编号紧跟上述罗列文献顺序）

（12）《诗司乃比》，32 开，7 页，54 行。是一部以叙事的主人公命名的东乡族古代的小经文"拜提"，它以东乡族母语形式念诵说唱，集诗歌、故事、警句为一体，用确切的比拟、夸张、排比手法，搭配和谐，水乳交融，数百年来，为东乡族人民所珍爱。长诗讲述了一个以"善"为本，渐而感化和改造了"邪"的孤儿与后娘的故事，赞颂了"真、善、美"中所表现的滴水穿石的道德力量。②（《中国少数民族古籍总目提要》中亦有此文，但并未说明这是小经文献，而是将其归入丁编·讲唱类，叙事诗中。）③

以上所述的东乡族小儿锦文献主要突出特点是：第一，表达了信教为求与真主合一而苦行修炼的坚定和不同修持阶段的体验，对安拉独一的虔诚信仰，颂扬了圣人以及四大苏哈白，缅怀圣地，宣传伊斯兰美德。第二，刻意描写自我的内心体验、灵魂的震颤，擅长表达心理活动。第三，深刻的象征喻义，独特的语言特色。

另外，东乡族小儿锦文献还有碑铭文献，笔者查阅的主要有一块小儿锦碑铭是东乡县哈木则拱北小经碑文（碑铭名字未定）。④

3. 撒拉族小儿锦文献

撒拉族也是西北地区信仰伊斯兰教的少数民族，与回族和东乡族一样，小儿锦也流行于撒拉社会生活中。撒拉族把这种字母称为"土尔克文"，笔者查阅相关资料，最终查阅到的撒拉族小儿锦文献主要有下列 5 部：

（1）《土尔克菲杂依勒》，又叫《土尔克杂学》或《土尔克穆合塔孜尔》。清光绪九年（1883）循化乃曼人格鲁曼·札依夫大毛拉著。因其包括的内容较广，且属杂记文体和杂史性质的文献，故又多称《杂学》，用土尔克文（小经文）创作成书于 19 世纪的《土尔克菲杂依勒》是一部涉及历史、哲学、宗教、天文、地理、伦理、风俗等的百科全书式著作。现有手抄本传世。存青海民族学院民族研究所。⑤

（2）《朝觐途记》，用土尔克文（小经文）书写的，是一部极富文学色彩的游记。⑥

（3）《历代帝王年表》，用土尔克文书写的一部作品。⑦

（4）《小经》，有阿拉伯文书名，其意为《教义学与教法学》。青海循化撒拉族编，手抄影印本，401 页，浅褐色套绿封面，此书正文为纯"小经"本，无任何汉字，无作者署名及出版年代，无汉文。⑧

（5）《撒拉族志》，写于清道光年间。神话故事一部，诗歌两部，天经注解一部，皆为

---

① 《中国少数民族古籍总目提要》（东乡族卷、裕固族卷、保安族卷），中国大百科全书出版社 2006 年版，第 39 页。

② 马自强：《东乡族小经文"拜提"的人文资源价值》，载《西北民族研究》2005 年第 3 期。

③ 《中国少数民族古籍总目提要》（东乡族卷、裕固族卷、保安族卷），中国大百科全书出版社 2006 年版，第 40 页。

④ 同上书，见第 58 页图片资料。

⑤ 同上书，第 285 页。

⑥ 依布拉·克力木：《谈历史上的撒拉文——土尔克文》，载《语言与翻译》1989 年第 3 期。

⑦ 同上。

⑧ 刘迎胜：《小儿锦研究》，兰州大学出版社 2013 年版。

撒拉文（土尔克文）所写，书法精锻，保存亦完全。①

关于小儿锦文献，笔者在整篇文章当中都论及它是回族、东乡族、撒拉族、保安族的书面语文献，但由于材料和研究有限，目前未收集到相关的保安族小儿锦文献，相信今后的研究中定会挖掘出来，以补充其缺乏现象，故本文暂略对其分类研究。

三　小儿锦文献研究需要从目录学角度将其整理的原因

首先，对于小儿锦的研究与整理虽然有很多学者做了大量的搜集与研究以及解读工作，但对文献作系统的整理与分类的尚比较少，尤其汇总不同民族小儿锦文献的分类整理更是寥寥无几，所以为了使庞杂的文献更显得清晰明了，笔者尝试运用目录学原理初探小儿锦文献目录编写以及整理与分类，以便让读者能够在今后的学习与资料查找中更好更快地运用和筛选。

其次，小儿锦文献的分类研究不仅仅是文献学领域的一个补充，也会有利于补充其他学科的材料的补充，例如整理好的文献研究可以直接被史学、民族学、语言学等领域引用和借鉴，整体上促进交叉学科的研究与发展。

但不管怎样分类，小儿锦的应用，既然有如此悠久的历史和广泛，那么，无论从中国伊斯兰教史的角度，还是从汉语拼音文字史的角度去研究它，都是一个有意义的课题。

参考文献

［1］（清）顾嗣立：《元诗选》，中华书局 2002 年版。

［2］白寿彝：《回民起义 1》，神州国光出版社 1952 年版。

［3］陈垣：《元西域华人化考》，上海古籍出版社 2000 年版。

［4］冯增烈：《"小儿锦"初探——介绍一种阿拉伯字母的汉语拼音文字》，上海外语教育出版社 1982 年版。

［5］虎隆、马献喜：《"消经"日记〈正大光明〉与普洱马阿洪》，载《回族研究》2006 年第 3 期。

［6］罗常培：《唐五代西北方音》，上海商务印书馆 1993 年版。

［7］刘迎胜：《小儿锦研究》（全三册），兰州大学出版社 2013 年版。

［8］刘迎胜：《小经文献与伊斯兰教相关问题研究》，载《世界宗教研究》2005 年第 3 期。

［9］《青海撒拉人之生活与语言》，载《新西北》1945 年第 8 卷第 4—6 期。

［10］孙楷第：《元曲家考略》，上海古籍出版社 1981 年版。

［11］依布拉·克力木：《谈历史上的撒拉文——土尔克文》，载《语言与翻译》1989 年第 3 期。

［12］寅住：《经堂语与小儿锦》，载《文史知识》1995 年第 10 期。

［13］《中国少数民族古籍总目提要》（土族卷、撒拉族卷），中国大百科全书出版社 2006 年版。

［14］《中国少数民族古籍总目提要》（东乡族卷、裕固族卷、保安族卷），中国大百科全书出版社 2006 年版。

---

① 《青海撒拉人之生活与语言》，载《新西北》1945 年第 8 卷第 4—6 期。

乌古斯最直系的分支：撒拉族及其语言

Mehmet Ölmez 著　杨　潇*译

内容提要　本文简要介绍了撒拉族的地理分布、生产生活方式、历史、宗教和文化传统等，以田野调查所获的撒拉语语料为基础，与克普恰克、察合台、乌古斯等突厥语族语言进行比较，发现撒拉语中的一些语法特点和表达方式接近乌古斯语支。

关键词　撒拉族　乌古斯　撒拉语

一　撒拉族

在今天的土耳其，关于乌古斯人最直系的族群撒拉族及其语言的资料和信息可以说少到几乎没有。即便是土耳其文的有关撒拉族的信息，在某种程度上也是更多地依赖于西方的研究。在此，我们有必要回顾和纪念以下几位学者及其研究：俄罗斯 Potapov 的文集（以及 Popee 在此基础上进行的研究），E. R. Tenisev 的文集和著作，ZsuzsaKakuk 发表的文章，人类学家 Kevin Stuart 的研究，R. Hahn 的论文以及 ArienneM. Dwyer 近期的研究。

我们对撒拉族最初的认识得益于对喀什噶尔、乌古斯族群的研究以及如何阐释"土库曼和部族"这组词语的问题。据此推断 Salgur 是乌古斯部的第五支。关于 boy "部落，宗族"这个词，Salgur 人举了这样的例子：

bōy ［/o/这一元音和（işbāᶜ）］在乌古斯语中是"部落，宗族；部族（raht，kabīla，ᶜaşīra）"的意思。彼此互不相识的两个人碰面的时候，先互相问候，再问对方 boy kim "你是哪个部族的（raht，ᶜaşīra，ḳawm）"。被问到的人就回答 salgur "我是 Salgur 族（raht）的"。或笔者在书中开头处列举的部族名（buṭūn）中的某一个，这些都是部族祖先的名字。之后他们开始谈话，或不作停留就此分别。这样看来，双方对彼此所属的族群（ḥizb）都是了解的（选自穆斯塔法·S. 卡恰林的译作，目前正筹备出版）。

在突厥学领域里研究撒拉族的时候，几乎总是把他们的语言和地理状况与黄回鹘（裕固族）放在一起进行调查和评价。然而这两个民族的文化（宗教、服饰、生产方式）和地理状况并不相同。从撒拉族聚居的青海省循化县乘长途客车到裕固族生活的肃南地区，路上大约需要 10 个小时（类似的资料和观点另见 Dwyer 2007，第 1 页，注释 1）。

关于撒拉族的名字、部族、史籍中记载的与其活动相关的地方、撒拉族的祖先以及安纳多卢撒拉人的迁移等问题，可以参看 Faruk Sümer 的 *Oguzlar, Tarihleri-Boy Teşkilatı-Destanları*

---

* 杨潇（1990—　），女，中国国家图书馆助理馆员。本文原文载于土耳其学术期刊《突厥语》2012 年 12 月，第 12 卷第 732 号。为了在土耳其介绍撒拉族人的现状，笔者在 Bilkent 大学举行的一次会议上宣读了题为《乌古斯最直系的分支：撒拉族及其语言（1）》的文章。在笔者对撒拉族及其语言进行研究期间，撒拉族同事马伟（Yunus）向笔者提供了巨大的帮助，在此笔者要对他致以真诚的感谢。

《乌古斯人（土库曼人），历史—部族形成—史诗》（增印第三版，阿娜出版社，伊斯坦布尔，1980 年），第 336—344 页和第 447—448 页。

身为穆斯林的撒拉族与生活在同一区域内的回族、汉族穆斯林在文化方面非常相近（宗教、服饰、生产方式）。他们彼此通婚，共享城里的清真寺（*mişit*，*mişt*）。据笔者的同事马伟所说，他们之间最重要的不同可能是婚礼和婚俗。

抛开其与裕固语和裕固族的关系，擅长经商的撒拉族人民也在其聚居的全部地区（青海省、西藏自治区等）和中国大多数城市从事商贸和经营活动。

谈到撒拉族的族源，笔者在中国的记载中找不到有关撒拉族历史较长时期的长篇详细资料。于是，Tenişev 搜集并出版的唯一一份珍贵资料就显得非常重要且引人注目了（Tenişev 1977）；第二篇文章中笔者将会更详细地研究撒拉族、撒拉族的历史、撒拉族和乌古斯人之间的地方。简而言之，撒拉人于 14 世纪末从撒马尔罕来到了他们现在居住的地区，因为当地的水土与他们故乡的不一样，并且驮着《古兰经》随行的骆驼消失之后卧地（Altiuli）成石，他们便选择此地作为家园留了下来：叫作 "骆驼泉"（döye yül — döye yuli）。

今天，撒拉族主要生活在中国青海省循化县及其周边的村庄里。这片区域海拔约 1800 米。黄河在这一地区发源并向中国内地延伸，而撒拉族一般就定居在黄河沿岸。撒拉族原本并不用 "黄，黄河" 这些词，而是简称为 morun—morιn（蒙古语）。他们跟该地区的藏族，尤其是山区的藏族保持着非常友好的关系。藏族村民日常采买一般都去撒拉族人的店铺。撒拉本族人之间的日常交流以撒拉语为主。他们在广阔肥沃的平原上从事灌溉农业生产。除青海以外，在中国新疆维吾尔自治区还有几千名撒拉族人（这个问题笔者在第二篇文章中还会予以关注，具体内容在阿不都热西提·亚库甫的专著中）。生活在甘肃省的撒拉族（据马伟提供的信息）。几乎已经忘记了撒拉语在探访撒拉族村庄、农户、陵墓、宗教学校期间（*Daşînḥ*，*Altiūli* 村），因为笔者是一个来自土耳其、讲土耳其语的研究者，穆萨哈吉和其他几位朋友多方联系，为笔者提供帮助，在此一并感谢他们。

"循化" 是这一地区的汉语名，不过撒拉族彼此间现在还用 "撒拉尔" 来称呼这个地方："*Men salιrga*（— *salīga*）*vargur*（— *vāgur*）"（"我要去循化"）。

撒拉族人自 1990 年起就致力于学习本民族历史和语言，从 2008 年开始出版自己的期刊，每年两期，内容是用拉丁字母拼写的文章。

二　撒拉语的特点

撒拉语在同中亚其他穆斯林使用的突厥语族语言、察合台和克普恰克语做比较时，无论与哪一种进行比较，在语法和词汇上都有所分别。当与土库曼语和土耳其语做比较时则会在一定程度上体现出古老的特征。另外，相对于使用人口更少的（大概 5000 人）裕固语来说，撒拉语中的一些语法成分已经消失了。比如在动词后缀中，我们现在几乎不可能见到第一人称的形式了；元音的前后和谐也不见了。从词汇的角度可以看出，藏语和汉语都对撒拉语产生了深厚的影响，有些突厥语固有的词根都被来自藏语和汉语的词所取代了。现在他们甚至用藏语的 *gaça — geçe* 来表达 "词，话，语言" 的意思："*Yaḥçuḥ gaçanιhemmekişyişar, yaḥçuḥişnιhemmekişetmes.*"（好话人人都会说，好事不是人人都会做。）

我们一方面因为 "el"（手）的用法将撒拉语与克普恰克和察合台语（这些语言中原来

是 "ḳol"）分开，另一方面又根据动词 et- ~ et-的用法而认为它与乌古斯语支相近。当然词首 d-音（比如 dört "4"）的普遍出现在这种相近关系中起着重要的作用（笔者在第二篇文章中详细研究了这一特征和另外几个重要的特征，该文章是 2009 年 8 月初做的一个简短的专项研究报告）。

在数字系统中，"四十"以上的数字一般不用。尤其是男人、中年人或老年人，他们知道的数字都比较少。笔者听到过女人、年轻人和中年人说四十、五十、六十这样的数字。这一现象的原因与男性更多地与其他社群（汉族、藏族）接触有关，一个 64 岁的人会这样描述自己的年龄："五十加十四，六十四"。

以下是笔者第一天听到后迅速记下的词，根据主题和感觉分别列出。关于笔者记录的材料和收集的文献，在第二篇文章中会更详细地论述。

Atuḥ（— *ḳòp*）*işse kursagım agrır.* "我要是吃得太多的话就会生病，我要是吃得太多的话胃就难受。"

Yaḥçuḥ gaçanı hemme kiş yişar, yaḥçuḥ işnı hemme kiş etmes. "好话谁都会说，好事不是谁都会做/ 不是每个人都能做得好。"

Saŋa bala neçe（~*nece*？）*var? segis, ōl dört, ane dört; suŋzı on segis vara.* "——您有几个孩子？——八个，四个儿子，四个女儿，孙子辈的有十八个。"

sıh "右，右边；健康，没病"

X *yulıḥ* "左，左边"

dal "树"

aġaş "aġaçtan, ahşap; odun" "用树做的，木质的；原木，木柴"

aġaşli "有树林的；有树林的村子"

emih "面包"

hos "核桃"

cicek "花"

ėt - "做……（助动词）"

kini "妻子，夫人"

gadın "女人"

ame "anne" "妈妈"（他们也知道 ana 是更古老的形式）

ape "baba" "爸爸"（他们也知道 ata 是更古老的形式）

kiş "人，人类，人物"

ıssı "热"

boḥcün（< ? *boḳ cibin* < < *çīpun*）"苍蝇"

çalar- "起名，叫……"

naŋ "什么"

bugun "今天"

eŋkih etci（规范的说法是 *eŋkihci, eŋhci duyulur*）"谢谢"

atuḥ— ātuḥ "非常，很多，更多，多余的"

oḥluh "草地，干草；干草垛"

doycı "我吃饱了"（*min doycı* "我吃饱了"）

表示时间和季节的词：

kışında "冬季"

yaz "春天"

yii "夏天"

guz "秋天"

ili "之前，以前，过去，前"

inci "现在"

撒拉语中的几个句子：*oholdı，bır bosor vumiş. Aniği uŧinde hama bara. Bosçiuxge anor vumiş，anaçiux adını Agu Ķaraci çaliba. Agu Ķaraci uzıtķusı yaşinde，tioniangķırğındağı kişler suci giba. Agu Ķaraci degısı onı yoxa.* "很久以前有一位老人。他家里什么都有（＝富有）。他有个女儿。给她起名叫阿姑·喀拉济。阿姑·喀拉济长大后（＝到了婚嫁年龄），周围的男子都中意于她。阿姑·喀拉济却没有（给他们）回应（＝不想跟他们结婚）。"（《阿姑·喀拉济》，*Suini Salır*，2008 年 2 月，第 92 页起）

参考文献

［1］Dwyyer, Arienne M. , 撒拉尔：《中亚语言接触过程研究》（A study in Inner Asian Language Contact Processes），威斯巴登，2007。

［2］Hahn, Reinhard F. , 撒拉尔：《突厥语》，L. Johanson 编，É. C. Johanson 出版，1998：399—402。

［3］Kakuk, Zsuzsa, 撒拉尔文本（Texts salars），《匈牙利东方学报》（Acta Orientalia Academiae Scientiarum Hungaricae）第 13 期，1—2，1961：95—117。

［4］Kakuk, Zsuzsa,《撒拉尔词汇》（Un vocabulaire salar），《匈牙利东方学报》（Acta Orientalia Academiae Scientiarum Hungaricae）第 14 期，2，1962：173—196。

［5］Kakuk, Zsuzsa,《撒拉语的语音》（Sur la phonetique de la langue salare），《匈牙利东方学报》（Acta Orientalia Academiae Scientiarum Hungaricae）第 15 期，1962：161—172。

［6］Poppe, Nicholas,《论撒拉语》，《哈佛亚洲研究》第 16 期，3—4，1953：438—477。

［7］林莲云：《撒拉—汉，汉—撒拉词汇——中国少数民族语言系列词典丛书》，四川民族出版社，1992。

［8］Sümer, Faruk,《乌古斯人（土库曼人），历史—部族形成—史诗》（增印第三版），阿娜出版社，伊斯坦布尔，1980。

［9］Tenişev, E. R. , Salarskiy yazık, 莫斯科，1963。

［10］Tenişev, E. R. , Salarskiy tekstı, 莫斯科，1964。

［11］Tenişev, E. R. , Story salarskogo yazıka, 莫斯科，1976。

［12］Tenişev, E. R. , Otrıvok iz《İstorii salarov》，《Karl heinrich Menges 纪念文集》，威斯巴登，1977：237—248.

附图：

图 1　青海省撒拉族自治县

图 2　通往撒拉族聚居区的隘路

图 3　Altiūli 经学院院子里面的纪念堂

图 4　骆驼泉/骆驼泉旁卧在地上的骆驼雕像和背上驮着的《古兰经》

蒙古文文献源流

贺希格陶克陶*

内容提要 本文将蒙古文文献源流分为蒙古汗国、元、北元、清、民国等时期，详细梳理了自 13 世纪 20 年代流传至今的蒙古文文献的流传脉络。

关键词 蒙古文 文献 源流

蒙古人中被蒙古化的乃蛮部等突厥语族部落蒙古人使用回鹘文记录蒙古语的历史很早，可能始于 12 世纪或更早，成吉思汗建立蒙古汗国之前就将回鹘文立为国文，从此回鹘文被称为蒙古文。蒙古文文献产生于蒙古汗国初期，但初期蒙古文文献没有留传下来，留传下来的最早期文献属于 13 世纪 20 年代。

蒙古汗国时代文献

这是第一代的蒙古文文献，然而其留传下来的最早期蒙古文文献却不是最初时期的文献。留传下来的最早期文献是《也松格碑文》，根据其内容学界认为此碑立于 1225 年。因此，蒙古文文献的历史只好从蒙古汗国时代说起。这个时代最有代表性文献有以下几种：

1. 《也松格碑文》（Yisüngge-yinčilagun-u bičig）

内容为成吉思汗西征花剌子模返回蒙古不哈速赤盖之地后举行的庆祝会上，也松格（成吉思汗之弟合萨尔次子）远射三百三十五庹之地，为此立碑纪念。对此碑文内容，前人发表过很多文章，因此，在此不必赘述。需要特别指出的是，此碑文的抬格格式。碑文共五行，第一行为"成吉思汗"（蒙古语是两个词加宾格），抬格最高；第四行以"也松格"一词起头，抬格次高，其余第二、第三和第五行没有抬格。这就说明，书写《也松格碑文》时蒙古文碑文、公文格式已经很规范化，所以，这绝不会是蒙古文文献中的第一部文献，第一部文献在内容与形式方面不可能达到如此严格的规范化程度。

2. 《蒙古秘史》（Mongol-un niguča tobčiyan）

根据一些权威学者们的研究，《蒙古秘史》的主要部分即成吉思汗祖先的世袭和成吉思汗传记部分（第 1—268 段），完成于 1228 年。《蒙古秘史》是蒙古历史、文学名著，于1989 年被联合国教科文组织指定为世界文学名著之一。符拉基米尔佐夫在《蒙古社会制度史》（1934 年）一书中指出："如果可以说在中世纪没有一个民族像蒙古人那样吸引史学家们的注意，那么也就应该指出没有一个游牧民族保留下像《秘史》那样形象地详尽地刻画出现实生活的纪念作品。"① 随着匈奴学、突厥学等有关蒙古高原古代游牧民族历史、文化

---

* 贺希格陶克陶（1940— ），男，中央民族大学蒙古语言文学系教授。

① 符拉基米尔佐夫（Б·Я·Владимирцов）：《蒙古社会制度史》，中国社会科学出版社 1980 年版，第 16 页。

研究工作的深入，人们越来越认识到七十多年前符拉基米尔佐夫所作的这一评价何等的真实。然而有些人一谈到《蒙古秘史》，就强调其为蒙古人第一部蒙古文历史文献。需要特别指出的是，在一个民族的文化史上，如此高水准巨著是不可能在第一时间问世的，一定会先出现一批前奏性作品。在《秘史》问世之前，有明确记载的就有札鲁忽赤（断事官）失吉忽秃忽编写的《青册》，应该还有过一些我们所不知道的、失传的文献史料。

3.《青册》（нöke debter）

《青册》失传，所以其详细内容不得而知。不过《蒙古秘史》记载："如今初定了普百姓。你（指失吉忽秃忽）与我做耳目。但凡你的言语。任谁不许违了。如有盗贼诈伪的事。你惩戒着。可杀的杀。可罚的罚。百姓每分家财的事。你料断着。凡断了的事。写在青册上。已后不许诸人更改。"① 这是《秘史》汉文简译文字内容，根据其蒙古文全文内容，《青册》是由断事官失吉忽秃忽与成吉思汗"商量着议拟着""断了的事"的记录整理史料。

4. 黑城蒙古文献残片

1907—1909 年，俄罗斯柯兹洛夫（P. K. Kozlov）率领的俄国皇家地理学会探察队，从位于今内蒙古额济纳旗达来呼布镇东南黑城（又称黑水城，蒙古语称哈日浩特）遗址中发现了大量西夏文、藏文、蒙古文文献。其中蒙古文文献有 17 件，学界认为属于蒙古汗国时期文献。匈牙利蒙古学家卡拉·捷尔吉于 2003 年在俄罗斯科学院东方研究所圣彼得堡分所编《东方文献》第 9 卷第 2 辑上发表了这些蒙古文印刷品和手写文献的照相版并加拉丁文转写、注释等。②

5.《母子之歌》（也称《金帐斡耳朵桦树皮书》，Altan ordun-u üisün degereki bičig）

1930 年，俄罗斯一位农民在伏尔加河下游的古墓中发现了 25 页桦树皮文献，其中 13 面写的是蒙古文的母子对歌式诗歌。古墓陪葬品中除了桦树皮手抄本外，还有青铜制墨水瓶和骨制笔，说明是一位读书人之墓。因那座古墓所在地属于古代蒙古金帐汗国领土，所以学界称其为《金帐斡耳朵桦树皮书》。原件收藏于俄罗斯圣彼得堡市挨尔米塔尔（Ermitar）博物馆。

元代文献

元代是多元文化共存发展的时代。况且，由于元朝是由蒙古统治者建立的王朝，所以在元一代蒙古文文献进入发展繁荣的新时代。其发展繁荣的标志有以下几点：①朝廷重视蒙古文的使用。蒙古翰林院掌译写一切文字，颁降玺书，并用蒙古文字。蒙古翰林院下领蒙古国子监、蒙古国子学。这些官办机构都与蒙古文文献工作有密切关系。②国师八思巴喇嘛创制"蒙古新字"，于 1269 年正式颁行，并于同年立诸路蒙古字学，以教习蒙古新字，于 1301 年，又定生员名额等。蒙古国子学、蒙古字学均曾教授蒙古新字。1269—1368 年，八思巴字始终被应用于官方文件，留下碑文、印章、牌符、钱币等一批八思巴字蒙古语文献。③朝廷推行八思巴字，这对蒙古文字文献的发展曾一度产生了阻碍作用，但到国师搠思吉斡节儿

---

① 乌兰校勘：《元朝秘史》，中华书局 2012 年版，第 260 页。

② G. Kara, Mediaeval Mongolian Documents from Khra Khoto Xiyu in the St. Petersburg Branch of the Institute of Oriental Studies, *Manuscripta Orientala*, Vol. 9, No. 2, June 2003, St. Petersburg.

时期（14 世纪一二十年代），这一阻碍被克服，开始了用蒙古文撰著和翻译的新时代。④出现一大批蒙古、维吾尔、藏等多民族文豪，他们用蒙古文字著书，从梵、回鹘、汉、藏文翻译佛经或其他经典多部。例如索南加拉、搠思吉斡节儿、希饶僧格、必兰纳识里、阿邻帖木儿、布尼雅希里等。⑤ 在大都大圣寿万安寺（白塔寺）等处建立出版印刷机构，在搠思吉斡节儿等人士的努力下木刻版蒙古文书籍问世。

由于以上原因，在元代出现了丰富多彩的蒙古文文献。主要文献作品有：

1. 搠思吉斡节儿的著作和译著

《入菩萨行论》（Budisung narun yabudal-du orukui neretü šastir），搠思吉斡节儿于 1305 年由梵文译为蒙古文。搠思吉斡节儿蒙译《入菩萨行论》时有可能参考了回鹘文佛经译文《菩萨修行道》（Bodhisattva caryā）。

《圣妙吉祥真实名经》（Qutug-tu manjuširi-yin nere-yi ünen-iyer ügü-lemü），搠思吉斡节儿由藏文译为蒙古文。

《论入菩萨行论释》（Bodhisattvačary-a avadar-un tailburi），搠思吉斡节儿撰写并于 1312 年在大都大圣寿万安寺（白塔寺）木刻出版。搠思吉斡节儿撰写本文时有可能参考了回鹘文《入菩提行疏》（Bodhicaryāvatāra 注释）。

《玛哈噶拉神颂》（Mah-a kali-yin mahtagal），这是搠思吉斡节儿创作的一首长诗，《在柏林收藏的吐鲁番出土蒙古文文献》中发表的木刻版原件照片共有 69 行诗，每四行为一诗段，其中有些诗段缺行。①

《蒙文启蒙》（Jrüken tolto），搠思吉斡节儿撰写，失传。根据清代丹曾拉赫巴所著《蒙文启蒙诠释苍天如意珠》的记载，搠思吉斡节儿将蒙古文字母分为元音、辅音和阳性、阴性、中性，为蒙古文字正字法理论奠定了基础。②

2. 蒙古高僧希饶僧格（Sirab sengge）的译著

关于希饶僧格译师，只有《蒙古源流》中记载："甘麻剌（Kamala）的儿子也孙·铁木儿（Yisün temür qagan）皇帝生于癸巳年（1293），甲子年，三十二岁时继皇位，令萨思迦不尼耶巴答喇嘛（Saskiy-a buniy-a bada lam-a）和蒙古的译师摄思剌卜相哥（希饶僧格）二人翻译了从前未曾翻译过的经卷。"③ 他的译著有：

《释迦牟尼佛十二圣迹》（Burhan-u arban hoyar johiyangui），搠思吉斡节儿用藏文撰写，原稿失传，希饶僧格于泰定年间（1324—1327）译成蒙古文。NICHOLAS POPPE 发表过蒙古文译文。④

《五守护神大乘经》（Qutugtu banzaragča hemekü tabun sakiyan neretü yeke hölgen sudur orušiba），希饶僧格根据也先贴木儿的提议，由藏文、回鹘文译为蒙古文。有元代木刻版残

---

① Dalantai Cerensodnom, Manfred Taube, *Die Mongolica der Berliner Turfansammlung*. Akademie Verlag Gmb H, Berlin 1993, Textzz. 1 – 10 – 32. zz. 1—5.

② 丹曾拉赫巴：《蒙文启蒙诠释苍天如意珠》，《蒙古语文研究资料》（蒙古文），内蒙古人民出版社 1983 年版，第 5—6 页。

③ 乌兰《〈蒙古源流〉研究》，辽宁民族出版社 2000 年版，第 235—236 页。

④ Nicholas Poppe, The Twelve Deeds of Buddha: A Mongolian Version of the Lalitavistara Mongolian Text, Notes, and English Translation, Wiesbaden 1967. 文献原件被收藏于俄罗斯彼得堡大学图书馆，可参阅 Vladimir L. Uspensky, Catalogue of the Mongolian Manuscripts and Xylographs in the ST. Petersburg State University Library. Tokyo, 1999, p. 255, No. 186.

卷、北元竹笔抄本和清代北京木刻本。①

《金光明最胜王经》（Qutug-tu degedü altan gerel-tü erketü sudur nugud-un qagan neretü yeke kölgen sudur），根据跋语得知，希饶僧格由藏文译为蒙古文，参考了汉文译文。有清代手抄本和木刻本多种。

3. 吐鲁番出土元代蒙古文文献残篇

德国柏林民族博物馆曾于 1902 年 11 月—1903 年 3 月、1904 年 11 月—1905 年 12 月、1905 年 12 月—1907 年 4 月、1913 年 6 月—1914 年 2 月共四次派考察队去中国新疆吐鲁番地区考古调查，获得了二十多种文字的多语种文献，其中就有多部蒙古文和蒙古语八思巴文文献。这里只介绍其中的一部分文献：

《论入菩萨行论释》（Bodhisattva čary-a avadar-un tailburi），如上所述，搠思吉斡节儿撰写并于 1312 年在大都大圣寿万安寺（白塔寺）木刻出版。②

《圣善行誓愿王》（Qutugtu sain yabudal-un irüger-ün qagan orusiba），元代木刻本残片 3 页。

《圣妙吉祥真实名经》（Qutug-tu manjuœiri-yin ner-e-yi üneker ügüleküi），木刻本残片 4 页。

《佛说圣佛母般若波罗密多经》（Ilaju tegüs nögeèigsen eke bilig-ün èinatu kiJagar-a kürügsen-üJrüken），元代木刻本残片 5 页。

《佛说圣佛母般若波罗密多赞》（Bilig baramid-un maktagal），元代木刻本残片 4 页。

《百缘经》（Jagun üile-tü），元代木刻本残片 6 页，共 29 行。

《地狱颂》（Tamu berid-ün orun-u silüg），元代木刻本残片 5 页。

八思巴字蒙古语《萨迦格言》（Subaœiti），木刻本残片 4 页。③

《亚历山大传》（Sulqarnai-yin tuguji），蒙古文残片 14 页。④

还有《玛哈噶拉神颂》、占星术、算卦书等元代木刻本残片。

4. 八思巴《彰所知论》（Medegdekün-i belgetey-e geigülügèi ner-e-tü šastir），元代蒙古文译文的较晚期抄本 52 页⑤

5. 《北斗七星经》（дolugan ebügen neretü odun-u sudur），必兰纳识里译文⑥

6. 哈日浩特（黑城）出土蒙古文文献

1983 年和 1984 年，内蒙古文物考古研究所与阿拉善盟文物考古站在内蒙古额济纳旗哈日浩特官厅遗址发现了约 3000 件元代的汉文、西夏文、蒙古文、藏文、突厥文、回鹘文、

---

① 可参阅 PAÑCARAKṣA A Mongolian Translation from 1345. Introduced by S. Mönhsaihan，Budapest 2005。

② 可参阅道布《回鹘式蒙古文文献汇编》，民族出版社 1983 年版，第 158—211 页。Dalantai Cerensodnom, Manfred Taube, Die Mongolica der Berliner Turfansammlung，Akademie Verlag Gmb H，Berlin 1993，pp. 75—95.

③ 可参阅 Dalantai Cerensodnom, Manfred Taube, Die Mongolica der Berliner Turfansammlung. Akademie Verlag Gmb H, Berlin 1993, pp. 64—74. Text 8。

④ 可参阅 Dalantai Cerensodnom, Manfred Taube, Die Mongolica der Berliner Turfansammlung. Akademie Verlag Gmb H, Berlin 1993, pp. 51—63。

⑤ 可参阅 Vladimir Uspensky, "Explanation of the Knowable" by Phags-pa Bla-ma Blo-gros rgyal-mtshan（1235—1280）Facsimile of the Mongolian Translation with Transliteration and Notes. Research Institute for Languages and Cultures of Asia and Africa, Tokyo 2006. 另外，蒙古 Otkonbaatar 也收藏着一部《彰所知论》蒙古文手抄本。

⑥ 《北斗七星经》蒙古文译文见北京木刻版蒙古文《甘珠尔》第 92 卷，诸品 33，378b—383a。

阿拉伯文、梵文、波斯文等多语种多文种的文书文献。日本早稻田大学吉田顺一教授、内蒙古大学齐木德道尔吉教授等合作研究除汉文和西夏文之外的所有文种的文书文献，用日汉两种文字于 2008 年在东京出版。其中蒙古语文书包括蒙古文或八思巴文的契约文书、行政文书、宗教文书和其他文书共 86 篇。对每一篇文书都有拉丁文转写、日汉文译文和注释。[①] 这些蒙古文文书文献和上述俄罗斯柯兹洛夫（P. K. Kozlov）率领的俄国皇家地理学会探察队，于 1907—1909 年从内蒙古额济纳旗哈日浩特遗址中发现的 17 件蒙古文文献，究竟是属于蒙古汗国时代的，还是元代的文献？需要进一步研究。

7. 《孝经》（takimdagu bièig），《元史》记载：大德十一年（1307）八月"辛亥，中书（右）［左］丞孛罗铁木儿以国字译孝经进，诏曰：此乃孔子之微言，自王公达于庶民，皆当由是而行。其命中书省刻版模印，诸王而下皆赐。"[②] 留传至今的木刻本为汉蒙对照本[③]

8. 《蒙古译语》（Mongol yi-yu toli biĈig），元代编纂的汉蒙词汇对照辞书。分 22 门，收编词汇 500 余条。收于《事林广记》续集卷 8[④]

9. 八思巴字蒙古语文献

收入照那斯图《八思巴字和蒙古语文献——Ⅱ文献汇集》一书中的八思巴字蒙古语文献官方文书 27 篇；宗教功德记 3 篇；牌符 4 篇；图书残页 2 部；其他 4 篇。这不是全部八思巴字蒙古语文献的汇集。[⑤]

10. 《萨迦格言》（Sain ügetü erdeni-yin sang neretü œastir），吐蕃萨迦派高僧贡噶坚赞（Kun-dgav-rgyal-mtshan，1182—1251）用藏文创作，在元代由密宗大师索南卡拉（Son-umkar-a）译为蒙古文。蒙古文抄本现被收藏于布达佩斯国立图书馆，蒙古国 Otkonbagatur 先生收藏一部完整抄本。

11. 蒙古文碑文

元代遗留的蒙古文碑文很多。在道布《回鹘式蒙古文文献汇编》一书中共发表 22 篇碑文、牌符、圣旨、书信等，其中 4 篇为蒙古汗国时代，3 篇为北元时代文献之外，其余都是元代文献。当然，这不是全部元代蒙古文碑文的汇编。

北元时代文献

1368 年，蒙古在中原地区的统治结束，蒙古朝廷退回蒙古高原，直到 1635 年被女真—满洲人征服为止，元朝统治又延续了 267 年，史称北元。这个时代蒙古文文献特点为，在汉蒙两地同时产生了一些蒙古文重要文献。在明朝产生了《元朝秘史》蒙古语汉文版。还有明朝初百余年间，曾将蒙古文当作中国与西方某些国家的外交文件文字之一。例如明景泰三

---

① 吉田顺一、チメドドルヅ编『ハラホトモンゴル文书の研究』，雄山阁，平成 20 年 11 月 10 日第 2 版，第 26—182 页。

② 《元史》，第二册，卷二十二，中华书局 1976 年版。

③ 道布：《回鹘式蒙古文文献汇编》，民族出版社 1983 年版，第 78—157 页。Der Blockdruck Des Xiaojing Aus Dem Palastmuseum in Chinesischer Und Mongolischer Sprache，Zentral-Asiatische Studien 12，Wiesbaden 1978. 159—235.

④ 元代：《蒙古译语》收于《事林广记》续集卷 8。可参阅贾敬颜、朱风《蒙古译语、女真译语》，天津古籍出版社 1990 年版。

⑤ 照那斯图：《八思巴字和蒙古语文献——Ⅰ研究文集》《八思巴字和蒙古语文献——Ⅱ文献汇集》，東京外国語大学アジア・アフリカ言語文化研究所，1990 年、1991 年。

年（1452）十一月二十九日《皇帝敕赐剌儿地面头目咩力儿吉的诏书》，这是明廷用汉蒙两种文字致伊朗剌利斯坦（Laristan）地区长官的诏书。原件收藏于土耳其国伊斯坦布尔市土布卡皮博物馆（Topkapi Sarayi Muzesi）。① 蒙古地区由于战乱，14、15 世纪的蒙古文文献很少留传后世。但到 16 世纪之后出现了《阿勒坦汗传》等一批历史文献；出现锡热图·固什·绰尔吉、萨迦·端都布、阿优希·固始等众多佛经翻译家，翻译《甘珠尔》《丹珠尔》等佛教文献。主要蒙古文文献有：

1. 历史文献

《元朝秘史》，明初，明廷为了培养汉蒙翻译人员，将蒙古文《蒙古秘史》编写为用汉字音写，逐词旁译，逐节总译的汉文版本。明初刻本分正集 10 卷、续集 2 卷，共 12 卷；《永乐大典》收录本则分 15 卷。两种版本都按明四夷馆的分段节译共分 282 节。幸亏这一蒙古语汉文版本问世，《蒙古秘史》完整内容才留传下来。

《阿勒坦汗传》（čakravardi altan hagan-u tuguji），竹笔抄本，作者佚名，记录和歌颂了土默特部领主阿勒坦汗（1502—1582）一生业绩。成书于 17 世纪初年。手抄本收藏于内蒙古社会科学院图书馆。②

《十善福经白史》（Arban buyantu num-unčagan teüke），内蒙古社会科学院图书馆、内蒙古图书馆、俄罗斯科学院东方研究所彼得堡分所图书馆、蒙古国立图书馆等收藏有多种手抄本。多数学者认为本书成书于元代，在此我们根据呼图克台·彻辰·洪台吉的前言，将《白史》放在北元时期介绍。

2. 阿勒坦汗及其继承者的《甘珠尔》（Ganjuur）翻译

《阿勒坦汗传》记载："自黑龙年（1592）起至白鼠年（1600）之间，/译一切之母般若波罗蜜多使其成卷册。""其后那木岱彻辰汗、钟根哈敦、鸿台吉三人，/按经教之制奉行尊圣可汗之政，/使以蒙古语翻译佛师所说百八甘珠尔经。/于是锡热图·固什·绰尔吉、阿优希·阿难答·文殊师利固始和，/杰出三万户的译者贤能，/自黑虎年（1602）至红羊年（1607）间，/将一切经文全部译出，/编辑卷册美妙无比。"③ 可见，锡热图·固什·绰尔吉等人 1602—1607 年间翻译了《甘珠尔》，但其译文失传。

阿优希·阿难答·文殊师利·固始，简称阿优希·固始。根据《阿勒坦汗传》记载，他的原名巴彦，蒙古人。1587 年遵照三世达赖喇嘛索南嘉措的法旨，创制将佛经梵文名词术语用蒙古文准确标音的音标"阿礼嘎礼"（Ali gali）字母。他是当时右翼三万户佛经译师队伍中的主要领导者，并且翻译佛经数部。

锡热图·固什·绰尔吉的译文：《譬喻之海（贤愚经）》（üliger-ün dalai kemekü yeke kölgen sudur orušiba），约于 1607 年之前不久翻译，有多种手抄本及木刻本。《圣般若波罗蜜多一万颂》（Qutug-tu bilig-ünčinadu kijagar-a kürügsen tümen šilüg-tü kemekü yeke kölgen sudur），约于 1613 年之后不久翻译。有清代木刻本等。《大般若波罗蜜多经》（Bilig-ünčinadu kijagar-a kürügsen jagun mingan tog-a-tu），有几种手抄本及木刻本。《本义必用经》（čiqula

---

① F. W. Cleaves, The Sino-Mongolian Edict of 1453. *Harvard Journal of Asiatic Studies*, Vol. 13，1950，431—446，I—Ⅷ.

② 吉田顺一他共訳注『アルタン＝ハン‐伝』訳注，風間書房，平成 10 年 3 月影印，第 557—663 页。

③ 《阿勒坦汗传》手抄本第 48b、52a 页。

keregleküi tegüs udq-a neretü šas-tir bulai），有清初、清中期的几种手抄本。①

萨迦·端都布的译文：《西藏王统世系明鉴》（Enedkeg töbed-ün bodisung qad-un ači-yi delgerenggüy-e ügülegsenčedig-ün tuguji），由萨迦·端都布根据彻辰济农和钟金（三娘子）的要求翻译。竹笔抄本收藏于中国国家图书馆。《莲花生大师传》（Badm-a sambau-a bagši-yin delgerenggüy-eJokiyaqsan törül-ünčedeg neretü），有清初竹笔抄本和木刻本。

3. 奥伦寺庙出土蒙古文文献

内蒙古乌兰察布盟百灵庙（蒙古语 Batu qagalg-a）附近奥伦寺庙（Oalan süm-e，蒙古语多座庙宇）之地的艾巴格（Aibag）河右岸，就是蒙古汗国时期的汪古惕部王城遗址。对此古城遗址曾经有不少国家考古学者进行考察过，例如，1929 年中国黄文弼、1933 年美国 O. 拉铁摩尔（Owen Lattimore）、1936 年德国 E. 海涅什（E. Haenisch）等都到实地调查过。尤其是日本考古学者江上波夫（Egami Namio），于 1935 年 10 月 2 日、1939 年 6 月 5 日至 7 月 28 日、1941 年 9 月 27 日至 10 月 11 日三次去实地考察，后于 1967 年出版《亚细亚文化史·论考篇》一书，详细叙述了他的研究成果。江上波夫带走的出土文物除了有各种砖瓦、陶器、石臼、碾臼、石槽、铁器、青铜器等文物外，还有不少 16—17 世纪的蒙古文文献残片。这些文物被收藏于东京大学考古研究所。笔者有幸于 1993 年 11 月 29 日，在中见立夫先生带领下到东京大学考古研究所参观过那些文物。最后考察奥伦寺庙遗址的是内蒙古历史学者赛熙亚乐先生，他于 1982 年 8 月 27 日、1984 年 5 月 15 日、1985 年 3 月 21 日—4 月 2 日、1991 年 11 月 8 日共 4 次到实地考察。② 德国海西希（Walther Heissig）教授对江上波夫带走的蒙古文文献残片进行研究，于 1966 年出版《内蒙古奥伦寺庙出土蒙古文碑文及手抄文》一书，影印出版《阿勒坦汗碑文》（Altan qgan-u č ilagun bič ig）、《入菩提行》（Bodhicaryāvatāra）、《五百佛经》（TabunJagun burqan-u sudur）、《法律书》、《圣忏悔灭罪大解脱普闻成等正觉胜庄严大乘经》（Tarabčimbu-yin ögedesü bile）等 70 余片蒙古文残片，并拉丁文转写、注释。其中最引人注意的是《阿勒坦汗碑文》，其影印版不十分清楚，但通过拉丁文转写可以识读。③

4. 哈日布罕镇出土的桦树皮蒙古文文献

蒙古国考古学家 H. Perlee 等，于 1970 年在蒙古布拉根省哈日布罕镇遗址的破旧佛塔中发现 1400 多页桦树皮蒙古文、藏文文献残片。蒙古文残片中的法律文献，由 H. Perlee 用拉丁文转写发表过，但原文至今尚未公开发表。其余蒙古文文献残片，由 Elisabetta Chiodo 于 2000 年和 2009 年在 Wiesbaden 城出版。收入第一卷的文献包括语言文字、佛教文献、阿勒坦汗赞、祭火词等残片；收入第二卷的文献包括佛教文献、民俗文献等残片。④

5. 林丹汗时期的《甘珠尔》（ganjuur）翻译

林丹 13 岁时继承蒙古大汗之位。根据萨冈彻辰《蒙古源流》（Sagang sečen《erdeni-yin

① 关于阿优希·固始和锡热图·固什的佛经翻译，乔吉《古代北亚游牧民族——语言文字、文献及其宗教》一书（内蒙古大学出版社 2010 年版，第 111—113、94—97 页）和乌·托娅《蒙古文出版史》（蒙古文，内蒙古教育出版社 2009 年版，第 141—144 页）一书中有较为详细的介绍。

② 赛熙亚勒：《俺答汗墓碑探寻记事》（蒙古文），《内蒙古社会科学》（蒙古文版）1992 年第 2 期，第 53—68 页。

③ Walther Heissig, *Die mongolische Steininschrift und Manuskriptfragmente aus Olon süme in der Inneren Mongolei.* Göttingen. Vandenhoeck & Ruprecht, 1966.

④ Elisabetta Chiodo, *The Mongolian Manuscripts on Birch Bark from Xarbuxyn Balgas in the Collection of the Mongolian Academy of Sciences.* Part 1, Wiesbaden 2000. Part 2, Wiesbaden 2009.

tobči》）、答日玛固什《金轮千辐》（ɡarm-a güüši《Altan kürdün mingan qegesütü》）、拉希彭斯克《水晶念珠》（Rashipungsug《Bolur erike》）等蒙古文历史文献记载，林丹汗曾建设大宫殿和金刚白城（Včir-tüčaɡaqan kota）、镏金白寺等，并命令以贡葛奥德斯尔为首的33名译师，1628—1629年间翻译了《甘珠尔》。从译师们的译后记分析，林丹汗时代翻译成册的113函金粉抄本《甘珠尔》是将早在元代翻译的某些佛经篇、阿勒坦汗及其继承者时代的《甘珠尔》译文等，重新校勘整理和补译修订而成。林丹汗时代翻译的《甘珠尔》留传与否？有学者认为现被内蒙古社会科学院图书馆收藏的13函金粉抄本《甘珠尔》为其残存部分。也有的学者认为彼得堡收藏的、由 A. M. Позднеев 于1894年从张家口购得的蒙古文黑墨手抄本《甘珠尔》113函为林丹汗时代《甘珠尔》。①

6. 其他蒙古文文献

北元时代还有《林丹汗碑文》、上述《阿勒坦汗碑文》等石刻文献；明国有《华译夷语》《登坛必究·译语》《卢龙塞略·译部》《武备志·北虏考》等词书。

清代文献

清代是又一个多元文化共存和繁荣发展的时代。况且，由于清朝为蒙古高原游牧民族之一的满族统治者所建立的王朝，因此，清一代朝廷对满、蒙、藏、西夏等民族文字文献工作十分重视。满蒙同属阿尔泰语系民族，又根据努尔哈赤之令，于1599年以蒙古文为基础创制了满文，满蒙在历史和文化方面有很多共同之处，因此，蒙古文文献工作进入又一个发展繁荣的新时代。其标志之一，涌现出包括高官、高僧在内的一大批蒙古文文献学学者。例如，康熙皇帝第十七子果亲王允礼（1697—1738）、乾清门侍卫拉锡、苏尼特贝勒希里、喀喇沁固山贝子占巴喇锡，还有乌珠穆沁公衮布扎布等高官；二世章嘉呼图克图若必多吉（Rol-pa'i rdo-rje，1717—1786）、乌喇特固什毕力衮达赖、察哈尔格西洛桑楚臣、乌喇特梅力更庙洛桑丹毕坚赞活佛、喀尔喀策贝勒旺楚格道尔吉、卫拉特部咱雅班第达等众多高僧。他们都是蒙古文文献工作的主要领导者和积极参与者。其标志之二，朝廷、寺院和私人刻书坊都出版印刷蒙古文书籍。例如，武英殿为朝廷出版印刷机构。京城净住寺、嵩祝寺、隆福寺、白塔寺；塔尔寺、瑞应寺、五台山；蒙古地方的察哈尔罕乌喇庙、多伦诺尔庙、阿拉善延福寺、喀尔喀大库伦、阿尔拜赫雷伟征公庙、布里亚特楚格勒经院、阿格经院、阿那经院等寺庙都曾有木刻印刷所。京城傅达赖刻书坊、天清书铺、隆福寺胡同三槐堂书坊等就是出版印刷蒙文书籍的私人刻书坊。

有关清代蒙古文文献，已有不少研究成果问世。例如，宝山、M. 乌兰、乌·托娅、乌兰其木格等学者都有专著出版。② 因此，在这里只介绍少数主要文献。

1. 木刻出版蒙古文《甘珠尔》《丹珠尔》

根据康熙皇帝1717年春的圣旨，由乾清门侍卫拉锡（Raši）组织苏尼特贝勒希里（Sünid-ün beile širi）、喀喇沁固山贝子（Qračin-u güšan beise）占巴喇锡（Jambaraši）等200

① 可参阅 З. К. КАСЬЯНЕНКО, КАТАЛОГ ПЕТЕРБУРГСКОГО РУКОПИСНОГО 〈ГАНДЖУ-РА〉, МОСКВА 1993。
② 可参阅宝山《清代蒙古文出版史研究——以蒙古文木刻出版为中心》，内蒙古教育出版社2007年版；M. 乌兰《卫拉特蒙古文文献及史学》，社会科学文献出版社2012年版；乌·托娅《蒙古文出版史》（蒙古文），内蒙古教育出版社2009年版；乌兰其木格《清代官修民族文字文献编纂研究》，辽宁民族出版社2010年版。

多位名家，将林丹汗时代蒙译的《甘珠尔》与藏文《甘珠尔》（1683 年北京版）校勘并木刻制版，于 1720 年在京城嵩祝寺出版。出版所需银两共计 43687 两 9 钱，这些银两都由包括康熙皇帝在内的信徒，主要由蒙古信徒们捐款所得。这一蒙古文木刻版朱红《甘珠尔》，现在中国的国家图书馆、中国民族图书馆、西藏布达拉宫、内蒙古图书馆、内蒙古社会科学院图书馆和内蒙古大学图书馆各收藏一套。蒙古国立图书馆、巴黎图书馆和东京东洋文库也有收藏。

　　根据康熙皇帝圣旨，乾隆六年（1741）下达通知将 1724 年北京木刻版藏文《丹珠尔》用蒙古文翻译刻板印刷。以二世章嘉呼图克图若必多吉（Rol-pa'i rdo-rje，1717—1786）为首的内外蒙古、卫藏和安多、北京等地高僧译师 200 多人集聚北京，1742—1749 年用 7 年时间完成这一历史性大工程。这一蒙古文木刻版朱红《丹珠尔》现在世上只留存三套，即内蒙古图书馆、内蒙古社会科学院图书馆和蒙古国立图书馆各收藏一套。笔者有幸于 1993 年 11 月 28 日到东京东洋文库参观时看到，在地下特设防火室内保存着世界各国二百年以前的旧版本图书，其中就有北京蒙古文木刻版朱红《甘珠尔》和《丹珠尔》各一套，工作人员介绍说这是印度《Sata-pitaka series》（百藏丛书）中影印出版的版本。

　　木刻版出版蒙古文《甘珠尔》《丹珠尔》的问世，这是蒙古文化史上的具有历史意义的伟大创举。[①]

　　2. 历史文献

　　清一代产生了很多蒙古文历史文献。主要有《古代蒙古汗统大黄史》（Erten-ü mongol qad-un ündüsün-ü yeke šir-a tuguji orušiba，1662 年之前不久）、《蒙古源流》（Qad-un ündüsün-ü erdeni-yin tobči，1662 年）、罗布桑丹津《黄金史》（Erten-ü qad-un ündüsülegsen törü yosun-u Jokiyal-i tobči ilan quriyaksan altan tobči kemekü orusibai，17 世纪末 18 世纪初）、《阿萨拉克齐撰写的历史》（Asarakči neretü-yin teüke，1677 年）、《成吉思汗黄金家族史略恒河之流》（činggis qagan-u altan urug-un teüke gangg-a-yin urusqal，1725 年）、《蒙古博尔济吉忒氏族谱》（Mongol-un borjigid obug-un teü-ke，1735 年）、《金轮千辐》（Altan kürdün minggan kegesütü，1739 年）、莫日更活佛《黄金念珠》（Altan erike，1765 年）、《水晶念珠》（Dai yuwan ulus-un bolur erike，1774—1775 年）、满蒙汉合璧《钦定外藩蒙古回部王公表传》（Jarlig-iyar toktagaksan gadagadu mongol qotung ayimag-un wang güng-üd-ün iledgel šastir，1788 年）、《善说蒙古地区政教之智慧青年之音，净光金鬘》（monggol orun-a šašin törü toktaksan yosun-i sayitur ügülegsen tungalag uqagatu Jalagus-un hogolai-yinčimeg tunumal gerel-tü altan erike kemegdekü，1817 年）、金巴道尔吉《水晶鉴》（Bolur toli，1850 年）等。

　　3. 官修多文种合璧文献

　　在清一代产生了很多官修满文、蒙古文、满蒙汉文、满蒙汉藏文、满蒙汉藏回文、满蒙汉藏回托忒文等多文种合璧文献。这是在清一代多元文化共存并繁荣发展的标志。乌兰其木格将这类多文种文献分为易类、书类、诗类、礼类、春秋类、孝经类、小学类、正史类、编年类、杂史类、地理类、政书类、儒家类、兵家类、释家类等类型，列目录共 247 部。[②] 其

　　① 有关《甘珠尔》蒙古文翻译史略，可参考拙文《〈甘珠尔〉蒙古文翻译史略》，《贺希格陶克陶文集》，内蒙古教育出版社 2013 年版，第二卷，第 516—571 页。张双福《甘珠尔新版序》，《甘珠尔经·序目卷》，内蒙古教育出版社 2014 年版，第 1—22 页。《蒙古文甘珠尔·丹珠尔目录》导论，远方出版社 2002 年版，第 1—17 页。

　　② 乌兰其木格：《清代官修民族文字文献编纂研究》，辽宁民族出版社 2010 年版，第 245—261 页。

中还缺少多文种辞书类文献。

4. 文学文献

清代是蒙古文学创作丰收的时代。其中最有代表性的作家和作品有哈斯宝的译著《今古奇观》《新译红楼梦》及其回批；尹湛纳希（1837—1892）的长篇小说《红云泪》《一层楼》《泣红亭》，长篇历史小说《清史演义》等。还有古拉兰萨、丹津拉布杰、伊希丹津旺吉拉、贺希格巴图、莫日更活佛等诗人的诗作。

5. 咱雅班第达·南卡嘉措蒙古文、托忒蒙古文文献

根据和硕特部鄂齐尔图台吉与阿巴赖台吉等上层人士的请求，卫拉特高僧咱雅班第达·南卡嘉措于 1648 年根据蒙古文和满文字母创制了托忒蒙古文。创制托忒蒙古文之前，咱雅班第达·南卡嘉措本人和广大卫拉特蒙古人一直使用蒙古文。咱雅班第达·南卡嘉措和他的弟子们用蒙古文和托忒蒙古文翻译了大量佛经。根据咱雅班第达·南卡嘉措传《月光》记载，咱雅班第达·南卡嘉措翻译佛经 178 部，其弟子们翻译佛经 37 部。现在中国各地图书馆、档案馆和古籍整理办公室收藏有 69 种，其中托忒文文献 39 种，蒙古文文献 30 种。在蒙古国、俄罗斯等国也收藏着咱雅班第达·南卡嘉措及其弟子们一定数量的蒙古文和托忒蒙古文文献。[1]

6. 索永布文字、瓦根达尔文字文献

索永布（coёмбо，梵文 Svayambhu，意为自然形成）文字，由一世哲布尊丹巴呼图克图（JebJundamba qutuktu，1635—1723，也叫 öndür gegen）根据古印度 Ланз 文字，于 1686 年创制。索永布文字有竖写式和横写式两种。索永布文文献有《皈依经》（itegel），《圣妙吉祥真实名经》（Жамбалсанж-ид），Ланз、索永布、藏合璧《四部医典》（Em-ün dörben ündüsün）等佛经，还有索永布文、蒙古文、八思巴文合璧《政教之主日光圣可汗印》（œaœin törü-yi hooslan bariqči naran gereltü boqda qagan-u tamag-a）等印章。[2]

瓦根达尔（Vagindar-a）文字，由布里亚特高僧阿旺多吉（Aqvangdorjiyev）在蒙古文基础上根据贝加尔湖北岸布里亚特方言于 1905 年创制。瓦根达尔文文献有《新旧文字之别》（Sin-e qagučin üsüg-üd-ün ilgal terigüten-i bičiksen debter orusibai，1905）、《佛祖传略及宝音图太子传》（Burqan baqsi-yin gegen-ü huriyanggui namtar bolun boyantu han köbegün-ü namtar orusibsi，1906）、《蒙古、布里亚特民间文学》（Monggol buriyad üges-ün č eč eglig debter oruœiba，1907）、《布里亚特新字启蒙》（Buriyad sin-e üsü-g-tü tagaraguluqsan jirüken toldu gejü ekilegdegsen angqan debter oruœiba，1908）、《启蒙教育故事》（Uqagan surgaju sedgil sayi-jiragulqu ü-liger nügüd orusiba，1908）、《启蒙教育箴言》（Uqagan surgaju sedgil sayijiragulqu surgal nugud orusiba）、《俄罗斯普希金〈金鱼的故事〉》（Oros püškin-ü jiruqsan altan jigasun-u onisug-a orusiba，1910）、《布里亚特新字字母》（sin-e buriyad monggol-un č agan tolugai，1910）、《邵闹英雄》（šonu bagatur，1910）等。[3]

7. 医学文献

北京木刻版《四部医典》（Em-ün dörben ündüsün），藏族僧人 Yütug yondongombu 撰写，

① 叶尔达：《卫拉特高僧拉紧巴咱雅班第达研究》，社会科学文献出版社 2012 年版，第 235—243、251—252 页。

② 可参阅 Цэвэлийн ШАГДАРСУРЭН，МОНГОЛЧУУДЫН УСЭГ БИЧИГИЙН ТОВЧООН，УЛААНБААТАР 2001 OH.129—158。

③ 苏优勒玛：《瓦根达尔文文献研究》（蒙古文），博士学位论文，中央民族大学，2011 年。

北元敏珠日道尔吉蒙译。现在丹麦哥本哈根皇家图书馆收藏。① 托忒蒙古文《四部医典摘要》（Emiyin dörben ündüsün-eče abuqsan tobči bui），清代竹笔写本，在新疆维吾尔自治区民族古籍整理办公室蒙古文室收藏。《兰塔布》（Obadis-un lhantab），德希热地桑杰嘉措著，绰吉扎木苏于1747年译。有民国时期抄本。摘录《兰塔布》不同章节、版记、目录的蒙古文和托忒文抄本、版本有几种。清代医学文献还有很多。

8. 布里亚特木刻版蒙古文文献

在布里亚特地区曾木刻出版过不少蒙古文文献。乌兰乌德市布里亚特学术研究会收藏的布里亚特木刻版蒙古文文献目录五种，目录之一，收入1866年刻版的书目35种；目录之二，收入1870年刻板的书目22种；目录之三，收入阿纳寺版书目23种；目录之四，收入1869年版书目35种；目录之五，收入1892年版书目35种。这只是布里亚特木刻版蒙古文文献目录的一部分。②

民国时期文献

1911年，在中国爆发了资产阶级民主革命，不仅推翻了清王朝，而且结束了中国长达2000年之久的封建君主专制制度，建立了中华民国。在中华民国时期（1911—1949年），资产阶级民主革命思想得到传播，包括蒙古地区在内的全国各地，反帝反封建的革命斗争高涨。同时除国民党和共产党之外，还有封建上层、北洋军阀、日本帝国主义、沙俄等国内外各种政治势力的矛盾斗争越来越复杂和尖锐。蒙古内部各阶层和各种政治派别之间的关系也错综复杂。各种政治势力为了宣传各自政治的、经济的和科学文化的目的和需求，纷纷创办出版、报刊机构，其中包括蒙古文出版机构及报刊。例如，特睦格图的北京蒙文书社、张家口的国光图书社、若勒格尔扎布等人的沈阳东蒙书局、克兴额等人的沈阳蒙古文化研究院、布和贺希格的蒙文学会等，这些机构出版了大量蒙古文历史、文学、语言和自然科学书籍。也创办了多种蒙古文报刊。在出版和印刷业方面西方的石印、铅印技术传播到北京等大城市和内蒙古地区。民国时期的这些形势为蒙古文出版事业的发展提供了动力和条件。

1. 历史文献

贺希格巴图《元朝秘史》，有蒙古文化研究院1940年铅印版、张家口德王府印书馆1941年铅印版。阿拉坦奥齐尔《蒙古秘史》，有张家口德王府印书馆1941年铅印版。布和贺希格《蒙古秘史》，有开鲁蒙古文化会1941年石印版。《成吉思汗传》，有特睦格图北京蒙文书社1925年铅印版。《圣祖成吉思汗传》，有特睦格图北京蒙文书社1927年铅印版。《拉希彭斯格著蒙古国史》，有张家口德王府印书馆1941年铅印版。莫日根活佛《黄金念珠》，有张家口德王府印书馆1942年铅印版。

2. 语言文字文献

丹增拉赫巴（Danzanraqba）《蒙古文启蒙诠释苍天如意珠》（Boqdačoyiǰi-odsar-barǰokiyaqsanǰirüken-ü tolda-yin tayilburi üsüg-ün endeg-ürel-ün qaranggui-yi arilgaqči oqtargui-yin mani neretü），有沈阳东蒙古书社铅印版、张家口德王府印书馆铅印版。

① Walther Heissig, Charles Bawden. *Catalogue of Mongol Books, Manuscripts and Xylographs.* Copenhagen 1971. 189. MONG 434.

② 可参阅čoijilsürüng, Buriyad modun bar-un nom-un tabun garčag, Ulaanbaatar 1959。

《蒙古文辑要》（Monggol ügen-üčiqula quriyanggui），有北京蒙文讲习所 1913 年石印版，3 卷。

《蒙古文字》（Monggol üsüg orusiba），布里亚特木刻版，收藏于德国柏林公共博物馆。

额尔敦陶克陶《蒙古文新语法》（Monggol üsüg-ün šin-e toli），有开鲁蒙文学会 1944 年铅印版。

阿拉善阿旺丹达《善说蒙古文文法语饰》（Monggol üsüg-ün yosun-i saitur nomlaqsan kelen-üčimeg kemegdekü orusiba），有察哈尔蒙古书画编译社铅印版、沈阳东蒙古书社 1927 年铅印版、张家口德王府印书馆 1943 年铅印版和几种手抄本。

拉姆苏荣《详解蒙文文法金鉴》（Monggol üsüg-ün yosun-i todurqayilan gargaqsan altan toli kemegdekü oruœibai），有阿巴嘎旗乘都庙 1903 年木刻版、张家口德王府印书馆 1943 年和 1944 年铅印版。

《蒙古文音标》（Monggol galig），有北京蒙藏编译局石印版。

白扬曹、王文炳编《蒙古大辞典》（Monggol-un yeke toli），有北京筹蒙学社 1912 年石印版。

王睿昌编蒙汉对照《蒙古文分类辞典》（Monggol udq-a-yin Ĵüil qobiyaqsan bičig），有首都蒙古文书社 1926 年铅印版。

海山编译《蒙汉合璧五方元音》（Monggol kitad bičig-iyer qabsuruqsan tabun Ĵüg-ün aguu ayalgu bičig），有北京 1917 年石印版、伊克昭盟达拉特旗衙门石印版。

3. 文学文献

尹湛纳希《清史演义》（Yeke yuwan ulus-un manduqsan törü-yin köke sudur），有北京蒙古文书社铅印版，4 册（第 1—12 章）、开鲁蒙文学会 1940 年铅印版，13 册（第 1—69 章）、张家口德王府印书馆 1944 年铅印版，456 页。还有几种手抄本。

尹湛纳希《一层楼》（Yi ceng lou bičig），30 章，2 册，有开鲁蒙文学会 1938 年石印版。还有几种手抄本。

尹湛纳希《泣红亭》（Ki köng ting šastir），2 册，有开鲁蒙文学会 1939 年石印版。还有几种手抄本。

4. 佛教文献

洛桑巴丹耶希《往生北方香拔拉愿文》（Umaratu šambhala-yin orun-a törükü irüger），8 页，有北京蒙古文书社 1925 年铅印版，还有石印版及北京蒙古文书社 1927 年铅印版。

蒙元一代民族文字辑录杂议

王梅堂[*]

内容提要　本文在元代汉文典籍中，辑录出蒙元一代 12 种民族文字称谓达 31 种，显现了元代民族文字演变之特点，其民族语言文字多元化的特点表现为多种文字合璧，蒙元文化蕴含着众多的民族文化和地域文化。

关键词　蒙元　民族文字　辑录　杂议

本人不识民族古文字，因从事图书馆事业，且在少数民族语文组工作，接触到民族古籍，并在专家学者的指导下做了一些收集、编目。为广辟资源，补充馆藏，认真阅读专家学者用汉文撰写的民族典籍的文章及历史文献，寻历代民族文字之资料。在 2005 年 8 月兰州举办的丝绸之路古文字与文化学术讨论会议上，本人提交了《〈元史〉记载的部分典籍编译始末考》一文，主要考释了元代十七种典籍的民族文编译者及翻译年代，涉及四种民族文字名称，亦畏兀儿文、畏兀字蒙文、八思巴蒙文（又称国字）、突厥字。笔者根据《君臣政要》序中的"宝哥以突厥字书写"，宝哥是畏兀儿人阿塔海后裔，亦认为"突厥字"为畏兀儿字。但事后细想序中的"俾以精微达诸国语"之句，元代西域诸民族复杂，语言之繁多，"突厥字"也可能与畏兀字有别。

在元代汉文典籍中，民族语言文字称谓繁杂，如畏兀儿文，又称回纥字、回鹘字、回回字、辉和尔书、纬兀真、高昌书、北庭书等。"回回字"今学者认为是波斯文或阿拉伯文，但成吉思汗时镇海所主之的"回回字"则是回纥字，亦畏兀字。由于元代民族文字典籍遗存不多，还需从文献中寻求踪迹，汇集成文，以供学者研究元代民族文化交流史，探讨民族语言文字史。

一　文献中的元代民族文字资料

据《元史》载，公元 1204 年成吉思汗西征，灭乃蛮，俘获乃蛮王傅掌印官塔塔统阿，始知文字之重要，即"命教太子诸王以畏兀字书国言"[①]。

长春真人《西游记》中述：1222 年成吉思汗先后多次会见丘处机，交谈时命"左右记以回纥字、汉字"[②]。元代畏兀儿人盛熙明进《法书考》一书中述"惟我皇元，兆基朔方，俗尚简古，刻木为信，犹结绳也，既而颇用北庭字，书之羊革，犹竹简也"[③]。这里的"北

---

* 王梅堂（1940—　），男，国家图书馆副研究馆员。

① 《元史》卷 124，《塔塔统阿》，中华书局 1976 年版，第 3048 页。

② 《成吉思汗封赏长春真人之谜》，中国旅游出版社 1988 年版，第 149 页。

③ 《法书考》卷 2《字源》。

庭字"亦畏兀字。"书之羊革"说明西域当时无纸。

热河出土的成吉思汗圣旨碑，正面写汉字"天赐成吉思汗皇帝圣旨疾"，与《蒙鞑备录》所记金牌文字相同，但背所写的却是契丹文"走马"二字，可知蒙古人当时在北方辽金旧地，汉字与契丹字同时使用。① 另耶律楚材在西域时也学习过契丹字，还译了《醉义歌》。《醉义歌》序云："大朝之西征，遇西辽前郡王李世昌于西域，予学辽字于李公，期岁颇习。不揆狂斐，乃译是歌。"② "辽字"乃契丹字，但是契丹大字，还是小字，因原件不存，不能辨明。

《蒙鞑备录》载："今鞑之始起，并无文书，凡发命令遣使往来，止是刻指以记之，……其俗既朴，则有回鹘为邻，迄今文书中自用于他国者，皆用回纥字，如中国笛谱字也。今二年以来，因金国叛亡降附之臣，无地容身，原为颇用，始教之以文书，于金国往来，却用汉字。去年春琪每见其所行文字，又曰大朝，又称年号曰兔儿年、龙儿年，自去年方改曰庚辰年。又慕蒙为雄国，故以国号曰大蒙古国。"③

《黑鞑事略》中述："霆尝考之，鞑人本无字书……行用回回者，则用回回字，镇海主之。回回字只有二十个字母，其余则就偏旁成行用。汉人、女真、契丹诸国，只用汉字，移剌楚材主之。却又于后面年月之前，镇海亲写回回字云付与某人。此盖专防楚材，故必以回回字为验，无此则不成文书。"④

1246 年，耶稣受难日（四月六日）翻译官来译信，把信译成斯拉夫文、回回和蒙古文。大汗贵由后又召见，询问柏氏以西方教皇处有否懂得俄文、回文和蒙文的人。⑤ 这里的回文则是波斯文，蒙文则是畏兀字蒙文。

1246 年萨迦班智达到凉州后，获得扩端对他的信任，相传他在西凉讲授佛法时，有四人做翻译，分别把他的话译为蒙古语、畏吾儿语、汉话和当地藏语。萨班又曾为蒙古语采用畏吾儿文字母的字形创造过一套蒙文字母。⑥ "萨班允诺创造新字，有一天见一妇女手持揉皮的树枝，如锯齿状，乃模仿它的形象而造蒙文。某字母为阿、俟、伊；那、内、尼；洒、腮、斯；巴、贝、比；哈、克、格；嘎、给、克；马、美、米；拉、雷、里；然、惹、日；阿、哎、厄；达、呆、笛；它、台、梯；杂、则、孜；揸、才、此；亚、也、盖；瓦、歪、未等，以阴、阳、中三性或刚、柔、和三声而统之，规定读法。"⑦

忽必烈即位，看到辽金及其他诸国，皆有本国文字，而作为统之横跨亚欧大元帝国的蒙古民族却没有自己的文字，这终归是个大缺憾，于是命国师八思巴创制蒙古新字，字成，在至元六年（1269）二月，诏以新制蒙古字颁行于天下，以彰国体。诏中云："朕惟字以书言，言以纪事，此古今之通例。我国家兆基朔方，俗尚简古，未遑制作，凡施用字，因用汉楷及畏吾字，以达本朝之言。考诸辽、金以及遐方诸国，例各有字，今文治寝兴，而字书有阙，于一代制度实为未备。故特命国师八思巴创为蒙古新字，译写一切文字，期于顺言达事

① 《八思巴字与元代汉语》绪论，科学出版社 1957 年版，第 6 页。

② 《湛然居士集》卷 8《醉义歌序》，第 3 页。

③ 《蒙鞑备录》"国号年号"，丛书集成初编，中华书局 1985 年版。

④ 王国维笺证本：《黑鞑事略》，第 2 页。

⑤ 《教廷与中国使节史》，第 25—28 页。

⑥ 《藏传佛教寺院考古》，文物出版社 1996 年版，第 268 页。

⑦ 《土观宗派源流》，西藏人民出版社 1999 年版，第 227 页。

而已。自今以往凡有玺书颁降者，并用蒙古新字，仍各以其国字副之。"① 文字的主次之别成为尊卑贵贱的统治工具，八思巴字成为蒙古王朝的文化表征。为此是年七月立诸路蒙古字学，立国子学。② 至元七年冬十月，敕宗庙祭祀祝文书以国字。③ 至元八年，始立新字学士于国史院。④ 至元九年七月，和礼霍孙奏："蒙古字设国子学，而汉官子弟未有学者，及官府文移犹畏吾字。"诏自今凡诏令并以蒙古字行，仍遣百官子弟入学。⑤ 至元十二年三月，分置翰林院，专掌蒙古文字，以翰林学士承旨撒的谜底里主之。⑥ 至元十五年七月，诏虎符旧用畏吾字，今易改国字。⑦ 至元十六年春正月，禁中书省文册检用畏吾字书。⑧ 并规定：诸内外百司五品以上进上表章，并以蒙古字书，标译关防，仍兼用之。⑨ "诸奏目及官公文并用国字，其袭用畏兀字者，禁之。"⑩ 至元十七年十二月，敕镂板印造帝师八合思巴（八思巴）新译《戒本》五百部，颁降诸路僧人。⑪ 这是元代较早的一种民族文字刻本佛经。至元十八年十月己亥议封安南王号，易所赐安南国畏吾字虎符，以国字书之。⑫ 然而至元十九年夏四月刊行蒙古畏吾字所书《通鉴》。⑬ 至元二十三年十二月，翰林承旨撒里蛮言："国史院纂修累朝实录，请以畏吾字翻译，俟奏读然后纂定。从之"⑭ 至元二十六年夏五月，尚书省臣言："亦思替非文字宜施于用，今翰林院益福的哈鲁丁能通其字，乞授以学士之职，凡公卿大人与夫富民之子，皆依汉人入学之制，日肆习之。"始设回回国子学，长官教习亦思替非文字。至"仁宗延祐元年四月，复置回回国子监，设监官。以其文字便于关防取会数目，令依旧制，笃意领教。"⑮ 由此可知亦思替非文字主要用于关防统计数目。另延祐七年夏四月（英宗）罢回回国子监。至治元年五月毁上都回回寺，以其地营帝师殿。⑯ 从而使回回字之教育削弱。

元初文人王恽的《中堂事记》记有："回回译史莽珠迪音（麦术丁），其所译簿籍，捣治方厚，尺纸为叶，以木笔挑书布苏玛勒（普速蛮）字。纸四隅用缕穿系，读则脱而下之。"⑰ 这里"普速蛮字"亦是回回字，是波斯文音译，其意穆斯林；同时描述了书写、装帧与汉典不同。

---

① 《元史》卷202，《释老传》，第4518页。
② 《元史》卷6世祖3，第122页。
③ 《元史》卷7世祖4，第131页。
④ 《元史》卷87百官3，第2190页。
⑤ 《元史》卷7世祖4，第142页。
⑥ 《元史》卷8世祖5，第165页。
⑦ 《元史》卷10世祖7，第203页。
⑧ 《元史》卷10世祖7，第209页。
⑨ 《元史》卷102刑法1，第2615页。
⑩ 《元史》卷105刑法4，第2680页。
⑪ 《元史》卷11世祖8，第228页。
⑫ 《元史》卷11世祖8，第234页。
⑬ 《元史》卷12世祖9，第242页。
⑭ 《元史》卷14世祖11，第294页。
⑮ 《元史》卷15世祖12，第322页。
⑯ 《元史》卷27英宗1，第601、611页。
⑰ 《秋涧集》卷80，第8页。

至元三十一年十一月，罢宣政院所刻河西藏经版，① "河西藏经"亦是河西字，又称唐兀字，始于何时刻板，当在至元三十一年之前。且在民间仍在雕印。大德六年（1302）在杭州大万寿寺刻成河西字《大藏经》计有三千六百二十余卷。由僧官管主八印造三十余藏，施予宁夏、永昌等路寺院，永远流通。装印西番字韩院般若、白伞三十余件，经咒各十余部，散施吐蕃等处流通读诵。② 元代大儒虞集的《西夏相斡公画像赞有序》中也记有：公讳道冲，字宗圣，通五经，为蕃汉教授。译《论语注》，别作解义二十卷曰《论语小义》，又作《周易卜筮断》，以其国字书之，行于国中，至今存焉。"至元间，公之曾孙云南廉访使道明，奉诏过凉州，见殿庑有公从祀遗像，求工人摹而藏诸家。"③ 说明西夏虽亡，但其文字典籍仍流行。

元贞元年七月，札鲁忽赤文移旧用国语，敕改从汉字。④ 刑法规定："大宗正府理断人命重事，必以汉字立案牍，以公文移宪台，然后监察御史审覆之。"⑤ 大德十一年八月，中书左丞孛罗铁木儿以国字译《孝经》进，命中书省刻板模印，诸王而下皆赐之。⑥ 至大四年六月，帝览《贞观政要》谕翰林侍讲阿林帖木儿，译以国语刊行，俾蒙古、色目人诵习之。⑦ 延祐四年四月翰林学士承旨忽都鲁都儿迷失、刘赓等译《大学衍义》"以进，帝览之，令翰林学士阿邻铁木儿译以国语"⑧。从文中知《大学衍义》应译成两种语言文字。

延祐五年二月，给书西天字《维摩经》金三千两。⑨ 西天字，亦梵文，《元史》卷63地理六《河源附录》中述，临川朱思本又从八里吉思家得帝师所藏"梵"字图书，而以华文译之。而说明梵文在元代不仅写佛经，且有民间图书。至治元年三月乙酉，宝集寺金书西番《波若经》成，置大内香殿。⑩ 泰定元年七月，以畏吾字译西番经。⑪ 西番经亦是藏文佛经，泰定三年二月敕以金书西番字《藏经》，五月遣指挥使兀都蛮镌西番咒语于居庸关崖石。⑫ 至顺元年八月，诏兴举蒙古字学。⑬ 至顺二年四月，以泥金畏兀字书《无量寿佛经》千部。⑭ 至顺三年夏四月，以国字译《贞观政要》，锓版模印，以赐百官。⑮ 后至元三年夏四月，诏："省、院、台、部、宣慰司、廉访司及郡府幕官之长，并用蒙古、色目人。禁汉人、南人不得习学蒙古、色目文字。"⑯ 这一决策遭到汉人大臣许有壬的反对，亦"廷议禁

---

① 《元史》卷18成宗1，第389页。

② 王国维：《两浙古刊本考》，第206—208页。

③ 《道园学古録》卷4，第33页，《钦定四库全书》。

④ 《元史》卷18成宗1，第396页。

⑤ 《元史》卷103刑法2，第2632页。

⑥ 《元史》卷22武宗1，第486页。

⑦ 《元史》卷24仁宗1，第544页。

⑧ 《元史》卷26仁宗3，第578、582页。

⑨ 同上。

⑩ 《元史》卷27英宗1，第611页。

⑪ 《元史》卷29泰定1，第649页。

⑫ 《元史》卷30泰定2，第670页。

⑬ 《元史》卷34文宗3，第765页。

⑭ 《元史》卷35文宗4，第784页。

⑮ 《元史》卷36文宗5，第803页。

⑯ 《元史》卷39顺帝2，第839页。

汉人、南人勿学蒙古、畏吾儿字书，有壬皆争止之。"① 从而可知元代将畏吾儿字也称为色目文字。与世祖年间诏"蒙古语谕河南，汉语谕福建"② 之要求明显违背民族间互相学习之精神。

至正元年九月宣文阁出《君臣政要》三卷，召翰林学士承旨巙巙等十人译而成书，又敕留守司都事臣宝哥以突厥字书之。……爰出是书俾以精微达诸国语。③ 此佐证西北色目民族中多懂突厥字。至正二年六月，准御史台资：回回掾史一体参补，须要识会亦思忒非文字。④ 此说明回回掾史至少懂回回字和亦思忒非文。

至正五年顺帝在居庸关修建"过街三塔"门洞壁面上刻有梵文、藏文、八思巴文、畏吾儿文、西夏文、汉文六种文字的石刻佛经和经题。至正八年在敦煌莫高窟立四臂观音并以梵文、藏文、汉文、西夏文、八思巴文、回鹘文的六种文字镌刻六字真言石碣。⑤ 至正八年二月命太子爱猷识理达腊习读畏吾儿文字。⑥ 九年秋七月诏命太子爱猷识理达腊习学汉人文书。冬十月命皇太子爱猷识理达腊自是日为始入端本堂肆业。⑦ 至正二十二年皇太子尝坐清宁殿，分布长席，列坐西番、高丽诸僧。并曰："李好文先生教我儒书多年，尚不省其意。今听佛法，一夜即能晓焉。"于是颇崇尚佛学。⑧ 元代辽东之乱军、契丹军、女真军、高丽军，云南之寸白军则皆不出戍他方者，盖乡兵者。⑨ 说明边地民族是集中居住，对这些民族之语言文字的生存起着关键作用，故金朝虽亡，而女真文仍在使用。《朝鲜李朝实录》中就记载有"明永乐元年六月，三府会议女真事，女真吾都里、兀良哈、兀狄哈等招抚之，敕谕用女真书字，字不可解，使女真说其意议之而议。"⑩ "建州左卫指挥童凡察遣管下用女真文献书，译之。"⑪ 关于云南之寸白军，在《元史》卷84 选举4 有"云南诸路廉访司寸白通事、译史出身，此依书吏出身"之记载。方国谕的《云南史料目录概况》中有"出身僰族世家之王荫任云南行省寸白译史"。⑫ 寸白即爨僰，故可证大理白族应有自己的文字。元代翰林修撰杨载在《大元洪镜雄辩法师大寂塔铭》中说："师俗娌李氏，以僰人之言为书，于是其书盛传，解者益众。"这是提及白族有文字的最早文献。⑬《元统一志》通安州人物传说："麦琮，么些人也，祖居神外龙山下，始生七岁，不学而识文字，及长，旁通吐蕃、白蛮诸家书。"⑭ 这里便说明白文也在纳西族中流行。又延祐元年（1314）遣使法忽刺丁等到八百媳妇，九月四日至浑气滥寨，浑乞滥手书白夷字奏章，献二象。⑮ 而当时犵狫必梅则刻

① 《元史》卷182，《许有壬》，第4202页。

② 《元史》卷17 世祖14，第358页。

③ 《危太朴文集》卷7《君臣政要序》（说学斋稿）。

④ 《宪台通纪》外三种：《南台备要》，浙江古籍出版社2002年版，第207页。

⑤ 《藏传佛教寺院考古》，第246—247页。

⑥ 《元史》卷41 顺帝4，第881页。

⑦ 《元史》卷42卷5，第886—887页。

⑧ 《元史》卷46 顺帝9，第962页。

⑨ 《元史》卷98 兵1，第2509页。

⑩ 《朝鲜李朝实录中的中国史料》卷2，第189页；卷5，第380页。

⑪ 同上。

⑫ 《云南史料目录概况》第三册，第1090页。

⑬ 《民族古文献概览》，白文文献，第178页。

⑭ 和宝林：《东巴图画文字的产生和运用》，《云南民族大学学报》（哲学社会科学版），1988年第4期，第54—57页。

⑮ 《招捕总录》，《宛委别藏》，第34页。

契未降，这说明狘猪族尚无文字。浑乞滥手书白夷字，则是傣文，有《芒莱法典》行于世。①

二 有关八思巴文资料

《元史》卷202《八思巴》传中述："中统元年，世祖即位，命制蒙古新字，字成上之。其字仅千余，其母凡四十有一。其相关纽而成字者，则有韵关之法；其以二合三合四合而成字者，则有语韵之法；而大要则以谐声为宗也。"② 此既说明蒙古新字创制始于中统元年，也介绍了蒙古新字编制规则。但据元代僧人搠思吉斡节儿的《心脂》记载："萨斯嘉·班第达曾于夜间瞑想，应以何种文字裨益于蒙古。翌晨兆现，一女子肩揉皮搔木前来跪拜。因依此兆，仿搔木形象制作蒙古文字，分男性、女性、中性三类，编成强、虚、弱性三种。其文字为……然以实际未至，未获机缘，故未以蒙古语翻译佛典。"③ 清代士观·罗桑却季尼玛著的《土观宗派源流》一书中记有："在1246年八思巴的叔父萨迦班智达到凉州见阔端皇子后，曾允诺创造新字……其字以阴、阳、中三性或刚、柔、和三声而统之，规定读法。"④ 因萨迦班智达于1251年逝世，故未完成创字之事，但对八思巴创制蒙古新字一定有所影响。如是在其基础上进行的，那么创制蒙古新字时间在1246年至1251年。

又据《元故奉议大夫国子司业赠翰林直学士追封范阳郡侯卫吾公神道碑铭》载："至元六年，乃命国师肇造新字，颁行天下，于是国家言语文字盛行于时，而国师之功用不细矣。当是时，左右国师以成其功者，公之考文书奴其一也。新字既成，遂由翰林应奉文字超拜直学士。"⑤ 这里给我们提供了协助八思巴制蒙古新字的畏兀儿人文书奴，且因造字而提升，其子野先承父业，乃兴庠序，敷扬国言。成为教育世家。

八思巴字创制后，忽必烈多次以行政命令推行，"诏天下兴起国字学"。"诏虎符旧用畏吾字，今易以国字。""制国字以通语言文字于万方，述国制以示礼乐、刑政于天下。"⑥ 因此出现了汉族的蒙古语言文字研究者，如王伯达编著的《皇朝字语观澜纲目》，张大卿著的《国语类记》。可惜两书失传，所幸两书之序文尚在。元代大学者赵孟頫为《皇朝字语观澜纲目》作序中述："圣朝混一区宇，乃始造为一代之书，以文寄声，以声成字，于以道达，译语无所不通，盖前代之所未有也。古婺王伯达浑解其义，编集是书，曲尽微妙，其亦善言语之良师也。"⑦ 雍古人马祖常为《国语类记》序中述："我国家造蒙古字，因天地自然之数以成一代之书，求合乎先王之意，而不？于人宜，乃列之官学。……广平张大卿所著《国语类记》若干卷，是书实古转注之义，为多切谓此有年矣。大卿乃能缀辑本末，成一家言，凡国语之引，物连类假借旁通者，班班具焉。……古今文字论列辨博纤悉毕载，后世稽

① 张公瑾：《傣族的文字和文献》。
② 《元史》卷202，第4518页。
③ 周清澍：《库腾汗——蒙藏关系最早的沟通者（读《蒙古源流》札记之一）》，《内蒙古大学学报》（社会科学版）1963年第1期。
④ 《土观宗派源流》，西藏人民出版社1999年版，第227页。
⑤ 《滋溪文稿》卷15，第237页。
⑥ 《元文类》卷41艺文（钦定四库全书）。
⑦ 《赵孟頫集》卷6，第136页。

古者尚有考焉。"① 元代儒学大师吴澄在《送杜教授北归序》中将八思巴字与汉字进行比较评述，序云："皇元兴自漠北，光宅中土，欲达一方之音于日月所照之地。既有如古之象胥通其言犹以为未也。得异人制国字，假形体、别音声，俾四方万里之人，因目学以济耳学之所不及，而其制字之法则与古异。古之字主于形，今之字主于声。主于形故字虽繁，而声不备；主于声，故声悉备，而字不繁。有形者象其形，无形者指其事，以一合一而会其意，三者犹未足，然后以一从一而谐其声，声谐则字之生也曼衍无穷，而不可胜用矣。然亦不足以尽天下之声也。有其声而无其字甚夥，此古者主于形者然也。以今之字比之古，其多寡不逮十之一，七音分而为之经，四声合而为之纬，经毋纬子，经先纬从，字不盈千，而唇、齿、舌、牙、喉所出之音无不该，于是乎无无字之音，无不可书之言。此今之主于声者然也。国字为国音之舟车，载而至中州，以及极东极西极南之境，人人可得而通焉，盖又颉籀、斯、邈以来文字之一初也。""敕国字在诸字之右，示所尊也。"② 在《南安路帝师殿碑》中吴澄还指出："新字合平、上、去、入四声之韵，分唇、齿、舌、牙、喉七音之母，一皆以声为主，人以口授而耳听者也。声音之学出自佛界，耳闻妙悟多由于音，而中土之人未之知也。宇文周之时，有龟兹人来至，传其西域七音之学于中土，有曰婆陀力，有曰鸡识，有曰沙识，有曰沙侯加滥，有曰沙腊，有曰般赡，有曰俟利箑。其别有七，于乐为宫、商、角、徵、羽、变宫、变徵之七调，于字为喉牙舌齿唇半齿半舍之七音。此佛氏遗教声学大原，而帝师悟此，以开皇朝一代同文之治者也。"③ 从而可知蒙古新字与佛教之渊源。元人赵文在《送蒙古荆教授序》中也明确提出："吾尝疑国书本于梵书，华以一音该一字，梵以一字贯数音，其左旋其偏缠，其横缀皆有。今国书意华有象形之文，梵亦有之，如岁之为缚是也，其二合三合四合而成字，皆字母所生。华严经载善知众艺，童子得菩萨字，智已有四十二字字母之说，故知国书似出佛书也。今天下言佛之言，字佛之字，吾佛国之民也。"④

八思巴字成为忽必烈首开蒙古国子学而作为维护蒙古文化正统地位的象征，自然就为汉人、南人学八思巴字可入仕之途。这在危素《送胡平远之静江蒙古学正》中得到证实，诗云："至元皇帝初，万国同车书，臣有八思巴，制作开洪图；遂令蒙古语，传诵周海隅，张官设学校，州邑达国都，盱江胡学正，年少跻宦途。"⑤ 大儒虞集在《顺德路总管张公神道碑》中也述："世祖皇帝既一，海内尽出四海之贤能，而时举之取士之途非一而常恐不及也。始置国字合音以成言，累文以成字，以同四海之文，以达四方之情，以成一代之制，言语文史莫不用焉。学其学者，皆尚以右而有为之士彬彬焉，从此途出矣。公弱冠入小学，期年而通其要，选为中书省书诏史……译史岁满出官承务郎，同知潭州路浏阳州事。"⑥ 又在《天水郡侯秦公神通碑》中记有："公讳起宗，字元卿，以通国语文字入官，由武卫大都留守，陞太师、御史台、中书省译史。"⑦

八思巴字创制之后，皇子皇孙们从小就学习这种国字，这除在元典章里至元八年圣旨

---

① 《石田先生文集》卷9。

② 《吴文正公集》，卷14。

③ 《全元文》卷510，第362页。

④ 《天下间文前甲集》卷15。

⑤ 《危太仆集》诗一。

⑥ 《道园类稿》卷43。

⑦ 同上。

外，元人张昱宫中词也有描述："襄头保母性温存，不敢移多出内门；寻得描金龙凤纸，学模国字教皇孙。"① 从上述资料看，八思巴字得到汉族学者之认同并学习研讨。然而到顺帝时却不许汉人南人学习蒙古、色目文字，是值得研究的。

结束语

1. 综合上述资料中的民族文字称谓，计有畏吾字，又称回纥字、回回字、回鹘字、辉和儿字、伟兀字、北庭字、高昌书、色目字、突厥字等；畏吾字蒙文，八思巴字蒙文。八思巴字初称蒙古新字，后诏令为蒙古字、国字；忽必烈即位后回回文以布苏玛勒字、普速蛮字相称；亦思替非文，即波斯文，又译作亦思忒非文、伊实提卜；西番字，即藏文；梵文又称西天字；金亡后东北女真军仍有女真文；西辽亡，乃有契丹字，又称辽字；云南民族、大理寸白军、寸白译史证实有白蛮字、八百媳妇的"白夷字"；河西字，又称唐兀字等12种民族文字，达31种称谓，显现了元代民族文字演变之特点。

2. 蒙元一代民族语言文字多元化的特点，是多种文字合璧，其中六种文字合璧的居庸关门洞和敦煌的均属佛教文化。这体现佛教对蒙古王朝的政治影响，也显示了民族文字对宗教文化的传播中的作用。

3. 蒙元文化蕴含着众多的民族文化和地域文化。笔者认为值得学者关注元代各民族语言文字的渊源、发展、传承与影响，进行系统的研究。因笔者阅读有限，所汇集资料不多，且仅是汉文典籍中的，请诸家指正。

---

① 《张光弼诗集》卷三。

满文古籍编目琐谈
——以满文本《范文贞公文集》为例

黄润华*

内容提要 满文本《范忠贞公文集》四卷是清康熙四十七年（1708）内府刻本，藏于辽宁省图书馆，为孤本，2009年被列入第二批国家珍贵古籍名录。此书在《全国满文图书资料联合目录》（1991年）和《辽宁省图书馆满文古籍图书综录》（2002年）均有收录。但这两部目录将此书书名均著录为"范忠诚公文集"。本文以满文本《范文贞公文集》为例，讨论了对纯满文古籍进行编目时，需注意对书名的翻译，内容须找到原著对照，一部书的前言后跋对编目亦至关重要。

关键词 满文 古籍 编目 《范文贞公文集》

满文古籍就文种而言，以满汉合璧为多，亦有三体、四体即另加蒙文、藏文者，但纯满文的图书仍有不少，并多属清代早期。本文所谈之"满文古籍编目"即指这部分纯满文图书。

满文本《范忠贞公文集》四卷是清康熙四十七年（1708）内府刻本，藏于辽宁省图书馆，是一孤本，2009年被列入第二批国家珍贵古籍名录。此书在《全国满文图书资料联合目录》（1991年）和《辽宁省图书馆满文古籍图书综录》（2002年）均有收录。但这两部目录将此书书名均著录为"范忠诚公文集"，依据应是辽宁省图书馆原编目录。

《范忠贞公文集》作者为范承谟，字觐公，号螺山、觉翁，汉军旗镶黄旗，是清代开国重臣范文程的次子。由于其特殊的家庭背景，从小受到良好的教育，年十七即充侍卫，顺治九年（1652）中进士，顺治十二年（1655）擢秘书院侍读学士，顺治十八年（1661）升国史院学士，康熙七年（1668）陞都察院右副都御史，巡抚浙江。康熙十一年（1672）擢福建总督，加兵部右侍郎兼都察院右副都御史。正当仕途青云直上之时，厄运临空而降。康熙十二年（1673）十一月，吴三桂在云南造反，是为"三藩之乱"始。翌年三月，耿精忠在闽策应，囚范承谟于密室。范被囚期间，头戴御赐之冠，身穿辞母时衣，每月朔望奉时宪书北望而拜。并以取暖之炭烬在墙壁上作诗文以明其志。康熙十五年（1676）九月，耿精忠降，之前恐范泄其反叛内情，遂派人将范缢死并焚尸。范有部下名许鼎者，素仰范之作为，对其所存文字悉为收藏，范死后又隐其余骸，越年负骸潜行抵京。康熙帝闻之震悼，派内大臣哭临其丧，加赠太子少保、兵部尚书，赐谥忠贞，亲笔书写谕祭文，厚葬之。范承谟遗作《范忠贞公文集》有刻本传世，此文集后又被译成满文。但是，为何满文本的汉文书名又变成"范文诚公"了呢？莫非范承谟的谥号有变？谥号是中国封建社会的一个特殊现象，帝

---

* 黄润华（1940—　），男，国家图书馆研究馆员。本文写作过程中，承中国科学院文献情报中心罗琳先生、中国民族图书馆馆长吴贵飙先生、中国第一历史档案馆研究馆员屈六生先生惠以协助，特致谢忱。

王及地位崇高的贵族、大臣死后给予一个称号，往往用一两个字给死者的一生做一个概括的评价，这种做法早在西周时就有了，经过两千多年的发展，形成了一套完整严密的谥法制度。到明清时期，谥号都由皇帝颁赐，具有特殊的严肃性和独特性，是不能随意更改的。以范承谟一生的历史，特别是被囚期间的表现，他对大清王朝忠心耿耿，临危不惧，威武不屈，用"忠贞"二字来盖棺定论倒也恰如其分。那么"忠诚"一词从何而来呢？原来满文本的书名叫"tondo unenggi fan gong ni wen ji bithe"，"tondo"是"忠"的意思，"unenggi"按《清文鉴》解释是"诚"的意思。"范忠诚公"大概就是这么译出来的。

国家图书馆藏有一份"原任福建总督加赠太子太保兵部尚书谥忠贞范承谟碑文"的拓片，已裁剪成册。碑文题康熙二十一年（1682）四月二十六日，满汉合璧。据《八旗通志初集》记为康熙皇帝亲笔。碑文中的"忠贞"对译满文是"tondo akdun"，"akdun"在《清文鉴》中释为"信实"，但其引申义也有"贞"的意思，如"akdun sargan jui"即为"贞女"（见《御制清文鉴》封表二）。满文本《范忠贞公文集》是康熙四十七年（1703）出版的，又是皇家出版机构武英殿的出版物，这样一个皇家出版单位断无将谥号"忠贞"这一关键词弄错之事，因此可以认定，在为范承谟立碑二十多年后，满文词"unenggi"的引申义有了"贞"的意思。它与"tondo"连用时，有"忠诚"之意，也有"忠贞"之意（参见胡增益《新满汉大词典》第739页）。词汇是语言中最活跃的部分，它随着社会的发展不断增加或淘汰，或将原来的词义扩大、引申。汉文"忠贞"满译文的变化就是一个例子。在当时的语境下，"忠贞"不同的满译都不会引起歧义。今天我们翻译的时候，应当充分考虑到满文词语的多义词特点和当时的语境，不应该过于拘泥词典机械死板地理解。

汉文本《范忠贞公文集》五卷加首卷共六卷。首卷包括本传、谕祭文二道、御书碑文一道。第一卷是抚浙奏议，第二卷是督闽奏议，第三卷是吾庐存稿，第四卷为百苦吟，第五卷为画壁遗稿。满文本《范忠贞公文集》仅四卷，第一卷为全书目录和范承谟本传，第二卷为抚浙奏议，第三卷是督闽奏议，第四卷是范承谟画壁遗稿自序及图尔泰后序。汉文本中的"吾庐存稿""百苦吟"都是范承谟生前的诗文作品，"画壁遗稿"则是被囚期间用炭烬写在囚室墙上的诗作，有语词激烈者当时已被涂去，其余收录入集。《八旗通志初集》评范承谟"博学强记，善属文，诗又有法"，可见其诗文在当时还较有名气，尤其被囚期间的诗作对了解他当时的思想感情更有价值，可惜这些诗文作品，也就是范承谟文集中最亮眼的部分满文本《范忠贞公文集》都没收录，这是很可惜的。

满文图书大多译自汉文，但两种文本不一定全都相同。有些满文本出于各种原因往往不是全部译出。如顺治三年（1646）刻印的满文《辽史》《金史》《元史》仅是汉文三史中之"本纪"部分，而且不是全译。满文本的《三国演义》《金瓶梅》等汉文文学名著也不是全译。满文本《范忠贞公文集》如果不看汉文本，就会想当然地认为是汉文本的翻版，将两种文本一对照，差别立现。因此，纯满文本图书编目，如果不是原创作品，一定要找到原著对照。满译本与汉文原本的异同是一个重要的研究领域，可惜这方面看到的成果并不多。

收录满文本《范忠贞公文集》的两部目录对此书的责任者只著录了作者，《辽宁省图书馆满文古籍图书综录》还特别著录了"佚名译"。其实不论汉文本还是满文本还有两个重要的责任者，一个是范承谟的儿子范时崇，书中注明"男时崇校字"，这里的"校"与今天的"校对"有所不同，是"考定、考证"之意，实际上是本书的编者。另一个责任者是满文本的译者，名图尔泰，两种文本中都有他写的一篇后序。关于图尔泰的身世还不很清楚，只知道他曾在杭州当官，善画墨竹，康熙四十六年至四十七年任两广巡盐御史，此时范时崇正在广东巡抚任上。从图尔泰后序得知，他与范家是世交，又是姻亲。康熙四十七年，图尔泰与范时崇同在广州当官，后序说："一日者世兄（指范时崇）出公之文集五卷示余，余捧读之惕然心戚，宛如公之须眉活现，公之孤忠大节凛凛雄风，丹诚报国与皎日争光，公殆死犹生者矣。""余率弟郎傛泰、子郎世荫另翻清书，刊刻成册，俾满汉家皆得家诵户读，咸知所法云。"由此可见，本书满译者是图尔泰及郎傛泰、郎世荫。一本书的前言、后跋往往提供很多信息，对编目至关重要，满文本《范忠贞公文集》是一个典型实例。

满文古籍版本年代界定之我见

朱志美[*]

内容提要　满文古籍版本的研究可以说处在起步阶段。目前满文古籍版本年代的界定基本以其序言时间为主要依据，但多数满文古籍是从汉文本翻译而来，其序言时间与汉文本序言时间一致，而满汉文本的成书时间却不同，这就存在重新界定满文古籍版本年代的问题。本文拟通过对满文本《八旗通志初集》《宗室王公功绩表传》《壁勤襄公列传》版本年代进行考证，由此引出对满文古籍版本年代判定原则的思考。

关键词　满文古籍　版本年代　判定原则

　　满语在清代被尊为"国语"，以满文书就的典籍数量丰富，一些大部头的重要官修典籍满、汉文本并行于世。一般来讲，满、汉本刊刻成书的时间相差不是很大，但并非都在同一年，在这种情况下，汉文本、满文本哪一个成书在先，哪一个是后译成的，以及分别成书的具体年代就成了一个问题。然而到目前为止，能够识读满文并且进行翻译整理者少之又少，懂得满文的工作人员又鲜有通晓版本学知识的人，这种现状给满文古籍版本年代的界定带来很大困难。

　　满文分老满文、新满文两种，即便是从1599年努尔哈赤下令创制满文（形成了老满文）开始至今也不过四百余年，用满文书就的典籍也是在这几百年之内出现的，这与汉文典籍的历史悠久、源远流长有着很大的差别。那么从事满文古籍版本研究这项工作就更算得上是新兴的学科了。要想一开始就把满文古籍全部翻译整理出来是不现实的，到目前为止满文古籍的整理是以出版目录为始的。在现行的满文古籍目录中，对文献版本的著录多是确定到具体的年份，而一些相同内容的汉文典籍没有将书的版本年代确定到具体的年份而是只著录有朝代。

　　此问题的产生有其必然性也有其不准确性。汉文古籍版本的判定相当严格，要根据书籍的内容、序言、批校题跋、牌记、钤印等多项内容，并结合纸张、墨色、装帧，再查阅相关文献的记载，最终综合判定其版本年代。而满文古籍中牌记、钤印少之又少，除了序言之外鲜有他项版本信息，并且满文书籍的成书过程在相关文献中又鲜有记载。那么现行的著录中为什么还能明确判定其版本年代呢？多数即根据序言时间判定。这就存在两个问题，一是序言时间不一定是该书的最终付梓时间，如果汉文古籍上除序言时间之外没有其他信息可以明确显示书的刊刻时间，那么是不会将序言时间作为书籍的版本年著录的，只会著录到朝代，从这一点上，满文古籍版本的判定与汉文古籍版本判定的标准相差甚远；另一个问题就是，清代虽以满语为国语，但是真正用满文原创的典籍不多（主要是一些档案类的文献以满文原创居多），很多典籍译自汉文，序言也是照译汉文而来，那么从汉文翻译为满文需要一段

---

　　[*] 朱志美（1980—　），女，中央民族大学历史系毕业，历史学硕士，现为国家图书馆馆员。

时间，再付梓又需要一些时日，这样一来如果只依照序言时间来著录，就难免会有出入。

满文本《八旗通志初集》即是一个例子。《八旗通志初集》是记载清代八旗制度各方面的重要官修典籍，其内容涉及八旗兵制、职官、典礼、人物等诸多领域，是从事清史、满族史研究不可或缺的一部巨作。该书汉文本、满文本并行于世。满文刻本《八旗通志初集》现多著录为乾隆四年（1739）殿刻本。[①] 据《四库全书总目提要》卷八十二记《八旗通志初集》："雍正五年世宗宪皇帝敕撰。乾隆四年告成，御制序文颁行。"[②] 经学者研究考证，最终收入《四库全书》的并非《八旗通志初集》，而是《钦定八旗通志》，但《四库全书总目提要》中的这条提要内容针对的是《八旗通志初集》是没有问题的。其中"乾隆四年"告成是指《八旗通志初集》汉文本的成书时间，并未涉及满文本的相关事宜。该书汉文本的最早成书时间在乾隆四年似无争论，但满文本的成书时间却存在疑点。通过查阅国家图书馆藏满文本《八旗通志初集》稿本发现，该满文本最终成书时间最早应是乾隆十年八月之后或乾隆十一年了，这与现在著录的乾隆四年相差至少六年。

满文本《八旗通志初集》共250卷，国家图书馆藏这部稿本存249卷。这些稿本的封皮有些已经残损，有些清代修书时贴的签已经不复存在，但在仍然保存下来的封皮上还是留存了大量的一手信息。通过梳理可以看出此版本是经过初次校对后贴签，然后令人按签修改、改换、撤签，之后再由原校人校对直至妥当的稿本。

在检阅该书过程中发现，有些封面记载了校对时发现的问题，虽然有的用笔勾掉了，但原字的内容依然清晰可见，例如职官志（卷三十七）的封皮载：乾隆十年二月清初次校共应换篇者十六页 应改者五十七签 改换讫 共字七千五百正 五十九页。其中"共应换篇者十六页 应改者五十七签"是用笔勾掉了。从此段信息可见此稿本是迭经修改的版本，初校后发现问题，写于封面，或于封面贴签，然后再经修改后，再校，再校时如果是已经改妥，就将原来所写的问题勾划掉，而写上"改换讫"等字样表明问题已解决。

有些则是在第二遍校对时仍未改正，所以又经三校而妥，例如，卷二百四十二的封面上：乾隆九年十二月份卢校共四签应换 二月卢又校 并未换改 妥 卢校妥。不难看出该卷为卢校，于乾隆九年十二月份初次校对，共有四处应改换，乾隆十年二月份卢再校时这几处错误还未改换，后又经修改后，卢再次校对时已经改换妥当。

封面信息除以上提到的显示改妥与否之外，大体还包括每卷的字数、核对者的信息等，其中有一些信息清楚地反映出校对的时间。

根据现有的信息统计，在这些封皮上共有一百余处显示了时间的信息，这些时间有的反映出报写每卷书籍字数的时间，有的体现了初次校对的时间。经过对大量信息的梳理，发现最早的初次校对完成时间是乾隆九年九月，大部分的初次校对完成时间是在乾隆九年的十月、十一月。

封面残存的时间信息大多只写月份，未写全年份，例如典礼志（卷六十三）封面：九月报过字数 十月报校对。那么笔者是如何判断其最初的校对完成时间是乾隆九年呢？有一册的封面信息为我们解开了年份的疑问，典礼志（卷五十六）封面：九月报过字数 十月报

---

① 黄润华、屈六生主编：《全国满文图书资料联合目录》，书目文献出版社1991年版，第198页；卢秀丽、阎向东编著：《辽宁省图书馆满文古籍图书综录》，辽宁民族出版社2002年版，第313页著录为：清乾隆四年（1739）武英殿刻本。

② （清）纪昀总纂：《四库全书总目提要》卷八十二，河北人民出版社2000年版，第2160页。

校对 纂修洪 校 甲子十月。"九月报过字数 十月报校对"这与大多数封面所写的时间是相同的，关键是后边的"甲子十月"，经查，该甲子年即乾隆九年。有此具体的年代，以及通看整部书封皮上的大量信息，笔者总结推断出初次校对的大致时间为乾隆九年九月至十一月。

该稿本最晚的校对修改完成时间约为乾隆十年七月，甚或更晚。封皮上体现的最晚时间信息是土田志（卷二十）封面：乙丑七月卢校。经查，该乙丑年为乾隆十年。

满文本有了较明确的时间信息，那么我们将其与汉文本的时间进行比对，汉文本形成于乾隆四年，满文本必定是出现在汉文本之后。卷二百四十四封面信息：正月分清初次校 应改者三十二签 应换篇者一页 应对汉本查明者二签 查讫 清校妥。从中也反映出满文本是依汉文本翻译而成，所以在校对满文本时，有时还要查阅汉文本进行核实。

综上所述，该书初次校对及之后的修改完结时间基本在乾隆十年，那么之后再进行校对及定稿后刻印还需一段时间才能完成，所以该书的最终成书时间最早也应是乾隆十年八月之后或乾隆十一年了，这与现在著录的乾隆四年相差时间已经很长，其成书时间或许在乾隆十一年之后也未尝不可，但未发现相关记载，有待进一步考证。

以上只是对这一部书的成书时间进行具体的考证，由此引发一个问题，就是这种满汉文并行于世的大部头典籍，满文一般是由汉文译过来的，其翻译、校对都需要一定的时间，所以一般会比汉文本晚上一段时间，《八旗通志初集》就晚了至少六年。这在今后的满文版本年代判定上希望会有所帮助。但也不排除有些典籍是满汉文本最终同时成书的情况，所以具体到每一部古籍还应具体考证。

现另举两例作为这类问题的佐证。

满文本《宗室王公功绩表传》，在现有的满文文献目录中一般著录为乾隆二十九年（1764）武英殿刻本，六卷。① 汉文本《钦定宗室王公功绩表传》据《四库全书总目提要》卷五十八中记载"初，乾隆二十九年命宗人府、内阁考核宗室王公功绩，辑为《表》一卷，详列封爵世系；《传》五卷，第一卷、第二卷为亲王，第三卷为郡王，第四卷为贝勒、贝子、镇国公、辅国公，第五卷为王贝勒获罪褫爵而旧有勋劳者……于乾隆三十年六月告成。"② 后因有些事实不详悉等原因，于乾隆四十六年又下令重为改撰，形成了十二卷本。

据以上可以看出，乾隆二十九年是最早乾隆皇帝下令敕撰此书的时间，最早一稿成书是在乾隆三十年，其内容为《表》一卷，《传》五卷。且不论乾隆三十年最早一稿是汉文本还是满文本，无论如何也不能产生乾隆二十九年的武英殿刻本，岂有未编完先刻印的道理呢？所以满文本《宗室王公功绩表传》的版本年代问题还应进一步考证。

国家图书馆藏满汉合集《壁勤襄公列传》，共两册，满汉文各一册。在书中均未体现其成书时间，然而在两册书中分别有满、汉文夹签，汉文签写：咸丰七年九月十六日呈进。满文签汉译为：咸丰七年十二月十三日呈进。虽然都在咸丰七年，但汉文本早于满文本约三个月，由此亦可看出此书汉文本先成，后译满文本。

那么满文古籍的版本时间界定应遵循什么原则呢？对此笔者做了一些思考。从原则上来讲古籍版本的判定无论什么文种都应与汉文古籍版本的判定保持大体一致的标准，利用书上所体现的各项信息进行综合判定。然而满文古籍现已出版的目录中大部分书的版本年代信息

---

① 黄润华、屈六生主编：《全国满文图书资料联合目录》，书目文献出版社1991年版，第216页；北京市民族古籍整理出版规划小组办公室满文编辑部编：《北京地区满文图书总目》，辽宁民族出版社2008年版，第156页。

② （清）纪昀总纂：《四库全书总目提要》卷五十八，河北人民出版社2000年版，第1594页。

皆是以序言时间为依据进行了著录，并且在日常的学者交流使用中也约定俗成地承认了现行判定的标准，如果我们现在将先人的成果推翻，将原来已经明确公布具体年份的典籍重新著录为只有朝代这样的大范围时间界定，那么对于学者的研究是不利的，易使学者误以为有新的版本出现。另外，满文古籍形成于清代，并非如其他文字古籍一样有着几朝几代的积累、数量繁多、翻刻不断。这些古籍当中的抄本、写本，没有抄、写时间的，我们就不断定其具体的时间年份，书中有明确记载抄、写于何时的，就将此时间作为版本的年代；刻本或是依据汉文本翻译而来，或是依皇帝的命令进行创制而成，无论是哪种情况，其成书刊刻的年代和序言的时间一般相差不会特别远，并且现在利用满文古籍的学者一般是以研究其内容为目的的，很少有从版本方面去研究的，那么在版本具体年份的判定上相差几年亦无伤大雅。还有一点特别重要的是满语在清代并非一直非常普遍地使用，即便是满族人后来也是不能熟练地使用满语了，满文书籍自然不会如汉文书籍那么流通广泛，所以翻刻的情况就较少，一般都是成书之后就刻印了，故版本年代一般与序言时间接近。

　　那么今后满文古籍版本的年代应如何著录呢？笔者认为可以按照满文古籍原有的著录为框架，在现在按照序言时间著录的基础上结合各方面因素，如发现有相关信息或资料证明版本时间并非序言时间，那么及时进行更正，如未发现新的材料，还按照原有的时间著录，并附以相关备注，注明版本时间依据什么得来，这样既可方便学者研究利用，又可为日后进一步研究满文古籍版本提供线索依据。

清太祖太宗满文圣训的版本研究

赵秀娟[*]

内容提要 清朝圣训是专门记载皇帝诏令谕旨的官修记言类史籍。从《太祖高皇帝圣训》至《穆宗毅皇帝圣训》清代先后编有十朝满文圣训。其中太祖太宗两朝的满文圣训，几经编修，形成了不同版本，而且内容上也有一定的差异。本文依据中国第一历史档案馆所藏几种不同版本的太祖太宗两朝满文圣训，逐一进行比较，以期探讨其编纂情况和相互之间的差异。

关键词 清代 满文文献 圣训 版本

清朝圣训是专门记载皇帝诏令谕旨的官修记言类史籍，是按朝纂修的，其编纂取材于实录。史载顺治十二年开始编修圣训，自康熙起，各朝皇帝继位后均令词臣将前朝皇帝的谕旨编纂成书，以使后代恪守祖训，也便于查考。从《太祖高皇帝圣训》至《穆宗毅皇帝圣训》清代先后编有十朝满文圣训。

中国第一历史档案馆馆藏满文圣训写本，我们仅从封皮颜色上可以分为黄绫本、红绫本和紫绫本。其中太祖太宗两朝的满文圣训，几经编修，形成了不同版本，而且内容上也有一定的差异。本文依据中国第一历史档案馆所藏几种不同版本的太祖太宗两朝满文圣训，进行逐一比较，以期探讨其编纂情况和相互之间的差异。

一 编纂时间的考证

中国第一历史档案馆馆藏清太祖太宗满文圣训写本，我们按版本形成时间先后、封皮颜色及开本大小等来划分，有红绫本、黄绫本、小黄绫本、小红绫本和大红绫本。

据实录记载，顺治十二年、康熙十二年、康熙二十五年都曾纂修过清太祖圣训，乾隆四年则完成了对康熙二十五年太祖圣训的校刊工作，笔者将中国第一历史档案馆馆藏太祖满文圣训按其版本特征等信息梳理如下：

《太祖圣训》红绫本，无序言，不知所修年代；其满文书名题签为 taidzu enduringge taci-hiyan；属满汉合集，共四卷，满汉文各两卷；内容涉及圣德、智略、宽仁、仁慈、训诸王、训群臣、训将、收人心、恤民、求贤、赏功、远略、定制、通下情、威勇、武功、昭信、兴文教、节俭、戒酒、教戚臣、昭内训，共 22 个门类，版本特征为无版框、无行格、半叶 5行。清实录记载顺治十二年五月开始修太祖太宗圣训，"朕欲仿贞观政要，洪武宝训等书，分别义类详加采辑，汇成一编。朕得朝夕仪型，子孙臣民，咸恪遵无斁，称为太祖圣训，太

---

* 赵秀娟（1980—　），女，现就职于中国第一历史档案馆满文处。

宗圣训，即于五月开馆……"①，我们据此初步考证该版本为顺治年间所修。

《大清太祖高皇帝圣训》红绫本有两部，均为四卷，有序言，但无时间。其满文书名题签是 daicing gurun i taidzu dergi hūwangdi i enduringge tacihiyan；内容涉及论治道、明德教、训诸王、训群臣、宽仁、智略、求贤、用人、求言、收人心、恤兵、兴文教、慎刑、明法令、通下情、赏功、昭信、训将、教戚臣、昭内训、劝善、儆愚顽、节俭、谨嗜好，共 24 个门类。版本特征为四周双边朱丝栏；半叶 7 行；红口，双鱼尾；版口有满文书名（enduringge tacihiyan）、卷数、页码。根据其序言里 "ama šidzu eldembuhe hūwangdi"（汉译：父亲世祖章皇帝）可以推断该版本太祖圣训系康熙朝所修；同时，我们将之与《大清太宗文皇帝圣训》红绫本中康熙十二年序言做比较，从字体风格以及序言的内容，我们可以考证出《大清太祖高皇帝圣训》红绫本也是康熙十二年纂修的。

《大清太祖高皇帝圣训》黄绫本，共四卷，无序言，第一卷有总目；其满文书名题签是 daicing gurun i taidzu dergi hūwangdi i enduringge tacihiyan；内容涉及敬天、圣孝、神武、智略、宽仁、论治道、训诸王、训群臣、经国、任大臣、用人、求直言、兴文教、崇教化、勤修省、重农、节俭、慎刑、恤下、收人心、通下情、明法令、鉴古、赏功、昭信、戒逸乐、谨嗜好、优戚臣，共 28 个门类。版本特征为无版框、无界行、半叶 7 行。我们依据其书名题签及每卷卷端和卷末之太祖的尊谥号 "daicing gurun i taidzu abkai hese be alifi forgon be mukdembuhe gurun i ten be fukjin ilibuha ferguwecuke gung gosin hiyoošungga horonggo enduringge šu be iletulehe doro be toktobuha genggiyen erdemungge dergi hūwangdi" 汉译："大清太祖承天广运圣德神功肇纪立极仁孝睿武弘文定业高皇帝"②，可以考证出此版本系康熙朝编纂，将之与康熙十二年所修《大清太祖高皇帝圣训》红绫本相比较，发现门类及条目均不一致；依据乾隆四年校刊形成的《大清太祖高皇帝圣训》小黄绫本中康熙二十五年序言和《国朝宫史卷之二十三》，载康熙二十一年重修、康熙二十五年修成的《大清太祖高皇帝圣训》，共有二十六个门类。《大清太祖高皇帝圣训》黄绫本虽然比乾隆四年校刊形成的《大清太祖高皇帝圣训》多出 "重农" 和 "优戚臣" 两个门类，但笔者通过对比，发现这两个门类里的内容分别放在乾隆四年校刊的《大清太祖高皇帝圣训》小黄绫本（包括小红绫本和大红绫本）的 "经国" 和 "崇教化" 两个门类中，另外还有 "恤功臣" 和 "睦亲" 两个门类被白纸覆盖；其他门类与乾隆四年校刊的《大清太祖高皇帝圣训》小黄绫本（包括小红绫本和大红绫本）里门类的内容基本一致。由此可知该《大清太祖高皇帝圣训》黄绫本具有稿本意义，其文本价值比较高。

乾隆四年校刊形成的《大清太祖高皇帝圣训》分为小黄绫本、小红绫本和大红绫本，这三个版本中均有康熙二十五年和乾隆四年的序言；满文书名题签是 daicing gurun i taidzu dergi hūwangdi i enduringge tacihiyan，均为四卷；其中小黄绫本和小红绫本均为 26 个门类；内容涉及敬天、圣孝、神武、智略、宽仁、论治道、训诸王、训群臣、经国、任大臣、用人、求直言、兴文治、崇教化、勤修省、节俭、慎刑、恤下、收人心、通下情、明法令、鉴古、赏功、昭信、戒逸乐、谨嗜好；《大清太祖高皇帝圣训》小黄绫本的版本特征为无版框、无行格；半叶 9 行。有修改的夹条。《大清太祖高皇帝圣训》小红绫本的版本特征为四周双边朱丝栏；半叶 10 行；红口，双鱼尾；版口有满文书名（enduringge tacihiyan）、卷数、

① 《大清世祖章皇帝实录》卷 91，顺治十二年四月至五月，第 7—8 页。
② 《大清太祖高皇帝实录》卷 10，天命十一年正月至八月，第 23 页。

页码。《大清太祖高皇帝圣训》大红绫本的版本特征为四周双边朱丝栏；半叶 9 行；白口，版口有满文书名（enduringge tacihiyan）、卷数、页码。该部太祖圣训的大红绫本的门类有 27 个，经过笔者仔细核对，发现只是在封皮上多出了"重农"一项门类，而在目录和正文中并无此项内容。

清实录载太宗圣训是与太祖圣训一起编纂的，中国第一历史档案馆馆藏的太宗圣训有四个版本，分别是顺治朝所修红绫本，康熙十二年所修红绫本和考证为康熙朝所修的黄绫本以及乾隆四年校刊形成的小黄绫本、小红绫本和大红绫本。我们将其版本特征等信息概括如下：

《太宗圣训》红绫本，无序言，不知所修年代；共六卷。满文书名题签是 taidzung ni enduringge tacihiyan，内容涉及圣德、谦德、宽仁、训诸王、训群臣、训将、收人心、恤民、远略、定法制、武功、兴文教、定文字、节俭、求言、求贤、仁慈、论治道、恤降、恤旧劳、定尊号、招降、励将士、劝农、禁异端、敦睦、宥过、明法令、训诸藩、行围、退还礼物、崇礼，共 32 个门类。版本特征为无版框、无界行、半叶 5 行。其中第一卷多处有圈改痕迹。由此可见，该部《太宗圣训》具有稿本意义。据实录载："……世祖章皇帝时，曾命儒臣纂修太祖太宗圣训，虽具稿进呈，未经裁定颁布。"[1] 由此可初步考证出《太宗圣训》红绫本是顺治朝所修的。

康熙十二年纂修的《大清太宗文皇帝圣训》红绫本有两部，均为六卷。一部有具体的序言时间，另一部只有序言，而无具体的序言时间，两者内容一致，只是后者较前者纸质较薄。满文书名题签是 daicing gurun i taidzung šu hūwangdi i enduringge tacihiyan，内容涉及论治道、训诸王、训群臣、谦德、宽仁、智略、求贤、求言、收人心、恤民、劝农、兴文教、训将、励将士、怀远人、训诸藩、恤降、招降、恤旧劳、敦睦、节俭、谨嗜好、禁异端，共 23 个门类。版本特征为四周双边朱丝栏；半叶 7 行；红口，双鱼尾；版口有满文书名（enduringge tacihiyan）、卷数、页码。

《大清太宗文皇帝圣训》黄绫本，为六卷。无序言，第一卷有总目。满文书名题签是 daicing gurun i taidzung šu hūwangdi i enduringge tacihiyan，内容涉及论治道、训诸王、训群臣、谦德、宽仁、智略、求贤、求言、收人心、恤民、劝农、兴文教、训将、励将士、怀远人、训诸藩、恤降、招降、恤旧劳、敦睦、节俭、谨嗜好、禁异端，共 23 个门类。版本特征为四周双边朱丝栏；半叶 7 行；红口，双鱼尾；版口有满文书名（enduringge tacihiyan）、卷数、页码。我们依据其书名题签及每卷卷端和卷末之太宗的尊谥号 "daicing gurun i taidzung abkai de acabume gurun be mukdembuhe doro be amban obuha horon be algimbuha gosin onco hūwaliyasun enduringge hiyoošungga erdemungge ten be badarambuha gung be iletulehe genggiyen šu hūwangdi" 汉译："大清太宗应天兴国弘德彰武宽温仁圣睿孝隆道显功文皇帝"[2]，可以考证出此版本是康熙朝编纂的。

乾隆四年校刊形成的《大清太宗文皇帝圣训》小黄绫本、小红绫本和大红绫本，均有康熙二十六年和乾隆四年的序言；满文书名题签是 daicing gurun i taidzung genggiyen šu hūwangdi i enduringge tacihiyan，均为六卷，门类也一致，内容涉及论治道、训诸王、训群臣、谦德、宽仁、智略、求贤、求言、收人心、恤民、劝农、兴文教、训将、励将士、怀远人、训诸藩、恤降、招降、恤旧劳、敦睦、节俭、谨嗜好、禁异端，共 23 个门类。《大清

---

① 《大清圣祖仁皇帝实录》卷 35，康熙十年正月至四月，第 18—19 页。

② 《大清太宗文皇帝实录》卷 65，崇德八年六月至八月，第 41 页。

太宗文皇帝圣训》小黄绫本的版本特征为无行格；半叶 9 行；《大清太宗文皇帝圣训》小红绫本的版本特征为四周双边朱丝栏、半叶 10 行；红口、双鱼尾、版口有满文书名（enduringge tacihiyan）、卷数、页码。《大清太宗文皇帝圣训》大红绫本的版本特征为四周双边朱丝栏；半叶 9 行；白口、版口有满文书名（enduringge tacihiyan）、卷数、页码。

　　从以上内容我们可以看出太祖满文圣训每个版本皆是四卷，而考证为顺治朝所修满汉合集的《太祖圣训》，其满文本实际是两卷；太祖圣训门类由 22 个逐渐增加到 26 个，从无序言和总目到有序言和总目；太宗满文圣训，每个版本均是六卷，但其门类从 32 个变成 23 个，亦是从无序言和总目到有序言和总目；由此可见，太祖太宗圣训经过康熙朝两次重修以及乾隆四年的校刊重修，太祖太宗两朝圣训中的门类和内容及版本特征均发生变化，与此同时圣训的编纂体例也趋于完备。

二　内容差别

　　据纂修时间的不同，中国第一历史档案馆馆藏清太祖太宗满文圣训的不同写本虽然在卷次上基本一致，但在目次及内容等方面均有所差异。圣训门类里的内容基本按照时间先后编纂，也有将同一事件按编纂目的的不同，分别放在不同的门类中的情况。如太祖攻打瓮哥落城的情节，即在顺治朝所修《太祖圣训》红绫本的"威勇"和"宽仁"两个门类中皆有记载。

　　1. 各版本相同门类之内容比较

　　笔者经过对比清太祖满文圣训几个版本的门类，发现共有十个相同的门类，分别是兴文教、节俭、宽仁、昭信、通下情、赏功、收人心、智略、训诸王，训群臣。而相同门类下，条目的数目及内容并不一定相同。我们仅就宽仁门类中，甲申年太祖攻克瓮哥落城收降人才一事，在不同的版本中的描述作一下简单的比较。

　　汉文内容为：甲申，太祖率兵攻克瓮哥落城，获鹅儿果尼、老科。众臣以其曾射太祖，请杀之。太祖曰："行阵相攻，争求胜敌，各为其主，故射我耳。今为我有，彼岂不为我射人哉？如此勇士，死于锋镝犹当悯惜。何可因射我而杀之。"遂皆赐官牛录，辖三百人。

　　考证为顺治朝所修《太祖圣训》红绫本中"宽仁"门类共 4 个条目，其中第 2 条目满文内容是：

　　niowanggiyan bonio aniya, taidzu cooha gaifi, *dahūme* onggolo i hoton be afame gaifi. orgoni, loko be *baha* manggi. geren ambasa, taidzu be gabtaha bihe seme, waki sere *de*, taidzu hendume："dain ofi, afara de bata be eteki seme, meni meni ejen i jalin, mimbe gabtahabi dere. *te minde oci*. mini jalin, *gūwa* be geli *gabtarakūn*? enteke *sain* mangga haha, loho gida, *niru sirdan* i dubede bucere be hono hairambikai！mimbe gabtaha turgunde, ainu wambi？" sefi. gemu *wesimbufi*, ilata tanggū haha be kadalara nirui ejen obuha.

　　考证为康熙十二年所修的《大清太祖高皇帝圣训》红绫本的"宽仁"门类有 5 个条目，其中第 1 条目满文内容为：

　　niowanggiyan bonio aniya *uyun biyai suwayan singgeri inenggi*, taidzu onggolo i hoton be afame gaifi. orgoni, loko be *jafaha* manggi. geren ambasa, *ere juwe niyalma ejen* be gabtaha bihe. waki sere *jakade*, taidzu hendume："dain ofi, afara de bata be eteki seme, meni meni ejeni jalin mimbe gabtahabi dere. *bi te guwebufi baitalaha de*, *amaga inenggi gūwa bata be ucaraci*, *tese* mini jalin *bata* be *gabtarakūnio*？ enteke *mangga* haha *be* loho gidai dubede bucere be hono hairambikai！ mimbe gabtaha turgunde ainu wambi？" sefi. gemu ilata tanggū haha be kadalara nirui ejen obuha.

考证为康熙朝所修《大清太祖高皇帝圣训》黄绫本中的"宽仁"门类有 7 个条目，其中第 1 条目满文内容是：

niowanggiyan bonio aniya, *taidzu neneme cooha gaifi*，*onggolo i hoton be afara de*，*hoton i dorgi*，*orgoni*，*loko gebungge niyalma i gabtaha de*，*ujen feye bahafi*，*cooha bederefi. feye johiha manggi*，*dasame cooha gaifi*，onggolo i hoton be afame gaifi. orgoni, loko be *baha* manggi, geren ambasa waki serede, taidzu hendume：" dain ofi, afara de bata be eteki seme, *ini ejen* i jalinde mimbe gabtahabi dere, *te minde oci*. mini jalinde *gūwa* be geli *gabtarakūbio*？ enteke sain mangga haha, *dain afara de* loho gida, niru sirdan i dubede bucere be hono hairambikai！ mimbe gabtaha turgunde, ainu wambi？" *seme hendufi. orgoni*，*loko* be wesimbufi. ilata tanggū haha be kadalara nirui ejen *hafan sindaha.*

乾隆四年校刊形成的《大清太祖高皇帝圣训》的小黄绫本"宽仁"门类有 6 个条目，比《大清太祖高皇帝圣训》黄绫本少 1 条内容，其余各条目内容基本一致，宽仁门类第 1 条目满文内容为：

niowanggiyan bonio aniya uyun biyade，*han neneme cooha gaifi*，*onggolo i hoton be afara de*，*hoton i dorgi*，*orgoni*，*loko gebungge niyalmai gabtaha de. han ujen feye bahafi*，*cooha bederefi. feye johiha manggi*，*dasame cooha genefi onggolo i hoton be afame gaifi*. orgoni, loko be *baha* manggi. geren ambasa waki serede. *han hese wasimbuhangge*. dain ofi afara de，bata be eteki seme, ini ejen i jalinde, mimbe gabtahabi dere. te minde oci, mini jalinde gūwa be geli *gabtarakūbio*？ enteke sain mangga haha, dain afara de loho gida niru sirdan i dubede bucere be hono hairambikai！ mimbe gabtaha turgunde ainu wambi？ *sefi*. orgoni, loko be wesimbufi. ilata tanggū haha be kadalara niru ejen *hafan obuha.*

笔者将内容有变化的地方，将字体加粗并用斜体来表示。从以上太祖圣训各个版本的内容上看，第一，顺治朝所修《太祖圣训》红绫本用词比较直白，文风朴素，叙事较简单；而康熙和乾隆两朝所修的《大清太祖高皇帝圣训》的内容经过润色，比较注意措辞用句以及叙事内容的完整性。第二，《太祖圣训》红绫本内的语句接近口语，有缺少主语和宾语的情况。而后朝所修《大清太祖高皇帝圣训》里的语句前后连贯、逻辑性强。第三，太祖圣训各版本中对太祖的称谓有所不同。考证顺治朝所修《太祖圣训》红绫本、考证康熙十二年所修的《大清太祖高皇帝圣训》以及考证为康熙朝所修《大清太祖高皇帝圣训》黄绫本在其正文中都是直接书写太祖；而且翻阅这三个版本的太祖圣训，会发现引用太祖所说的话的书写形式均是 taidzu（tacibume）hendume（说）……sembi（说）。乾隆四年校刊形成的《大清太祖高皇帝圣训》小黄绫、小红绫和大红绫本，在其正文中将太祖书写为"han"（君王，帝王），引用太祖所说的话是 han（tacibume）hese wasimbuhangge（wasimbume, hendume）……sembi。从以上名词和动词的变化，我们可以看出清朝皇帝君权观念逐步深化的过程。第四，因与实录同修，所以圣训也极其注意参照实录格式，在每段开头部分加上具体的时间。清太祖圣训前期的版本一般就只有年份（用天干地支表示），而从康熙朝开始则开始添加月份和日期（用天干地支表示）。

因为太宗圣训各版本之间变化特点与太祖圣训各版本之间的变化特点相似，所以这里就不赘述了。这里需要指出的是，在考证为顺治朝所修《太宗圣训》和康熙十二年所修《大清太宗文皇帝圣训》中，都是直接书写太宗的，引用太宗的话均是 taidzung hendume（hese wasimbume 降旨）……sembi 或者 taidzung hese wasimbume hendume……sembi 的书写形式；而考证为康熙朝所修的《大清太宗文皇帝圣训》和乾隆四年校刊形成的《大清太宗文皇帝圣训》小黄绫、小红绫和大红绫本，在其正文中将太宗均写为"han"（君王，帝王），引用太宗所说的话为 han hendume（hese wasimbuhangge，hese wasimbume，）……sembi，han hese wasimbume hendume……sembi。乾隆四年校刊形成的《大清太宗文皇帝圣训》小黄绫、小红绫和大红绫本，引用太宗所说的话是 han（tacibume）hese wasimbuhangge（wasimbume，hendume）……sembi。由此也可看出君权思想到清朝康熙皇帝时已经开始慢慢加强。

2. 独特的门类及被黏盖的内容

顺治朝所修的《太祖圣训》和《太宗圣训》里的门类较康熙乾隆两朝所修的《大清太祖高皇帝圣训》和《大清太宗文皇帝圣训》里的门类差异较大，而且太祖太宗圣训中有些较特殊的门类，还是很值得我们学习和研究的。如《太祖圣训》红绫本中的"定制"门类中描写到牛录额真作为官名的由来；还有"戒酒"门类，可能是因名称太俗的原因，没有被后朝所修太祖圣训所收录。又如"仁慈"门类有三个条目，太祖圣训其他版本中已没有"仁慈"这个门类，笔者通过仔细比对，发现"仁慈"门类里的内容被收入其他版本的"宽仁"门类中，但也非全部收录；如考证为康熙十二年所修《大清太祖高皇帝圣训》中只收了两个条目，分别是蒙古喀尔喀部宰（介）赛被抓留养和萨尔浒城建成的内容；而考证为康熙朝所修《大清太祖高皇帝圣训》的黄绫本及乾隆四年校刊形成的《大清太祖高皇帝圣训》小黄绫本和大小红绫本只收了蒙古喀尔喀部宰（介）赛被抓留养的内容。《太宗圣训》红绫本中"定尊号"门类的内容叙述了太宗称帝登基的过程；"定文字"门类内容涉及有圈点满文形成的前因后果。而这些门类的内容在其他版本太宗圣训门类中是没有的。

由此我们可以看出，顺治朝所修太祖太宗圣训里的部分门类或者是被归入后朝所修太祖太宗圣训的相似门类中；或者是因为门类名称太俗的原因被删除了。

《大清太祖高皇帝圣训》黄绫本中"睦亲"和"恤功臣"两个门类及其内容用白纸黏盖。"睦亲"里写的是太祖原谅背叛自己的亲族之事；另外"恤功臣"这个门类的内容是写太祖悼念一等公费英东时悲恸欲绝的场景，这些直接表现太祖个人悲伤情感的记载，却在后来校勘时被要求删去。

我们从太祖太宗圣训各版本中独特门类及其内容信息里能更多地了解到太祖太宗时期的历史事件，这些门类也是学习和研究清前期历史的一把钥匙。

3. 语言文字差异

考证为顺治朝所修太祖太宗圣训红绫本语言质朴无华，更接近口语；而康熙、乾隆两朝所修太祖太宗满文圣训的词汇量较丰富，用词逐渐规范化。

"训诸王"在顺治朝所修的《太祖圣训》红绫本中写为 geren beise be tacibuha；在康熙十二年所修《大清太祖高皇帝圣训》中写为 geren wang se be tacibuhangge；在考证为康熙朝的《大清太祖高皇帝圣训》黄绫本中写为 geren wang sebe tacibuhangge；而在乾隆四年校刊编修的《大清太祖高皇帝圣训》中写 geren wang sabe tacibuhangge。我们可以看到考证为顺治朝所修《太祖圣训》中汉文虽写着"训诸王"，但满文则写为"geren beise be tacibuha"直译是训诸贝勒，这里的"beise"指的是诸贝勒，由此我们可以看出此版本更接近当时的历史场景；而康熙朝和乾隆朝所修《大清太祖高皇帝圣训》门类里的"训诸王"，是按汉语之意改为"wang"（王），但在条目内容中仍在使用"beise"。"tacibuha"是动词的过去式形式，geren beise be tacibuha 是动宾词组；从康熙朝开始"训诸王"的满语变成"geren wang se be tacibuhangge"，谓语由"动词过去式加 ngge"组成的动名词来充当，并作为专门的固定词组来使用。

"训将"门类在顺治朝所修《太祖圣训》红绫本和《太宗圣训》红绫本中分别写为 cohai ejete de tacibuha、jiyanggiyūn be tacibuha，由此可看出同一门类在太祖太宗两朝圣训中的有不同的写法。

"兴文教"门类在顺治朝所修《太祖圣训》红绫本中写为"bithei tacihiyan be yendebuhe"；而在考证为康熙十二年所修的《大清太祖高皇帝圣训》中写为"bithei tacihiyan be yendebuhengge"；在考证为康熙朝所修《大清太祖高皇帝圣训》及乾隆四年校刊形成的《大清太祖高皇帝圣训》小黄绫和大小红绫本中"兴文教"被改为"兴文治"，相对应的满文也改为"bithei dasan be yendebuhengge"。即相同内容的事件，在不同时期所修的圣训中，门类的名称也会有一些差异。

从以上可以看出在太祖太宗两朝满文圣训中用词的变化和语法结构的一些变化。

三　研究价值

第一，从版本学上来看，通过比较顺治康熙乾隆三朝所修各个版本的太祖太宗圣训，我们可以看出顺治朝所修《太祖圣训》及《太宗圣训》的版本价值比较高，尤其是《太宗圣训》中还有"ere emu meyen be nakaci acambi（该段应删去）"的字样。例如"训诸王"门类第六个条目内容里的"giyang taigung（姜太公）"被圈画，在其旁书写了"julgei"（往昔，从前），笔者查阅了其他版本的太宗圣训，发现此处均改为"julgei"。考证为康熙朝的《大清太祖高皇帝圣训》封皮和里面均有修改贴补之处，比如"敬天"门类第三条目中就有将"kai yuwan"（地名，开原）贴补上，改成"keyen"。由此可推断该版本具有稿本意义；我们翻阅乾隆朝所修清太祖太宗圣训大小红绫本及小黄绫本时，就可以发现小黄绫本有修改的夹条，其上写有"某行某字请酌"或者"某行某字似应为某字"的字样，这在乾隆朝校刊的太祖太宗圣训大小红绫本中是不存在的，可见其版本价值之高。

第二，从史料价值来看，清朝太祖太宗两朝满文圣训所列举的门类涉及了清前期政治变化、军事活动、经济发展及对外关系等各方面的内容，尤其是顺治朝编纂的太祖太宗圣训里的门类更是反映了太祖太宗在当时特殊的历史背景下，面对各种复杂情况和问题，所应对的措施和态度，这些内容恰恰是研究清朝太祖太宗统治思想的珍贵材料，也是研究清朝开国史和满族史所不可缺少的基本史料。

第三，从语言文字角度来看，通过顺康乾三朝所修清太祖太宗圣训各个版本内容的比较，我们可以借此初步了解清前期满族口语使用情况，从中也可发现顺治、康熙、乾隆时期的满文字体风格的变化，可以说清太祖太宗圣训的不同版本对于我们学习和研究满语及其文字发展史均是大有裨益的。

清代满汉文圣训刻本形成及其用途研究

顾川洋*

内容提要 清代圣训是清代皇帝谕旨汇编，属记言类史籍，其编纂取材于清实录。顺治十二年始修圣训。自此以后，清廷每于编修实录之际，同时编修圣训。圣训形成多以写本存世，刻本直至乾隆二年才开始出现，由武英殿修书处刊刻，在一定范围内流通。本文拟利用中国第一历史档案馆藏清圣训及其他史料中的相关记载，简要疏理清代圣训刻本的形成及其流通情况。

关键词 清代 文献 圣训 刻本 流通

清代圣训是清代皇帝谕旨汇编，属记言类史籍，其编纂取材于实录。本文拟通过对中国第一历史档案馆馆藏清代圣训及军机处录副、内务府奏案、宫中朱批奏折、《清会典》、《清实录》中相关史料进行系统梳理，对清代满汉文圣训刻本出现的原因、刊印过程、刷印颁赏情况、板片流传等相关问题进行介绍，并探究其特殊的历史地位及意义。

一 圣训编纂及其版本

清代圣训的编纂起于顺治十二年（1655）。《清史稿·黄机传》记载："弘文院侍读黄机疏言：自古仁圣之君，必祖述前谟，以昭一代文明之治。今纂修太祖、太宗实录告成，乞敕诸臣校定所载嘉言嘉行，仿贞观政要，洪武宝训诸书，辑成治典，颁行天下。"① 顺治皇帝应黄机所请，谕准在编修《太宗实录》后，仿《贞观政要》和《洪武宝训》等书，分门别类详加采辑，编修太祖、太宗圣训。自此以后，清廷每于编修实录之际，同时编修圣训，以使后代恪守祖训，也便于查考。清代圣训分别用汉文、满文两种文字书写，满文有太祖至穆宗十朝圣训，汉文有太祖至德宗十一朝圣训，太祖至穆宗圣训均有满汉文本，唯德宗（光绪）圣训目前仅见汉文本，未见满文本。

清圣训是将实录中的谕旨、诏令按内容分门别类进行编辑，再以时间先后进行排序，为我们系统了解统治者某一方面的言论和思想变化提供了便利。清代历朝圣训的内容涉及广泛，敬天法祖、制度法令、机构设置、百官规范、文治教化、恤民劝农、招降怀远等。每个皇帝圣训门类多寡不一，以《高宗纯皇帝圣训》的卷数为多，内容涉及圣德、圣孝、圣学、圣治、敬天、法祖、文教、武功、睦族、用人、爱民、勤政、求言、察吏、理财、慎刑、省方、治水、蠲赈、积贮、赏赉、恤兵、牧政、训臣工、严法制、重农桑、兴礼乐、广幅员、正制度、笃勖旧、褒忠杰、崇祀典、礼耆年、竞奸宄、厚风俗、饬宦寺、绥藩服、饬边疆、

---

* 顾川洋（1981— ），男，现就职于中国第一历史档案馆满文处。

① （清）赵尔巽等撰：《清史稿》卷250，中华书局1977年版，第9697页。

恤臣下、励将士等，达四十门三百卷。

通过查阅中国第一历史档案馆所藏各版圣训，以及检索现有满文图书目录中关于圣训的记载，清代圣训现有稿本、写本、刻本三种版本。稿本是纂修书籍过程中留存下来的本子，多有修改痕迹，能体现纂修的过程和内容的变化。中国第一历史档案馆现存尚有部分圣训稿本，对于研究圣训内容编纂的变化有很高的参考价值。按照稿本誊录的满汉文圣训写本有五部正本。后人依据其装帧特点和开本大小分为小黄绫、小红绫、大红绫三种文本。小黄绫本亦称御览黄绫本或称副本，是呈请皇帝御览钦定的本子，皇帝钦定之后，返还实录馆。在小黄绫本部分圣训中有纂修、校对官的职名，有修改内容夹条或黄色纸条粘贴覆盖的痕迹，应为皇帝阅览后著改或删减的部分，这是其他版本所不记载的，其文本价值更高。依据此本缮录大、小红绫本，小红绫本亦称长本，共缮两部，分藏于乾清宫和内阁实录库；大红绫本亦称方本，共缮两部，分贮皇史宬和盛京。① 圣训的装帧方式有两种，一为筒子页包背装，一为蝴蝶装。小黄绫本为筒子页包背装，但无版心；小红绫本为筒子页包背装，有版心；大红绫本为蝴蝶装，有版心。

二　圣训刻本形成及用途

清代圣训刻本最早出现于乾隆二年（1737），其目的是在思想文化上维护清王朝封建专制统治。乾隆皇帝在谕旨中说道："向来列祖实录圣训告成之后，皆藏之金匮石室，廷臣罕得见者。朕思列祖圣训，谟烈垂昭，不独贻谋于子孙，亦且示训于臣庶。自应刊刻颁示，俾人人知所法守。今朕次第敬览皇祖皇考五朝实录圣训，应将阅过之圣训陆续交与武英殿，敬谨刊刻。"② 此后清历代皇帝照例在命内阁实录馆纂修完前朝皇帝圣训写本后，都将清汉文黄绫写本各一部送交内务府下设武英殿修书处刊刻。圣训刻成后，分呈览本、陈设本、颁赏本三种不同规格，其纸张、装潢和刷印部数也各有所不同。相对而言，从装帧形式来看，尤以呈览本和陈设本为最佳，颁赏本次之。呈览本是专供皇帝御览钦定的样本，由武英殿修书处将刊印的样本以黄绫包袱，择吉日进呈皇帝御览钦定，数量最少但最为讲究，初刻初印，装潢华丽，多藏于宫中，外界鲜为一见；陈设本是皇帝钦定后由懋勤殿请旨发往各处陈设，如乾清宫、上书房、养心殿、圆明园、热河避暑山庄等处，以供皇帝到达这些地方随时阅览备查；颁赏本是由军机处拟写颁赏人员名单后由皇帝颁赐给皇室及王公贵族、京师内外文武大臣等，余数则暂留武英殿修书处库房备用。

清代各朝陈设本的数量略有不同。如乾隆朝，刷印五朝圣训清汉文本各二十部；嘉庆朝，照例刷印高宗纯皇帝圣训清汉文本各二十部③，交懋勤殿请旨发往各处陈设，此后道光、咸丰朝皆是如此。只是到了同治、光绪朝时，概因清王朝的没落，陈设本数目由二十部变为了十部④。

清朝历代都曾大量刷印清汉文圣训，颁赏给皇室、王公贵族、文武大臣等，以达到其

① 参见齐秀梅、杨玉良等《清宫藏书》，紫禁城出版社 2005 年版，第 254 页。

② 军机处上谕档，乾隆二年五月十三日第 1 条，盒号 549，册号 1。

③ 中国第一历史档案馆藏军机处录副嘉庆朝 03－2160－010。

④ 中国第一历史档案馆藏军机处录副同治朝 03－4995－022，中国第一历史档案馆藏军机处录副光绪朝 03－7172－001。

"贻谋于子孙，亦且示训于臣庶"的目的，这也突出了颁赏本的特殊性和广泛性。如乾隆朝，刷印五朝圣训清汉文颁赏本达到五百部之多①。嘉庆二十二年（1817），大清高宗纯皇帝圣训清汉本刊印全竣，由军机处拟写颁赏官员名单后，交武英殿修书处照数刷印清字圣训一百一十四部，汉字圣训一百五十二部，并备刷清字书二十六部，汉字书二十八部，实际颁赏清字圣训一百○六部，汉字圣训九十六部，尚余清字圣训八部，汉字圣训五十六部，暂交武英殿存储②。此后各朝皆照嘉庆朝例刷印圣训颁赏。我们可以在咸丰十年（1860）恭亲王奕䜣的奏折中大致了解乾隆至咸丰朝清圣训刊印、陈设、颁赏的一些具体情况。"溯查历次恭办圣训，刷印进呈并库存清汉书各二十一部，陈设清汉书各二十部，盛京恭存清汉书各二十部，颁赏清字书一百十四部，备刷二十六部，汉字书一百五十二部，备刷二十八部，均系行取户部颜料库纸张。等因，办理在案。"③ 按惯例，满蒙皇室、王公贵族及满族官员赏清字本圣训，汉族官员专赏汉字本圣训，赏赐部数不等，有全额赏给，有只赏予一部，并无常例。但有时由于刷印部数过多，会出现满汉字圣训齐赏的情况。嘉庆二十二年，因圣训汉字书余存数目太多，赏给阿哥、亲王、郡王及满洲文员清汉字书各一部④。嘉庆二十二年颁赏礼亲王麟趾高宗纯皇帝清汉字圣训各一部⑤；道光九年（1829），赏云南巡抚伊里布清字汉字圣训各一部⑥；同治二年（1863）恩颁大学士官文宣宗成皇帝圣训⑦。颁赏数目之大、范围之广，足见清统治者为维护其封建专制统治之良苦用心。

清代武英殿满汉文圣训刻本现存藏单位较多，满文各种版本的历朝圣训分藏于国家图书馆、首都图书馆、中国社会科学院民族学与人类学研究所图书馆、故宫博物院图书馆、中国第一历史档案馆、中国民族图书馆、雍和宫⑧、清华大学图书馆⑨，外省市有辽宁省图书馆、大连图书馆、内蒙古自治区图书馆、内蒙古社会科学院图书馆、南京博物馆、张家口市图书馆、保定市图书馆；⑩ 汉文各种版本的历朝圣训分藏于北京大学图书馆、避暑山庄、黑龙江大学图书馆、湖北省社会科学院图书馆、故宫博物院图书馆、辽宁省图书馆、首都图书馆、张家口市图书馆、中央民族大学图书馆、中国第一历史档案馆。⑪

三　圣训雕版板片情形

历朝圣训刻本的板片均贮藏于武英殿修书处库房。但在同治八年（1869），武英殿失

---

① 中国第一历史档案馆藏军机处录副嘉庆朝03-2159-022。

② 中国第一历史档案馆藏军机处录副嘉庆朝03-2160-011。

③ 中国第一历史档案馆藏军机处录副咸丰朝03-4522-055。

④ 中国第一历史档案馆藏军机处录副嘉庆朝03-2160-011；军机处上谕档，嘉庆十八年五月初十日第5条，盒号866，册号2。

⑤ 中国第一历史档案馆藏军机处录副嘉庆朝03-1577-076。

⑥ 中国第一历史档案馆藏军机处录副道光朝03-2587-044。

⑦ 中国第一历史档案馆藏宫中朱批奏折04-01-38-0027-002。

⑧ 参见北京市民族古籍整理出版规划小组办公室满文编辑部编《北京地区满文图书总目》，辽宁民族出版社2008年版。

⑨ 参见黄润华、屈六生主编《全国满文图书资料联合目录》，书目文献出版社1991年版。

⑩ 同上。

⑪ 参见中国古籍善本书目编辑委员会编《中国古籍善本书目》，上海古籍出版社1993年版。

火，大火延烧了三十余间房屋，凡自康熙二百年来的库存殿版书和书版基本焚毁殆尽。在光绪五年（1879）正月，武英殿修书处清查历朝圣训板片的奏折中详细记载了清查结果：高宗纯皇帝圣训清文板一万八千六百块，多半糟朽模糊，且有残缺；文宗显皇帝圣训清文板八千五百六十二块内，糟朽模糊二百五十三块，残缺六十一块；文宗显皇帝圣训汉文板三千一百九十九块内，糟朽模糊二十四块，残缺十一块。① 我们可以清楚地看到，在这场大火中，清圣训板片焚毁严重。光绪帝立即下令命恭亲王奕䜣著用集字板重印历朝圣训，并下发太祖高皇帝圣训四本；太宗文皇帝圣训六本；世祖章皇帝圣训六本；圣祖仁皇帝圣训六十本；世宗宪皇帝圣训三十六本；高宗纯皇帝圣训三百本；仁宗睿皇帝圣训一百十本；宣宗成皇帝圣训一百三十本；文宗显皇帝圣训一百十本，统共七百六十二卷，装成七百六十二本，② 以补所缺。这项刊修任务于光绪七年闰七月刊刻完竣，光绪帝令刷印历朝圣训一百部以备颁赏臣工。这次大火原因我们不得而知，但通过光绪皇帝这次重印圣训中我们可以看出，虽然当时清王朝处于内忧外患，但皇帝还是专门派重臣监修刊印圣训刻本，并不忘颁赏臣工，足见圣训在当权者心目中的重要地位。

中国古代的印刷事业在清代达到其发展的最高峰，乾隆朝则是清代武英殿刻书的巅峰时期，后人评价这一时期的武英殿刻书"其写刻之工致，纸张之遴选，印刷之色泽，装订之大雅，莫不尽善尽美，斯为极盛时代"。③ 而清圣训刻本恰恰随之出现，不能不说是盛世造就了盛典，而在嘉道以后，随着清王朝国力日渐衰落，加上内忧外患，战事频起，国库空虚，致使武英殿刻书也随之没落，刻书质量每况愈下。但由于清圣训的特殊性，其刻本又是皇家宫廷刻书，故在纸张、刻工、装潢、印刷等方面，处处彰显高贵、美观、大气的皇家宫廷特色，在武英殿刻书史上有着独特的历史地位。

---

① 中国第一历史档案馆藏军机处录副光绪朝 03 - 7171 - 031。
② 中国第一历史档案馆藏军机处录副光绪朝 03 - 7171 - 035。
③ 孟森：《八旗制度考实》，《明清史论著集刊正续编》，河北教育出版社 2000 年版。

清代盛京崇谟阁贮藏实录圣训探究

王景丽*

内容提要 盛京是清朝入关前的都城,迁都北京后,以"发祥之地"被定为陪都。而清朝实录、圣训最初在纂修告成后,仅藏于皇史宬、乾清宫、内阁实录库,直至乾隆朝重修五朝实录、圣训,乾隆帝为彰显陪都盛京的尊崇地位,并维护清王朝万世之统治,命将一部恭送盛京尊藏,并成为定例。此文主要对实录、圣训送往盛京的礼仪、过程和贮藏地点的变迁及其原因进行探究。

关键词 清代实录 清代圣训 盛京 崇谟阁 凤凰楼

盛京(今沈阳)是清朝入关前的都城,迁都北京后,定为陪都。而清朝实录、圣训最初在纂修告成后,仅藏于皇史宬、乾清宫、内阁实录库,直至乾隆朝,重修太祖、太宗、世祖、圣祖、世宗五朝实录、圣训①,乾隆帝为了彰显陪都盛京的尊崇地位,于乾隆八年(1743)以其为清朝发祥之地,决定将实录、圣训、玉牒各一部送往盛京尊藏。嗣后,各朝实录、圣训纂修告成均送盛京,成为定例。本文依据第一手的档案史料,着重对实录、圣训送往盛京的礼仪、过程和贮藏地点的变迁及其原因进行探究,以共同好。

一 实录、圣训送往盛京的礼仪及过程

实录、圣训恭送盛京,始于乾隆年间。据记载,乾隆十五年(1750)钦派显亲王衍潢、礼部侍郎吕炽、工部侍郎何国宗,"实录、玉牒两馆各委提调一人、纂修二人,礼部、工部各委司官一人,钦天监候时官一人"②,首次护送五朝实录、圣训与玉牒先后恭送前往盛京。此后各朝实录、圣训皆陆续送往盛京尊藏。

实录、圣训作为专门记载皇帝言行与朝章国故的官修史书,地位十分尊崇,故恭送实录、圣训至盛京尊藏有一套极为繁缛且隆重的仪式与规程。在首次护送实录、圣训等赴盛京庋藏时,即遵乾隆帝谕旨,由大学士会同礼部拟定实录、圣训恭送盛京的详细仪注,嗣后各朝均视为圭臬。

先由钦天监择选启行吉日,并预先制备行箱、行驾彩亭、金柜等物以及休整沿途道路、桥梁、搭盖彩棚等事宜。具体仪典分以下三个阶段。

一是在京礼仪。需先由编纂实录、圣训的总裁官率领纂修官等将实录、圣训打包装箱,陈放于龙亭;待出发日期,皇帝拈香于东华门外彩棚前行三跪九叩礼,再由护送官员身穿朝

---

* 王景丽(1981—),女,现就职于中国第一历史档案馆满文处。

① 以下所载"五朝实录、圣训"均指太祖、太宗、世祖、圣祖、世宗五朝实录、圣训。

② 中国第一历史档案馆藏:军机处《上谕档》嘉庆十一年十一月十六日第5条,盒号829,册号2。

服前往实录馆行三跪九叩礼，迎接实录、圣训；以黄盖龙旗御仗作为前导，出朝阳门后，把实录、圣训行箱装上行驾彩亭，随同送往之王大臣暨护军统领、侍卫、官员等，于彩亭前行一跪三叩礼，装好后，再于行驾彩亭前行一跪三叩，礼毕，实录、圣训亭在前，玉牒亭在后，依次启行，出发运往盛京。

　　二是途中礼仪。沿途每站安奉实录、圣训、玉牒于彩棚时，随同送往之王大臣、官员等，均于亭前行一跪三叩礼，于次日启行时，再行一跪三叩礼；所有行径地方，文武官员均须身穿朝服出城跪在道路右侧迎送。护送实录、圣训的官员，包括随同送往之王、大臣、乾清门侍卫、大门侍卫暨派出随往之提调、纂修、收掌、执事各官等，护送官兵及关内外承办棚座、桥道各官员。护送实录、圣训的官兵，据《大清仁宗睿皇帝实录》嘉庆十二年五月上载，向来恭送实录、圣训、玉牒前往盛京，由八旗派出之官员、护军等只送一站即行回京，由绿营派出之官兵等送至山海关，由盛京派来之官兵等接至关外。而从恭送高宗纯皇帝实录、圣训始，八旗派出的官员、护军等也送至山海关。

　　三是盛京礼仪。陈设于崇政殿：由盛京副都统、奉天府尹率领满洲官兵及地方官先期抵达山海关外跪接实录、圣训行驾；行抵奉天城外，盛京将军需预备黄案于崇政殿，准备彩亭、鼓乐并派官作为前引；届时，盛京将军、五部侍郎等率领文武官员皆着朝服出城跪迎，引至崇政殿陈设，行三跪九叩礼；礼毕后，提调等官即会同盛京五部司官，于实录、圣训前行一跪三叩礼，并将其按照次序包裹，再行一跪三叩礼。贮藏于崇谟阁：选择吉日，设彩亭于崇政殿前丹陛，随行送往的王大臣、官员及盛京将军以下各官到黄案前，行一跪三叩礼；执事官恭奉实录、圣训至彩亭内安设，行一跪三叩礼；送至崇谟阁前，随行送往的王大臣、官员及盛京将军以下等俱行一跪三叩礼；提调等官协同盛京五部司官，恭奉实录、圣训于崇谟阁尊藏，后随行送往的王大臣、将军、官员等行三跪九叩礼。[1]

　　至此，恭送实录、圣训尊藏于盛京崇谟阁的仪注才得以圆满完成。如此隆重的礼仪，展示了清朝皇帝对实录、圣训恭敬谨慎的态度。

二　实录、圣训的贮藏地点及其变迁

　　送往盛京的五朝实录、圣训，最先于盛京凤凰楼尊藏，后来才移藏至崇谟阁。凤凰楼位于盛京皇宫大内中央的中轴线上，前有崇政殿，后有清宁宫及东西配宫。"入关前皇太极曾在此聚会议事、筵宴、安寝；迁都京师后还将玉宝、玉册、圣容、五朝圣训、实录以及玉牒等珍藏其中。"[2] 而崇谟阁，隶属盛京总管内务府下设五司之一的营造司管辖，由主事统领，其下设笔帖式、内管领、司库、库使等官员。始建于乾隆十一年（1746），至乾隆十三年竣工，后被闲置，直至乾隆四十三年（1778）盛京将军弘晌遵旨将五朝圣训、实录由凤凰楼移至崇谟阁尊藏。[3]

　　乾隆八年（1743），乾隆帝决定将五朝实录、圣训各一部送往盛京尊藏。经礼部奏称，"在京有皇史宬尊藏实录，其奉天尊藏之处，查崇政殿后有凤凰楼，高敞壮丽，堪以尊

---

① 光绪朝《钦定大清会典事例》卷三百二十，礼部·进书·尊藏盛京实录圣训。

② 王佩环：《沈阳故宫凤凰楼建筑年代考》，载《故宫博物院院刊》1982 年第 4 期，第 91 页。

③ 郐宗：《清朝盛京皇家专门档案馆（库）——敬典阁、崇谟阁》，《兰台世界》1989 年第 4 期，第 42 页。

藏"①。经乾隆帝允准，并同时敕命奉天将军（乾隆十二年后改盛京将军）会同盛京礼、工二部及奉天府尹负责办理各项事宜。其尊藏金柜则仿照北京皇史宬内式样制备。至此，凤凰楼被定为盛京皇宫内存贮实录、圣训之所。

盛京官员遵旨会同大理寺官员按照皇史宬存放实录、圣训的柜格式样，打造金柜三十顶，于凤凰楼上、中两层各放置十五顶。侯五朝实录、圣训，即太祖高皇帝实录、圣训，太宗文皇帝实录、圣训，世祖章皇帝实录、圣训，圣祖仁皇帝实录、圣训，世宗宪皇帝实录、圣训，共四百六十六套，每套三卷，计一千三百九十八卷，于乾隆十五年（1750）同玉牒先后送往盛京，尊藏凤凰楼上层金柜内，② 共占用金柜十一顶。③

有关五朝实录、圣训尊藏凤凰楼，史料记载不一，另有"翔凤楼"之说。在之前提到《清高宗实录》卷一九六，有载"在京有皇史宬尊藏实录，其奉天尊藏之处，查崇政殿后有凤凰楼，高敞壮丽，堪以尊藏"，而乾隆朝《钦定大清会典则例》卷六十三·进书，记载："（乾隆）八年谕，奉天乃我朝发祥之地，屡朝实录皆应缮清、汉文各一部送往尊藏。……再按奉天尊藏之处，惟崇政殿后有翔凤楼，高敞壮丽，堪以尊藏。"同一内容在同一朝的实录与会典中记录都不统一。

而有关凤凰楼与翔凤楼的关系，目前主要有两种说法。一种说法称翔凤楼与凤凰楼是同一楼，且在清早期两个楼名一直混用④；另一种说法认为翔凤楼与凤凰楼是盛京皇宫早期建筑中同时存在的两座楼⑤。主要依据为《满文老档》《黑图档》及满文文字分析，二者均经过认真研究后得出，但因史料依据不足，各持己见，互不认同。

然而这两种说法主要依据均为《黑图档》，说明该档本身记载就存在矛盾。如乾隆十二年部来档载，"宫殿，国初定都盛京……宫殿规制，崇政殿在笃恭殿右，翔凤楼、飞龙阁俱在崇政殿后，清宁宫在翔凤楼后"又"崇德元年定宫殿名：中为清宁宫，东为关雎宫，西为麟趾宫，次东为衍庆宫，次西为永福宫。台上楼为翔凤楼，台下楼为飞龙阁"，以上两条档案将翔凤楼的地址、方位说得十分清楚，毋庸置疑，再依照现存的凤凰楼的地址、方位相比较，此处的翔凤楼即为凤凰楼；而乾隆七年载"翔凤楼山墙一面，后檐墙一间倒坏，丈量得山墙一面长三丈二尺，檐高二丈，山尖高八尺，共用砖二万四千五百六十块"，乾隆八年又载"飞龙阁北山墙一面，丈量得三丈二尺，檐高二丈，山尖高八尺"，以上两则档案又说明了翔凤楼与飞龙阁山墙高低相同，此二楼建筑形式和规模大小相一致。而凤凰楼迄今仍完整保存，为三层单檐式建筑，坐落于盛京大内宫阙的中轴线上，位于崇政殿之后，建在四米高的阶台上，四周围以红墙，与"台上五宫"形成一个独立的建筑体系，其既为当时的制高点，又是寝宫区域的门户，故不可能与飞龙阁建筑相同的翔凤楼为同一个建筑。

因未发现更有力的史料相佐，笔者在此不对其进行赘述。但值得指出的是，"凤凰楼"的满文用罗马字注音为 Feng Hūwang leose，"翔凤楼"的满文用罗马字注音应为 Deyere Feng Hūwang leose，二者只差"Deyere"一词。满文"Deyere"一词汉译为"飞的"，"飞的凤凰

---

① 《大清高宗纯皇帝实录》卷一九六，乾隆八年七月丙戌条。

② 中国第一历史档案馆藏：《宫中朱批奏折》04-01-38-0025-013，嘉庆十一年五月初一日。

③ 王爱华、丁海斌：《清盛京皇宫档案收藏概述》，载《档案学研究》1992年第3期，第84页。

④ 王佩环：《沈阳故宫凤凰楼建筑年代考》，载《故宫博物院院刊》1982年第4期，第91—94页。

⑤ 邹兰欣：《乾隆第一次东巡盛京驻跸处考——兼析沈阳故宫凤凰楼和翔凤楼之殊异》，载《故宫博物院院刊》1993年第3期，第94—96页；刘凡：《〈黑图档〉与沈阳故宫建筑》，载《兰台世界》2005年第5期，第89—90页。

楼”亦即翔凤楼。且以上两种不同说法的依据，《满文老档》为满文撰写的官修史书，《黑图档》中康熙初年至乾隆早期的档案也基本为满文书写，因此有"凤凰楼"与"翔凤楼"翻译相混的可能性。

　　那么，实录、圣训尊藏盛京的地点到底是翔凤楼还是凤凰楼呢？虽实录与会典记载不一，然根据汉文档案明确记载，五朝实录、圣训恭送盛京尊藏地点确是凤凰楼无疑。乾隆四十三年（1778）六月十一日，盛京将军弘晌为报将凤凰楼尊贮五朝圣训实录恭捧移请于崇谟阁上金柜内日期事具折奏称，"窃奴才弘晌钦遵谕旨，谨将凤凰楼尊贮五朝圣训、实录，照依钦天监奏定吉期，于六月初十日寅时，奴才弘晌同副都统、五部侍郎、府尹府丞，率领内务府佐领及官员等，俱穿蟒袍补褂，行礼恭捧移请于崇谟阁上金柜内，敬谨尊藏，讫为此谨具奏闻。"[1] 又嘉庆十一年（1806）五月初一日，盛京将军富俊为遵旨查明崇谟阁书柜现在藏书情形预筹尊藏高宗纯皇帝实录圣训事具折奏称，"奴才恭查，五朝实录、圣训共四百六十六套，每套三卷，计一千三百九十八卷，于乾隆十五年由京恭送尊藏在凤凰楼内。乾隆四十三年四月十六日，前任将军弘晌接奉谕旨，前曾恭送五朝实录并玉牒至盛京尊藏，向于正殿后建有敬典、崇谟二阁，原为留都金匮石室之储。顷询之德保，知实录尊藏凤凰楼，玉牒则在敬典阁陈贮，而崇谟阁现在空闲，与建阁命名之义殊未相符。着传谕弘晌，将崇谟阁上悉心相度如制，尚宽广，所容书厨排列，即敬移五朝实录至彼尊藏，方为允协，或同藏或分代恭贮，皆可。至玉牒，每十年一次，修葺告成即应续送，将来积久愈多，或敬典阁不敷存贮，即于凤凰楼收藏亦无不可，等因。钦此。经前任将军弘晌遵旨恭请尊藏崇谟阁，在案。"[2] 以上两份奏折内均提到了乾隆十五年（1750）由北京恭送盛京的五朝实录、圣训原均贮藏于凤凰楼，并且笔者在其他档案资料中也未发现有尊藏"翔凤楼"的记载。

　　两任盛京将军的奏折，不仅指出了五朝实录、圣训的最初贮藏地点，而且进一步说明了五朝实录、圣训移藏崇谟阁的原因及时间。崇谟阁为盛京"金匮石室之储"，专为盛京皇宫贮藏实录、圣训等国家重要典籍档案的处所。于乾隆十三年（1748）建成后一直未投入使用，直至乾隆四十三年四月十六日（1778 年 5 月 12 日），时任盛京将军弘晌奉旨将之前恭送盛京尊藏之五朝实录、圣训由凤凰楼移请至崇谟阁尊藏。经钦天监择选吉期奏准，于本年六月初十日（1778 年 7 月 3 日）寅时，盛京将军弘晌会同副都统、五部侍郎、府尹、府丞，率领内务府佐领及官员等，恭捧凤凰楼尊贮之五朝圣训实录，移请于崇谟阁上金柜内尊藏。崇谟阁所有金柜二十二顶，其中正面南向金柜六顶，坐东西向金柜六顶，坐西东向金柜六顶，坐南北向金柜四顶。太祖高皇帝实录、圣训十二套以及满汉实录一包、实录图二匣、旧档案一匣、无圈点老档三包、加圈点老档三包尊藏中左一柜、中右一柜；太宗文皇帝实录、圣训二十八套以及无圈点老档四包，加圈点老档四包藏于中左二柜、中左三柜；世祖章皇帝实录、圣训五十二套尊藏中右二柜、中右三柜；圣祖仁皇帝实录、圣训二百四十二套藏于东一柜、东二柜、东三柜；世宗宪皇帝实录、圣训一百三十二套藏于西一柜、西二柜、西三

---

　　① 中国第一历史档案馆藏：《宫中朱批奏折》04－01－38－0012－016，乾隆四十三年六月十一日。

　　② 中国第一历史档案馆藏：《宫中朱批奏折》04－01－38－0025－013，嘉庆十一年五月初一日。

柜。共占用金柜十二顶，剩余空闲金柜十顶。① 从此，崇谟阁便开始了它贮藏实录、圣训的历史。

此后，俟纂修高宗纯皇帝实录、圣训告成，统计实录满字、汉字、蒙古字正本，圣训满字、汉字正本，共有五百八十八函，五千余卷，欲恭送盛京崇谟阁尊藏，嘉庆帝提前一年即命时任盛京将军富俊先事筹备，以期妥善藏贮。于嘉庆十一年（1806）五月初一日，盛京将军富俊遵旨筹划崇谟阁尊藏高宗纯皇帝实录、圣训，恭绘崇谟阁尊藏五朝实录、圣训金柜图式，并谨拟崇谟阁尊藏六朝实录、圣训金柜图式，呈览嘉庆帝。嘉庆帝允准照其所拟移请尊藏五朝实录、圣训，由将军富俊，侍郎荣麟、成格、广敏、穆克登额、萨彬图，副都统宜兴等，照钦天监所奏定吉期，于同年六月十一日辰时，将太祖高皇帝实录、圣训十二套移藏中左一柜内上格，满汉实录一包，实录图二匣移藏中右一柜内中格，无圈点老档三包、加圈点老档三包移贮中右一柜内下格，太宗文皇帝实录、圣训二十八套移藏中右一柜内上格，无圈点老档四包、加圈点老档四包移贮中右一柜内下格，世祖章皇帝实录、圣训五十二套移藏中左二柜内，圣祖仁皇帝实录、圣训二百四十二套移藏中右二柜、中左三柜内，世宗宪皇帝实录、圣训一百三十二套移藏中右三柜内。② 如此则将五朝实录、圣训自原藏崇谟阁十二顶金柜移入其正面南向六顶金柜内，空出金柜十六顶。

另外，还做了一些相应的准备工作。首先依据五朝实录、圣训每套厚二寸至二寸五分不等，统计柜高格数，每柜约放一百三十六套，每套三卷，计共四百零八卷，合算空余十六顶金柜内，尊藏高宗纯皇帝实录、圣训，约以五千三百卷计算，存贮十三顶已属宽裕；另外，空余的十六顶金柜内有十顶无金漆格板，嘉庆帝饬交造办处，派内务府笔帖式那苏图带同精细工匠前往盛京，率领匠役仿照有金漆格板的金柜成造，以达到整齐划一。③

后又据实录馆称，恭送盛京的高宗纯皇帝实录、圣训尊藏本，无蒙古文，计满汉共五百八十八函，每函长一尺四寸，宽九寸四分；书函厚薄自五六寸至七八寸不等。其中长宽尺寸均符合成式，但厚薄尺寸较盛京将军富俊之前所估增高两三倍不等，虽比原拟之函数较少，但每函厚度增高，恐所余金柜不能容收。经富俊筹度，每柜四格，格高二尺，平放四排，以五六寸至七八寸之厚薄，合计每格尊藏八函至十二函不等，每柜尊藏三十二函至四十八函不等，估计十六顶金柜还是可以足够存放的。④ 嘉庆十二年（1807）九月庄亲王绵课、成亲王永瑆、礼部尚书恭阿拉、工部尚书曹振镛率员恭送高宗纯皇帝实录、圣训前往盛京，至十月

① 中国第一历史档案馆藏：《宫中朱批奏折》04-01-38-0025-013，嘉庆十一年五月初一日。据佟永功《图文并茂的〈满洲实录〉》中记载，"满汉实录一包"为满汉合璧无插图《满洲实录》，"实录图二匣"为满蒙汉合璧附插图《满洲实录》，均为乾隆四十四年重新绘写，乾隆四十五年奉旨恭送于盛京尊藏；"旧档案一匣"根据《黑图档》第364册第40页以及1905年日本人内藤虎次郎在崇谟阁调查形成的记录记载，包括天聪元年至崇德六年《朝鲜国来书簿》四本、天聪二年至五年《各项稿簿》一本、天聪六年至九年《奏疏稿》一本，入关前在盛京贮藏，入关时曾被带到北京，后乾隆三十二年（1767）又送回盛京崇谟阁尊藏；根据乾隆四十五年二月初十日福康安为接受老档及舆图册宝玉石等件遵旨存贮事具奏一折所载，与太祖实录、圣训同柜贮藏的分别是天命年无圈点老档三包计十套八十一本、天命年加圈点老档三包计十套八十一本，与太宗实录、圣训同柜贮藏的分别是天聪年无圈点老档二包计十套六十一本、天聪年加圈点老档二包计十套六十一本、崇德年无圈点老档二包计六套三十八本、崇德年加圈点老档二包计六套三十八本，均为乾隆四十五年奉旨恭送于盛京崇谟阁尊藏。

② 中国第一历史档案馆藏：军机处《上谕档》嘉庆十一年五月初九日第1条，盒号826，册号2。

③ 同上。

④ 中国第一历史档案馆藏：《宫中朱批奏折》04-01-38-0025-025，嘉庆十二年八月二十四日。

十六日按函数依次尊藏崇谟阁空余金柜十顶内。① 但其具体摆放情形不详。

至此，前六朝实录、圣训占用崇谟阁内金柜十六顶。直至嘉庆二十二年（1817）因拆修崇谟阁，于本年正月二十七日卯时，暂移六朝实录、圣训至凤凰楼供奉，俟修理完竣，于本年九月十九日辰时，移回崇谟阁尊藏。②

其后，仁宗睿皇帝实录、圣训，计二百三十二函，由睿亲王端恩、礼部右侍郎辛从益、工部左侍郎舒明阿率员于道光四年（1824）九月二十二日运抵盛京奉天城外，于本月二十六日卯时，恭奉至崇谟阁，按依部分排次，尊藏金柜二顶。③ 又咸丰八年（1858）宣宗成皇帝实录、圣训恭送盛京，④ 尊藏于崇谟阁仅余的四顶金柜内。如此，历届实录、圣训尊藏在崇谟阁金柜安设，而如今崇谟阁四面环设金柜二十二顶，尊藏实录、圣训已满，已无空余。

俟同治六年（1867），恭修文宗显皇帝实录、圣训告成，其中尊藏盛京本，包括实录满汉文红绫本共九十六函，圣训满汉文红绫本四十四函。然崇谟阁尊藏列朝实录、圣训已满，经时任盛京将军都兴阿奏请，于本年五月二十九日，同治帝命盛京工部仿照原设金柜式样，成造金龙顶柜二十二座安置在原有金柜之上，并移请列祖列宗实录、圣训尊藏，移出金柜十一顶。⑤

据载，同治七年（1868）九月，礼亲王世铎、睿亲王德长等恭送文宗显皇帝实录、圣训前赴盛京尊藏。⑥ 光绪六年（1880）九月二十二日辰时，礼亲王世铎等恭送穆宗毅皇帝实录、圣训前往盛京尊藏。⑦ 依照之前所估前五朝实录、圣训的每函长宽、厚薄尺寸每柜约放一百三十六套，以及高宗纯皇帝实录、圣训的尺寸每柜可尊藏三十二函至四十八函不等，且在此期间均未有重新打造金柜的记录，说明文宗显皇帝实录、圣训及穆宗毅皇帝实录、圣训均应尊藏于同治六年所移出的十一顶金柜内。

至于德宗景皇帝实录、圣训，于民国年间成书，仅有汉文本，其中实录藏于盛京崇谟阁一部，贮藏情形不详，圣训未发现贮藏盛京的记载。

三 实录、圣训贮藏地点变迁的原因及其现状

盛京皇宫内贮藏清代档案的处所主要有凤凰楼、崇谟阁、敬典阁。三者各有其用途和功能。其中凤凰楼为"专系供奉列朝圣容之处"⑧，崇谟阁、敬典阁系盛京金匮石室之储，崇谟阁专用于贮藏实录、圣训，敬典阁则用于专奉玉牒。五朝实录、圣训恭送至盛京后最初藏于凤凰楼，不符合当初修建崇谟阁的本义，故经时任盛京将军的奏准，将五朝实录、圣训移藏崇谟阁。此后各朝实录、圣训按制续送盛京崇谟阁尊藏。

———————————

① 中国第一历史档案馆藏：《宫中朱批奏折》04－01－14－0049－068，嘉庆十二年十月十六日。

② 中国第一历史档案馆藏：《宫中朱批奏折》04－01－14－0051－071，嘉庆二十二年十月初九日。

③ 中国第一历史档案馆藏：《宫中朱批奏折》04－01－14－0057－024，道光四年九月二十六日；道光朝《军机处录副奏折》03－3648－065，道光四年四月二十八日；03－3648－069，道光四年九月二十六日。

④ 中国第一历史档案馆藏：同治朝《军机处录副》，03－4692－052，同治七年八月十三日。

⑤ 中国第一历史档案馆藏：军机处《上谕档》同治六年五月二十九日第1条，盒号1287，册号1。

⑥ 中国第一历史档案馆藏：军机处《上谕档》同治七年十月十四日第1条，盒号1294，册号1。

⑦ 中国第一历史档案馆藏：军机处《上谕档》光绪六年八月初四日第3条，盒号1361，册号1；光绪六年十月二十一日第1条，盒号1361，册号3。

⑧ 中国第一历史档案馆藏：军机处《上谕档》嘉庆十一年六月初一日第1条，盒号826，册号2。

　　高宗纯皇帝实录、圣训告成后恭送盛京崇谟阁尊藏，因该朝实录、圣训卷帙繁多，然崇谟阁内所剩空间不足，故经时任盛京将军富俊奏准，将五朝实录、圣训由原先所藏的十二顶金柜移藏于崇谟阁内正面南向六顶金柜内，腾出金柜六顶，加上原剩十顶金柜，如此则便于高宗纯皇帝实录、圣训的贮藏。

　　至嘉庆二十二年（1817），因拆修盛京崇谟阁周围廊上檐揭瓦头停，需将阁内尊藏六朝实录、圣训暂时恭移至凤凰楼供奉。盛京工部预先依照旧制，于凤凰楼、崇谟阁前各搭建一座天桥，按钦天监所择定日期，于本年正月二十七日卯时，时任盛京将军富俊，会同五部侍郎，率领宗室各官穿蟒袍、补服，一同抵达崇谟阁前，行三跪九叩头礼，将六朝实录、圣训移请至凤凰楼空闲之上层现有金龙柜十五顶，中层金龙柜十五顶内供奉，礼成，再行三跪九叩头礼。

　　俟工事完竣，仍照例由盛京工部于凤凰楼、崇谟阁前各搭盖天桥一座，并预期斋戒，按钦天监所择定日期，于本年九月十九日辰时，时任将军富俊会同侍郎昇寅书、敏恩宁、多福，率领宗室各官穿蟒袍、补服，一同抵达凤凰楼前，行三跪九叩头礼，移请六朝圣训、实录供奉崇谟阁尊藏，礼毕，再行三跪九叩头礼。[①]

　　直至宣宗成皇帝实录、圣训恭送盛京崇谟阁内尊藏，崇谟阁原有金柜二十二顶贮藏已满。经时任盛京将军奏准，同治帝命盛京工部仿照原设金柜式样，成造金龙顶柜二十二座安置在原有金柜之上，并移请列祖列宗实录、圣训尊藏，移出金柜十一顶，以备文宗显皇帝实录、圣训及其以后各朝实录、圣训的尊藏。

　　尊藏于盛京崇谟阁的清朝历代实录、圣训，包括太祖、太宗、世祖、圣祖、世宗、高宗、仁宗、宣宗、文宗、穆宗十朝满、汉文本实录及德宗朝汉文本实录，太祖、太宗、世祖、圣祖、世宗、高宗、仁宗、宣宗、文宗、穆宗十朝满、汉文本圣训。盛京以"发祥之地"被定为清朝的陪都，清朝皇帝将"列圣纪事之书"——实录、圣训尊藏于此，以彰显陪都盛京的尊崇地位、维护清王朝万世之统治。而崇谟阁作为陪都金匮石室之储，集中保藏了皇家实录、圣训等专门档案。它们的安危与清王朝的命运息息相关。清朝末期，国势日衰，外患愈甚，崇谟阁所藏实录、圣训亦未能逃过外国军队的劫掠，于光绪二十六年（1900）俄军占领盛京后，两包汉文本宣宗成皇帝实录下落不明。伪满时期，又陆续归伪"国立奉天图书馆"所有；日本投降后，移交南京国民政府接管；新中国成立后，幸存下来的崇谟阁尊藏本实录、圣训移交辽宁省档案馆，一直保存至今。[②]

---

　　① 中国第一历史档案馆藏：《宫中朱批奏折》04－01－37－0016－001，嘉庆二十一年八月十七日；04－01－14－0051－071，嘉庆二十二年十月初九日。

　　② 杨立红：《盛京崇谟阁本〈清实录〉皮藏浅述》，载《历史档案》2011年第4期，第123页。

清代珲春驻防旗妇旌表与
《珲春县志·节妇表》订补

顾松洁　刘　恋*

内容提要　本文主要关注珲春驻防旗人中节、烈妇女的旌表情况，以《清代珲春副都统衙门档案》为主要史料，梳理清代中后期珲春驻防地区旗人妇女旌表的一些规制及特点，冀以探讨清代对旗人的旌表问题；并根据档案所记对《珲春县志》节妇表进行勘误和补充。

关键词　清代　旗妇　旌表　勘补

旌表制度是王朝时代统治者以维护统治、激励风化为目的，以建坊、悬匾为主要方式对孝子顺孙、义夫节妇等进行表彰的制度。因其竖坊间间，于宣谕教化民间甚为便利又卓有成效，为历代统治者所重。清入关后，采明制在汉地恢复旌表制度的同时，又逐渐在八旗中推行旌表制度，形成了有清一代满汉双轨的旌表系统。学界关于清代妇女旌表制度有一些论述，然而多涉及该制度的沿革、作用、影响等内容，且多为总论，未分满汉进行专论。

珲春地处东北边陲，虽然偏僻遥远，然而在八旗组织的统一管制下，在康熙五十三年（1714）设置驻防以后不久，亦开始施行了旌表制度。2006年影印出版的《珲春副都统衙门档》，是记录当时该驻防公务的第一手史料。笔者发现研究珲春必备的两部志书——《吉林通志》和《珲春县志》中，关于珲春被旌表节妇的记录互相之间有些出入，与档案记载亦有不符之处。本文主要关注珲春驻防旗人中节、烈妇女的旌表情况，以《清代珲春副都统衙门档案》为主要史料，梳理清代中后期珲春驻防地区旗人妇女旌表的一些规制及特点，并用档案所记对《吉林通志》和《珲春县志》等志书中所载"节妇旌表"的记录进行勘误和补充。

一　珲春地方节妇旌表概况

珲春驻防旗人社会开始实施旌表制度的具体时间不详。结合《吉林通志》、《珲春县志》与《珲春副都统衙门档》来看，乾隆二十二年出现了第一批被旌表的珲春节妇。但是，乾隆二十二年至四十年旌表的8人中，谁最先被旌表尚不清楚。因珲春档乾隆朝部分缺失较多，从现有满文档案来看，珲春驻防妇女旌表的实施不晚于乾隆十六年。是年二月宁古塔副都统致珲春协领的札付，附录有礼部题议旌表节妇等事一体遵行的题本，即要求珲春驻防地

---

* 顾松洁（1982—　），女，中央民族大学少数民族语言与古籍研究所讲师，中央民族大学历史文化学院在读博士研究生。刘恋（1990—　），女，中央民族大学历史文化学院在读硕士研究生。

区也按例实施旌表节妇制度。迟至乾隆十九年，出现了关于旌表的满文档案。乾隆十九年闰四月二十二日珲春协领齐格为请发给节妇建坊银两事呈文宁古塔副都统衙门内称：正黄旗佐领讷尔布佐领下已故披甲费雅珠①（fiyaju）妻尼玛齐（nimaci）②氏，于康熙五十八年二月二十二日嫁于费雅珠，十六岁。费雅珠于雍正九年十二月二十五日病故。费雅珠妻彼时二十七岁，守节二十四年，现五十一岁，是实情。族长、领催、委骁骑校、佐领等具保。查，既有三十岁以前守寡年逾五十岁之节妇、三十岁以前守寡年逾四十岁亡故者，守节十五年以上者给建坊银之例，将该官保结一纸封套呈送。③然而，不知为何，此旌表给银建坊之事到乾隆二十三年十二月十一日才得以具奏，两天后的十三日奉旨依议，交该将军遵旨办理。先咨文户部分拨三十两银，在伊等家立牌坊，左右两翼节孝祠立牌位。在牌坊上写字之事由工部照恩诏定例遵行。此三十两银最后由宁古塔副都统衙门从预备银内支取，交珲春骁骑校特兴额带回。④

笔者据相关资料统计，乾隆二十二年至光绪二十九年，珲春地方被旌表的妇女都是满人。乾隆朝旌表19人，其中披甲之妻有13人，3名闲散之妻，其余3名系驻防基层官员之妻，各自旗分为镶黄旗10人，正黄旗6人，正白旗3人。嘉庆朝旌表27人，其中12名披甲之妻，12名闲散之妻，其余三位1名是侍卫之妻，1名是委笔帖式的妻子，1名是云骑尉的妻子。此27人分别是镶黄旗下6人，正黄旗下12人，正白旗下8人。道光年间旌表20人，7名披甲之妻，11名闲散之妻，1名领催之妻，1名委官之妻，其旗分为镶黄旗下8人，正黄旗下2人，正白旗下10人。咸丰朝旌表节妇只有2人，分别是1甲兵和1闲散的妻子，均属正白旗下。《吉林通志·人物志》中虽然在同治朝旌表节妇栏内列有6人，然而对照《珲春副都统衙门档》可知此六人中有4人是光绪年间受旌表的。而《珲春副都统衙门档》同治年间部分缺失严重，故无法得知同治朝旌表节妇之情形。如此则光绪年间被旌表节妇即为28人，其中1名领催之妻，1名教习官之妻，1名披甲之妻，其余3名系闲散之妻，其中隶属镶黄旗下1人，正黄旗下1人，正白旗下1人，镶白旗下2人，正红旗下1人。只有3名是披甲之妻，其余全部是闲散之妻，旗分为正黄旗下3人，镶白旗下3人，镶红旗下1人，镶蓝旗下14人。从乾隆二十二年（1757）至光绪二十九年（1903）的146年间，共旌表节妇95人，前期多为披甲之妻，后来闲散之妻居多，被旌表的守节妇女多系丈夫病故或阵亡。

二　珲春旗妇旌表规制

1. 旌表的对象和条件

妇女旌表的对象主要是节、烈妇女，而从档案来看，珲春驻防地区受到旌表的妇女以节妇类型居多。关于旌表节妇的年限，顺治时期遵循明朝旧制，定例旌表"三十以前夫亡守

① 《吉林通志》、《珲春县志》写作"费雅佳"。
② 《珲春副都统衙门档》第3册，第281页写作 nimaca。
③ 《珲春副都统衙门档》第3册，第113页。
④ 《珲春副都统衙门档》第3册，第281—282页。

志至五十以后不改节者"①，该条定例有清一代未有变化。而对于守节身故者，清廷不断修改旌表年限以慰贞魂。康熙十四年规定的"凡节妇已经核实到部者，虽病故亦准汇题旌表"②，雍正元年规定守节身故者"年逾四十"，守节十五载即可请旌③；嘉庆六年规定不再拘于"年逾四十"之例，守节身故者计其年限达十五年者即可题请旌表；道光年间改已故节妇守节年限为十年④，同治时期又缩短为六年⑤。此后旌表节妇规制鲜有变化。珲春驻防节妇旌表均与上述定例相符。

2. 旌表的程序

旌表程序主要包括上呈和下达两个方面。上呈由族长、领催、骁骑校等共同保结，协领查明属实，并造具满汉清册各二共四份，申送宁古塔副都统（吉林将军）⑥等。最后交由礼部，年终汇题请旨旌表。如无符合条件应请旌表之人，佐领、骁骑校等也要具文副都统说明。下达即与上呈过程相反。皇帝旨意下达，礼部行文户部支银、工部建坊，最后逐级下达至个人（或族亲）。

3. 旌表的方式

珲春驻防节妇的旌表方式主要包括给银建坊、入节孝祠及给匾嘉奖等。清前期以给银建坊为主，多建专坊，规定"牌片内应横书四字任各该处酌拟填可也"，多为"清标彤管""贞节流芳"等字。雍正年间开始获旌者并入祀节孝祠、春秋致祭。因档案有限，虽有旌表珲春驻防妇女入祀节孝祠的记载，但建祠时间、所在地点皆不明。到了清后期由于请旌人数越来越多，又考虑经费等问题，道光二十七年规定旌表守节者改建总坊⑦，即在节孝祠外立一大坊，生者刻其名于坊上，身故者在节孝祠内设位致祭。但其家有愿建坊者，可听其家自建。

循分守节者有时也给匾嘉奖。乾隆年间规定循分守节者，即无奇节者给匾鼓励，所书字与牌坊同。匾额多为所在旗都统、副都统颁给，不参与请旌程序。

三　珲春旗妇旌表的特点

第一，在请旌手续方面，珲春驻防旗妇请旌手续较京旗简易。定宜庄先生在《满族的妇女生活与婚姻制度研究》中写道"八旗孀妇如欲守寡，必须由族中及佐领下人公同具保"，并列举《镶红旗档》中的实例论证八旗孀妇请旌"手续之繁杂"。孀妇"守节要求得到批准。但层层审核的过程却不轻松。共同为她具保的，包括她婆家、娘家的兄弟以及伯、叔、侄、甥等男子以及从族长上至佐领等多达20人。具保之后，还要通过参

---

① 李东阳等撰，申时行修：《大明会典》，卷七十九《礼部·旌表》，《续修四库全书》第790册，史部·政书类，第425页。

② 《清会典事例》，中华书局影印1991年版，第503页。

③ 《清世宗实录》卷12，雍正元年十月甲寅条。

④ 《清会典事例》，中华书局影印1991年版，第515页。

⑤ 同上书，第525页。

⑥ 珲春驻防设置于康熙五十三年（1714），隶属宁古塔副都统管辖。光绪七年（1881）珲春协领升为副都统，直接受吉林将军节制。

⑦ 《清宣宗实录》卷443，道光二十七年六月丁丑条。

领、八旗都统直至皇帝的层层批准。"① 这是在京八旗节妇请旌的情形,京旗孀妇守寡如此不易或许与京旗人口在雍正时已激增、八旗生计问题已出现,加之雍正帝自身多疑的性格等因素有关。珲春驻防请旌程序前已叙述,从该亲族具结到皇帝降旨,相比之下过程稍简。

第二,珲春驻防妇女旌表的类型以节妇居多,结合《珲春副都统衙门档》《吉林通志》等,所见均是寻常守节的旗人妇女的请旌档案,烈妇、贞女、孝女很少,几乎未见旌表。在位孀妇保结时,皆写"查某氏家甚贫穷,甘愿淡饭粗食,身受艰辛饥寒,不改初心,抚育幼子成丁继嗣,以守节操"② 等字样。

第三,珲春旌表节妇丈夫之身份,在乾隆朝披甲占绝大多数;嘉庆朝披甲与闲散相当;道光年间闲散孀妇的旌表人数超过了披甲孀妇的数目,直至光绪朝闲散孀妇数目远远超过了披甲孀妇数目。这与八旗人口日繁及比丁名额有限相关。

四　《珲春县志》节妇表勘补与校注

有关珲春地方的旌表节妇在《吉林通志》和《珲春县志》等志书中有记载。《吉林通志》成书于光绪二十二年(1896),《珲春县志》修成于1927年。《珲春县志》是参考《吉林通志》编撰的。将《吉林通志·人物志·列女表二》中的珲春部分与《珲春县志·人物·节孝》中的"珲春节妇旌表简明表"对照,可知《珲春县志》中所列人物俱系沿用《吉林通志》所载,节妇数量一致,但具体内容稍有出入。以下为根据《珲春副都统衙门档》对《珲春县志》"节妇表"进行勘补。

年之起讫	妇之姓氏	夫之姓氏	职业	旗属
乾隆二十二年至四十年旌	钮瑚特氏〔1〕	登保〔2〕	教官〔3〕	厢黄
	泰楚拉氏〔4〕	阿凌阿〔5〕	兵〔6〕	厢黄
	乌扎拉氏	安精阿	骁骑校〔7〕	厢黄
	钮呼禄氏〔8〕	奈东阿〔9〕	兵	厢黄
	尼玛察氏〔10〕	费雅佳〔11〕	兵	正黄
	钮呼特氏	玛尔苏	兵	正黄
乾隆二十二年至四十年旌	额哲腾氏〔12〕	哈锡瑚哩〔13〕	农〔14〕	正黄〔15〕
	布雅穆齐氏	五十九	兵	正黄
	赫舍勒氏	额哲赫纳〔16〕	兵	正黄

① 定宜庄:《满族的妇女生活与婚姻制度研究》,北京大学出版社1999年版,第134—135页。
② 《珲春副都统衙门档》第9册,第326页。

续表

年之起讫	妇之姓氏	夫之姓氏	职业	旗属
乾隆五十二年 至六十年旌	钮祜禄氏〔17〕	爱朋阿〔18〕	农	厢黄
	和舍勒氏	喜道	兵	厢黄
	钮呼禄氏	岱沙布	兵	厢黄
	钮呼禄氏	穆保〔19〕	兵	厢黄
	瓜尔佳氏	哲楞保〔20〕	护军〔21〕	厢黄
	额哲图氏	玛扬阿〔22〕	兵	厢黄
	钮祜禄氏〔23〕	赛能阿〔24〕	兵	正黄
	莫勒哲勒氏〔25〕	泰穆〔26〕	兵	正白
	富察氏	耶兰保〔27〕	兵	正白
	钮祜禄氏	玛音保〔28〕	农〔29〕	正白
	伊尔根觉罗氏 〔30〕	和新特	兵	厢黄
嘉庆元年 至十一年旌	扎拉里氏	依保泰	兵	厢黄
	扎拉里氏	哲楞保	侍卫	厢黄
	萨克达氏	讷清额	农	正黄
	郜楚喀氏	沙金泰	兵	正黄
	色勒哩氏	岱胜额	农	正黄
	卜察氏	倭尔霍纳	农	正黄
	萨克达氏	依尔富阿	农	正黄
	钮呼禄氏	苏楞额	农	正黄
	舒穆噜氏	达新保	兵	正白
	荷叶氏	色音保	兵	正白
	乌苏氏	兵顺〔31〕	委笔帖式	正白
	何舍哩氏	丹岱	农	正白
	穆尔察氏〔32〕	额哲登保〔33〕	兵	正白

年之起讫	妇之姓氏	夫之姓氏	职业	旗属
嘉庆十二年至二十五年旌	额吉图氏	德克德	农	厢黄
	荷叶氏	依勒布纳	兵	厢黄
	瓜尔佳氏〔34〕	萨凌阿〔35〕	兵	厢黄
	额哲图氏〔36〕	扎郎阿〔37〕	兵	厢黄
	钮祜禄氏	德楞保	农	正黄
	布彦吉氏	托精阿	兵	正黄
	钮祜禄氏	阿凌阿	农	正黄
	钮祜禄氏	德克德	农	正黄
	何舍哩氏〔38〕	万德〔39〕	农	正黄
	钮祜禄氏〔40〕	业恨保〔41〕	兵	正黄
	钮祜禄氏	舒伦保	兵	正白
	钮祜禄氏〔42〕	德明德〔43〕	农	正白
	色拉哩氏〔44〕	海平阿〔45〕	兵	正白
	扎拉哩氏〔46〕	严冲阿〔47〕	云骑尉〔48〕	厢黄
道光二年至二十八年旌	荷叶氏〔49〕	忠德〔50〕	兵	正黄
	何舍哩氏	德新保	领催	厢黄
	邰楚拉氏	楚凌德	农	厢黄
	瓜尔佳氏〔51〕	乌凌德〔52〕	兵	厢黄
	伊尔根觉罗氏〔53〕	英德〔54〕	农〔55〕	厢黄
	邰楚拉氏〔56〕	额特恩保〔57〕	农〔58〕	厢黄〔59〕
	瓜尔佳氏	业和德	农	厢黄
	富察氏	傅音保〔60〕	领催委员〔61〕	厢黄〔62〕
	钮祜禄氏	成德	兵	厢黄
	何舍哩氏〔63〕	巴尔通阿〔64〕	农	正黄
	瓜尔佳氏〔65〕	乌绷额〔66〕	农	正黄
	何业氏	倭克托阿〔67〕	农	正白
	富察氏	保塔哩	农	正白
	额吉图氏	忠德	兵	正白
	扎思〔68〕氏	色布兴额	兵	正白
	钮祜禄氏	西泰保	农	正白
	钮祜禄氏	独龙阿	农	正白
	钮祜禄氏	富亮	兵	正白
	钮祜禄氏〔69〕	秋丰德〔70〕	兵	正白
	钮祜禄氏	富清	农	正白
	钮祜禄氏	乌尔松阿	兵	正白

续表

年之起讫	妇之姓氏	夫之姓氏	职业	旗属
咸丰年旌	富察氏	富常	农	正白
	钮祜禄氏	舒隆阿	兵	正白
同治年旌	额吉图氏〔71〕	年常阿〔72〕	领催〔73〕	厢黄
	色勒哩氏	额腾额	农	正黄
	额吉图氏	年常阿	农	正白
	额吉图氏〔74〕	田丰阿〔75〕	教习官	厢白
	瓜尔佳氏〔76〕	苏勒方阿	农	厢白
	荷叶氏〔77〕	舒绷阿	兵〔78〕	正红
	萨克达氏	永林	兵	正黄
	额吉图氏	依力布	农	正黄
	色勒哩氏	永春〔79〕	农	正黄
	何舍哩氏	依鉴〔80〕额	农	厢白
	钮祜禄氏〔81〕	平泰	农	厢白
	郜楚拉氏	六丰阿〔82〕	农	厢白
	钮呼噜氏〔83〕	额尔德科	兵	厢白
	何舍哩氏	林绷额	兵	厢红
	钮呼噜氏〔84〕	丁贵	农	厢红
	何奢哩氏〔85〕	依明德	农	正蓝
	何舍哩氏〔86〕	色布珍	兵	厢蓝
	钮祜禄氏〔87〕	霍伦布	农〔88〕	厢蓝
	钮祜禄氏	傅林〔89〕	农〔90〕	厢蓝
	瓜勒佳氏〔91	格车布	农	厢蓝〔92〕
	瓜勒佳氏〔93〕	明春	农〔94〕	厢蓝〔95〕
	何舍哩氏〔96〕	依兴额	农〔97〕	厢蓝〔98〕
	乌扎拉氏〔99〕	萨炳阿	农〔100〕	厢蓝
	荷叶勒氏〔101〕	魁祥	农〔102〕	厢蓝〔103〕
	瓜勒佳氏〔104〕	喜福	农〔105〕	厢蓝
	乌雅拉氏〔106〕	胜林	农〔107〕	厢蓝
	钮呼噜氏〔108〕	凌福〔109〕	农〔110〕	厢蓝
	陈氏	富林	农	厢蓝
	朱佳氏	九成	农	厢蓝
	吴佳氏	柏顺	农	厢蓝

校注：

〔1〕钮呼特氏，满文 niohūte，系乾隆二十六年旌表，给建坊银。见《珲春副都统衙门档》第 4 册，第 339 页。珲春初编佐领时主要姓氏，镶黄旗、正黄旗佐领均系钮呼特氏。

〔2〕登保，满文 dengboo。见《珲春副都统衙门档》第 4 册，第 339 页。

〔3〕教官，满文 tacibukūhafan。见《珲春副都统衙门档》第 4 册，第 339 页。

〔4〕此条不见于《吉林通志》及《珲春县志》，根据《珲春副都统衙门档》新补。泰楚拉氏，档案中亦写作"邰楚拉"，满文 taicula，系乾隆三十三年旌表。见《珲春副都统衙门档》第 7 册，第 137 页。邰楚拉氏系珲春初编佐领时正白旗佐领姓氏。

〔5〕阿凌阿，满文 alingga。见《珲春副都统衙门档》第 7 册，第 137 页。

〔6〕兵，即披甲、甲兵，满文 uksin。

〔7〕骁骑校，满文 fundebošokū。清代在八旗佐领下设骁骑校，辅助佐领管理属部。

〔8〕钮呼禄氏，档案中写作"钮呼噜氏"，见《珲春副都统衙门档》第 13 册，第 80 页，满文 niohuru，见该册，第 78 页。该氏守节二十二年，乾隆四十七年请旌，给银建坊。见《珲春副都统衙门档》第 13 册，第 78—80 页。

〔9〕奈东阿，档案中写作"奈咚阿"，见《珲春副都统衙门档》第 13 册，第 80 页，满文 naidungga，见该册，第 78 页。

〔10〕尼玛察氏，档案中满文记作 nimaci，见《珲春副都统衙门档》第 3 册，第 113 页。尼玛察氏于乾隆十九年请旌，二十三年获旌表。

〔11〕费雅佳，满文 fiyaju。见《珲春副都统衙门档》第 3 册，第 113 页。

〔12〕额哲腾氏，档案中写作"额哲图氏"，见《珲春副都统衙门档》第 9 册，第 326 页，满文 ejetu，见该册，第 325 页。该氏守节二十七年，乾隆四十年请旌。

〔13〕哈锡瑚哩，档案中写作"哈斯呼哩"，见《珲春副都统衙门档》第 9 册，第 326 页，满文 hashūri，见该册，第 325 页。

〔14〕农，即闲散，没有任官职或者没有被挑补差事的八旗人员。《吉林通志》中此身份者一律未标"农"或"闲散"。

〔15〕应为厢黄。《珲春副都统衙门档》第 9 册，第 325 页满文原文转写为"huncun kubuhe suwayan i manju gūsai tomohonggo nirui sula bihe hashūri i da gaiha sargan ejetu halangga"，第 326 页汉文记"珲春厢黄旗满洲托谋黄武佐领下原系闲散哈斯呼哩原配妻额哲图氏"。

〔16〕额哲赫纳，《吉林通志》记"额吉赫纳"。

〔17〕钮祜禄氏，满文 niohuru，见《珲春副都统衙门档》第 16 册，第 53 页。

〔18〕爱朋阿，《吉林通志》写作"爱绷阿"，见《吉林通志》卷一百十八，第 40 页；满文 aibungga，见《珲春副都统衙门档》第 16 册，第 53 页。该氏于乾隆五十二年受旌表。

〔19〕穆保，据《珲春副都统衙门档》疑似为 fumboo，汉字为福木保，档案记载"te susai se oho huncun bai kubuhe suwayan i manju gūsai tomohonggo nirui uksin fumboo i sargan niohuru halangga hehe"，汉译为"现五十岁之珲春地方镶黄旗满洲托莫洪武佐领下披甲福木保妻钮祜禄氏"。《珲春副都统衙门档》第 19 册，第 358 页乾隆六十年三月初二日"宁古塔副都统衙门为派员领取镶黄旗披甲福木保寡妻立牌坊银事致珲春协领札文"。

〔20〕哲楞保，满文 jeremboo，见《珲春副都统衙门档》第 19 册，第 431 页。

〔21〕护军，满文 bayara。

〔22〕玛扬阿，满文 mayangga，见《珲春副都统衙门档》第 19 册，第 431 页。

〔23〕钮祜禄氏，满文 niohuru halangga。见《珲春副都统衙门档》第 16 册，第 54 页。该氏于乾隆五十二年旌表，"ere aniya de isibume bodoci jalangga be tuwakiyahangge orin uyun aniya oho"，迄今岁守节已二十九年。

〔24〕赛能阿，满文 sainungga，见《珲春副都统衙门档》第 16 册，第 54 页。

〔25〕莫勒哲勒氏，档案写作"墨勒哲里氏"，满文 meljeri halangga。该氏守节二十六年，乾隆五十五年请旌。见《珲春副都统衙门档》第 18 册，第 164、165 页。

〔26〕泰穆，档案写作"特伊穆"，满文 teimu。见《珲春副都统衙门档》第 18 册，第 164、165 页。

〔27〕耶兰保，疑为 naramboo 纳兰保，见《珲春副都统衙门档》第 19 册，第 431 页。

〔28〕玛音保，满文 maimboo，见《珲春副都统衙门档》第 19 册，第 431 页。

〔29〕疑似应为兵，见《珲春副都统衙门档》第 19 册，第 431 页 "uksin bihe mayangga naramboo maimboo"，汉译"原为披甲之玛扬阿、纳兰保、玛音保"。

〔30〕此条在《吉林通志》中列于嘉庆元年至十一年一栏内，见《吉林通志》卷一百十八，第 40 页。档案缺。

〔31〕《吉林通志》记"岳顺"。见《吉林通志》卷一百十八，第 40 页。

〔32〕穆尔察氏，满文 murca halangga，至嘉庆十年病故计守节二十七年，嘉庆十一年请旌，见《珲春副都统衙门档》第 24 册，第 422 页。

〔33〕额哲登保，应为额勒登保，《吉林通志》亦记"额勒登保"，见《吉林通志》卷一百十八，第 41 页。满文 eldemboo，见《珲春副都统衙门档》第 24 册，第 422 页。

〔34〕瓜尔佳氏，档案写作瓜尔嘉氏，满文 gūwalgiya halangga，该氏于嘉庆二十三年旌表，守节二十二年，见《珲春副都统衙门档》第 29 册，第 163、164 页。

〔35〕萨凌阿，档案写作撒凌阿，满文 salingga，见《珲春副都统衙门档》第 29 册，第 163、164 页。

〔36〕应为库雅拉氏，满文 kūyala，档案记载 "huncun i kubuhe suwayan i manju gūsai toktongga nirui uksin bihe jalangga i da gaiha sargan kūyala halangga"，"珲春厢黄旗满洲托克通阿佐领下原系披甲扎郎阿原配妻库雅拉氏"。见《珲春副都统衙门档》第 32 册，第 181、186 页。该氏于嘉庆二十四年请旌。

〔37〕扎郎阿，满文 jalangga。

〔38〕何舍哩氏，档案写作何舍力，满文 hešere，档案记载 "gulu suwayan i manju gūsai lingguwamboo nirui sula bihe fandei da gaiha sargan hešere halangga"，"正黄旗满洲凌关保佐领下原系闲散范德原配妻何舍力氏"。见《珲春副都统衙门档》第 32 册，第 183、187 页。该氏于嘉庆二十四年请旌。

〔39〕档案写作范德，满文 fande，见《珲春副都统衙门档》第 32 册，第 183、187 页。

〔40〕钮祜禄氏，档案写作钮胡噜氏，满文 niohuru halangga，档案记载 "huncun i gulu suwayan manju gūsai lingguwamboo nirui uksin bihe yehembooi da gaiha sargan niohuru halangga"，"珲春正黄旗满洲凌关保佐领下原系披甲叶恨保原配妻钮胡噜氏"。见《珲春副都统衙门档》第 33 册，第 43、45 页。该氏于嘉庆二十五年请旌，守节二十二年。

〔41〕业恨保，档案写作叶恨保，满文 yehemboo，见《珲春副都统衙门档》第 33 册，第 43、45 页。

〔42〕钮祜禄氏，档案写作钮胡噜氏，满文 niohuru，档案记载 "gulu šanyan i manju gūsai etengga nirui sula bihe demingdei da gaiha sargan niohuru halangga"，"正白旗满洲厄滕阿佐领下原系闲散德明德原配妻钮胡噜氏"。见《珲春副都统衙门档》第 32 册，第 184、187 页。该氏于嘉庆二十四年请旌。

〔43〕德明德，满文 demingde，见《珲春副都统衙门档》第 32 册，第 184、187 页。

〔44〕色拉哩氏，《吉林通志》记"色勒哩氏"，档案写作舍勒力氏，满文 seleri，档案记载 "gulu šanyan manju gūsai etengga nirui uksin bihe haipingga da gaiha sargan seleri halangga"，"正白旗满洲厄滕阿佐领下原系披甲海平阿原配妻舍勒力氏"。见《珲春副都统衙门档》第 33 册，第 44、46 页。该氏于嘉庆二十五年请旌，守节二十三年。

〔45〕海平阿，满文 haipingga，见《珲春副都统衙门档》第 33 册，第 44、46 页。

〔46〕此条在《吉林通志》中列于道光二年至二十八年栏内，见《吉林通志》卷一百十八，第 41 页。扎拉哩氏，满文 jalari，道光四年旌表，见《珲春副都统衙门档》第 36 册，第 170 页。

〔47〕严冲阿，满文 yancungga，见《珲春副都统衙门档》第 36 册，第 170 页。

〔48〕云骑尉，满文 tuwašara hafan。清代世职之一，五品，在恩骑尉之上，骑都尉之下。

〔49〕此条不见于《吉林通志》及《珲春县志》，根据《珲春副都统衙门档》新补。荷叶氏，满文

heye halangga，系道光四年旌表。见《珲春副都统衙门档》第 36 册，第 171 页。

〔50〕忠德，满文 jungde，见《珲春副都统衙门档》第 36 册，第 171 页。

〔51〕瓜尔佳氏，满文 gūwalgiya halangga，道光八年旌表，见《珲春副都统衙门档》第 38 册，第 489 页。

〔52〕乌凌德，满文 ulingde，见《珲春副都统衙门档》第 38 册，第 489 页。

〔53〕伊尔根觉罗氏，满文 irgen gioro halangga，道光八年旌表，见《珲春副都统衙门档》第 38 册，第 489 页。

〔54〕英德，满文 ingde，见《珲春副都统衙门档》第 38 册，第 489 页。

〔55〕应为"兵"，档案记："emu nirui uksin bihe ingdei da gaiha sargan irgen gioro halangga"，汉译"同佐（厢黄旗）原系披甲英德原配妻伊尔根觉罗氏"。

〔56〕此条在档案中记载"huncun gulu šanyan i taifingga nirui uksin bihe etembooi da gaiha sargan taicura halangga"，汉译"珲春正白旗台斐英阿佐领下已故披甲额特木保原配妻邰楚拉氏"。邰楚拉氏，满文 taicurahalangga，道光十四年旌表，守节三十年，见《珲春副都统衙门档》第 43 册，第 189—190 页。

〔57〕额特恩保，档案写作额特木保，满文 etemboo，见《珲春副都统衙门档》第 43 册，第 189—190 页。

〔58〕据《珲春副都统衙门档》记载应为"兵"。

〔59〕据《珲春副都统衙门档》记载应为正白旗。

〔60〕应为博音保，《珲春副都统衙门档》第 47、44 页记载"huncun gulu šanyan i taifingga nirui bošokū be araha hafan bihe beyembooi da gaiha sargan fuca halangga"，汉译"珲春正白旗台斐英阿佐领下领催委官博音保原配妻富察氏"。《吉林通志》卷一百十八第 41 页，亦记"博音保"。

〔61〕《吉林通志》卷一百十八第 41 页，记"领催委官"，满文 bošokū be araha hafan。

〔62〕根据档案应为正白旗。

〔63〕何舍哩氏，档案写作何社勒氏，满文 hešere halangga，道光十八年旌表，见《珲春副都统衙门档》第 46 册，第 408、410 页。

〔64〕巴尔通阿，档案写作巴通阿，满文 batungga，见《珲春副都统衙门档》第 46 册，第 408、410 页。《吉林通志》卷一百十八第 41 页记"巴阿通阿"。

〔65〕道光二十六年请旌，见《珲春副都统衙门档》第 58 册，第 5 页道光二十六年五月二十三日"宁古塔副都统衙门右司为退回节妇名册并请重新造送事致珲春协领咨文"记载"gulu suwayan i gargangga nirui sula bihe akū oho ubunggei da gaiha sargan gūwalgiya halangga"。

〔66〕乌绷额，满文 ubungge。

〔67〕《吉林通志》卷一百十八第 40 页记为"倭克托讷"。

〔68〕《吉林通志》卷一百十八第 41 页记为"斯"。

〔69〕钮祜禄氏，档案写作钮呼噜氏，满文 niohuru halangga，道光十八年旌表，见《珲春副都统衙门档》第 46 册，第 409、411 页。

〔70〕秋丰德，满文 ciofungde，见《珲春副都统衙门档》第 46 册，第 409、411 页。

〔71〕额吉图氏，档案记"额季图氏"，旌表时间为光绪七年，《珲春副都统衙门档》第 105 册，第 309 页记载"镶黄旗德玉佐领下委防御年昌阿之孀妻额季图氏"。

〔72〕年常阿，档案记为"年昌阿"，见《珲春副都统衙门档》第 105 册，第 309 页。

〔73〕应为"委防御"，见《珲春副都统衙门档》第 105 册，第 309 页。

〔74〕额吉图氏，档案记为"厄季图氏"，旌表时间为光绪七年，《珲春副都统衙门档》第 105 册，第 309 页记载"镶白旗全有佐领下教习官由丰阿之孀妻额季图氏"。

〔75〕应为"由丰阿"，见上注。《吉林通志》卷一百十八第 43 页亦记为"由丰阿"。

〔76〕此条在档案中有记载，见《珲春副都统衙门档》第 105 册，第 309 页。

〔77〕此条以下在《吉林通志》中列于光绪二年八年十二年十九年栏内，见《吉林通志》卷一百十

八，第 45 页。"荷叶氏"档案记为"何业氏"，旌表时间为光绪七年，《珲春副都统衙门档》第 105 册，第 309 页记载"正红旗保成佐领下闲散舒崩阿之孀妻何业氏"。然此"荷叶氏"及其上镶黄旗额吉图氏、镶白旗额吉图氏、镶白旗瓜尔佳氏等四人出自同一份档案，此档案形成于光绪七年，故均为光绪年间旌表节妇。

〔78〕应为"农"，即闲散。见上注。

〔79〕《珲春副都统衙门档》第 126 册，第 413 页光绪十二年五月初五日"珲春副都统衙门右司为将本处守节孀妇等造册加具印结咨报将军衙门查复事呈堂稿附印结清册"记载"（正黄旗佐领下已故）闲散永春之妻色勒哩氏"。

〔80〕《吉林通志》卷一百十八第 43 页记为"铿"。

〔81〕该氏旌表是在光绪十二年，《珲春副都统衙门档》第 126 册，第 413 页光绪十二年五月初五日"珲春副都统衙门右司为将本处守节孀妇等造册加具印结咨报将军衙门查复事呈堂稿附印结清册"记载"（镶白旗佐领下）已故闲散平泰之妻钮呼噜氏"。

〔82〕档案记为"陆丰阿"，见《珲春副都统衙门档》第 126 册，第 413 页光绪十二年五月初五日"珲春副都统衙门右司为将本处守节孀妇等造册加具印结咨报将军衙门查复事呈堂稿附印结清册"记载"（镶白旗佐领下已故）闲散陆丰阿之妻邰楚拉氏"。

〔83〕此条不见于《吉林通志》及《珲春县志》，根据档案新补。《珲春副都统衙门档》第 144 册，第 194 页光绪十六年七月十六日"珲春副都统衙门右司为将本处守节孀妇应得建坊银两饬交骁校等就便承领事呈堂稿"记载："光绪十五年礼部汇题旌表吉林珲春厢白旗全有佐领下披甲额尔德科之妻钮呼噜氏"。

〔84〕此条不见于《吉林通志》及《珲春县志》，根据档案新补。《珲春副都统衙门档》第 144 册，第 194 页光绪十六年七月十六日"珲春副都统衙门右司为将本处守节孀妇应得建坊银两饬交骁骑校等就便承领事呈堂稿"记载："（光绪十五年礼部汇题旌表吉林珲春）厢红旗永德佐领下闲散丁贵之妻钮呼噜氏"。

〔85〕此条不见于《吉林通志》及《珲春县志》，根据档案新补。《珲春副都统衙门档》第 144 册，第 194 页光绪十六年七月十六日"珲春副都统衙门右司为将本处守节孀妇应得建坊银两饬交骁骑校等就便承领事呈堂稿"记载"（光绪十五年礼部汇题旌表吉林珲春）正蓝旗春升佐领下闲散依明德之妻何奢哩氏"。

〔86〕《珲春副都统衙门档》第 121 册，第 228 页光绪十一年五月初一日"珲春副都统衙门右司为查明珲春地方守节孀妇造册加结咨报事呈堂稿附印结清册"记载"（厢蓝旗佐领下）披甲六品蓝翎色布珍之妻何奢哩氏"。

〔87〕《珲春副都统衙门档》第 102 册，第 114 页光绪五年五月初一日"〔珲春协领衙门档册房〕为查明本年守节孀妇造册加结呈报事呈堂稿"记载"（厢蓝旗）佐领下已故领催额委官霍伦布之妻钮呼噜氏"。

〔88〕据档案应为"领催委官"。

〔89〕应为"博林"，《珲春副都统衙门档》第 102 册，第 114 页光绪五年五月初一日"〔珲春协领衙门档册房〕为查明本年守节孀妇造册加结呈报事呈堂稿"记载"（厢蓝旗）佐领下……已故甲兵博林之妻钮呼噜氏"。《吉林通志》卷一百十八第 45 页亦记"钮呼噜氏博林妻"。

〔90〕据档案应为"兵"。

〔91〕《珲春副都统衙门档》第 183 册，第 258 页光绪二十一年五月初二日"珲春副都统衙门右司为抄录礼部题请旌表本省节妇给银建坊本章移付两翼查照事呈堂稿"记载：瑞林佐领下闲散格车布之妻瓜勒佳氏。

〔92〕应为"厢红"。《珲春副都统衙门档》第 184 册，第 283 页光绪二十一年十二月初五日"珲春副都统衙门右司为札饬两翼将守节孀妇应领建坊银两按名发放事呈堂稿"记载：厢红旗已故闲散各车布之妻瓜勒佳氏。

〔93〕《珲春副都统衙门档》第 164 册，第 168 页光绪十九年五月初一日"珲春副都统衙门右司为查

明珲春地方守节孀妇造具清册咨报将军衙门事呈堂稿"记载：珲春镶黄旗满洲德玉佐领下原系阵亡教习明春原配妻瓜勒佳氏。

〔94〕应为"教习官"。

〔95〕应为"厢黄"。

〔96〕《珲春副都统衙门档》第164册，第169页光绪十九年五月初一日"珲春副都统衙门右司为查明珲春地方守节孀妇造具清册咨报将军衙门事呈堂稿"记载：珲春镶白旗满洲德寿佐领下原系已故披甲依兴额原配妻何奢哩氏。

〔97〕应为"兵"。

〔98〕应为"厢白"。

〔99〕《珲春副都统衙门档》第183册，第258页光绪二十一年五月初二日"珲春副都统衙门右司为抄录礼部题请旌表本省节妇给银建坊本章移付两翼查照事呈堂稿"记载：春明佐领下披甲萨炳阿之妻乌扎拉氏。

〔100〕应为"兵"。

〔101〕《珲春副都统衙门档》第164册，第170页光绪十九年五月初一日"珲春副都统衙门右司为查明珲春地方守节孀妇造具清册咨报将军衙门事呈堂稿"记载：珲春正红旗满洲富勒吉扬阿佐领下原系已故披甲魁祥原配妻和业勒氏。

〔102〕应为"兵"。

〔103〕应为"正红"。

〔104〕《珲春副都统衙门档》第164册，第171页光绪十九年五月初一日"珲春副都统衙门右司为查明珲春地方守节孀妇造具清册咨报将军衙门事呈堂稿"记载：珲春镶蓝旗满洲桂山佐领下原系已故披甲喜福原配妻瓜勒佳氏。

〔105〕应为"兵"。

〔106〕《珲春副都统衙门档》第183册，第258页光绪二十一年五月初二日"珲春副都统衙门右司为抄录礼部题请旌表本省节妇给银建坊本章移付两翼查照事呈堂稿"记载：恩吉佐领下领催胜林之妻乌雅拉氏。

〔107〕应为"领催"。

〔108〕《珲春副都统衙门档》第164册，第172页光绪十九年五月初一日"珲春副都统衙门右司为查明珲春地方守节孀妇造具清册咨报将军衙门事呈堂稿"记载：（镶蓝旗）原系已故披甲凌柱原配妻钮呼噜氏。

〔109〕应为"凌柱"。《吉林通志》卷一百十八第46页记（镶蓝旗）"钮呼噜氏双福妻"，有误。

〔110〕应为"兵"。

《图伯特颂》研究

永志坚　彭睿阳*

内容提要　图伯特是清代西迁新疆屯垦戍边的锡伯族历史上的著名人物，本文对后世为纪念他而撰写的《图伯特颂》做了一翻译研究，并结合其他文献对图伯特突出的历史贡献及其对后世的影响做一些评价。

关键词　《图伯特颂》　翻译　研究

引子

在西迁新疆屯垦戍边的锡伯族历史上，有一位著名的历史人物——图伯特，他是清代驻防中国西北边疆伊犁驻防营中第一位升任领队大臣的锡伯族将领，是开创新疆锡伯族屯垦戍边大业的第一功臣，也是锡伯族人民世世代代歌颂纪念的民族英雄之一，他的功绩在清代边疆开发世上占有重要的一页。图伯特于清嘉庆七年（1802）在伊犁各驻防营中率先倡议，带领锡伯营军民自力更生，奋战七年，在今察布查尔锡伯自治县境内开挖出一条横贯全境、东西长二百多里长的大渠，在亘古荒原上开辟出近八万亩的农田，让锡伯族人民沿大渠筑城定居，一边驻守祖国千里边防，在南北疆重镇驻军换防，一边开荒种地，一代又一代在此繁衍生息，成为新疆十三个世居民族之一，为保卫新疆、建设新疆做出了不朽的贡献。两个半世纪以来，新疆锡伯族从最初西迁伊犁时的四千多人发展到如今的近四万多人，由古代一个弯弓射猎的"骑射"民族发展成为一个社会进步、文化发展的现代文明民族，与图伯特开创的千秋伟业和自强不息、艰苦奋斗的创业精神是分不开的。锡伯族人民给他修庙立祠建纪念馆，年年祭祀进行纪念活动，撰文勒铭歌功颂德。通过这些纪念活动，缅怀功烈，宣传图伯特的丰功伟业，勉励后昆，他的自强不息、奋发有为的创业精神，已经成为锡伯族人民巨大的精神财富，陶冶和培育了一代又一代社会精英，成为他们不断创新、与时俱进的精神动力，也成为这个民族传统文化中的重要资源之一。

在历次的祭祀和纪念活动中，锡伯族人民写下了许多碑文、颂词、祭文和楹联等，这些作品既具有历史资料价值，又富有文学特色，广泛流传于锡伯族民间。流传至今的有四篇祭文、颂辞和碑文等传抄件，它们反映了不同时代纪念活动的内容、规模以及当时人们的思想观念、理想追求和对图伯特的敬仰崇拜之情。其中，内容比较丰富、史料价值和文学价值较高的是最后一篇民国年间的《图伯特颂》，也是保存较好、传写年代较早的满文原件。下面对这一文献做一翻译研究，并结合其他几件文献（道光元年二月的《正黄旗佐领德克精阿等献图公匾额及颂辞》、道光十年《锡伯营总管和特恒额等铭刻图公碑文》、同治十二年

---

* 永志坚（1944— ），男，新疆维吾尔自治区民宗委古籍办。彭睿阳，男，锡伯族，（1997— ），美国纽约普瑞特艺术学院本科生。

《署锡伯营领队大臣喀尔莽阿祭图公文及颂辞》三件)①，对图伯特突出的历史贡献及其对后世的影响做一些评价。

一　《图伯特颂》文本介绍

《图伯特颂》用满文书写在民国年间国产的白纸上，共计 13 张，每张高 18.6cm，宽 19.5cm，文件都书写在纸张的正面，背面不写。第一页中间大写文件名 tu gung de alibuha tukiyecun，可直译为"献图公颂辞"，左边钤有收藏者涂长胜满汉文印鉴。第二页用汉文书写"诰封副都统衔塔尔巴哈台领队大臣图公之神位"字样。从第三页开始书写正文，每页 11、12 行不等。第一页第一行为第二页汉文"诰封副都统衔塔尔巴哈台领队大臣图公之神位"的满译文，第二行为文件名 nenehe lingge tu gung ni tukiyecun（先烈图公之颂文）。文献的抄写者为伊犁锡伯营镶黄旗（头牛录）正津巴图②，大约抄写于 20 世纪 50 年代末或 60 年代初。

《图伯特颂》在民间有多种抄本，1981 年察布查尔锡伯自治县锡伯语言学会曾经在其油印的《学会通讯》中以"锡伯文史资料汇编"的名义刊登过一次，没有署名提供者和整理者，所以不清楚其来源和抄写年代③。1986 年新疆少数民族古籍办公室整理出版的《锡伯族历史资料拾零》一书中，收录了道光元年二月的《正黄旗佐领德克精阿等献图公匾额及颂辞》、道光十年《锡伯营总管和特恒额等铭刻图公碑文》和同治十二年《署锡伯营领队大臣喀尔莽阿祭图公文及颂辞》三件文献，但未收《图伯特颂》。④ 经过笔者的多年比较研读，相信正津巴图抄本是现存较早的文本，只是在传抄过程中，一些词语和句子出现了不同的异文或舛错。现将正津巴图抄本作为底本，参照锡伯语言学会刊本（简称"学会本"）进行校对，整理出以下校对文本，并一一作了校注。

二　图伯特颂文的罗马字转写对译及汉译文

下面在作拉丁字转写时，将我们认为有错或衍生字（词），凡是可以校改的，用中括号〔〕注在原文之下，以示区别。增补之字（词）、句子则加小括号（）。校注文字，附于译文之后。行与行之间，用符号/隔开；页与页之间，用符号∥隔开。

以下是图伯特颂文的正津巴图抄本拉丁字转写对译及汉译文。

tu　gung　de　alibuha　tukiyecun /
图　　公　　给　　献的　　　颂辞

hesei　fungnehe　meiren janggin　i　jergi　tarbahatai　meyen amban　tu

---

① 参见永志坚、英林《图伯特纪念文及史料译释》，载永志坚主编《锡伯族研究文集》（第一辑），新疆人民出版社 1998 年版，第 274 页。

② 正津巴图是已故《锡伯族简史》的主笔肖夫的父亲，写得一手漂亮的满文，其特点是满文行书带点草书风格，字体粗犷，自由舒展，犹如龙飞凤舞，字如其人，飘逸而旷达。民国以来，正津巴图一直以抄写"朱伦"（满译的中国古典章回小说）为业，间或也翻译一些失传的古典章回小说，在民间找他抄写或翻译古典小说的人很多，所以在民间很有名气，于 1968 年去世，活到 70 岁。除这件文献以外，民间还有他的《喀什噶尔之歌》等抄本流传。

③ 察布查尔锡伯自治县锡伯语言学会编《学会通讯》第 38 页，"锡伯文史资料汇编"，1981 年。

④ 新疆少数民族古籍办公室整理：《锡伯族历史资料拾零》（锡伯文），新疆人民出版社 1986 年版，第 118 页。

诰　　封的　　　副督统　　　的 品级　塔尔巴哈台　领队大臣　　图
gung　ni　enduri　soorin/nenehe　lingge　tu　gung　ni　tukiyecun/

公　　的　神　宝座　先　　烈　图公　的　　颂辞
daruhai　donjiha　bade　jalan　de　ferguwecuke　niyalma　tucike　manggi/ teni

经常　　听说　之处　世　上　异常的　　　人　　出来　之后　才
ferguwecuke　baita　deribumbi　baturu kiyangkiyan　jalan i　baita be/ šanggabumbi

异常的　　　事　开始　英雄　豪杰　世　的事 把　能成就
jalan i　baita baturu　kiyangkiyan　be　šanggabumbi　sehengge/turgun　bifi　nikai

世上的　事　英雄　豪杰　把　能成就　说的　　原因　有　是啊
nenehe　linge tu gung　mukden　hoton　de/ banjifi　ili　bade　mutuhabi　ajigan　ci

先　烈　图公　盛京　城　在　诞生 伊犁地方　成长了　幼小 从
yabun　songko　ferguwecuke/encu　sara　bahanara　sure　ulhisu　fili　ujen　tob

品行　形迹　奇异　异样 知道的　懂得的 聪明　睿敏　坚毅 庄重　端正
hošonggo/foihori　gisun　buksuri　yabun　akū　terei　ama eme　be /hiyoošulame

规矩　疏忽的　语言 盲目的　行为　没有 他的　父 母　把　孝敬
ujirengge　ginggun　olhoba　ahūn　deo　i　dolo/hūwaliyasun　senggime　gašan

赡养　　恭敬　谨慎　兄　弟 的　里面　和睦　友爱　乡
falga　de　hūwangga　acuhūn/arbun　ler ler　seme　kek kek　seme　yala　geren

里　的 和蔼　亲睦　风度　翩翩　样子 志满意得　样子　诚　众人
i　durum∥tuwakū　secina　terei　hiyoošungga　bolgo　gebu　iletulefi　goroki/

的　榜样　可以啊 他的　孝顺的　一 清　名声　彰显　远处
hancikingge　dursuleme　alhūdaha　mutuha　manggi　utthai　amba/ mujin　tebufi

近处　　仿效　模仿 长大　以后　就 大　志　怀上
siden　baitai　šolo de　daruhai　elhe　nuhan i/emhun（sarasame）udu alin　mukede

公　事　闲暇时　经常　安然　地 独自　游玩　　虽 山　水中
sebjelembi　secibe　yargiyani　jalan /be　aitubure　geren　de　tusa　arara　be

娱乐　　虽然　实际上　世　把　拯救　众人　对 益处　做 把
kicehebi　an i /ucuri　tondo　giljan　onco　jilan　be　da　arafi / koolingga gisun

勤奋　平时　忠　恕　宽容　仁慈 把　本 做　格言
sain　yabun　i　niyalma　be　wembume　yume/singgebure　duwali　be　hairame

善　行　以　人　把　感化　浸润　溶化　类　把 爱
uksun　be　hefeliyerengge　terei/ siramengge　seibeni　sibe　kūwaran　ili　de

宗族　把　怀抱　　他的　将来的　昔日　锡伯　营　伊犁到
seremšeme/tehei〔tehe〕amala　banjire toyon　toktoro　unde　seci　coohai / baita

防御　　　　驻扎　后来 生机的目标 安顿　还未　　军　事
ashan fashan　jecen i seremšen　cira nimecuke　de/hafan　cooha　julergi　de

　匆忙　边境的　防御　严峻　因 官 兵　南方　在
anafulame　amargi　be　seremšeme　surtenume ∥/yabume　guye　forgošoro　šolo

戍守　北方　到　防御　奔驰　　行走 踵　转过来 功夫
akū　banjire/arga　mohome　giyalabufi　elei　teisu　be　ufaraha　gung/kafur seme

无　　生计　窘迫　隔断　几乎 本分 把　贻误　公　果断
irgen　i　banjin　be　beyei　afaha tušan / obufi　turulame　jurgangga baita　be

民　的 谋生　把　自己的　责任　当成　率先　　义举　把

deribufi mukei aisi/be badarambume yargiyan hethe be yendebuki seme
开始　水的　利益　把　发展　　　实　业　把　振兴　想

simacuka /suilacuka i siseteme bodome wesihun abkai giyan be kimcime/
艰难　　困苦　地　经略　估算　向上　天　理　把　考查

fusihūn na i arbun be cincilame na i siren boihon i/sudala de
向下　地的　形势　把　详细察看　地的　经络　土　的　脉络　把

acabume silenggi de funtume toboniu 〔doboniu 〕sisetere/jakade ten i unenggi
结合　露水　中　冒着　　　终夜　　估算　之下　至　诚

dergi abka de hafume/acinggiyabufi fulgiyan elden i sabi jorime kuri
上　天　至　通　　受感动　红　光　的　瑞兆　指引　花斑

ihan/ somishūn todolo be joriha de ili birai mukebe / cabcal i baci
牛　神秘的　预兆　把　指引　后　伊犁河的　把水　察布查尔的　地方

yarume yohoron feteci ojoro be // tengkime safi tereci beyei hūsun i
引导　渠沟　挖的话　可以　　熟悉知道后　于是　自己的　力量

hacin bodome gala/ isime weilen deribufi juwe jalan i halhūn
项目　计算　手　到　工程　开始　二　甲　喇　以　暑

šahūrun be/ dulembuhe amba gung deribume šanggabufi fithere
寒　把　经历了　大　功　开始　成就了　弹

uculerengge/ jugūn giyai de jalukiyaha hehesi buya juse erdemu be/
唱的　道路　街道　上　塞满了　妇女　小　儿　功德　把

tukiyeceme hukšeme acingiyabuha huweki na nimalan usin yalu/
颂扬　感激　感动了　肥沃　土地　桑　田　阡陌

sirendufi olime mudalime juwe tanggū bade akūnaha/ juwan tumen
相连　避开　弯曲　二　百　里地　到尽头　十　万

nimari 〔imari〕sain usin de jakūn gūsa hefeli be / bišume hethe de
亩　良　田　里　八　旗　肚子　把　抚摸　业　上

sebjelehe hafan cooha an be bahafi/lakcaha jecen de faššame gungge gebu
享乐　官　兵　本分　得到　绝域　边界上　效力　功　名

iletuleme algika/ hahasi tarime hehesi jodome bunai jalan de isitala
彰显　传扬　男人们　耕种　女人们　纺织　亿　世　到　直到

kesi/simen akūname badaraha gungge lingge colgorome badarafi//uyun
恩　泽　周到　昌盛　功　烈　超群　扩展　九

dabkūri ci doshon kesi isibume meiren janggin i/jergi meyen amban
层　从　宠　恩　施与　　副都统　的品级　领队　大臣

de wesimbuhe dasan de kiceme irgen be/gosime eiten waliyabuhangge
上　晋升了　政务　上　勤奋　民　把　仁爱　一切　废弃的

gemu yendehe doro tacihiyan/bireme selgiyefi šu wen dubei jecen de
都　兴盛　礼仪　教化　普遍　传播　文　化　极远　边界上

badaraha mergen/mentuhun uhei wefi irgen i erdemu jiramin de weke /
兴起　聪明　愚氓　共同　感化　民　的　德　厚　被　感化了

amba gungge colgoroko erdemu jakūn gūsade singgefi/ aisi usun i
大　功　卓越　德　八　旗　滋润了利益　乌孙　的

bade akūnafi fulehe sekiyen goro/ goidaha seibeni heoji i niyalma
地方　遍布了　根　源　远　久了　昔日　后稷　的　人

de tarire tebure/be tacibuhangge manggai uttu dabala dasan i nomun de/
给 耕耘 种植 把 教授 不过 如此 罢了 尚书中

henduhengge emu niyalma de hūturi bici geren irgen/akdambi irgebun
说 一 人 福 有的话 众 民 依靠 诗

nomun de henduhengge horonggo horonggo/yan（yen）halangga irgese simbe
经 上 说道 赫 赫 尹 氏 人民 把你

hargašambi sehengge dule // entekengge be henduhebi kai udu joo ing ping
瞻仰 说的 原来 这样的 把 讲了 啊 虽然 赵营平

ni alban/ usin tariha wang šu dz jecen i irgen be tacibuhangge/
的 官 田 耕种了 王术子 边疆 的 人民 把 教授

seme ereci dulenderkū sahaliyan ujungga geren irgen/ amcame gūnime
了 于此 超不过 黑 头 众 民 追 念

anggai anakū ofi ne de isitala/ jakūn gūsai sengge sakdasa geren
口 实 成了今 到 直到 八 旗的 长者 老人们 众

irgen gung be/cibsime fisemburengge yumbu yumbu šan de singgehebi/
民 公 把 嗟叹 传述 洋洋 耳 里 浸润了

udu uli mooi šoo gung be irgebure jeng gurun i/niyalma dz can be
虽 棠梨树 召公 把 作诗咏唱 郑 国 的 人 子产 把

uculerengge seme duibuleci ojorkū/babi mengdz i henduhengge ergembure
歌唱 比对 不可 地方有 孟子 说了 休养

doroi irgen be/ takūraci udu joboho seme gasarkū banjibure doroi/
之道 民 把 役使 虽 辛苦 了 不埋怨 使生存 之道

niyalma be waci udu bucehe seme korsorkū sehengge // yala mujangga
人 把 杀死 虽 死 了 不怨恨 说的 原来 的确

nikai muke be omici sekiyen be gūnire/erdemu be wesihuleme gungge
是啊 水 把 喝的话 源 把 思念 德 把 崇尚 功

de karularangge julgei/ sulaha tacin dulekengge be iletuleme
给 报答 古代 遗留的 习俗 过去的 把 表彰

jiderengge be/ hacihiyarangge ne i oyonggo kicen ne jing jalan
来者 把 催促 今之 重要 功课 如今 正 世

wasime/ doro eberefi erin i baita mangga suilacuka de teisulebuhe/
衰落 道 衰退 时 的 事 艰难 辛苦 中 遇到了

ucuri gulu jiramin doro ulhiyen i maname nekeliyen duyen/ tacin be
之际 纯朴 厚重 德 逐渐 地 退化 浅薄 冷漠 风气 把

canggi wesihulere de nenehe lingge i gungge/ erdemu milarabure de
尽是 崇尚 先 烈 的 功 德 疏远

tar seme sengguwembi/ badaran be nenehe lingge be sirafi fisembure
惕然 恐惧 巴达兰 我们 先 烈 把 继承 传述

badarambure/ jergi de bifi gelhun akū ekisaka teci muterkū/ gūniha
推广 职位 上 在于 不敢 悄然 坐下 不能 想到的

saha be tucibume geren i emgi hebšenduci // gūnin uhe ishunde
知晓的把 陈述 众 与一起 相商议 想法 同一 相互

adališambi tuttu muwa albatu be/bodorkū da susu gulu lamun gūsade
相同 因此 粗 野 把 不计 原 籍 正 蓝 旗里

jukten i boo/ weilefi nenehe lingge i enduri ūren be gungneme/
祠　的屋　修建了　先　烈　的　神　像　把　供上

moositun mucitun i weceme minggan bolori lashalarkū/ obuki sembi
豆　笾　用　祭祀　千　秋　不绝　使之　想

jukten i boo udu esheliyen〔isheliyen〕hafirhūn /ocibe enduri ūren
祠　的屋　虽　狭窄　　　紧窄　是了　神　像

horonggo horonggo de ini cisui/ferguwecun banjinafi amtangga wangga
赫　赫　　自然　奇异　生成　甘甜的　芳香的

bunai ili de dutabufi/jalan jalan juse omolo hargašame tarašame〔karašame〕
亿　伊犁在使留下　世　世　子　孙　瞻仰　瞭望

ishunde/ulandume niyarkū obuci inu badaran meni geren niyalmai emu
互相　传扬　不朽　做到　也是　巴达兰　我们　众　人的　一

falga mentuhun mujilen sidarafi hūturi fengšen sirandume sirandume/
番　愚憨　之见　宽慰　福　禄　接连　接连

jakūn gūsa enteheme hūturi be alime //erdemu de sebjelekini sembi
八　旗　永远　福　把　享受　功德　在　享乐吧　希望

gingguleme amcame wecere/ kooli be deribufi erdemu be algišame
恭敬地　赶上　祭祀　典礼　将　开始　功德　把　宣扬

tukiyecun/ alibuha sukjireo /
颂辞　献上　请享受吧

tukiyecun i gisun sehehuri sehehuri han tinggir alin/ hūwai hūwai sere
颂辞　的话　巍　巍　汗　腾格里　山　浩　浩　的

u sun bira abka sultungga niyalma/be banjibuha kai ere sibe de ama
乌　孙　河　天　聪慧的　人　把　降生了　啊　此　锡伯　的　父

eme oho/jalan i sasa aisi be nemšeme emhun yabun i jurgan / be
母　成了　世　与一齐　利益　把　争取　独　行　以　仁义　把

tebeliyehe an i gisun an i yabun abka na de/ hafume acinggiyaha
怀抱　平素言语　平素行为　天　地　把　贯通　感动

tulergi de yuyuhe niruhe be/aitubume dorgide eiten umudu be gosiha/
外　在　饥馑　沉溺　把　拯救　内里　一切　孤独　把　疼爱

gosingga mujilen be keksebure mangga ofi tanggū geri // jobošofi teni
仁慈的　心肠　让　愉快　难　因为　百　次　受苦　才

selabuha we iletu sarkūni butui jalan/ elei wangga oho we karulan
快慰了　谁　明显　不知啊　幽暗　世　更　香　有了　谁　报应

akū sere helmen/ (dahalame) uran de acabure adali secina enduri
无　说了　影子　相随　　响声　给　响应　一样　是啊　神

tuwarangge/boode ferguwecuke hūturi tanggin de sultungga/niyalma
看的　屋里　神奇的　福分　堂屋　上　聪慧的　人

sidahiyame ilime gurun boode kalka hecen/ oho yargiyan hethe be
拊袖　站立　国　家　干城　成了　实　业　把

ambarame yendebufi mucihiyan/ i wecere jungken de iletulere be aliha
大力　振兴　鼎　用　祭祀　钟　在　彰显　把　享受

abka doshon/ kesi isibufi jukten wecen i derenggileme saišaha/
天　宠　恩　施与　祭祀　用　荣耀　赞扬了

mucihiyan　colgoropi　eldepi　tumen　alin　torhome/　ukunjihe　gingguleme
鼎　　　　魏巍　　　灿烂　　　万　　山　　围绕　　　来环拱　　恭敬地

gungge　lingge　be　algišafi/　bunai　jalan　de　enteheme　niyarkū　tutabuha //
功　　　烈　　把　张扬　　　亿　　世　　到　永远　　　　不朽　　留下了

dulimbai　irgen　gurun　i　orin　juweci　aniya　sahahūn　coko/　jorgon
中华　　　民　　国　　的　二十　二　　年　　癸　　　酉　　　十一

biyai　sain　inenggi/
月　　吉　　日

sibe　gulu　lamun　gūsai　nirui　janggin　ice　tušan　i/　sibe　kūwaran　i
锡伯　正　　蓝　　旗　　牛录　章京　　新　　任　　的　锡伯　营　　的

ilhi　uheri　da　badaran　niru　gubci/　hafan　cooha　sakda　asigan　omosi
副　　总管　巴达兰　牛录　全体　官　　兵　　老　　少　　孙子

sebe　gaifi/　gingguleme　tukiyecun　alibuha //
把他们　带领　　恭敬地　　　颂辞　　献上了

汉译文

诰封副都统衔塔尔巴哈台领队大臣图公神位

　　常闻，世出奇人而后方兴奇事[1]；英雄造世事，世事造英雄；乃事出有因焉。先烈图公生于盛京[2]，长于伊犁，自幼品行非凡，聪颖博学，沉毅端正，从无浮言妄行。孝敬父母，言语谦恭；友于兄弟，和顺亲睦；睦于乡里，端庄恭谨，堪为众人楷模。孝廉之名既显，远近皆效仿焉。既长，公胸怀壮志，公余之暇常悠然独游，看似寓情于山水之乐，实乃立志于救世益民也。平时以忠恕厚仁为本，以箴言善行劝人，导化熏陶；爱我同类，兴我民族，此其夙愿也[3]。

　　昔，锡伯营驻防伊犁后，生计未及安顿，而军务倥偬，边防严峻。官兵戍南守北[4]，驰驱疆场，暇不旋踵，生计陷入穷困，几至荒废本业。公急民之所急，锐身自任，倡率义举，兴修水利，欲创万世之实业。公苦心经营，呕心沥血，上观天文，下察地理，研地

---

　　①　"世出奇人而后方兴奇事"，由"欲成非常之功，必待非常之人"一句转化而来，语出《汉武帝求茂才异等诏》。原句为"盖有非常之功，必待非常之人。故马或奔踶而致千里，士或有负俗之累而立功名。"

　　②　盛京，满语称为mukden，即今辽宁省沈阳市，清初入关前的首都，清军入关定都北京后，改称陪都。清初锡伯部归顺后金后，几经迁徙，于康熙中后期分两批被迁移到盛京及其周围十几座城驻防，编入满洲八旗，由此锡伯部被分散各地。乾隆二十九年（1764），清政府又从盛京及所属周围的开原、铁岭、锦州、凤城等十几个城中挑选出一千名官兵，连同家眷共计3275人西迁伊犁，被单独编为锡伯营，在今伊犁察布查尔锡伯自治县境内驻防。图伯特就是这样来到伊犁的。

　　③　"此其夙愿也"：满文原文为terei siramengge，原意为"他的将来的"，意即这是他将来要实现的愿望（夙愿）。

　　④　官兵戍南守北：锡伯营的驻防任务主要有：一是赴塔尔巴哈台（北疆）和喀什噶尔（南疆）两城换防。驻塔尔巴哈台的锡伯营兵额为130名，驻喀什噶尔锡伯营兵额为150名。两城换防兵都是两年一换，每年换一半。二是驻守卡伦，以防范外敌入侵，查禁越界盗贼和逃犯，保护屯所牧场等。前期锡伯营驻守的卡伦有18座，此外还要协助索伦营和厄鲁特营驻守两座卡伦。它们分布在几百里长的边境线上，每个卡伦都派数量不等的官兵驻守。这些卡伦近的骑马半天就能到达，远的得走几天。三是巡查布鲁特（即今柯尔克孜族）和哈萨克游牧地界。除此之外，锡伯营官兵的口粮和战马还得自己准备，所以还得开荒种田，饲养马牛羊，解决军民的粮食和军事给养问题。所以说，任务繁重。

脉究土性，风餐露宿，日夜经营①。公之至诚感动上天，降红光示瑞兆，驱花牛谕秘诀②。乃深知自伊犁河凿渠，可垦殖察布查尔一带沃野。于是自主经营，躬帅兴工（分两队轮流施工），历经七个寒暑③，遂大功告成。笙歌满街巷，妇幼颂功德。沃野桑田，阡陌相连，渠水蜿蜒，二百里长。垦殖良田十万余亩，八旗军民鼓腹乐其业。官兵安处，功垂绝域，名扬天下；男耕女织，恩泽广被，惠及亿世。公之殊勋伟业上闻九重，特降宠恩，诏授副都统衔领队大臣④。公勤政恤民，百废俱兴。礼教周流，文化兴于边陲；贤愚齐化，民德趋向敦厚。丰功伟德流芳八旗，福利润泽乌孙地方，根基绵远久长。古之后稷教民稼穑，无非如此⑤。《尚书》曰："一人有庆，兆民赖之。"⑥《诗经》云："赫赫师尹，民具尔瞻。"⑦ 所云即非公乎？虽赵营平屯田西域⑧，王术子教化边民⑨，亦莫过于此。黎民百姓缅怀公德，有

---

① 终夜：满文原文作 tobonio sisetere jakade 。tobonio 应为 dobonio（终夜）之误。这里的 dobonio，按照前后文意思，应该理解为日日夜夜，而不仅是一个夜晚。

② 图伯特带领锡伯营军民挖察布查尔大渠时，当时也没有地形地势的测量工具，不知道他用什么办法测量地势高低，大概是用自己的土办法测量出水渠的走向，将水渠一直修到二百里之外。所以锡伯族民间就传说，每天夜里图伯特一个人外出画水渠开挖线时，就有一头花牛在前面引路，一边走一边尿，用尿水画出第二天挖渠的标线。图伯特就跟在后面几步打一个木桩做记号。大家都称赞这是一头神牛，是上天派来帮助图伯特画线挖水渠的。

③ 此句满文原文为：juwe jalan halhūn šahūrun be dulembuhe，其中 juwe jalan 意为二甲喇。"甲喇"是八旗军事编制，5 牛录为 1 甲喇，5 甲喇为 1 旗。"甲喇"（jalan）同时又意为世世代代的"世""代"或"节""辈"等。但这句中两种意思都说不通，疑有字词脱落。按照上下文意，暂译为"（分两队轮流施工），历经七个寒暑"。因为根据有文字记载的历史，挖大渠时，图伯特把从八个牛录挑选的 400 名披甲和闲散分成两队，每队施工半个月，然后轮班，利用春秋两季农闲时间施工。从嘉庆七年九月开工，到嘉庆十三年春竣工，前后约计七年，所以可以说历经七个寒暑。

④ 《清实录·仁宗朝》嘉庆十五年六月辛亥，上谕："塔尔巴哈台领队大臣爱新布缘事革职，赏伊犁锡伯总管图伯特副都统衔，为塔尔巴哈台领队大臣。"又，道光十年锡伯营总管赫特恒额等铭刻图公碑文说："功德呈报将军，将军具奏皇上，恭奉御批'知道了'，记录在案。图伯特遵旨赴京引见……未及返回，诏授塔尔巴哈台所属巴尔鲁克领队大臣。"参见永志坚、英林《图伯特纪念文及史料译释》，载《锡伯族研究文集》（第一辑），新疆人民出版社 1998 年版，第 274 页。

⑤ 后稷，周之先祖，相传她的母亲生下他后曾欲弃之不养，故名弃。他为舜之农官，曾教民稼穑之术。被封于邰，号后稷，别姓姬氏。事见《诗·大雅·生民》及《史记·周本纪》。

⑥ 语见《尚书·周书·吕刑》。原句为"一人有庆，兆民赖之，其宁惟永。"

⑦ 语见《诗经·小雅·节南山》。师尹，满文原句为 yan halangga，意即尹氏；师，即大师，是周时三公之官。尹氏当时身居治理国家之要职——三公之官，故人民都看着他，希望他能为人民治理好国家。这里作者借用来表示图伯特同样作为一营总管，责任重大，人民寄厚望于他，希望他带领大家摆脱困境，使大家安居乐业。

⑧ 赵营平，即赵充国，字翁孙，西汉时名将。善骑射，通兵法，为人沈勇有方略。武帝时以破匈奴之功，拜为中郎将。宣帝时，以定册功封营平侯。时羌人与汉人为争夺煌水流域的牧地而发生战争，赵充国时年七十余，犹奋勇驰马疆场，招降羌人，击破先零，罢兵屯田，振旅而还。当时，他曾上书极言屯田十二便（好处），并亲率士卒六万，屯田湟中，相机进攻，终于取得了胜利。其屯田之策，寓兵于农，犹如后来的屯垦戍边，颇有利于地方的安定和开发。事见《后汉书·赵充国传》。

⑨ 王术士：即王景，字仲通，东汉时人。少学《易经》，好天文术数，深沉多技艺。明帝时诏与将作谒者王吴修浚仪渠，景用堰流法，水不复为害。又与王吴修渠筑坝，自荥阳东至千乘海口，凡千余里。景由是知名。建初八年，迁庐江太守。当时，那里的人民不知牛耕之法，致地力有余而食常不足。郡界有楚相孙叔敖所起芍陂稻田，景乃驱率吏民修起荒废，教用犁耕，劝民蚕织，由是境内丰足。事见《后汉书·循吏列传·王景传》。

口皆碑；八旗耆老众人至今赞叹追忆，传颂之声不绝于耳。虽《甘棠》之诗咏召公①，郑国舆人诵子产②，不可与此相提并论也。孟子曰："以佚道使民，虽劳不怨。以生道杀民，虽死不怨杀者。"③ 此言良宜也。饮水思源，崇德报功，乃古之遗俗；昭彰既往，敦促来者，为今之要务。如今世道衰落，适逢时势艰难之际，纯厚之德渐微，淡漠之风日兴，吾辈惕惕焉乎先烈功德废弛湮没。吾辈既承先烈之业，负弘扬之任，何敢默然处之！坦陈所见，与众人共议，皆志同而谋和。故不揣粗俗，修祠堂于公之原籍正蓝旗，内立先烈之神像，供笾豆之祭，千秋万代香火不绝。祠堂虽狭窄，而神像赫赫，自会显灵，流芳万世，俾子孙后代瞻仰学习，世代相传，千古不朽。吾侪巴达兰等众人，共怀一片赤诚之心，祝八旗福祚绵绵，永享福荫，沐浴其德。恭致祀典，昭公德，献颂辞。享哉！

颂辞曰：巍巍汗腾格里山，荡荡乌孙河。昊天生此哲人，尔乃锡伯父母。与世共争利，怀德独仗义。平素言行，感天动地。外救饥馑，内怜孤寡。素好广仁布德，历经百难始甘心。谁人不明晓④，名扬冥世益流芳；谁云无报应，如影相随声响应⑤。圣人在屋凝神视，神奇祥瑞满厅堂；哲人昂然卷袖立，俨然国家之干城。振兴实业，享钟鸣鼎食之誉；天赐殊恩，膺祭祀褒奖之荣。公如鼎立，巍巍乎光辉灿烂，万山环拱。吾侪敬呈颂文，标榜功烈，祝愿流芳亿世，永垂不朽。

中华民国二十二年癸酉十二月吉日

锡伯营正蓝旗牛录章京新任锡伯营副总管巴达兰率全牛录官兵老幼敬献。

三　图伯特简历

图伯特，锡伯族，姓觉罗氏（汉译赵姓）⑥，小名图克善（tukšan，锡伯语，意为"牛犊"），⑦ 清乾隆二十年农历五月初八日（1755 年 6 月 17 日）出生于盛京（今沈阳市）。乾

---

① 召公，姓姬氏，名奭，又称召伯，周朝开国功臣之一。周武王灭纣，封召公于北燕，成王时为三公，自陕以西召公主之，自陕以东周公主之。召公治西方，甚得兆民和，常巡行乡邑。有棠树，决狱治政事其下，自侯伯至庶人，各得其所，无失职者。召公卒，民思其政，怀棠树不敢伐，作《甘棠》诗歌咏之。诗曰："蔽芾甘棠，勿剪勿伐，召公所茇。蔽芾甘棠，勿剪勿败，召公所憩。蔽芾甘棠，勿剪勿拜，召公所说。"见《诗经·召南·甘棠》。

② 子产，姓公孙名侨，字子产，郑国上卿，是春秋时杰出的政治家。为人有见事之明、应变之略。柄国二十余年，无论内政外交，皆有显著功绩。孔子曾赞其为"古之遗爱也"。《左传》记载说："（子产）从政一年，舆人诵之曰：'取我衣冠而褚之，取我田畴而伍之。孰杀子产，吾其与之！'及三年，又诵之曰：'我有子弟，子产诲之；我有田畴，子产殖之。子产而死，谁其嗣之！'"

③ 语见《孟子·尽心（上）》。

④ 谁人不晓：不晓，满文原做 serkū，系笔误，应作 sarkū（不知道，不晓得）。

⑤ 此句满文原作 helmen de uran acabure adali，直译就是：影之响应一样。然响（uran）怎能去应影子（helmen）呢，说不通，故知此句有误。这句话满文应该是：helmen i dahalame uran i acabure adali，译成汉文可以是：如影之相随如声之响应，或犹如影随响应。故改之。

⑥ 关于图伯特的姓氏，锡伯族民间过去一直从肖夫说，认为姓伊拉里，旗籍为锡伯营正黄旗（二牛录）。笔者对此进行了专门的调查研究，结果发现图伯特姓觉罗，原来的旗籍是正蓝旗（七牛录），后来移居正黄旗（二牛录）。详见永志坚《图伯特姓氏及旗籍考——兼评"图公生祠"之说》，原载《锡伯文化》总第 26 期，收入永志坚主编《锡伯族研究文集》（第二辑），第 158 页，新疆人民出版社 2005 年版，乌鲁木齐。

⑦ 图伯特小名图克善（tukšan），锡伯语意为"牛犊"。出于对图伯特的尊敬和敬仰，此后锡伯人忌讳牛犊叫作"图克善"，而是改叫"博罗"（boro），博罗与图克善同义，都是牛犊或牛娃子。

隆二十九年（1764），年仅 10 岁的图伯特随同父母一起，奉旨西迁伊犁屯垦戍边。他们一家同西迁大军一起，于乾隆二十九年（1764）农历四月从沈阳出发，行程一万多里，于第二年农历七月抵达伊犁。他们在那里进行半年多时间的休整，于翌年春节过后，趁伊犁河冰封之际过河，被安置在伊犁河南岸巴图蒙克一带地方。两年后，设立伊犁驻防锡伯营时，图伯特一家被编入锡伯营正蓝旗（七牛录）。根据满文档案记载，"乾隆五十六年（1791）左右，他补放镶蓝旗骁骑校。乾隆五十七年（1792），补放正黄旗佐领，是年 38 岁。嘉庆三年（1798），补放副总管。此前，食俸饷 29 年。"① 由此可知，他于 15 岁就披甲入伍，成为守卫祖国西北边疆的一名军人。按照伊犁驻防部队的升迁规则，他从一名普通士兵，一步一步晋升为领催、骁骑校、佐领、副总管，在副总管任上不到半年，他就于嘉庆四年（1799）被破格提拔为锡伯营总管，是年 45 岁。嘉庆十五年（1810），被伊犁将军保送赴京引见，嘉庆帝对他自力创修大渠，辟田千顷，造福于驻防部队，大为赞赏。在他返回途中，就被简放塔尔巴哈台领队大臣②。在塔尔巴哈台领队大臣任上，他继续兴修水利，为驻防部队和守卡士兵供应食粮，并为那里的社会稳定和生产发展做出了一定的贡献。后因腿疾，任满一届后，就于嘉庆二十一年（十月）休致，返回家乡③。道光三年（1823）去世，享年 69 岁。

作为一名驻防营总管，他不仅要负责一千多名官兵的操练、巡查边界、安排官兵驻守卡伦、换防南北疆重镇，遇有战乱或外敌入侵等，还要领兵出征、指挥作战；与此同时，还要统筹管理全营军民的生产生活，发展生产，保障军队的粮饷和物资供应，安排后方家眷的衣食住行，让前线战士无后顾之忧。除此之外，驻防营军民的刑律犯罪、民事诉讼等也得由他负责处理。因此总管一任，集军事、生产、行政司法等重任担于一身，责任重大，丝毫怠懈不得。

清廷在伊犁设置的伊犁将军府在伊犁河谷平原的中部，伊犁河两岸土地肥沃，雨水充沛，有广阔的草原，从南北天山支脉流出的泉水纵横交错，宜农宜牧，是一个理想的居住地。当锡伯族军民到达伊犁的时候，比较好的居住地都被别的先前一步来到的部队占领了。伊犁河北面的将军府所在地周围的广阔平原地带，安排满营部队驻扎，从南疆调来维吾尔农民（俗称塔兰奇）耕种，为他们供应食粮；往东巴彦岱一带直至固尔扎城（今伊宁市），安排绿营部队从事旗屯。将军府西边霍尔果斯河一带，东边是索伦营右翼达斡尔族官兵驻防，西边是索伦营左翼索伦族官兵驻防。巴彦岱东边固尔扎及其以东，安置塔兰奇的大部分农民耕种。这是伊犁河北边的情况。伊犁河南面天山支脉山脚下的海努克一带，从东到西也安置了塔兰奇农民，从事农业生产，为满洲驻防部队供应粮食。离将军府比较远的山外牧场或草原，安排鄂鲁特、察哈尔等部队驻防，便于他们游牧。这样，锡伯人到达伊犁之后，已经没有什么比较理想的地方可以安排了。原先，伊犁将军曾经准备把锡伯人安置到雅尔（今塔

① 参见吴元丰、赵志强编著《锡伯营职官年表·官员履历》，新疆人民出版社 1994 年版，第 378 页。

② 《清实录·仁宗朝》嘉庆十五年六月辛亥，上谕："塔尔巴哈台领队大臣爱新布缘事革职，赏伊犁锡伯总管图伯特副都统衔，为塔尔巴哈台领队大臣。"

③ 《清实录·仁宗朝》嘉庆二十一年十月己丑，上谕："命塔尔巴哈台领队大臣图伯特、阿克苏办事大臣福昂、伊犁领队大臣扬桑阿、富永、伊犍额回旗……"又，道光十年锡伯营总管赫特恒额等铭刻图公碑文、同治十二年署锡伯营领队大臣喀尔莽阿祭图公文及颂辞也都说"图伯特在塔尔巴哈台领队大臣任上五年，因腿疾休致，返回故里。"参见永志坚、英林《图伯特纪念文及史料译释》，载《锡伯族研究文集》（第一辑），新疆人民出版社 1998 年版，第 274 页。

城一带）地方游牧①，后来知道锡伯人是个农业民族而不善于游牧，所以想安置在一个宜农宜牧的地方，就选了巴图蒙克地方，这里虽然不如其他部族驻防的地方，但还算不错，这样，伊犁河南岸锡伯营就沿伊犁河从东到西排成一字阵，与河北岸的满营、绿营和索伦营互为掎角之势，遥相呼应，声息相通，环拱伊犁将军府。

乾隆三十年正月新年刚过，锡伯部族就趁伊犁河结冰之际过河，到达清廷给指派的地方巴图蒙克盖窝棚，安置一家老小居住，同时整治农具，准备春耕生产。这里是一条东西向狭长的河水冲击形成的河岸滩涂地，原来是准噶尔部的驻牧地，曾经被开垦过，后被废弃。再往西，是一片戈壁荒地，期间有众多小沙堆和泉水，形成许多小"绿洲"，可以开荒耕种。锡伯人渡伊犁河时，其编制仍然是一昂吉，分六个牛录。渡河时，分两拨，一拨三个牛录。第一拨先渡河，就往西到霍吉格尔布拉克地方，看准那里的小"绿洲"，就在那里安营扎寨，在泉水周围开垦种地；第二拨渡河的三个牛录，就往东在绰霍尔拜兴一带河岸滩涂地安营扎寨，疏通绰霍尔河开垦耕种。第二年编设八旗时，西边的三个牛录增编为四个牛录，分别为镶黄旗（头牛录）、正黄旗（二牛录）、正白旗（三牛录）和正红旗（四牛录），就在巴图蒙克的西南霍吉格尔一带地方原驻地筑城驻扎②；东边的三个牛录就增编为镶白旗（五牛录）、镶红旗（六牛录）、正蓝旗（七牛录）和镶蓝旗（八牛录）四个牛录，就被安置于绰霍尔河沿岸，利用该河引水耕种。

刚开始，以上两处土地是"按牛录、宗族编设村落，令其永谋耕耘之利"③，并且是"公同伙种"④。这两处土地，一是滩涂地，水位高，灌溉时间长了水位就上升，成为盐碱地；二是本来就是戈壁滩盐碱地，耕种时间长了，盐碱上升，土地盐碱化更厉害。十几年以后，锡伯营人口增加而粮食产量开始下降，你再怎么精耕细作，再怎么努力，都无法改变土地盐碱化的

---

① 乾隆二十九年，伊犁将军明瑞曾经上奏称将来年来伊之锡伯兵安置到雅尔（今塔城一带）地方，后来锡伯兵到达伊犁，明瑞等方知"锡伯官兵不谙游牧之业……奴才等详勘适合安置锡伯官兵之地，有伊犁河之南、惠远城对面之巴特蒙克巴克、绰霍尔拜兴以西至霍吉格尔巴克一带，田腴水足，冬夏两极砍柴游牧之地均不远，若使锡伯兵驻此，非但与其生计有利，与地方形势、声势之连属亦有裨益。遂定将伊等即于巴图蒙克一带依次安置，裨其务农。"见军机处满文档《月折档》"伊犁将军明瑞等奏将锡伯官兵安置于伊犁河南岸折"。

② 过去研究锡伯族历史的人，都认为一开始正黄旗（二牛录）就驻防到察布查尔大渠渠首，即现在的地方。还有传说，说是一、三牛录的佐领是兄弟，兄弟俩第一个到达现在的驻地——霍吉格尔巴克一带驻扎下来，占领泉水地耕种，二牛录佐领晚了一步，无处安身，就跑到渠首去安家落户了。这是不对的。因为锡伯官兵渡伊犁河时，还未编设八旗制度，只有六个牛录；再说当时渠首地方属于塔兰奇人的势力范围，不得由旗人侵占。当开挖的察布查尔大渠经过他们的地盘时，还发生过争执，由伊犁将军出面才平息矛盾，锡伯营驻地允许东移到现在二牛录驻地东边一个叫塔石布拉克的地方，与塔兰奇人为界。此事可以参看乾隆三十六年十一月二十四日《伊犁将军舒赫德等参奏锡伯营领队大臣鄂津私拍亲丁披甲耕田折》（见《锡伯族档案史料》，第484页），这里明确说二牛录驻地与正红旗（四牛录）驻地很近。鄂津因为派亲丁用锡伯营的土地、水涸籽种替他种粮，受到严厉处分，丢了官职。新渠修成后，二牛录才第一个迁移到渠首去的。

③ "伊犁将军明瑞等奏将锡伯官兵安置于伊犁河南岸折"明确说："根据地方形势，按牛录、宗族编设村落，令其永谋耕耘之利。"可见移驻伊犁之初，锡伯族是按牛录、按宗族编设牛录居住的。

④ 《正黄旗佐领德克精阿等献图公匾额及颂辞》说："自盛京移驻伊犁，虽通力耕种而收获不丰，衣食渐匮，且生齿日繁，遂陷于困穷。"又松筠在其奏折中也曾担心"公同伙种，久而生懈"，所以"请照伊犁锡伯营之例，按名分给地亩，各令自耕，以为永业"。这里的"公同伙种"，同"通力耕种"是一样的。所以，锡伯族人民才想出了"分地自耕"（土地承包制）的办法。

趋势。锡伯营军民陷入穷困。为了摆脱困境，锡伯人想出"土地包干"制度，情况稍有好转[①]。但是，土地就那么一小块，而且在当时的情况下也无法治理盐碱地，将土地分给一家一户，所以过了十几年，又重新陷入穷困。正是在这种情况下，正如《图伯特颂文》所说，"世出奇人而后方兴奇事；英雄造世事，世事造英雄"，在西迁的锡伯族遇到困难的时候，图伯特出现了，是作为救世英雄而出现的。他从小"品行非凡，聪颖博学，沉毅端正，从无浮言妄行。孝敬父母……友于兄弟……睦于乡里，端庄恭谨，堪为众人楷模。孝廉之名既显，远近皆效仿焉"。等到他长大后，看到自己的父老兄弟因耕地不足而受苦受穷，他就"立志救世益民"，"兴我民族"，为锡伯族军民找到一条摆脱穷困的道路。

四　图伯特创修察布查尔大渠

嘉庆四年二月底，图伯特接任锡伯营总管[②]，从这一天起，他就为实现自己的宏伟计划开始筹备。为了找到水源和新的开荒土地，图伯特利用公余时间到处"游玩"，寻找水源，查勘土地性质。经过好几年的考察和研究，他终于找到让锡伯族军民永远摆脱穷困、"创万世之实业"的道路，在旧有的绰霍尔水渠耕地上方（锡伯语叫"坎子"）和"塔兰奇"人耕种的土地下方，有一大片亘古荒野，那里地势平缓（南高北低），土层厚，是从未开垦过的"处女地"，可以开荒几十万亩土地，能够养活锡伯族人民几百上千年，唯一缺的是水源。但是，他经过几年的考察研究，觉得可以从伊犁河开龙口，把伊犁河的水引到这里灌溉。等到他深思熟虑后，就找他的同僚商量。他们有同意的，也有不同意的。据民间传说，不同意的人认为，如果能把伊犁河的水引到这里的话，那历史以来多少个朝代部族都曾经在那里活动、兴旺衰败过，没有听说过有哪一个朝代、哪一个部族提出过这样的计划方案，这样的方案能行吗？这样劳民伤财，结果要是失败怎么办？如何向伊犁将军和朝廷交代？还有一种意见认为，说是我们西迁伊犁驻防的时候，乾隆皇帝曾经许诺过 60 年后就可以回去，现在 60 年已经过了一半，再过 30 年就要回去了，还这么辛辛苦苦挖什么水渠、开什么荒？其中顽固坚持反对意见的是时任锡伯营副总管硕尔泰，他虽然只是一个副职，但他的意见有一定的市场[③]。因为在总管档房同僚中达不成一致意见，他就找到自己所在旗正蓝旗的七位乡绅，希望他们支持他并为他担保。这七位乡绅在该牛录当中都是很有威望的人，听到图伯特为民造福的创议受到阻碍，他们表示完全支持，慨然同意为他担保[④]。得到同乡耆老的担保，图伯特就力排众议，锐身自任，向伊犁将军呈闻创修大渠、开荒种地的意见书。时任伊犁将军的大学士松筠有感于图伯特赤胆忠心、一心为公的精神，且有乡绅耆老具结担保，马上就表示同意，并由他负责奏闻朝廷。

---

① 《正黄旗佐领德克精阿等献图公匾额及颂辞》说："乾隆五十七年，呈闻于大学士将军公保宁、领队大臣德明阿，经权衡利弊，允准分地自耕。自此俱各勤于农耕，生计稍有起色，皆感恩戴德焉。"

② 嘉庆三年九月，图伯特升任锡伯营副总管，当总管古鲁的副手。嘉庆四年，总管古鲁调走，以图伯特扶正。这样，图伯特在副总管任上还不到半年时间，就升任总管一职（见《锡伯族档案史料》，第 360—361 页）。

③ 硕尔泰是图伯特的副手，资历比图伯特还高。民间有传说，当图伯特得到伊犁将军首肯开挖察布查尔大渠，并即将动工时，他曾经跟图伯特打赌说：如果你真能挖通大渠的话，让老天噎死我！嘉庆十三年，硕尔泰正在家里吃饭，有人来报告说：硕爷，大渠通到我们家门口了！硕尔泰听后，一时羞愧难当，真的噎死了。

④ 参见永志坚《图伯特姓氏与旗籍考》，载《锡伯族研究文集》（第二辑），新疆人民出版社 2005 年版，第 158 页。

　　得到将军的批准，从嘉庆七年开始，图伯特就组织八旗军民开始施工。他的施工方案也很科学，他组织人马春秋两季"乘闲而动"，在不影响驻守卡伦、南北疆两个重镇换防以及其他一些操练、出差出征等任务的情况下，组织两个施工队，每队 400 人，其中披甲 200人，闲散 200 人，两队人马春秋两季轮流施工，每次一个半月 45 天时间，不影响春耕秋收劳动。为了鼓励大家的积极性，不管是披甲还是闲散，一个劳力每天给盘费银 3 钱，400 个劳动力一个半月支付 180 两银，分三次半个月支付一次，每次 60 两。因为闲散没有土地，无法自筹粮食，所以又特别规定闲散每个月支给工粮 2 石 5 斗，使他们不至于饿着肚子劳动。这些银两都是从锡伯营放贷的滋生银和卖余粮的款项中发放的，没有向国家要一分钱，也没有影响戍边任务。除了发放工钱和工粮以外，施工中使用的工具、砍伐树木架桥筑路用的费用，也都由这些款项中开支①。

　　为了减轻军民的负担，让修渠工程尽快获益，第二年从伊犁河龙口挖渠到锡伯营地界的时候，他就把获得的"可耕地九顷五十四亩，分给二、五、六、七四个牛录佐领每人 30 亩地，骁骑校每人 25 亩地，兵丁每人 17 亩，65 个闲散每人 10 亩地，令其耕种，收获归己。"② 第一年开始修渠，第二年就分得土地能够种粮，自然大大地调动了大家的积极性。到嘉庆十年，由于是新开垦地，地力肥沃，二牛录的一个农民地里长出一株奇特的麦穗，一枝结了好几个穗子，都硕大无比。报到将军那里，将军也称赞是"奇兆大吉"③。又据《锡伯营总管档房事宜》记载：

　　　　（嘉庆十年三月），分给正黄旗等四旗（牛录）察布查尔地亩，耕种两年后已获益。由该旗调粮七百五十石，支援秋季挖渠之镶黄旗（等四旗）兵丁闲散做盘费之用；又（该四旗）牛录佐领各出银四两五钱，骁骑校各出银三两，做镶黄旗等四旗兵丁闲散盘费之用。④

　　就这样，大渠每延伸一段，获得可耕地后，就马上分给军民耕种，当年修渠当年获益。先得到土地收益的人，要贡献一定量的粮食和银子，帮助还未得到土地耕种的人继续挖渠，直到完成全部工程。这是多么公平公正的安排啊！经过七年的艰苦奋斗，到嘉庆十三年春，终于修成一条深一丈、宽一丈二尺近二百里长的大渠，"垦得良田千顷"⑤。这个大渠，因为是在伊犁河边上的一座名叫察布查尔山下开龙口，所以就叫察布查尔大渠⑥。这些土地，是

---

　　①　参见永志坚《锡伯营滋生银小议》，载永志坚主编《锡伯族研究文集》（第一辑），新疆人民出版社 1998 年版，第 73—74 页。

　　②　见《锡伯营档房事宜选译》嘉庆八年十一月条。载永志坚主编《锡伯族研究文集》（第一辑），新疆人民出版社1998 年版，第 301 页。

　　③　同上书，嘉庆十年六月条。载永志坚主编《锡伯族研究文集》（第一辑），新疆人民出版社 1998 年版，第 304 页。

　　④　同上书，嘉庆十年三月条。载永志坚主编《锡伯族研究文集》（第一辑），新疆人民出版社 1998 年版，第303 页。

　　⑤　《正黄旗佐领德克精阿等献图公匾额及颂辞》："渠深一丈，宽一丈二尺，长二百余里，春秋两季乘闲而动，七年而竣工焉。"

　　⑥　关于察布查尔大渠的命名，1955 年成立锡伯自治县的时候，将自治县名字定为"察布查尔锡伯自治县"。之所以定为"察布查尔"，锡伯人给这个名称赋予新的含义，不是由察布查尔山这个地名而来，而是把这个"察布查尔"，一词，拆解为"察布"和"查尔"两个词语：前者意为"食物"，后者意为"仓库"，二者合起来意为"粮仓"之意。这反映了图伯特创修的大渠给锡伯族人民带来的富裕生活，也是锡伯族人民对未来更加幸福生活的憧憬。

这样分配的：

> 分给总管四百亩，副总管三百亩，寺庙香火地四百零四亩，牛录佐领二百亩，骁骑校一百二十亩，兵丁六十亩。再，为绝嗣之户、退役罢免官兵及死亡人员之户预备之地，每旗拨给一千八百八十亩。每牛录共得地亩九千七百亩。[①]

这只是当时开垦的地亩数，后来经过二百年的继续开垦发展，现在利用这个大渠灌溉的亩数已经有三十多万亩。另外，这个开垦的土地作为"随缺地亩"，是锡伯营官兵的养赡田——口粮田，他们出差行军作战，口粮都得自己带，出差费另给，所以锡伯营"有银无粮"的说法就是由此而来。正是基于这样的制度，闲散人员就没能分得土地，要种粮，就向旗下档房租地并上缴一定量的地租（粮食）。这种"随缺地亩制度"一直延续到民国中期[②]。

察布查尔大渠修成后，锡伯营八旗各牛录都纷纷从原有驻地往南察渠两岸迁移，各自筑城而居，由此锡伯营八个牛录就沿大渠形成了现在的布局——一字阵形式，其中只有正黄旗（二牛录）一下子跳到察渠渠首，其余都按八旗顺序驻防。与此同时，还规定了修浚察渠的制度：每年春耕开始之前，各牛录派出一定的劳力集中疏通大渠的淤泥，修补损坏的堤岸和分水闸；秋季农忙之后又派出劳力修浚大渠。每次大修时，成立施工队，从各牛录指定某牛录佐领或副总管担任营总，统一指挥大队人马从渠首到渠尾，分段劳动。凡是耕种察渠灌浇地的农户，不管是官兵还是租地的闲散，都要出工，没有劳力的，可以雇工或缴纳雇工费用。又由各牛录安排一名水利员，统一规划各牛录浇水时间表和水量，相互之间进行协调。

除了给官兵按品级分配一定量的土地以外，还给以后退役罢免官兵及阵亡人员准备了不少土地，还给鳏寡孤独家里没有劳动力的人准备了备用土地，尤其值得注意的是也给寺庙划出四百多亩香火地。同时，每个牛录还设立公仓一座，除了贮藏出租地收取的粮食以外，遇到荒年和每年春耕时，还发放赈济粮或籽种，帮助困难户不失时机地播种粮食。等到公仓粮满时，及时地出售，换成银子，用作公费或备用基金。

总之，锡伯营新渠修成之后，对锡伯营军民的生产生活产生了深远的影响，在整个伊犁驻防营中影响也很大。正如"颂文"所说，"八旗牛录自此兴旺"，"家家富裕，人人丰足"，"笙歌满街乡，妇幼颂功德"，"八旗军民鼓腹乐其业"。锡伯营军民不仅生产大为发展，生活安定，也使他们的战斗力大大提高，成为伊犁驻防部队中战斗力最强的部队。嘉庆十七年因事遣戍伊犁的徐松，听到伊犁锡伯营自力开挖一条大渠，便亲自去查看，看后赞叹不已，在其所著《西域水道记》中大加赞美说："嘉庆初，有部人图默特（即图伯特——引者注），创议于察布查尔山口引水，自崖上凿渠，亦东西长二百里，工费繁钜，部人嗟怨。

---

① 见《锡伯营档房事宜选译》"察布查尔新垦地亩总数及分给官兵数目"，载永志坚主编《锡伯族研究文集》（第一辑），新疆人民出版社 1998 年版，第 306 页。

② 随缺地亩制度，又简称随缺地，是清代土地制度名，即按官缺拨给的养赡地。这一制度从清初将新满洲编入八旗之后即开始实行，各地和各时代的情况不一。锡伯族西迁之后，最初安排的地亩不太理想，如何给官兵分给的也不清楚。满洲驻防部队和属于新满洲的锡伯营和索伦营的政治待遇不同，经济上的待遇也不一样，这表现在诸多方面。最突出的表现是满营"有粮有银"，锡伯营和索伦营是："有银无粮"。至于开挖大渠之前土地是怎么分配的，因为缺乏资料，不好随便说。

图默特卒排众议，数年乃成。既浚新渠，辟田千顷，遂大丰殖，雄视诸部，郑百之沃，不足云也！"① 以清代大学问家、致力于新疆史地研究并撰写出名重一时的《西域水道记》的徐松，能做出如此高的评价，相信绝非溢美之词。时任伊犁将军的松筠看到锡伯营军民为祖国边疆屯垦事业做出如此大的举措，想起满营的旗屯事业一直不太理想，所以就向朝廷建议满洲驻防营官兵亦"应按照锡伯八旗之制，按名分给地亩，各令自耕，以为永业"，并且由官方给凿渠引水，给耕牛农资，希望他们尽心耕种，"以收兵农并习，屯守兼资之效"②。但是，清廷在一方面肯定松筠为旗人生计着想的用心，另一方面也以新疆防务要重武备为由，不同意满洲官兵亲自下地耕种，认为这样会妨碍军事操练，致使官兵技艺日渐生疏，影响戍边，只是叫松筠看情况酌情办理。这样模棱两可的态度，让满营官兵也像锡伯营一样驱于田亩，自然不会成功。后来，嘉庆皇帝又进一步说：

> 此项田亩，即分给官兵只可令其转交闲散余丁代为耕种，不当令官兵亲身力作，有妨操练，转致技艺日久生疏。至闲散余丁内老弱病残者，岂能令其耕作？势必仍需壮丁帮助。其汉仗强健者一概驱之南亩，自必不能专心练习武艺，即充数入伍，亦难资得力，殊非慎重边陲之道。此事惟在该将军妥协经理。既使旗人有田可耕，永资养赡，而于新疆重镇，设兵防守事宜无少窒碍，始为尽善。至该官兵等将来生计宽裕，家有储蓄，即不便照锡伯之例停止口粮，亦当将供支款项量为撙节。著该将军于三五年后，体察情形，再为详酌具奏。③

其后果，可想而知。

由此可知，经验是不可复制的。自满族入关定鼎中原之后，满族和锡伯族就走上了不同的发展道路，政治待遇不同，观念不同，发展就不同，结果也会不一样。

对于锡伯族人民来说，图伯特无疑是他们的民族英雄，是他们奠定屯垦戍边事业的领袖人物，也是清代经营西域、开发建设边疆和保卫边疆的一代功臣。他在创议挖渠的时候，不仅遇到了很大的阻力，也遇到了许多想象不到的困难，愚者造谣中伤，反对派从中阻挠，施工中有人因公牺牲，需要抚恤④，等等。但是图伯特就认准了一个真理：为民造福，就是要担风险，有牺牲，相信孟子说的"以佚道使民，虽劳不怨。以生道杀民，虽死不怨杀者"。所以排除一切干扰和阻力，义无反顾，勇往直前，直到挖渠成功，为自己的民族开创了万世之实业，名垂绝域，流芳百世。

大渠的开挖成功，不仅使锡伯族人民从经济上翻身，生活水平提高，也使他们的文化事业得以发展繁荣。流传于锡伯族民间的《西迁之歌》唱道：

> 精心装好吉祥的喜利玛玛，
> 菩萨保佑子孙繁衍生殖，

---

① （清）松筠：《西域水道记》卷四，第 18 页。

② 《清仁宗实录》嘉庆八年正月丁丑，卷 107，第 6 页。

③ 《清仁宗实录》嘉庆九年十二月庚午，卷 138，页 10 下—11 下。

④ 据《锡伯营总管档房事宜选译》嘉庆八年条记载："八月，因察布查尔渠堤岸坍塌而被压死之披甲乌伊木布，依照在戍所病亡之例，赏抚恤银十两。此项银两由房租银内支给。"

裹好祚福的海尔堪玛法，
富神保佑六畜兴旺丰颐。①

实际上带来的岂止只有喜利玛玛和海尔堪玛法，锡伯人从老家东北带来的信仰和神祇比这多得多。除了本身固有的萨满教信仰（有《萨满神歌》神本为凭）之外，又把喇嘛教带到伊犁（锡伯营镶白旗修建有靖远寺一座，规模宏大），关帝信仰和娘娘神信仰也带来了：每个牛录都修建有关帝庙和娘娘庙；正白旗和镶白旗修有城隍庙和八蜡庙，这些神祇寺庙每年都要举办庆祝活动或各种祭祀仪式，演唱告别盛京之歌，表演秧歌剧，跳贝伦舞，在祖国边疆创造出属于自己的一方文化：这就是他们的文化生活和娱乐活动。除此之外，人生礼仪和红白喜事都要隆重操办，一家办事，全村人都来帮忙参与，等等。所以说，大渠修成后，"百废俱兴，礼教周流，文化兴于边陲；贤愚齐化，民德趋向敦厚"。说到锡伯族的伦理道德，并不比内地汉文化差，是属于儒家文化的大传统而非小传统。锡伯族人民之所以在西北边疆能够继承和弘扬中原传统礼教和儒家文化，发展教育，丰富文化生活，全仰赖于坚实的经济基础。由于生活富裕，人民健康，人口增长迅速，所以才有实力帮助索伦营补充兵力②，帮助伊犁将军府重建新满营③。

总而言之，因为有图伯特开挖了大渠，开荒造新田，锡伯人民义无反顾地断了重回故地之念，在祖国西北边疆建立了第二故乡，成为世世代代保卫边疆、建设边疆的戍边战士。

五　结束语

在结束本文的时候，有一些感想想说一说。首先，锡伯族人民历史以来传颂图伯特的诗文和纪念文章，充满了人民群众对他的无限感激和崇敬之情，看看这些词语：

八旗牛录自此兴旺，家家富裕，人人丰足，时风渐兴，恩泽沁润，兆民感戴。功德上闻下扬，四方莫不赞扬；忠勤昭彰丕显，仁政永为垂范。鉴于此，敬书颂文于红锦，恭呈于忠勤仁公。题额如次：
上联　仁政堪比古贤瑞麦呈吉祥
下联　懿行垂范后昆恩泽布四方
横批　政声神明

——道光元年正黄旗佐领德克精阿等献图公匾额及颂辞

兆民含哺鼓腹，永承青天和日，安享其乐；积粟满仓，以备不虞；严明法纪，克勤

---

① 管兴才编著，舍吐肯译，锡伯族长诗《西迁之歌》。

② 据满文档案记载，因为索伦营出现兵荒，所以分别于嘉庆二年和道光十四年分两次从锡伯营挑选 18 岁以上、23 岁以下闲散壮丁 160 户连同家眷 658 口和 100 户连同家眷 621 口总共 260 户 1279 口移居索伦营。此后，索伦营中锡伯族人口增多占多数，俗称"索伦锡伯"。民国年间，索伦营人移居现在的居住地，重建村寨，称为"伊车嘎善"。1953 年成立"伊车嘎善锡伯族乡"。

③ 同治年间回乱中，伊犁满营被打散。光绪初年清政府从俄国人手中收回伊犁，准备重建新满营时，因为满族人口锐减，兵源不足，所以又从锡伯营挑选官兵闲散 3285 名，连同家眷一起移驻惠远城，是为新满营。但是由于新满营的军饷无法解决，民国初年就被解散，调去的锡伯族仍然回到自己的家乡。

技艺；倡导孝悌，完善礼仪。

——道光十年锡伯营总管和特恒额等铭刻图公碑文

　　恩公弘扬仁政，勤劳卓著，为子孙后代创立谋生之业，实乃万事之业也！吾等感恩戴德，永世不忘。恭惟安班公以神德布仁化育，吾侪八旗子孙二万余口，怙其功德，共享恩泽七十有年矣。虽遭战乱，赖公洪恩，未至困穷。以此观之，公之恩泽深如东海，绵绵无穷。吾侪子孙如眠中哼吒，赞颂不已。同治十二年五月八日，适逢安班公诞辰，为愉悦恩公英灵，特献演秧歌，隆重祭祀。由此众人感发兴起，缅怀安班之恩泽，犹如南山松柏，四季常青。故共修颂联一幅，敬献于公，虔诚祷祝焉。

颂联曰：

上联　传雅教于兵丁闲散兴孝悌何其诚哉

下联　布仁政于庶民百姓劝农耕殊堪嘉焉

横批　广仁厚恩

——同治十年署锡伯营领队大臣喀尔莽阿祭图公文及颂辞

　　巍巍汗腾格里山，荡荡乌孙河。昊天生此哲人，尔乃锡伯父母。与世共争利，怀德独仗义。平素言行，感天动地。外救困苦饥荒，内怜孤苦伶仃。素好广仁布德，历经百难始慰志。谁人不明晓，名扬冥世益流芳；谁云无报应，如影相随声响应。圣人在屋凝神视，奇嘉祥瑞满厅堂；哲人昂然卷袖立，俨然国家之干城。振兴实业，享钟鸣鼎食之誉；天赐殊恩，膺祭祀褒奖之荣。公如鼎立，巍巍乎光辉灿烂，万山环拱。吾侪敬呈颂文，标榜功烈，祝愿流芳亿世，永垂不朽。

——中华民国二十二年锡伯营新任副总管正蓝旗佐领巴达兰献图公颂文

　　新中国成立后，锡伯族人民更是赋诗编歌曲，歌唱图伯特的不朽功勋，以此振兴民族精神，激励子孙后代，艰苦创业，奋斗不息；同时把图伯特创修的察布查尔大渠比作母亲河，歌唱它，赞美它，感谢它使锡伯族人民从此百业振兴，人丁兴旺，走上了繁荣兴旺之路。这是人民群众发自内心的声音，不因时代变迁和形势的变化而改变。他的伟大形象，就像巍巍乌孙山、滔滔伊犁河水，永远在人民心中。

　　其次，想想这些纪念文、颂辞，多用历代经典名句来表达图伯特的创业精神和魄力。历史以来，中原王朝屯垦戍边之举不少，但真正像锡伯族这样二百多年来如一日坚守祖国边疆、开荒造田建设边疆的史例很少很少。所以，这些纪念文、颂辞的作者敢于大胆地说："虽赵营平屯田西域，王术子教化边民，亦莫过于此。黎民百姓缅怀公德，有口皆碑。八旗耆老众民至今赞叹追忆，传颂之声不绝于耳。虽《甘棠》之诗咏召公，郑国舆人诵子产，不可与此相提并论也。"这是何等高的评价！只要我们想想中国历史，想想历史上的戍边政策和边疆治理实践，想想从东北西迁到祖国西北边疆二百多年来，锡伯族人民从第一天驻防到现在，他们的驻防地至今一步也没有移动，二百多年来坚忍不拔地驻守祖国的西大门，抵御外侮，平息内乱，把祖国的边疆建设得铜墙铁壁似的，令人动容，令人敬仰，这都是图伯特的功劳。

　　最后一点算是题外话。从这些纪念文和颂辞中，我们能强烈地感觉到，锡伯族人民在历史上就是一个很有经验的农业民族，尤其是他开挖大渠的技术和开荒造田、水利管理经验，并不亚于中原的农耕民族。察布查尔大渠龙口是在一座山崖下开的口子，龙口下方没有修筑挡水坝，下游也没有阻挡水流的河湾，而是利用一个自然形成的旋涡的推力让水流自动流入大渠的，不管是水流大还是小，都能保证大渠里有水。水流大的时候，还要由在大渠里修筑的水坝进行调节，这一点使许多水利专家都感到惊奇。20 世纪 80 年代，时任水利部部长的钱正英来参观后，也很惊奇，赞赏不已。不仅农业技术比较先进，而且农业为重的观念也很浓厚。看看这些颂辞诗文："恭惟《尚书》'洪范'篇之八政，以'食'列其首者，盖以育民布政为根本之故也。大贤在任上，其民不饥不饿者，非为耕而食之、织而衣之也，实乃引善启道之故也。田地者，乃天下之大本也"；"丰功美德流芳八旗，福利润泽乌孙地方，根基源远流长。古之后稷教民稼穑，无非如此。《尚书》曰'一人有庆，兆民赖之'，《诗经》云：'赫赫师尹，民具尔瞻'：所云即非公乎？"从这些词语中，我们能够强烈地感受到他们以农为本的传统观念，他们跟那些在马背上从事游牧的民族差别很大，不可相提并论。就以他们筑城聚族而居的生活习俗而言，他们修筑的城堡很有渤海国修筑的古代城堡遗风：城堡内分大十字街，再按东西向分成若干小街，每户分给二三亩房基地，独门单户各自盖房子，户与户之间都以篱笆或土墙分开。城堡中央地带是旗下档房、校场、学校等公共场所；同时从外面引入泉水或河水，供人和牲畜饮用，浇灌菜园。各城堡之间有大路相通，近的只有几公里，远的也不过几十公里之遥。这样的居住环境，生活设施齐全，出征出差之余，一家人团聚在一起，敬老爱幼，学习礼教、攻读史书，其乐融融，这是一幅多么令人向往的世外桃源般的生活情景啊！

所以，人们给图伯特送上这么多的颂辞，绝非都是溢美之词，这样的生活是他们曾经经历过的，也是他们所追求和向往的。

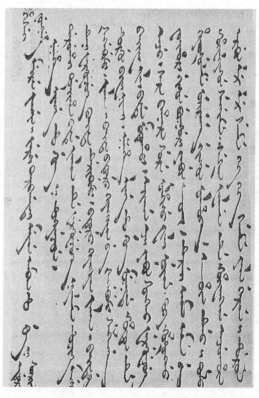

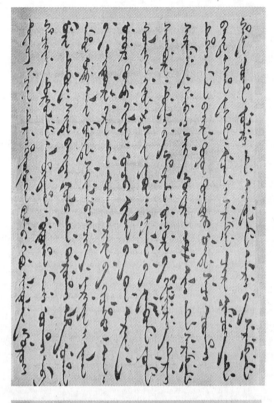

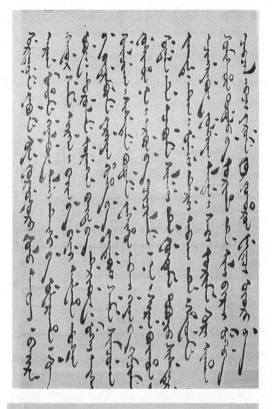

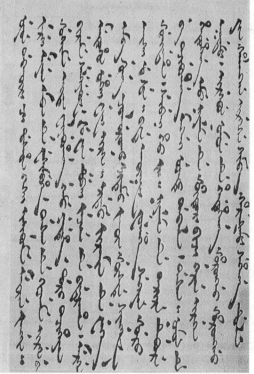

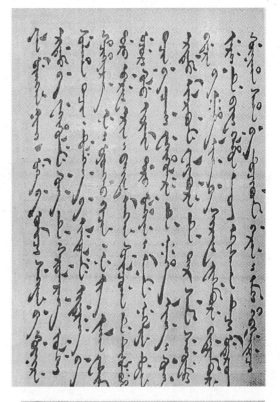

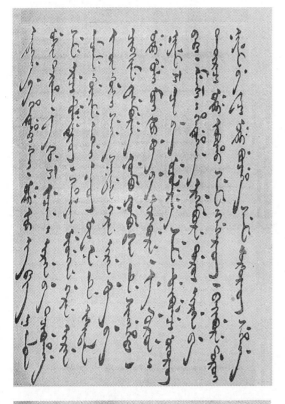

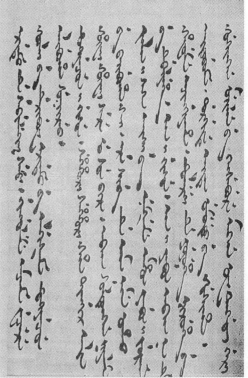

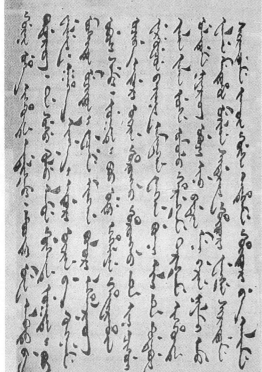

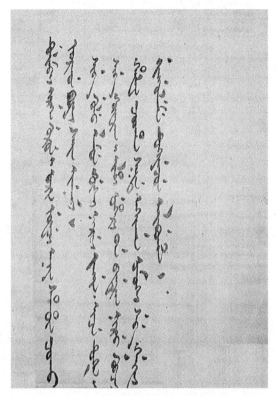

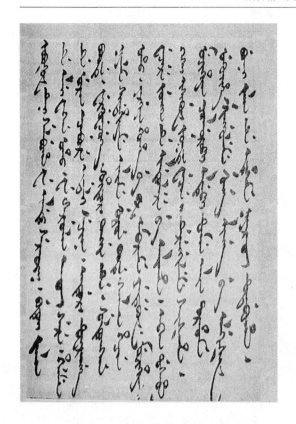

中国民族图书馆藏《校刊柳氏谚文志》及其版本研究

崔光弼　李　香*

内容提要　《校刊柳氏谚文志》是 19 世纪朝鲜李朝后期学者柳僖关于谚文/汉文的音韵学著作，成书于朝鲜纯祖二十四年（1824），这部书于民国二十三年（1934）在中国刊行活字印刷本，中国民族图书馆藏有一册。本文以此书为切入点，对《谚文志》的版本流传情况及其版本特征做一梳理。

关键词　中国民族图书馆　《校刊柳氏谚文志》　版本　研究

　　《校刊柳氏谚文志》是 19 世纪朝鲜①李朝后期学者柳僖关于谚文②/汉文的音韵学著作，成书于朝鲜纯祖二十四年（1824），原书名《谚文志》。《谚文志》有多种版本传世，以抄本居多，亦有印本刊行。值得一提的是，这部书于民国二十三年（1934）在中国刊行活字印刷本《校刊柳氏谚文志》，中国民族图书馆藏有一册。由于民族及民族文化的传承性，又曾在中国出版发行，故将其作为中国朝鲜文古籍来研究和推介当无异议。本文以馆藏《校刊柳氏谚文志》为切入点，对《谚文志》的版本流传情况及其版本特征做一梳理。

一　《校刊柳氏谚文志》概观及其版本特征

（一）作者生平及著述背景

　　柳僖（1773—1837），原名儆，字戒仲，号方便子、南岳、西陂。朝鲜英祖末期出生于京畿道龙仁郡。自幼聪颖过人，未及弱冠即通晓经史，平生重孝守礼，著书育人。师从当代名士郑东愈③。柳僖在《谚文志》开篇第一句就提到郑东愈："郑丈工格物。尝语不佞：子知谚文妙乎？……子无以妇女学忽之。"柳僖既受郑东愈学术思想影响，又通过与其讲论和交往，对谚文产生较为深刻的理解，遂潜心研究并撰写《谚文志》，52 岁时完成。原序云："乃不佞与讲辨，既数月，归著一书，名谚文志。"

　　柳僖一生著述颇丰，其墓志铭云："公所著述草藏于家，近百卷。"辑成《文通》，分为春秋大旨、正朔考、伦理类说等六十多个类目，其内容除了经史，涵盖天文、地理、医药、农政、虫鱼、鸟类及风水等多种学科，规模恢宏。其中包括《谚文志》《诗物名考》《物名

---

　*　崔光弼（1964—　），男，朝鲜族，中国民族图书馆研究发展部主任，研究馆员。李香（1986—　），女，朝鲜族，中国民族图书馆助理馆员。

　①　本文所指朝鲜，为朝鲜半岛，包括现在的朝鲜和韩国，是单纯意义上的地域概念。

　②　谚文，即训民正音，15 世纪朝鲜李朝世宗召集集贤殿学者创制。现代朝鲜文的前身。

　③　郑东愈（1744—1808），朝鲜后期实学家、韵学家，号玄同。著有《书永篇》《玄同室遗稿》。

考》等语言学著作。该文集后由为堂郑寅普①收藏。1950 年 7 月，郑寅普被占领首尔的朝鲜人民军逮捕归北，所藏《文通》随之散佚，直到 2004 年才重见天日。《谚文志》问世后并不以单行本传世，而是辑入柳僖的文集《文通》。根据一石李熙昇②《谚文志解题》所述，《谚文志》是《文通》卷之十九，在《小学集注补说》和《尚书古今文讼疑》之间。

在朝鲜音韵学历史上曾出现过崔世珍、朴性源、申景濬等著名学者和优秀的著作，但这部著作由于作者柳僖在深入研究和总结前人成果的基础上较为全面地研究谚文，并提出自己独到的见解，因此历来受到高度评价。

（二）《谚文志》的内容及其结构

《谚文志》（包括《校刊柳氏谚文志》）全书分"初声例""中声例""终声例""全字例"四部分。

"初声例"先列"广韵三十六字母"和"集韵三十六字母"，次列"韵会三十五字母""洪武正韵三十一字"及谚文对音；再列"训民正音十五初声""正音通释十七初声"，然后列"柳氏校正初声二十五母"，并汉字对音。列表之后有论各字母音读、次序的内容。

"中声例"列"正音通释中声十一形"，有汉字对音；"柳氏校定中声正例十五形"及"中声变例一形"。后亦有关于读音的论述。

"终声例"列"正音通释终声八韵"，有汉字对音；"柳氏定终声正例六韵"及"终声变例一韵"。后论读音和平入相应等。

"全字例"统计谚文各种音节，为无终字若干，中声正例、变例字若干，终声正例、变例字若干，"合得一万零二百五十，为谚文字总数"，"以该尽人口所出声"，"以应天地万物之数"。

（三）《校刊柳氏谚文志》的版本特征

中国民族图书馆馆藏《校刊柳氏谚文志》整书尺寸 24.8cm×15cm，1 册，29 张，自金九经③校刊序始，凡 58 页。四周单边，原序与正文版框尺寸 14.0cm×9.9cm。有界行，栏宽 1cm，半页 10 栏，一栏 17 字，注双行。黑口，上下向黑鱼尾。封面为印刷的题签，题名：《校刊柳氏谚文志 全》。线装，装订方式为传统四眼订法，具有中国特色。内容编排与抄本有所不同，顺序依次为：金九经写的校刊柳氏谚文志序、谚文志勘误表、柳氏谚文志原序、正文、谚文志勘误表。正文第一页先书题名：《柳氏谚文志》；作者信息为竖写双行："方便子柳 僖原著 担雪轩金九经校刊"。该版本前后各有一勘误表。书前勘误表 2 页，以李熙昇影写本为底本校勘；书后勘误表为单页，印制完成后偶得李能和④所撰《朝鲜佛教通史》并据其中节选的《谚文志》"序跋及本文数段得以订正数处，列于刊（勘）误表中"，其内容与书前勘误表部分重复。

---

① 郑寅普（1893—1950），韩国儒学者、史学家，字经业，号薝园、为堂。

② 李熙昇（1896—1989），韩国国文学者，号一石。

③ 金九经（1899—1950?），韩国学者、佛学家，《谚文志》校刊出版者。

④ 李能和（1869—1943），韩国近代学者，字子贤，号侃亭、尚玄、无能居士。1918 年撰著《朝鲜佛教通史》。

二 《谚文志》的版本

如前所述，《文通》也好，《谚文志》也好，主要以写本的形式流传。郑寅普认为他所藏《文通》所辑入的《谚文志》出自柳僖之手，但尚未得到学术界广泛认可。也就是说，至今尚不能够确定为柳僖亲笔稿本的《谚文志》，而是以不同的抄本及金属活字印本的形式传世。《谚文志》的转写、印刷和流传的脉络大致如下：《谚文志》完成后辑入《文通》，由郑寅普收藏。约1929年，李熙昇根据今西龙①藏本转抄，同时见到崔溜权德奎②的写本。小仓博士③和六堂崔南善④又根据李熙昇抄本转抄。后通过中东学校学生之手将李熙昇写本进行誊写印出，此版本又传到当时在沈阳的金九经。金九经将其进行活字印刷。

（一）《谚文志》的抄本

1. 柳僖初稿本

现存《谚文志》公认的成书年代为1824年，通过柳僖原序中"时甲申中下上旬"的叙述中亦可见证。序中还说："立成万有二百五十，纵横为行，使人一阅尽得之。以示后进。理会者寡，遂投巾衍十五六年。因失之，独自怅恨，又五六年及今。借得四声通解，更绎旧记，间易新见，复以成一本。"由此可知，在1803年前后柳僖已完成《谚文志》最初的版本，并传阅于诸人，而且为"以示后进"，很可能会转抄若干部。该版本在当时已佚，其具体内容及抄写数量已不可考。

2. 柳僖家族藏本

现存柳僖家族藏本有两种，均为抄本。《文通》抄本于2004年10月由晋州柳氏宗亲会捐赠给韩国学中央研究院，凡69卷44册，现藏该院藏书阁。韩国学者김지홍（Kim，Jee-Hong）在他的论文《『언문지』의이본들에대하여》（关于《谚文志》的版本）里对《谚文志》的不同版本作了分析研究，他将柳僖家族藏本分为一次整理本和二次整理本。

第一种是韩国学中央研究院影印出版的版本。该版本抄写工整洁净，保存状态良好。2007年，《晋州柳氏 西陂柳僖全书 Ⅰ》（韩国学资料丛书38）影印出版，韩国学中央研究院、国学振兴研究事业推进委员会编。《谚文志》作为二次整理本第二十三之下"文通 卷二十三"辑入，排序似乎并未遵循原抄本卷次。原书页面尺寸为31.2cm×20.5cm，出版时正文加了句读，并进行校勘。

第二种是没有被影印的版本，辑入一次整理本第三十九之下以《方便子文通外集》的名称出现。凡12张24页，页面呈正方形，长宽21.5cm；采用四眼订法，在书脊1.5cm处打眼并用两根纸绳穿线装订。抄写用细毛笔写成，每页12行，每行35—40字不等。正文第一页在12行正文之外题写书名《方便子文通外集》，只有此页是13行。该版本的页面有不少涂改、修正的地方，也有一些自拟的修正符号。从这些特点

---

① 今西龙（1875—1932），日本东洋史学者。

② 权德奎（1890—1950），韩国国文学者，号崔溜。

③ 小仓进平（1882—1944），日本语言学家、文学博士。

④ 崔南善（1890—1957），韩国史学家，号六堂。

来分析，可做如下推断：首先，它是根据某个底本抄写的，在抄写过程中产生的错讹，经与底本对校，进行修正；其次，该版本不是柳僖亲笔稿本。如果是作者本人所写，那么他会深思熟虑之后再下笔，不会出现这么多的错误；而且有些是具备音韵学知识的人不会犯的错误。

这两个版本关系非常密切。第一种是以第二种为底本精写而成；而第二种版本由于品相较差未予影印。但内容的精确度第二种反而高于第一种，原因是柳僖的曾孙柳根永（유근영 1897—1949）主持誊抄的过程中产生很多错讹。在影印出版时这些错讹得到了相当的修正，校勘内容在栏外空白处进行标示。

3. 藏书阁藏本

该版本由韩国学中央研究院图书馆收购，抄本，现藏该院藏书阁。登录号"44000465"，索书号"C12 3"，缩微胶片编号"MF35/8473"。1 册，18 张，页面尺寸33.4cm×21.8cm。每页 10 行，每行 23 字。封面题《谚文志 全》，内页用钢笔书写："李以东藏本"；"1971.9.29. 南涯"，估计是南涯安春根①先生在收藏之日所写。该版本正文第一页序文处书作者信息："柳进士 僖 所作"；并钤有三个藏书章，分别是：右上角有长方形印章"安春根 藏书 信"；右侧偏下处有一方章"以东"；最下面是方章"韩国精神文化研究院 藏书印"。另外第 17 张全书结尾处钤有"韩国精神文化研究院 藏书印"长方形章，再下面钤有与第一页相同的"安春根 藏书 信"方章。"李以东""以东"指的是朝鲜末期学者李震桓，号以东，生卒年不详。李震桓于 20 世纪 20 年代曾抄写《训民正音》谚解本，这本《谚文志》学界认为也是他所抄，以端庄整洁的楷体书写。

4. 嘉蓝文库藏本

该版本现藏韩国首尔大学奎章阁韩国学研究院嘉蓝文库。抄本，全书 1 册，35 页，页面尺寸 23.7cm×17.1cm。装订方面，与四眼订法为主的中国汉文线装书不同，采用典型的朝鲜线装古籍五眼订法。正文无板框、界行，每页 10 行，每行 23 字，注双行，楷体。封面无题签，毛笔直书"谚文志"，字体工整厚实。内页为白页，页面靠上中间部位钤有首尔大学图书馆藏书章"서울 大学校图书"；中部靠左贴一纸条，钢笔上书"纯祖二十四年甲申柳僖著谚文志一卷"，应为抄书者所贴；后内页亦有纸条，钢笔字"李秉岐氏藏本"，应为图书馆工作人员所贴。正文第一页实际上是作者原序。题书名《谚文志》，署作者"方便子 柳 僖著"，再下来是序文。此页天头处盖有首尔大学图书馆藏书章，与内页相同；旁边是手写的索书号"가람 古 411.1－Y91e"；右下角钤有"龙华山房藏"；地脚处盖有财产登录号"316876"。缩微胶片编号为"M/F81－16－103－242－I"。

该版本有两个特点。一是抄写工整，字体端庄秀丽；全书保持固定行款，似乎预先按照行款画好方格，垫在纸下比照而书。二是谨慎稳重，尊重原版。能够看出抄写者的慎重态度，而且是依据可信度较高的底本对抄的。书中有疑问、错讹和需要标注的地方，在天头空白处用细毛笔标注或者用钢笔写在纸条上粘贴到相应页面空白处。如：正文 4a 天头靠左用细毛笔书写"原本无括号"；16b 用细毛笔写"上갬 字似껜"；又如 11a，用钢笔在一个长纸条上写了三行说明性文字，粘贴在天头靠右处。

---

① 安春根（1926—1993），号南涯，韩国学者、出版人。1979 年将多年来收集收藏的 1 万册藏书捐赠给韩国精神文化研究院。其中古书 7000 册，包括《谚文志》抄本。

抄写者被认为是嘉蓝李秉岐①先生，抄写时间是 1921 年左右。

5. 一簑文库藏本及其他

该版本现藏首尔大学中央图书馆古文献资料室（私人文库）一簑文库，抄本。登录号
"10100289383"，索书号"일사 411.1 Y91e"。全书 1 册，20 张（包括附记），除去封面、
封底，实际 36 页。每页 12 行，每行 25 字，注双行，无鱼尾；页面尺寸 23.7cm×22cm。第
一页右上角有方形藏书章"方鐘鉉章"；另，8a 右下角栏外复钤方章"方鐘鉉章"，尺寸略
小于前者。卷末识记："一九三四年八月卄日夜方鐘鉉附记。"附记记述了该版本的来历及
抄写情况，可知此本系一簑方钟铉②、李得永二人共同抄写；抄本完成时间是 1934 年 8 月
20 日；该版本其脉络为：柳僖亲笔底本→20 年代初今西龙抄本→1929 年一石抄本→1934 年
一簑、李得永抄本。从字体来看，从 6a 后半部为界，前后字体不同，前面部分应该是一簑
所抄，后面部分是李得永所抄。

除此之外，日本还有抄本收藏。一种是小仓进平抄本，页面尺寸 27.9cm×19.3cm，现
藏东京大学图书馆；另有奈良市天理大学图书馆藏本，编号为"829.1－夕47"。

（二）《谚文志》的印本

前文所述诸多版本均为抄本，主要流传地区是朝鲜。除此之外还有几种活字印本传世，
其流传和收藏地区也是朝鲜半岛为主。活字本代表性的版本有中国出版的北平版和朝鲜出版
的朝鲜语学会版本。

1. 北平来薰阁活字印本

与朝鲜半岛相比，《谚文志》在中国的流传相对少得多。但值得一提的是，《谚文志》
最早的活字印刷本是在中国境内产生的。主持完成这次印行的是前面提到的金九经，书名亦
改为《校刊柳氏谚文志》。金九经（1899—1950?），号鸡林、担雪轩、担雪行者。毕业于日
本大谷大学，师从著名禅宗研究者和思想家铃木大拙（1870—1966），1930—1933 年在北京
大学研究朝、中、日三国字音研究。主要成就是禅宗及敦煌佛学典籍的研究，1931 年校刊
发行《楞伽师资记》，1933 年 9 月刊行其再校本《校刊唐写本楞伽师资记》。1934 年在沈阳
刊行《校刊安心寺本达摩大师观心论》《校刊大乘开心显性顿悟真宗论》；同年 7 月，出版
《校刊柳氏谚文志》，入《姜园丛书》。光复后回国，在首尔大学任教授，朝鲜战争初期
失踪。

关于采用活字印刷的方式出版《校刊柳氏谚文志》的缘由及过程，在金九经的序文里
有清楚的交代。当时金九经在北京大学任教，1933 年（癸酉）春客居沈阳时认识其同乡李
定根并通过他得见《谚文志》油印本，其底本为"故今西龙博士所藏，京城李熙昇先生影
写"之本。但因"其字划模糊，时有误落，判读至难。乃欲施以句读校正印行。但苦无谚
文活字。不得已先印汉字，至于谚文则须用石印套之"。该本在校刊出版的过程中遇到种种
困难。一是当时在中国没有谚文的活字，因此在当时的条件下印刷出版这种多文种图书是相
当困难的。金九经采取的解决办法是先将汉文部分制版初印，并预留谚文部分空白；谚文部
分由金九经本人用朱砂笔手写，并用石板印刷的方式进行套印。同时加了手写的句读，便于

---

① 李秉岐（1891—1968），韩国国文学者、诗人、藏书家。号嘉蓝（伽蓝）、柯南。晚年将所藏图书文献捐赠于首
尔大学，此为嘉蓝文库。

② 方钟铉（1905—1952），韩国国文学者，号一簑。晚年将所藏图书文献捐赠于首尔大学，此为一簑文库。

阅读。故北平版是黑色的汉文印刷体和橘红色的谚文手写体并存，非常有特色。二是金九经在此期间数次住院，出版工作几度停止。该版于民国二十三年（1934）七月由北平来薰阁印行，定价六角。

位于北京琉璃厂的来薰阁是一家老店，创建于清咸丰年间，原来以收售古琴为业，名"来薰阁琴室"。后因经营不善，店主陈氏将其转租于他人。民国元年（1912），由陈氏后人陈连彬（字质卿）接手，改以经营古旧书籍为主，更名"来薰阁琴书处"。1922年以后，来薰阁由陈连彬的侄子陈杭（1902—1968）经营。陈杭，字济川，因经营有方，来薰阁逐渐成为当时琉璃厂最大的一家古籍书店。来薰阁不仅收售古书，还能刻印出版。来薰阁印刷的书籍主要是刻版线装书，选用上好梨木作为刻制木板的材料，使用的松烟墨汁也是自己制作，曾出版过许多经、史、子、集等各类古书。陈济川不仅善于经营，还善结交文化名流和国内外专家学者，如鲁迅、钱玄同、刘半农、胡适、郑振铎等，以及东京帝国大学教授服部宇之吉、长泽规矩也，京都帝国大学教授狩野君山，东北帝国大学教授青木正儿等。"七七"事变前，经北京大学教授魏建功介绍，陈济川在来薰阁书店接待了朝鲜学者金九经，负责其食宿。可以说，《校刊柳氏谚文志》是朝鲜学者与中国出版商合作的产物，也是中朝两国文化交流的成果。

北平版《校刊柳氏谚文志》是《谚文志》最初的印本。中国民族图书馆藏有该版本一册，是由中央民族大学黄有福教授捐赠。黄有福早在"文化大革命"后期在上海购得此书，珍藏多年。2009年6月，黄先生在民族文化宫参加《中国少数民族文字古籍定级标准》专家座谈会时提出捐赠该书的意向，并于2010年2月20日正式捐赠给中国民族图书馆。此书除中国民族图书馆外，韩国亦有收藏。如国立中央图书馆藏本，校刊序页面盖有藏书章："국립도서관장서인（国立图书馆藏书印）"。

2. 朝鲜语学会活字印本

朝鲜语学会活字印本由朝鲜语学会刊行。朝鲜语学会的前身是创立于1921年的朝鲜语研究会，以张志暎、金允经、崔铉培、李秉岐等文人学者为会员，是致力于朝鲜语、朝鲜文的研究、普及与规范的民间学术团体。1927年2月，会刊《한글》创刊。1931年朝鲜语研究会改称朝鲜语学会，1949年改称"한글학회（한글 学会）"至今。《谚文志》是朝鲜语学会在其刊物上连载、介绍古籍文献的开端。全书以活字印刷的形式在《한글》1937年第5卷第1号、第2号连载，第1号上还附有李熙昇的《谚文志解题》。1938年，朝鲜语学会刊行活字单行本，题名：《谚文志》。书前辑录朝鲜语学会的《谚文志刊行에대하여》、李熙昇《谚文志解题》、李万珪《柳僖先生略传》。昭和十三年（1938）三月二十六日印刷（印刷所为汉城图书株式会社），二十八日发行，编辑兼发行人为朝鲜语学会，定价二十钱。大32开，正文共19页。朝鲜语学会版本是在京城府（今首尔）出版的，已具备谚文活字印刷的条件，因此谚文部分为印刷体。该版本出版后影响较大，国立中央图书馆等多家单位均有收藏。后多次再版和影印出版，如汉阳大学校国学研究所于1974年影印出版。

参考文献

［1］李新魁、麦耘：《韵学古籍述要》，陕西人民出版社1993年版。
［2］［韩］刘昌惇．『谚文志』笺考［A］．新兴大学校论文集［C］．第一辑，1958.

［3］［韩］李熙昇．諺文志解題［J］．한글 ，1937（1）。

［4］［韩］김지홍 ．『언문지 』의이본들에대하여［J］．書誌學報第36號（2010.12）。

［5］［韩］李钟美:《韩国朝鲜朝早期印书概况》，载《中国典籍与文化》2002年第3期。

［6］严佐之:《古籍版本学概论》，华东师范大学出版社2008年版。

［7］胡金兆:《百年琉璃厂》，当代中国出版社2006年版。

［8］국립중앙도서관 http：//www. nl. go. kr/.

［9］국회도서관 http：//www. nanet. go. kr/main. jsp.

［10］한국학중앙연구원 http：//www. aks. ac. kr/home/index. do.

［11］서울대학교중앙도서관 http：//library. snu. ac. kr/index. ax.

［12］RISS http：//www. riss. kr/index. do.

图录

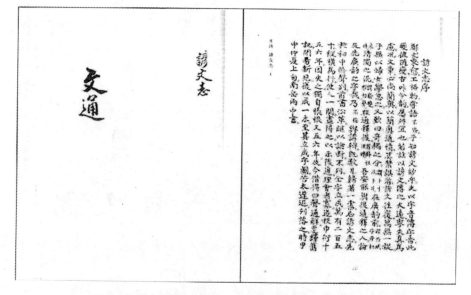

图1　柳僖家族藏本 第一种 韩国学中央研究院藏书阁藏

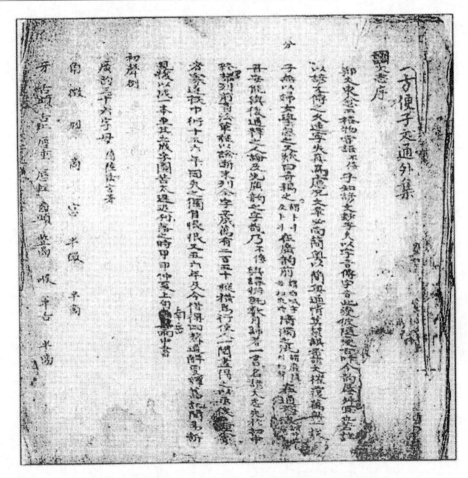

图 2　柳僖家族藏本 第二种 韩国学中央研究院藏书阁藏

图 3　藏书阁藏本，被认为李震桓所抄 韩国学中央研究院
藏书阁藏［图 1—图 3 来源：김지홍　（2010）］

图 4　嘉蓝文库藏本 首尔大学奎章阁韩国学研究院嘉蓝文库藏

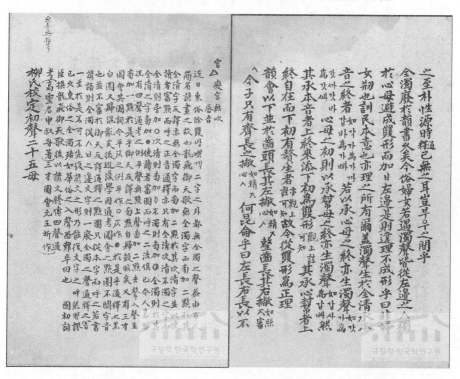

图 5　嘉蓝文库藏本 首尔大学奎章阁韩国学研究院嘉蓝文库藏

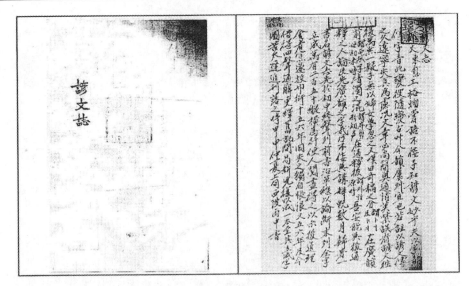

图6　一簑文库藏本 首尔大学中央图书馆一簑文库藏 ［图6来源：김지홍 （2010)］

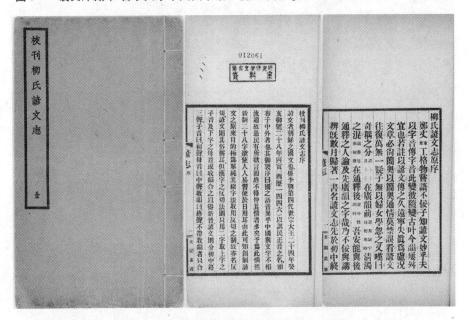

图7　北平来薰阁活字印本 中国民族图书馆藏

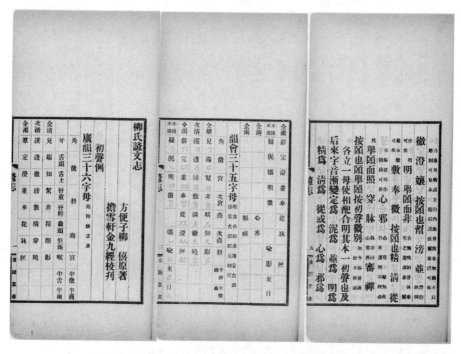

图8　北平来薰阁活字印本 中国民族图书馆藏

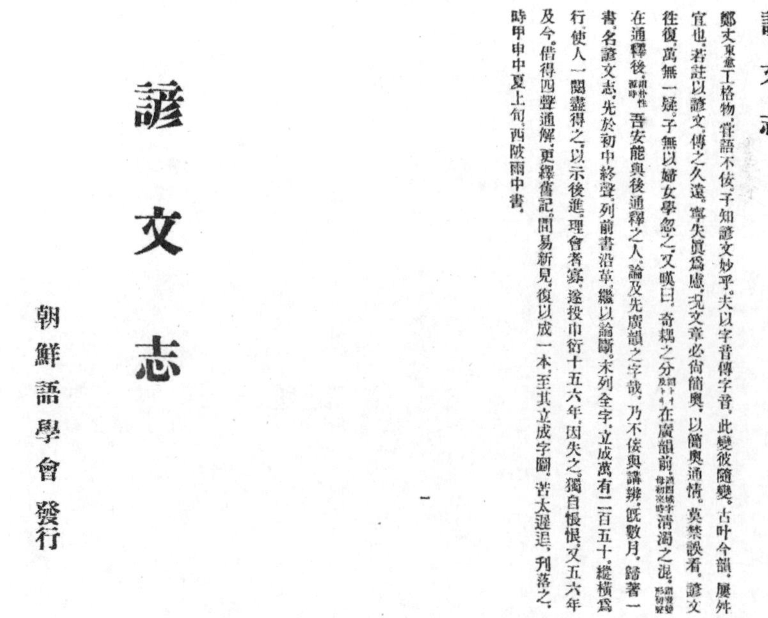

谚文志

朝鮮語學會發行

謔文志

鄭丈東愈工格物宦語不佞子知諺文妙乎夫以字音傳字音此變彼隨變古叶今韻屢外
宜也若註以諺文傳之久遠寧失眞爲慮況文章必尚簡奧以簡奧诵情莫禁談看諺文
往復萬無一疑子無以婦女學忽之又嘆曰奇耦之分別在廣韻前母初聲時清濁之混
在通釋後諸始性吾安能與後通釋之人論及先廣韻之字哉乃不佞與講排既數月踏著一
書名諺文志先於初中終聲列前書沿革繼以論斷末列全字立成萬有二百五十縱橫又
行使人一閱盡得之以示後進理會者簇遂投卬衍十五六年因失之獨自悵恨又五六年
及今借得四聲通解更釋舊記間易新見復以成一本至其立成字圖苦太躕屢刊落之
時甲申中夏上旬西陇雨中書

图9　朝鲜语学会活字印本 国立中央图书馆藏

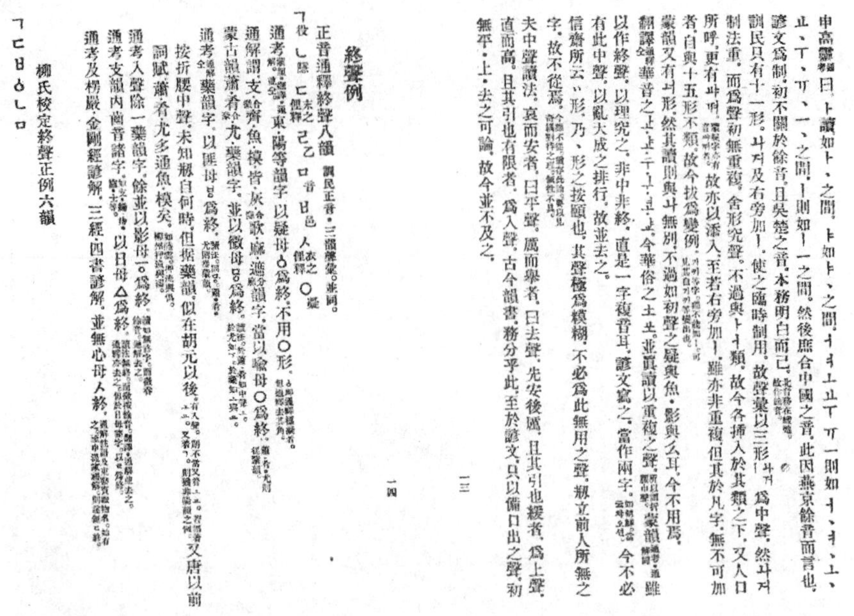

申高靈通考曰。ㅏ讀如ㅏ、之間。ㅑ如ㅑ、之間。ㅓㅕㅗㅛㅜㅠㅡ則如ㅓ、ㅕ、ㅗ、ㅛ、ㅜ、ㅠ、ㅡ、之間。ㅣ則如ㅣ一之間。然後庶合中國之音。此因燕京餘音而言也。諺文爲制。初不關於餘音。且吳楚之音。本務明白而已。

訓民只有十一形。ㅘㅝ及右旁加ㅣ。使之臨時制用。故聲彙以三形ㅣㅘㅝ爲中聲。然ㅘㅝ制法重。而爲聲初無重複。舍形究聲。不過與ㅏㅓ類。故今各揷入於其類之下。又人口所呼。更有ㅙㅞ。故亦以添入。至若右旁加ㅣ。雖亦非重複。但其於凡字。無不可加者。自與十五形不類。故今拔爲變例。

蒙韻又有ㅢ形。然其讀則與ㅘ無別。不過如初聲之疑與魚・影與幺耳。今不用焉。

飜譯華音之ㅛ・ㅑ・ㅠ・ㅕ・ㅛ。今華俗之ㅗ ㅛ。並直讀以重複之聲。蒙韻雖以作終聲。以理究之。非中非終。直是一字複音耳。諺文寫之。當作兩字。今不必有此中聲。以亂大成之排行。故並去之。

信齋所云ㆍ形。乃ㆍ形之按頤也。其聲極爲模糊。不必爲此無用之聲。刱立前人所無之字。故不從焉。

夫中聲讀法。哀而安者。曰平聲。厲而舉者。曰去聲。先安後厲。且其引也緩者。爲上聲。直而高。且其引也有限者。爲入聲。古今韻書。務分乎此。至於諺文。只以備口出之聲。初無平・上・去之可論。故今並不及之。

一三

終聲例

正音通釋終聲八韻 訓民正音・三韻聲彙。並同。

ㄱ役 ㄴ隱 ㄷ末 ㄹ乙 ㅁ音 ㅂ邑 ㅅ衣 ㅇ凝

通考東・陽等韻字以疑母ㆁ爲終。不用ㅇ形。

通解謂支・齊・魚・模・皆・灰・歌・麻・遮韻字。當以喩母ㅇ爲終。

蒙古韻蕭・肴・尤・藥韻字。並以微母ㅱ爲終。

通考藥韻字。以匣母ㅸ爲終。

按折腰中聲。未知刱自何時。但據藥韻。似在胡元以後。又唐以前詞賦。蕭・肴・尤多通魚・模矣。

通考入聲除一藥韻字。餘並以影母ㆆ爲終。

通考支韻內齒音諸字。以日母ㅿ爲終。

通考及楞嚴・金剛經諺解。三經・四書諺解。並無心母ㅅ終。

柳氏校定終聲正例六韻

ㄱ ㄷ ㅂ ㆁ ㄴ ㅁ

一四

图10 朝鲜语学会活字印本 国立中央图书馆藏

《布顿目录》的学术价值

徐丽华[*]

内容提要 通过分析《布顿目录》的编纂方法，论述该目录在编目、分类、辑佚、校勘等方面的特点，以及对藏文《大藏经》编纂史志的形成和分类编目等方面的影响。

关键词 布顿目录 大藏经目录 学术价值

布顿大师（全名布顿·仁钦朱，1290—1364）一生勤奋，先后研习宁玛、萨迦、噶举、噶当、希解等派教义、教规，23 岁通晓《大菩萨之发心》《大圆满新识》《大圆满法界部》《续密》《莲花生伏藏十八部经》等，34 岁精通"三藏五论"，在经典、理论方面达到去讹解惑的境界，一生著述 230 种，辑为《布顿文集》（26 函），有拉萨雪印经院刻本。他不但在宗教学、藏族史方面成绩卓著，在佛学文献的汇集、分类、编目、校勘、翻译、辑佚等方面亦有重大贡献。本文仅就其所编《布顿目录》的学术价值作一介绍。

一　编纂缘起

《布顿目录》原名《藏地所译甘丹目录》，译名有《藏地所译显宗经论目录》《吐蕃译佛经目录》（此名称来自《布顿佛教史》）、《西藏所译出的佛经和论典目录》《藏地所译密宗经论目录》（分为显密两种目录）、《佛教法典分类目录》《布顿甘丹目录》《教法史经录》《善逝教法史经录》和《布顿目录》等多种，其中《布顿目录》是最常用的一种。这个目录是布顿大师在编辑《甘珠尔》和《丹珠尔》时，对显密经论的内容、译著者、吐蕃学者著述、文字讹误、译经真伪、佛经来源等诸多问题进行了全面考订，在积累了丰富的文献学理论和实践经验之后编纂而成的，是一部全新的《甘丹目录》。[①] 该目录的类目设置、版本著录、考证、条目式目录体辅以分析著录和校勘记的方法，成为后世分类编目的典范，而《布顿佛教史》与《布顿目录》则启发后人创造出了"前史后目"的"《大藏经》编纂史体"（佛经文献编纂史体）的新型体例，即前述印藏佛教和《大藏经》的编译过程，后附《大藏经目录》。

二　目录的特点及学术价值

该目录的正文，即书目是按论著名称、卷（颂偈）数、著者名称著录的，对出处、著

* 徐丽华（1956—　），男，中央民族大学图书馆研究馆员。

① 《布顿佛教史》：亦译《佛教史大宝藏论》《布顿教法史》《布顿教法源流》《正法生源宝藏》《善逝教法史》《宗教源流宝藏》。成书于藏历第五饶迥水狗年（1322），有拉萨、德格等刻本和中国藏学出版社藏文本；有 1986 年北京民族出版社郭和卿先生汉译本和甘肃民族出版社 2007 年出版的蒲文成汉译本。本文《布顿目录》的译文均引自郭译本。

译者、卷数、分类等存在疑问的典籍，均有精深广博的分析、考证和精练准确的校勘记录，概括其要点如下。

（一）占有的资料全面

布顿大师在编纂目录前做了大量搜集文献和目录书的工作，首先搜集了吐蕃时期的《丹噶目录》《青浦目录》《旁塘目录》、鲁梅初称喜饶等的《显密经典分类和并列目录》和《大译师所译著作目录》五种佛经书目。其次，搜集了当时所见"印度、喀什米尔、金洲、楞伽洲、邬仗那、萨霍尔、尼泊尔、黎域、汉地、西藏等地的大善巧人士们所作的各种论著和所译的经论"，收书数量达 2955 种，① 是元代与元代以前藏文佛学文献及目录之集大成者，反映了当时佛经和论典的全貌。他在夏鲁版《丹珠尔》中增加 1042 种，② 校订 3392 种，比 1730 年刊刻的德格版《丹珠尔》（3459 种）仅少 67 种。后期所编《甘丹》基本上都以布顿所编为蓝本。

（二）分类研究

利用五种目录书和显密经典及其释论的内容，对部分存在异议的分类进行了考证，如"将《般若佛母六经》和《般若佛子十一经》合并为《般若母子十七经》及把《般若摄要广品》、《般若四千颂》也划入此类的做法，根据意义和数目等，均有疑义，有待考证。""以上各种陀罗尼系世亲论师解释的《六门陀罗尼》列为《经藏》；莲花戒大师解释的《入门分别陀罗尼》亦列为《经藏》；《宝顶陀罗尼》和《金刚藏陀罗尼》等依照各种大目录说的《经藏》而列入的。""此经（《第一缘起分别经》）虽传说为小乘经典，但据世亲论师的经释中说，此经阐述了八识及属于'了别'的'非色'等法，故属于共通大乘是合理的。""有人说《普贤行愿王经》等为小乘经颂。此说不合理，因为此类愿文出自大乘经典及陀罗尼等著作中，故仍属大乘经典。如果此类愿文与其出处的大乘经典另立起来，那是不合理的。又《圣富楼那所向大乘经》、《圣电得所向大乘经》、《圣宝蕴大乘经》、《圣十法大乘经》等都属于《大宝积经》的品类，故此不能算在诸经（或称杂类）部类中。""《青浦玛》和《旁塘玛》只说有《现观庄严广释》六卷，（《现观庄严释明显词义论》五卷）这一说法是否有误，或许还有其他异本，尚待考证。""以上《十万般若波罗密多陀罗尼》等诸'陀罗尼'均出自显教经典，虽不是真正的密典，但同属于'陀罗尼'一类，所以载于往昔《十万怛特罗部》中，其他许多'小咒'之类也照例录入。""有人认为《金光明宝髻》、《宝灯》、《夜贤》、《大集经》、《金刚心》、《日藏》、《罗刹》和《随顺非罗刹》等经典录入密典是错误的。……但鉴于龙树所著《般若心经修法》和《法理一百五十颂》也列入了密典之中，故此二经列入密典也未尝不可。""《乌仗那次第传入之度母成就法》……《度母修胜法》、《度母成就法》、《圣母古如古里赞》等 34 种著述，有些虽不是大瑜伽部的论著，但均为开示度母成就之著作，故全部列入度母法类。"

---

① 《布顿目录》中载"密宗论典 1747 种，显宗论典 590 种，合计 2330 种"，而实际书目有 2955 种，其中，《甘珠尔》437 种，《丹珠尔》2518 种。

② "三法轮"的译法有"初转四谛法轮、二转无相法轮和三转胜义定相法轮""初说四谛法轮、中说无相法轮、后说分别法轮"和"初转四谛法轮、二转无性相法轮和三转分别法轮"三种。

（三）明确佛经分类原则和设置多级目录

1. 按佛学著作的作者分为佛陀所说之《甘珠尔》和印藏学者所著之《丹珠尔》两大类，在此两类之下各设显宗和密宗两大类。其中，显宗包括律、经、论三类；密宗包括无上瑜伽部、瑜伽部、行部、事部和密宗总续五类。显密两大类共计八类。

2. 各类次序按"三法轮"①的次序排列。三法轮把佛学理论和实践分为初级（初转四谛法轮）、中级（二转无相法轮）和高级（三转分别法轮）三类，表示宣讲者根据学者根器（觉悟程度、佛学水平等）因材施教、由浅入深、由显入密的教育过程。

3. 在《丹珠尔》中设置声明学、诗歌、医方明、工巧明、星算占卜（当时未设戏剧学）和吐蕃学者著作类。后来《丹珠尔》的"赞颂、续部、般若、中观、经疏、唯识、俱舍、律部、本生、书翰、因明、声明、医方明、工巧明、修身部、杂部（阿底峡小部）"的排列顺序就是在布顿分类原则基础上发展而来的。

4. 是目录中分类最细、设目最多的一种，有的类目多至5、6级。

（四）校勘、考释全面

1. 卷、品、偈之考述。如："律杂事（lung phran tsheg 亦译《杂事品》）。该经共八门，有人认为只译了第六门以上。有些书中说，此经由许多译师分译，故缺第39卷和第43卷。大译师伯觉亦云，此2卷最初是否译出，应作考察，需与音译本核对。《青浦目录》云，《律杂事》共52卷；《丹噶目录》云，《律杂事》共本颂24600偈，42卷。这些说法多有疑点，不可附和。完整的《杂事品》八门，由规范师楚臣迥乃根据译师伯觉的59卷本译本著其释论《杂事句解》，这应是最可信的。""从《大方广佛一切世自在庄严品》起至第45品《华严品》以上，计有39030颂，共130卷又30颂。由大译师毗卢遮那惹肯达作校正的计有《大方广如来品》14卷、《金刚幢回向品》13卷、《十地品》8卷、《普贤品》16卷、《出生如来品》5卷、《出世间品》11卷、《华严品》30卷。此中缺《极广藏品》、《妙音庄严品》、《莲花庄严品》、《极广经》等。""（《轨论释解颂》4100颂）此部解颂，在三种目录（即三大目录）中说是15卷计4500颂。又《释轨百章论》有人说有6卷。均应加以考究。""吞弥桑布扎所著《声明八论》，仅得《虚字三十颂》和《音势论》两种，其余未获。"

2. 内容之考述。通过广征博引，论证内容的真实性。如："关于《双成经》和《无我所问经》等，鲁麦论师认为不是佛经。这种说法是不合理的。有些人说的好，这些经典是经过仁钦桑布大译师译定的，尤其是《双成经》在大目录中是列为佛经的。《旁塘目录》中也明确说《薪烬养护经》和《马头金刚天地庄严经》两部经典是从黎域译过来的。关于《帝释天问经》、《智贤母经小品》、《宝树庄严经》等经典，正如萨迦班智达和鲁麦论师等人所分析的那样，它是正宗的佛经。""（《因施设经》、《业施设经》等）以上诸论著，'毗婆娑部'人士承认是佛经；一些大目录中列入佛经类。这是根据'经部'人士承认为论典而列入的。""（《律学宝生论》等）以上'声明'诸论著，许多人认为是释经密意的论著，但笔者则不以为然。""关于旧译密续经典，大译师仁钦桑布、天喇嘛益西威、颇章·希瓦沃、桂、库巴、拉孜等译师都认为是非正宗密典，但笔者精通翻译的上师尼玛和日热等译师却认为：'从桑耶寺曾获得梵文本，并在尼泊尔亦曾见到《金刚橛根本续分品》的梵文原

---

① 佛教史中也把佛教的发展阶段分为原始佛教阶段、部派佛教阶段、大乘（小乘）佛教阶段和密宗阶段四个时期。

本。故应是纯正密典。'……"通过论证得出《时轮根本略续》为佛经的结论。总之，通过布顿大师对了无上瑜伽部父续、母续和无二续类经典的全面注解，挽救了濒临失传的密典，也为藏密的弘扬广大奠定了坚实的文献基础。

3. 书名之考证。记录不同书目中的同书异名情况，如："（《八现大明咒》）译自黎域。在《旁唐玛》中作为《正净密咒》，但尚应查考之。"

4. 作者、译者之考述，如"（《佛母般若波罗密多十万颂广释》）这部经释在《旁塘玛》中说：是藏王赤松德赞经手完成的。但在此之前的旧目录《丹噶玛》中则说是由当肯遮舍完成的。有《般若十万颂释》、《般若二万五千颂释》、《般若一万八千颂释》等，此诸经释，虽有许多人认为是当肯遮舍所作，但确实是阿阇梨世亲所著。因为在《牟尼密意庄严论》等论著中，所引据的一切文句，显然和《二万五千颂释》的语句相同。首篇经释中也承认多为破碍之故。""有人认为《般若宝灯论》和《二万五千般若释略论》是吐蕃人所著，这仅是一部分人的看法，并非公认。""《解深密经广释》约有40卷，有人称此为无著所著，这并不确切。持此观点的理由来源于绛秋珠楚所著《正量教言》一书。但此书是用吐蕃论口吻写成的，并引用了《集论》和《量决定论》等论著中的教言。故由此可知，是一位吐蕃学者的著述，可能是鲁伊绛称所著。""日热论师认为《忿怒阎魔敌内现尊胜根本续》、《忿怒阎魔敌内现尊胜后续》和《忿怒阎魔敌内现尊胜再后续》三部密典是吐蕃学者撰写的说法是不正确的，因为一些可靠的注疏中多次引据过这三种著作的语句，故还需要考证。""关于此注释续（确吉罗卓的《吉祥密集无二平等性尊胜注释续》），恰·曲吉伯等译师说掺杂有吐蕃论师的观点，但在那若巴大师的《无二尊胜经教广释》和仁钦桑布译师的《破斥邪密论》中多有引证，故可能另有一部篇幅较短的正宗《无二尊胜续》，有人称此为加颇瓦隆巴所著。还有人认为此注释续由弥底尊者自译，故为纯正密典。对这些说法，均有待考证。""（《金刚手赞》等）21种著作，均由协邬译师、噶·曲吉桑布和后来的康巴·云丹迥乃校正，出现不同的译本，故所谓'非吐蕃人所译'之说不实。此类著作尚有随顺密教经续的《威猛成就法》、《秘密意之一概成就法》等，由瓦罗赞旦、达磨初称译出，往昔未列入论藏。""仲毗黑如噶的《会供仪轨》，曾记为吐蕃学者贾敦所著，这是错误的。"

5. 编纂的《大藏经》全文及其目录均按第三次文字厘定标准编纂而成。

（五）补译

在《丹珠尔目录》中补充200种新译佛经。所补充的论著，有的是依据梵文原文新译的，有的是通过搜集得来的。补遗部分均列于各类之后。如"（四座法类论著）《四座法续释正念缘由》……10种此类著作中，最后的《智慧空行母成就法》和《吉祥瑜伽虚空成就法》2种，往昔未列入论藏。""乌仗那《度母六法》类有：《圣住自在母成就法品》、《乌仗那度母现观次第》、《乌仗那次第》……共6种，往昔未列入论藏。""《佛塔仪轨广论》、《佛塔仪轨摄论》……《隐秘行摄论》、《羯磨次第秘要》、《增盛秘诀》等多由喜饶喇嘛翻译，但未列入论藏。""《金刚空行摄义释》……《六勇男成就法》、《六勇女成就法》、《七字成就法》等均未列入论藏。"

（六）存疑

对内容、作者、译者、卷数等经考证仍有疑问者，均作存疑处理。如："多杰宁布著《喜金刚成就法真实性明论》，达瓦贡布自译，但此论可疑。""轨范师阿哇布底巴所著《时轮六支加行释》……与前面的《时轮如月成就法》和《时轮慧眼成就法》，这三部著作与《时轮经》多有不合，故是可疑之作。""此外，有关《文殊真实名经》的大瑜伽释论，即具神通上师所著《文殊真实名经除无明黑暗》、《曼荼罗仪轨次第明论》……等21种《文殊真实名经》的释论，以往未列入论藏，是否纯正，有待考证。"以上这些关于分类、补正、存异、存疑、补译、异名、版本等方面的分析著录和阐释极大地丰富了古典目录学的内容，为我们全面了解古代佛经提供了宝贵的文献资料和重要线索、依据。

（七）存目

把未搜集到的佛经和论典作为存目著录于各类之后。如："本类尚缺龙树论师所著《修德利益颂》100颂、圣天论师所著《百偈颂》、轨范师日光所著《见分别论》150颂，这些亦需找寻。""此部分尚缺轨范师巴杂格底的《修行次第》1卷、轨范师加维沃的《修菩提心论》100颂、轨范师格维果恰的《修行开门示录》67颂、轨范师曲吉洛卓的《修习次第》30颂……""（班智达加旺洛主所著《集量论释九千颂》等）以上诠释佛经总密意论典61种。此类论著尚缺：《观业果相属论》2卷、《观业果相属论释》3卷、《理滴论前品摄略》195颂、《成就一切智颂》50颂……""（事部续经）尚缺《一百零八妙吉祥名称经》5颂、《妙吉祥一字真言仪轨》、《妙吉祥所作三昧耶誓言陀罗尼》……""（各种短小陀罗尼）尚缺《十方诸佛随念陀罗尼》、《光明成就陀罗尼》、《妙宝心咒》、《如来名号一百零八陀罗尼》……"这些记载是了解当时佛经流传情况的重要资料。此外，有关《青浦目录》的内容唯此目录有载，功不可没。

（八）著录格式

在保持与吐蕃时期三大目录格式一致的前提下加强了校勘注释、辑佚说明、书名和内容考证等分析著录内容，提高了目录的使用价值和学术价值。

（九）印度和吐蕃学者名录

目录正文之前的"在吐蕃弘法之班智达和译师名录"，提供了吐蕃时期93名外籍学者和192名本土译师、学者的详细姓名，是研究吐蕃时期文化人的珍贵史料之一。

（十）为"前史后目"的文献编纂体例（大藏经编纂史体例）的形成提供了范例

《布顿目录》是《布顿佛教史》的附录，正文记述了印度佛教史、佛教在吐蕃的传播与发展、译经史、藏文显密经典的形成过程等内容。这是"前史后目"体例的发端，这个模式被后来编纂《甘丹》的学者采纳，逐渐发展成为专门的"大藏经编纂史体例"，这种体例由佛经文献发展史（前史）和书目（后目）组成，前者讲述译经和大藏经编纂及抄刻大藏经的历史等内容，后者是所编纂《大藏经》的分类目录。这种体例发展到清代，在目录正文之前有印藏佛教史、三转法轮传法过程、佛学理论、佛经集结、《大藏经》发展史、佛经翻译史、五明分类、抄刻《大藏经》功德、颂扬佛法、布施人传记等长篇大论，而目录正文往往只占一小部分，如《德格版丹珠尔目录》的内容分别是"礼赞、序言；第一章，佛法从何诞生（佛陀如何降生、法轮如何转动）；第二章，护法如何护持（如何集结佛经、注释佛经的学者从何而来）；第三章，佛法理论（佛法出处、佛法分类）；第四章，佛法注疏

（论典概说、论典细说）；第五章，为佛法常住而敦促刊印论典；第六章，如何敦促，完成刊印注疏（刊印地点的特点、刊印完成时间的特点、刊印工作如何完成）；第七章，论典目录，这是目录正文，目录分内明、因明、声明、医学、修身、藏族学者珍本书籍、新收录的论典和文化类典籍、回向和祝愿类；第八章，为有意义而回向菩提（论功德、回向菩提）和后记。"此书共 906 页，而目录只有 245 页。① 这种目录书体例备受学者欢迎，成为《大藏经》等丛书目录书的特殊体例。有的甚至只写"前史"，不编"后目"，成了专门的佛教史、《大藏经》发展及版本史、翻译史等。如：《卓尼版丹珠尔目录》的内容为"第一章，礼赞、世界形成、佛陀之菩提心、佛陀降世；第二章，佛说经教分类、佛语三次集结、论典分类；第三章，印藏学者弘法史、护持密乘史、十明学概要、印度国王护持佛法史、佛法传入藏地史、藏传佛教派系形成史、宗喀巴众弟子书目、佛法在别处的传播史；第四章，刊刻《丹珠尔》施主及其祖先史、刊刻《丹珠尔》过程；第五章，刊刻《丹珠尔》所参阅的蓝本及其目录；第六章，刊印《丹珠尔》之意愿、功德、回向、发愿和书跋。"②根本没有目录，完全是大藏经编纂史或发展史。当然，省略"后目"的原因可能与每一函都有卷首目录有关，此外一般大型丛书都有抽出目录页汇编成目录册的习惯。布顿大师之后所编《大藏经目录》大都为"前史后目"体例，故近人将《卓尼版丹珠尔目录》等译为《卓尼丹珠尔编纂史》《德格版甘珠尔编纂史》等。藏文"dkar chag"一词有"目录""志"和"历史"的含义，故以整理、编纂、抄写和出版历史内容为主的书可译为"志"或"史"，以书目为主的则译为"目录"。

综上所述，吐蕃三大目录等虽有少量校勘，但着墨不多，未形成规模，而《布顿目录》则不同，它在书名、卷数、作者、版本、学术源流、佛经流传、翻译、内容得失、藏书情况、书籍真伪、文字讹误等方面严加审定、校勘、分类、考辨、整理和研究，形成了集系统性、规范性和科学性于一体的新型目录书，其科学的编目、分类、分析著录及独特的目录书体例，树立了科学的目录学、版本学和校勘学思想，同时也是古代藏文文献学理论和实践的科学总结。该目录书问世以来，极大地推动了文献史、分类、编目、校勘、辑佚、考证、训诂等方面的研究，是藏文文献史上最重要的一部有关目录学、版本学和校勘学的奠基之作。

---

① 崔成仁钦：《丹珠尔目录（藏文）》，西藏人民出版社 1985 年版，第 605—844 页。

② 久美昂波：《卓尼丹珠目录》（藏文），甘肃民族出版社 1986 年版，第 1—490 页。有杨士宏汉译本（《卓尼版〈甘珠尔〉大藏经序目》，甘肃民族出版社 1995 年版。

藏族医学经典巨著《四部医典》

罗秉芬　容观澳*

内容提要　本文是学习藏医巨著《四部医典》之作，分两大部分，首先简单介绍藏医古籍《四部医典》的作者、成书年代、刊印时间及其历史地位。其次介绍《四部医典》的基本内容，重点介绍《四部医典》的特点。

关键词　"隆赤培"三因　"贪嗔痴"三毒　生理　病理　胚胎学　解剖学　治疗方法

导　言

《四部医典》是藏族医药学古籍中的伟大的奠基巨著。无论是刚刚开始学习藏医的学生，还是从事藏医工作多年的资深老藏医，或者专门从事藏医药学研究工作的科学工作者，都离不开这部传世 1000 多年的经典著作《四部医典》的理论和实践的指导。

《四部医典》成书于公元 8 世纪，藏文原名全称为 "bdud rtsi snying po yan lag brgyad pa gsang ba man ngag gi rgyud ces bya ba bzhugs so"，汉文现在译为《甘露精要八支秘诀续部》；目前，国内汉族地区普遍简称为《四部医典》，藏族地区简称为 "rgyud bzhi"，音译为《据

---

* 罗秉芬（1931— ），女，中央民族大学藏学研究院副教授。容观澳（1931— ），男，清华大学电机系 BME（生物医学工程）教授。

悉》，国外沿用藏族的说法《据悉》。

　　根据当今已故著名藏医强巴赤列先生所著《藏族历代名医略传》介绍，《四部医典》的作者是宇妥宁玛·云丹贡波（g. yu thog rnying ma·yon tan mgon po，公元728—854年，享年125岁），他用毕生的精力编著此书，成为藏医学奠基著作（但在史书中有一些争论）。成书之后，奉献给了藏王赤松德赞（khri srong lde btsan①）；恰逢此时，印度莲花生大师（pad ma vbyung gnas）应藏王赤松德赞之请，入藏创建桑耶寺（bsam yas btsug lag khang），大师见到此书，认为其与佛教密宗经典同等重要，故向藏王建议先将其进行"伏藏"②，待将来时机成熟后才对外公开传授，藏王同意大师的建议，遂将其藏于桑耶寺的乌孜经堂的瓶型大柱子的夹层里面。

　　据史籍记载，直至公元11世纪，这部伟大巨著才被一位藏族著名的掘藏师札巴恩协（gter ston gra pa mngon shes，公元1012—1090年），于藏历第一个绕迥的土虎年（公元1038年）7月15日，从桑耶寺乌孜大经堂中殿的瓶型柱子中发现，一年之内秘而不宣，将全文写在黄纸上，然后又将原书重新放回原处。多年之后，札巴恩协临终之前才将《四部医典》全部内容传给了他的弟子雅龙寺的格西卫巴·塔尔札（dbus pa dar grags）。

　　然而，当时《四部医典》并没有立即公之于众，辗转多次一直保留在私人手中，卫巴·塔尔札曾转赠送给若顿·贡确觉布（rog ston dkon mchog skyabs）。

　　又过了若干年之后，若顿·贡确觉布突然患有痛风病，请名医宇妥萨玛·云丹贡波（g. yu thog gsar ma yon tan mgon po，生于公元1126年，是宇妥宁玛的第13代孙，卒年不详）诊治，痊愈后非常感激他，便将《四部医典》送给了宇妥萨玛。

　　宇妥萨玛对此书早有耳闻，但从未亲眼见过，今得此至宝，喜出望外，于是下决心整理、补充、修改之，最后用毕生的时间和精力修改成现在所见的书。

　　公元1410年，大明永乐皇帝派遣内臣纽荣巴·霍悉纳（nang blon nyug rum pa ho shi na）进藏，从西藏迎请来了藏文大藏经《甘珠尔》和《丹珠尔》，并立即按原文在南京用先进的"刻板印刷技术"印刷了藏文《甘珠尔》，这就是第一次藏文甘珠经面世。印制后分别奉献给西藏的粗普·噶玛巴（mtshur phur karma pa）和宗喀巴（rje tsong kha pa）每人一套。这次印制藏文大藏经对于西藏木刻印刷技术有很大的启发和促进作用，也就是说将木刻印刷技术和经验传到了西藏。

　　在此良好契机的条件下，宿喀·洛追结布（zur mkar ba blo gros rgyal po，宇妥萨玛传承的大弟子之一）首先在宇妥萨玛的诞生地上下娘部（nyang stod smad），从隆玛尔（lung dmar），到帕拉木（pha lam）等地私人处调查了《四部医典》的保存情况；最终，于公元1542年左右获得宇妥萨玛·云丹贡波亲自写的金字注释本等的手抄本，并将它带回山南的扎塘地方，进行仔细的勘定后，利用传入的木板印刷技术，就地制作木刻版，1546年首次将《四部医典》木版印刷成书，发行到藏区各地，这就是第一部面世的扎塘版《四部医典》（grwa thang par ma），这也就是藏医学史上首次面世的宇妥萨玛修订的《四部医典》。

　　17世纪之后陆续出版了不同版本的木刻版《四部医典》，成为藏医药领域最经典的名著。即有岗布《四部医典》（sgam povi par ma）、洛若《四部医典》（lo roam lor par ma）、宗

---

① 赤松德赞：吐蕃王朝第38代王，公元755年即位，对佛教多有建树，培养了大量人才翻译佛经，预试7人为首的300人出家并初建僧团，史家将他与松赞干布、赤祖德赞并成为"祖孙三王"。

② 伏藏：将重要的经典、法器埋藏起来，后世挖掘出来传承或供养，这种做法称为伏藏。

噶《四部医典》（rdzong dkar par ma）、甘丹《四部医典》（dgav ldan phun tshogs gling gi par ma）、布达拉《四部医典》（rtse pot a lavi par）、药王山《四部医典》（lcags po rivi par ma）、德格《四部医典》（sde dgevi par ma）、北京《四部医典》（pe cing par ma）、塔尔寺《四部医典》（sku vbum par ma）、拉卜楞寺《四部医典》（bla brang par ma）等。其中德格《四部医典》版本最为流行。2015 年 5 月，《四部医典》以文物文献名义入选第四批《中国档案文献遗产名录》。

传统的藏医教育，在培养藏医优秀人才方面，也是以《四部医典》为核心教材，以是否掌握《四部医典》系统理论的水平作为衡量藏医学位高低的标准。请参考下表。

工布曼隆达那度藏医专科学寺（学院）培养目标及教学基本内容

学位名称	教学内容	理论水平
曼巴度热巴	《四部医典》的根本部、论述部、后续部	一般熟悉：《四部医典》的根本、论述、后续三部分
曼巴噶久巴	《四部医典》	掌握：《四部医典》根本、论述、秘诀、后续四个部分，了解分支、补充、经典目录
曼巴热将巴	《四部医典》《西藏九名医口传秘诀》《月王药诊》《甘露瓶》	精通：《四部医典》；熟悉分支补充、西藏九名医著作、《月王药诊》、《甘露瓶》之本论及注释补充
曼巴崩热巴	《四部医典》、域外九大名医所著的医学论著、西藏本土九名医所著的医学著作：《月王药诊》《甘露瓶》《八支精要集》《八支精要注释·月光》	精通掌握：《四部医典》，熟悉域外的九位名医的论著和西藏本土九位名医著作、《月王药诊》《八支精要集》《八支精要注释·月光》
说明	此表格转译自格桑赤列：《藏族医学史》，中国藏学出版社 1997 年版（藏文），第 233 页。	

说明：曼巴度热巴（sman pa bsdus ra ba）相当大专毕业生。

曼巴噶久巴（sman pa dkav bcu pa）相当大学本科生毕业，获学士学位。

曼巴热江巴（sman pa rab vbyangs pa）相当大学硕士生毕业，获硕士学位。

曼巴崩然巴（sman pa vbum rams pa）相当大学博士生毕业，获博士学位。

由此，更说明了《四部医典》一书在藏医学界的重要地位。

下面重点介绍《四部医典》内容和特点。

一 《四部医典》基本内容简介

全书分为四大部分，即四大医典——根本医典、论述医典、要诀医典、后续医典。

第一部"根本医典"，藏文"rtsa rgyud"，音译为"杂据"。第一部"根本医典"共六章，是全书的总纲、总论；主要讲藏医的哲学思想，哲学是社会意识形态之一，它研究自然界、社会和思维的普遍规律，是关于自然知识和社会知识的概括和总结。

对于藏医知识我们应该如何学习呢？《四部医典》开宗明义地首先告诉我们：

首先要求依次学习根本医典、学习论述医典、学习要诀医典、后部医典；

其次学习八支：即生理、儿科、妇科、邪魔、金伤、中毒、养老、滋补八支（八支有各种说法，不赘述）；

再次学习十一点：一、根本精华点，二、生理形成点，三、盛衰病因点，四、生活起居点，五、维命饮食点，六、药剂配方点，七、器械诊治点，八、无病情志点，九、识病症象点，十、调养疗法点，十一、行医之道点；

复次学习十五会，即逐次学习：一、三邪治疗病会，二、内科疾病会，三、热病治疗会，四、头病治疗会，五、脏腑疗养会，六、隐病疗养会，七、杂病疗养会，八、先天疮疬会，九、儿疾疗养会，十、妇病疗养会，十一、治邪镇魔会，十二、金伤疗养会，十三、中毒疗养会，十四、养老延年会，十五、滋补壮阳会；

此后学习四要，即一、诊脉验尿之要，二、却病用药之要，三、攻下操作之要，四、文武外治之要。①

这里牵涉藏医对疾病形成原因的认知、对疾病的诊断、对病用药治疗等方方面面，整个系统非常复杂，因此《四部医典》的第一部《根本医典》中就采用"菩提树"的根、干、枝、叶四级系统进行比喻性说明展示，这叫作"树木展示"（sdom vgrems）；用 3 棵菩提树的 3 根、9 干、47 枝、224 叶、2 花、3 果的复杂体系来进行描述和展示藏医的复杂体系。使学习藏医者可以一目了然，以便进一步领受《四部医典》的内涵，获得最佳学习效果。

第二部"论述医典"，藏文"bshed rgyud"，音译为"协据"，共三十一章。是对第一部《根本医典》藏医哲学思想的详细阐述和解释，分为十一个点（gnas bcug gcig 或译为处）：第一点（处）是第一章、阐述根本精华点，是总论（sdom tshig bstan pa）；第二点（处）从第二章到第七章是阐述生理形成点（grub pa lus）；第三点（处）从第八章到第十二章是盛衰病因点（vphel vgrib nad）；第四点（处）从第十三章到第十五章是生活起居点（bya ba spyod lam）；第五点（处）从第十六章到第十八章是维命饮食点（vtsho ba zas）；第六点（处）从第十九章到第二十一章是药剂配方点（sbyor ba sman）；第七点（处）是第二十二章为器械诊治点（cha byad dpyad）；第八点（处）是第二十三章为无病情志点（tha mal nad myed）；第九点（处）从第二十四章到第二十六章是识病症象点（ngos bzong rtags）；第十点（处）从第二十七章到第三十章是调养疗法点（gso byed thabs）；第十一点（处）是第三十一章是行医之道点（bya byed sman pa）；等等。总共提出十一个要点（重要处）。指导人们重点学习藏医的核心理论"三因学"，引导人们如何观察病因的增盛和衰损的规律，告知人们注意生活起居和自然环境协调才不会对疾病有影响。

第三部"要诀医典"，藏文"man ngag rgyud"，音译为"曼昂据"，但习惯上是按其含义翻译为"要诀续、秘诀续、诀窍续"，即《要诀医典》，有九十二章。是具体治疗十五大类病症的要诀（方法）的十五会（skabs bco lnga 或译为品），第一会（品）从第一章到第五章是总论和三邪病的求问要诀（nyes gsum gso ba）；第二会从第六章到第十一章是内科疾病总论（khong nad gso ba）；第三会（品）从第十二章到第二十七章是热病治疗会（品）（tsha pa gso ba）；第四会（品）从第二十八章到第三十三章是头部疾病治疗会（品）（lus stod gso ba）；第五会（品）从第三十四章到第四十一章是脏腑疾病治疗会（don snod gso ba）；第六会（品）从第四十二章到第四十三章是男女隐病治疗会（gsang bavi nad gso ba）；第七会（品）从第四十四章到第六十二章是杂病疗养会（thur nad gso ba）；第八会（品）

① 《四部医典》藏文：《四部医典》（对勘本），中国藏学出版社 2005 年版，第 7—8 页。汉文：李永年译，1983 年版，第 5 页。

从第六十三章到第七十章是先天疥疮会（lhan skyes rma gso ba）；第九会（品）从第七十一章到第七十三章是小儿保养会（byi pa gso ba）；第十会（品）从第七十四章到第七十六章是妇科疾病会（mo nad gso ba）；第十一会（品）从第七十七章到第八十一章是治邪镇魔会（kdon nad gso ba）；第十二会（品）从第八十二章到第八十六章是金创疗养会（mtshon rma gso ba）；第十三会（品）从第八十七章到第八十九章是中毒疗伤会（dug nad gso ba）；第十四会（品）只有第九十一章是养老延年会（rgas pa gso ba）；第十五会（品）从第九十一章到第九十二章是滋养强壮会（ro tsa gso ba）。这十五会（品）是藏医临床时必须掌握的十五大"要诀"，也可以说是十五类大病的治疗用药方剂，是每一位藏医对症下药、治病救人必备诀窍。

第四部"后续医典"，藏文"phyi ma rgyud"音译为"其玛据"，习惯上是按其含义译为《后部医典》有二十七章。是对各种疾病的两种诊断方法，即：脉诊和验尿方法，以及各种疾病外科理疗技术、外治法的处理细节和用药的补充；学习必须有四个要（mdo 或译为纲）：第一要从第一章到第二章为诊脉和验尿的细节和注意事项（brtag pa rtsa chu）；第二要从第三章到第十二章为却病用药的要（zhi byed sman）；第三要从第十三章到第十九章为五业攻下的要（sbyong byed las）（五业：催泻、催吐、滴鼻、灌肠、清泻反压）；第四要从第二十章到第二十五章为五械文武外治的要（vjam rtsub dpyad）（五械：火灸、熨法、浸浴、涂治、反压穿刺）。最后，第二十六章到第二十七章是《四部医典》全书的总结（mjug don bsdu ba）。

二 《四部医典》的基本特点

《四部医典》成书于 8 世纪，距今已有 1000 多年，而其科学性、系统性、图解说明等都令现代的医学家们为之震撼。以下略举几例特别杰出的部分加以说明：

（一）博大精深的"隆、赤、培"三因学理论

《四部医典》基本理论的核心部分——"隆、赤、培"三因学，源于印度，但经过1000 多年的发展的藏医，三因学理论已经牢固地融化到藏医整个体系当中了。

藏医认为存在人体内的"隆、赤、培"三因相互的比例协调与否是非常重要的，然而，人们随着每天的早、中、晚，以及气候、季节、居住环境、饮食起居等方面的改变，体内的"隆、赤、培"三因也会改变，可以说一切疾病皆因此三者不平衡而引起，这时体内不平衡的，甚至紊乱的"三因"就被称为"三过"或"三邪"（nyes gsum）。

当时，藏医受佛教的影响，认为世界万物都是由"四大种"（水、土、火、风）或"五大种"（水、土、火、风、空）构成的，因此藏医认为：人体内的"隆"（rlung），相当于四大种的"风"性寒（有人认为相当于汉医的"气"），其功能是推动人体血液循环，司呼吸及运动，是人体生命功能的动力。人体内的"赤巴"（mkhris pa）相当于四大种的"火"性热（即肝和胆），消化食物提供身体的热能，刺激消化的功能。"培根"（bad kan）相当于四大种的"土、水"性黏湿（即痰，黏液），提供人体津液和湿润功能。三因是人体内的物质基础，藏医的解剖学可以定量（西方学者认为是人体内的某种体液），有它们依存的部位和自身分量。但对此藏医各学派尚有争论，有待进一步研究。本文以强巴派（北派）的观点为主介绍如下：

1. 隆、赤、培三因的基本内容

（1）隆（rlung）：主要依存于人体的心区和脐中以下的部位，在头、胸、心脏、胃、阴部都有分布。相当于四大种中的"凤"是生命活动的动力，人体的呼吸，肢体活动、血液循环，大小便排泄以及食物的分解和营养输送等都由隆来决定。隆的量为"满膀胱"（个体一膀胱的容量），隆又分为五种：

①持命隆（srog vdzin）——依存于肌肉、骨骼之中，维持生命的正常活力。

②上行隆（gyen rgyu）——依存于人体的胸部，主管语言能力，增强人的活力。

③遍行隆（kyab byed）——依存于心脏，运行于全身各处，主持表情和运动。

④伴火隆（me thur）——依存于胃脘的下部，运行于五脏六腑之间，分解和消化食物。

⑤下行隆（thur sel）——又叫下泻隆，依存于肛门附近，主管排泄与分娩。

（2）赤巴（mkrigs pa）：主要依存于心区和脐中之间横膈膜以上的部位，即肝、胆部位，相当于四大种中的"火"。是生命活动的能量，功能是增强胃的消化的功能，产生热能维持体温，使人知饥渴而进食，润气色壮胆量长智慧。赤巴的量为"满精囊"（个体一精囊的容量），赤巴又分为五种：

①消化赤巴（vju byed）——依存于肠胃之间，主消化，产生热能促进消化。

②荣光赤巴（mdangs sgyur）——依存于人体的肝脏之中，维持人体应有的气色。

③行动赤巴（sgrub gsal）——依存于心脏部位，支配人的思想意识，使人有胆量和气度。

④视力赤巴（mthong sal）——依存于眼睛及其脉管之中，掌管视觉。

⑤增色赤巴（mdog sal）——依存于皮肤之中，使皮肤细腻润泽。

（3）培根（bad kan）：主要依存于心区以上的头脑、肺等胸口以上部位，其功能主要是主持消化功能，磨碎食物增加胃液司味觉，为人体提供营养输送体液保存水分，调解人体胖瘦，滋润皮肤有弹性，调节睡眠稳定情绪。培根的量为"手三捧"（个体双手捧起的量），培根又分为五种：

①根基培根（rten）——依存于胸部的骨骼中，保持人体的水分。

②研磨培根（myag）——依存于胃的上部，食物未消化的部位，功能是磨碎食物。

③尝味培根（myong）——依存于舌部，掌管味觉。

④餍足培根（tshim）——依存于头部，产生满足的感觉。

⑤黏合培根（vbyor）——依存于各个关节之间，主管滑润关节。

2. 隆、赤、培三因与人的体质类型关系

三因是可以遗传的，随同父精、母血的三因状况而遗传，因此每个人的三因多寡不同，致使人的体质类型也不同。

可分为几种体质类型：

（1）单纯型体质：隆，赤巴，培根三因中的某一种因素占绝对主导地位时，即成为单纯型体质：

①隆型体质的人：多驼背，容颜青灰，身材短小，爱说话，不耐寒，行动时关节作响，睡眠不踏实，寿命较短。喜好歌唱、嬉笑、善于射箭。喜食甜、酸、苦、辣味的食品。

②赤巴型体质的人：不耐饥渴，身体毛发肤色发黄，身材高大。聪明但骄傲，多汗身臭，一般寿命较长。偏爱甜、苦、涩味和凉的食品。

③培根型体质的人：体温较低，肌肉丰满，骨骼关节不明显，肤色白净，体型端正，耐

饥渴，能忍耐烦恼痛苦，一般较长寿。性格外柔内刚，嗜睡。偏好辣、酸、涩味的粗糙食品。

（2）二复合型体质：隆和赤巴混合型体质的人，身材矮小；培根和隆混合型体质的人，身材中等；培根和赤巴混合型体质的人，身材高大。

（3）三复合型体质：隆、赤巴、培根三因均匀混合型体质的人，发育好，疾病少，具有上等才能，是最为理想的体质类型。

3. 隆、赤、培三因与疾病的关系

藏医的三因学说理论认为，当人体内的三因如果能维持在一种动态平衡状态时，人体才能健康；人之所以生病，主要是因为体内三因平衡被打破。

《四部医典》的权威注释本《蓝琉璃》① 一书明确指出："男、女、幼儿、老人等四者普遍罹患的共同性疾病为四大类，即以三因分类的疾病 101 种，以主要疾病分类的疾病有 101 种，以疾病部位分类的疾病有 101 种，按疾病种类分类的疾病有 101 种，总共 404 种大的种类疾病。"（参见《蓝琉璃》第二部论述续第十二章疾病种类。）

具体地说，一切疾病都和人体的三因有关系：其一，单纯按三因致病分类的有 101 种。其二，由于三因有增盛、耗衰、紊乱三种情况，故使三因又分为增盛、极盛、殊盛；衰耗、殊衰、极衰；紊乱、殊乱、极乱等，故产生本系单一疾病和旁系混合疾病，按两系产生的主要疾病分类的疾病有 101 种。其三，所有疾病按部位分类，即疾病有居于身体上、下、内、外等四者，和遍及全身者的疾病有 101 种。其四，病种有体内病、疮伤、热病、零星病等，故按病种分类共 101 种。

上述以三因致病、主要疾病、部位、病种四类区分的疾病共 404 种，这是疾病分类的总数。但是任何 101 种都可能出现以下四种状况：由于个人转移环境而致病、无论如何治疗也不治而死者是其一；由魔鬼侵害而致病，通过法事祈禳得到解脱者是其二；由于今世造孽而得病，医生不治则死；治之则活者是其三；除此之外，似病非病无须治疗、不作法而可自愈者是其四。

前面 404 种疾病均可能与上面的四种状况相配，于是疾病的总数则为 1616 种。另外，如若按疾病的病态来分，则比 1616 种更多，多达不可胜数的地步。但所谓无数，并非超过数字计算的可能；根据《白琉璃》② 一书的论述，最后统计的数字为 409722.45 万种。可见隆赤培三因与疾病的密切关系。

总之，隆、赤、培三因理论在《四部医典》一书中，从开篇到结尾像一根金线贯穿始终。

（二）深入浅出的病因学，生理、病理分开表述

病因学，是发病原理或者发病机制。通常指疾病过程中机体产生的形态、结构、功能、生物化学等方面的变化及其相互关系。主要内容包括致病因素以及它在疾病过程中的作用，如何危害机体，通过何种途径使疾病发生与发展的因果关系，以及机体怎样加强防御反应以抵抗疾病和恢复健康等规律。它和生理学有密切关系，二者共同构成疾病概念的基本理论，成为防治和消灭疾病的理论基础。

---

① 《蓝琉璃》17 世纪五世达赖的摄政王第司·桑杰加措所著，该著作是对《四部医典》最权威的注释本。
② 《白琉璃》第司·桑杰加措所著的历算著作。

藏医的病因学，明确将生理和病理分开叙述：

1. 藏医认为人体生理结构方面有"七精"（lus zungs bdun）和"三垢"（dri ma gsum）。

七精即：①饮食精微清液（dwangs ma）、②血液（khrang）、③肌肉（sha）、④脂肪（tshil）、⑤骨（rus pa）、⑥髓（rkang mar）、⑦精血（khu ba），共七种。

三垢即：①屎（bshang）、②尿（gcin）、③汗（rngul），共三种。

七精和三垢是在隆、赤、培三因的作用影响下在人体内部形成和运行的，都属于人体内的自然物质，它们在人体内运行过程中正常与否，成为人体健康与否、生活正常与否、患病与否的关键。（有关隆、赤、培三因与疾病的关系的重要性上面已有专论，在此不赘，本小节只对七精三垢以及隆、赤、培三因等，在运行过程中的影响加以说明。）

藏医认为"七精"是逐步形成的，首先食物经过胃的研磨消化成为食物精微清液，精微清液到达肝部位之后通过隆、赤、培三因作用变为血液，血液之精华到达肌肉部位时转化为肌肉，顺次肌肉之精华转化为脂肪，脂肪精华转化为骨骼，骨骼精华转化为骨髓，骨髓精华转化为红白精血（红指妇女的经血，白指男子的精液），它们的转化过程相应需要六昼夜，第一昼夜转化为血液，第二昼夜转化为肌肉，第三昼夜转化为脂肪，第四昼夜转化为骨骼，第五昼夜转化为骨髓，第六昼夜转化为精血，精血的输出成为受孕的种子。"三垢"的形成同样有一个过程：饮食精华在胃中，经过研磨培根的作用，内脏吸收食物营养精华之后排出的垢物即二便；血液中的垢物转化为胆囊内的胆汁，肌肉的垢物转化为眼耳鼻等九窍的垢物，如眼眵、耳垢、鼻涕等；脂肪的垢物转化为身体的分泌物（油脂和汗液），骨骼的物转化为（起保护作用）牙齿、指甲、汗毛，骨髓的垢物转化为皮肤的皮屑。特别需要指出七精三垢所有生理过程都受到隆、赤、培三因的重要影响。

从生理来看，七精三垢本身随着各种条件的变化就会发生增盛或者耗损，这就影响人体的生理活动和健康，增盛和耗损的原因，主要还是受隆、赤、培三因的影响。

具体地说，消化赤巴（vju byed）的作用是将食物初步送进胃里，然后由依存于胃部的伴火隆（me thur）和依存于胃脘的上部的研磨培根（myag），将未消化的食物一起消化和分解；随同消化赤巴、伴火隆、研磨培根的强弱也使得七精产生"增盛"或"衰减"现象；道理很明显，消化不良，一切营养就无法吸收，无法获得营养，此时的七精，也就自然衰减；同理，如果消化能力过强，耗干食物中的营养物质，最终就会造成人体七精的损耗。

下面举有关七精、三垢增损的病例说明：

◆饮食精微清液（dwangs ma）损耗：则身体消瘦，吞咽食物困难，皮肤粗糙，易患隆病。

◆血液（khrang）增盛：皮肤浅层易生红色疱疹，体腔内易生肿块，引起肝腑疼痛；脾脏充血时，易生血瘤，血液病；反之，血液损耗时脉象中空，皮肤粗糙，手脚冷凉喜温热，眼发黄，牙龈发炎，行动困难。

◆肌肉（sha）增盛时，表现为瘿瘤肿大、淋巴结肿大，易肥胖；反之肌肉衰耗时，易关节痛，甚至骨折，骨瘦如柴。

◆脂肪（tshil）增盛时，感到疲倦无力，不能做剧烈运动，乳房小，腹部脂肪堆积臃肿。反之脂肪衰耗时，表现为睡眠不良、身体消瘦、皮肤灰白。

◆骨（rus pa）增盛时，易骨质增生；反之衰耗时头发、牙齿脱落。

◆髓（rkang mar）增盛时表现为身体沉重、行动困难，两目无光，关节肿大等；反之衰耗时表现为骨腔空虚，头疼眼花等。

◆精液（khu ba）增盛时表现为性欲强烈，尿道结石等；衰耗时表现为阴部出血，阴囊灼热，性欲减退等。

同理，三垢也有增盛和衰耗的情况：

◆大便增盛时，身体沉重肿胀，小腹疼痛，常伴有"咕噜咕噜"声的肠蠕动声响，行动不便；反之大便减少，有小肠蠕动的声音，经常排气。偶尔会引起胸肋疼痛、胸口疼痛等症状。

◆小便增盛时，尿道口有针刺的疼痛感，尿多且急；反之小便量少，尿色微红黄色；排泄不通畅。

◆汗液增盛时，易出汗，汗多且臭易患皮肤病；反之衰耗时皮肤干裂，汗毛竖起，甚至自行脱落等。同理，鼻涕、眼眵、耳屎、唾液等其他垢物增盛时，表现为眼鼻耳口有沉重感，发痒、发热甚至溃烂等，反之汗少时，眼、耳、鼻、口有空虚感，身体感觉轻便，出现浮肿等症状。

藏医的病因学，除了生理病理结合考虑之外，还非常强调贪（vdod chags）、嗔（zhel dang）、痴（gti mug）三毒（dug gsum）[1]致病的主观原因。《四部医典》的第一部《杂据》第三章明确提出："起病当有内三因，四种外缘做同行。"[2] 这里的"内三因"指出患者心中的"烦恼"过于严重时，极易引起疾病，就是说当人们在思想意识上，欲望过盛、嗔怒极度、愚昧无知的时候，就会引起相应的疾病；藏医从佛学的角度出发，认为人类的一切疾病的最基本的根源是人类心中的"贪、嗔、痴"三毒引起的。

佛教所指的"贪"就是世俗的贪色、贪财、贪名三项。

社会上有的人，纵欲使身体透支，争权排除异己搞个人山头，夺利不择手段到处捞钱……在短时间内可能得意一时，久而久之精神紧张，直至崩溃，最后触犯法律以身败名裂而告终。这样的例子还少吗？

在笔者周围，有的同志因职称没评上而生气，当然其中可能有不公平之处，但也不能生气，否则长期嗔怒会伤肝，久而久之必导致疾病缠身，这样的例子并不罕见。

至于"痴"一项，佛学认为是不明佛法。而世俗的理解是不明道理、自我为中心、肆意而为、不讲公德、不懂法律等，自己反而愤世嫉俗，牢骚满腹，久而久之，疾病自然找上门。可见贪、嗔、痴三毒是一切疾病的本源，这就是藏医认为的内因。

2. "四种外缘"是指引起疾病的外部原因，即指时令、邪魔、饮食、行为四个方面引起疾病的原因。具体化，《四部医典》指出疾病侵入人体有六条门径以及十五种途径。

六门径即：皮肤、腠理、血脉、骨髓、五脏、腑盂等。

十五种路径，即：骨、耳、触觉、包络、肠、血、汗、眼、肝胆、小肠、脂髓、粪尿、鼻舌、肺脾胃、肾脏膀胱等。

另外结合人体的三个部位找病因，即：上部（脑）是培根的致病点，中部（肝脏）是赤巴的致病点，下部（腰胯）是培根的致病点。

结合年龄找病因，即：老人易患隆病，中青年易患赤巴病，幼年易患培根病。

---

① 贪、嗔、痴三毒：佛教教义名词，亦称"三垢""三火"，在诸烦恼中此三者尤为毒害众生。藏医将此"三"视为致病的内因。

② 藏文：《四部医典》（对勘本），中国藏学出版社2005年版，第12—13页。汉文：李永年译《四部医典》，人民卫生出版社1983年版，第8页。

结合起居环境找病因：严寒凛冽易患隆病，炎热干燥易患赤巴病，润腻潮湿易患培根病。

结合时令找病因：夏季日暮黎明易患隆病；秋季易患赤巴病（午间夜半加剧）；春季易患培根病（早晨黄昏发病）。

根据九项危病找病因：三生福寿皆尽，土水火风四大克，用药配伍成毒，病入膏肓，隆病过期隆病生机断，热症灼烈过极限，寒症冷损致沉疴（长久而严重的病），体质要素难支应，诸损致使体力尽等共九项。

最后可根据十二项"回转因"找病因，即"本病未息他病生"①，例如原本患有隆病，用药不当，为了治好隆病，服用辛味药，隆病没治好反而增加赤巴和培根病；如此类推，赤巴病若服咸辣味赤巴不愈反成隆病；培根病若服咸苦味，培根不治反为隆赤巴，等等，总共有十二种回转因的疾病。

藏医将生理、病理乃至意识形态方面的三毒等诸多因素综合起来考虑患者的病因，从而采取多方面的综合治疗方法，显示出藏医的合理性和科学性。因此，藏医要求所有的从事医务工作的人员，包括刚刚开始学习藏医的学员，直至资深的老藏医，都必须全面了解和掌握人体的生理、病理、心理等多方面的知识。

（三）精密准确的胚胎学

《四部医典》对于人类生命的起源、何时开始孕育、胚胎如何成长等重大课题，均作出了极为精确而科学的记录、说明和阐述。成书于8世纪的《四部医典》能如此详细地阐明人类胚胎的成长过程，比西方的胚胎学之父俄国的伊拉·伊里奇·梅契尼科夫（1845—1916，号称"比较胚胎学之父"）早几百年。

藏医对于胚胎学的成就，至今仍是医学界的一个"谜"并令世人为之惊叹：当时西藏尚无显微镜、B超一类的现代科学仪器，怎能做到把每一周胚胎发育过程描述得如此清楚?!进而，于17世纪以后，又能配以彩色的图像（怀孕后以周为单位）加以详细说明，这种胚胎学的表述成就，的确在世界医学史上绝无仅有。

藏医从大的阶段，将胎儿的发育分为早期发育的"鱼期"（第1—9周）、中期发育的"龟期"（第10—17周）、末期发育的"猪期"（第18—26周）三大发育阶段（关于三大阶段的分法原著并不明确，是晚期各种注释本补充的）。胎儿经过三个发育期之后，逐渐进入胎儿成熟期（第27—36周）。

《四部医典》原著是以每一周为单位描述胎儿的发育与成熟的过程的：第一周男女精血混合，彼此均匀而紧密地完全融合在一起；第二周混合后精血变得黏稠而形成糊状；第三周变得更黏稠；第四周变成较硬的血肉团；第五周血肉团变得坚硬，脐脉轮形成；第六周近脐带命脉形成；第七周眼睛形成；第八周头部形成；第九周胎儿生出整个身体（除了四肢以外），此时胎儿形体与鱼儿相似，故称为"鱼期"；第十周胎儿身躯显出两个胳臂和两个股骨的雏形；第十一周胎儿的眼、耳、口、鼻、二阴等九孔形成；第十二周胎儿的五脏（心、肝、脾、肺、肾）开始形成；第十三周胎儿的六腑（胃、大肠、小肠、胆囊、膀胱、精府）开始形成；第十四周上臂与大腿成形；第十五周下臂与小腿开始形成；第十六周手指与脚趾

① 藏文:《四部医典》（对勘本），中国藏学出版社2005年版，第131页。汉文:李永年译《四部医典》，人民卫生出版社1983年版，第73页。

形成；第十七周体内外的 16 条显露脉与无数非显露脉生成，这时形状与龟十分相似，故称龟期；第十八周肌肉与脂肪组织基本发育成形；第十九周韧带与筋腱开始形成；第二十周各种骨骼与骨髓开始形成；第二十一周全身的皮膜渐渐开始形成；第二十二周包括五官在内的九个孔窍开通；第二十三周头发、汗毛和指甲开始形成；第二十四周胎儿开始出现知觉，即开始有舒适与痛苦的感觉；第二十五周各个孔窍开始有了气息流通；第二十六周开始有意识；第二十七周至第三十周器官逐渐成熟；第三十一周至第三十五周胎儿逐渐长大；第三十六周进入分娩阶段。

公元 1688 年至 1704 年完成藏医彩色挂图（sman thang）80 幅，其中有关胚胎形成与发育的彩图是第五图，这当中还包括一系列的小图（rdevu vgrems），画得栩栩如生，非常逼真。

（四）精密度极高的解剖学

唐代（8 世纪）成书的《四部医典》，对于人体解剖学的研究，可以说比西医的人体解剖学早得多，也精细得多。西方公认，近代人体解剖学的奠基人，是比利时人维萨里（Andreas Vesalius，1514—1564）。而中国的《四部医典》的第二部《论说医典》中对于人体的解剖数据通过四讲讲述的人体组织结构及其正常量的数据[①]比西方早了整整八个世纪。

【第一讲】讲了隆、赤巴、培根三因的正常量（上文已介绍，不再赘述）；人体的七精和三垢的正常量都非常具体；其中血和粪便 7 捧，尿和黄水 4 捧，油和脂肪 2 捧，脑颅 1 捧；肌肉 500 握，肌腱 900 握，肌肉 500 握，其中妇女乳房和大腿 20 握；骨骼系统全身的骨骼 360 块，其中脊椎骨 28，肋骨 24，细小骨节 210 块，牙齿 32 只；筋络 16 条，头发 2.2 万根，汗毛孔 1100 万个，五脏六腑共九大窍……的正常量都非常精细而具体。

【第二讲】讲脉理，这里的"脉"包括：静脉、动脉、各种神经和腺体等，名称和现代医学相差甚远，而且理解完全不同。

脉有四种：定脉、有脉、联系脉、寿命脉：

1. 定脉（chags pavi rtsa）有三根：一根上形成大脑海，"贪"（情欲）常在此处形成，培根驻留在此。一根在中部成为命脉，另一根直通隐处；"嗔"（嗔怒）常在此处形成，赤巴也驻留在此。"痴"（无明）从而形成，隆驻留在此。

2. 有脉（srid pavi rtsa）有四类：第一类司官能想象，500 毛细脉，环绕在大脑附近。第二类司心灵清楚，500 毛细脉环绕在心脏周围。第三类司职全身发育，500 毛细脉，环绕在肚脐附近。第四类司繁殖后代，500 毛细脉，环绕在隐处附近。

3. 联系脉（vbrel bavi rtsa）分为黑白两大类：

黑脉（rtsa nag，可以理解为西医的静脉动脉，但又不完全相同）是 24 条增长血肉的大脉，脏腑内部连接八大隐脉（sbas pavi rtsa），四肢外连 16 脉，其中又分出放血脉 77 条，要害脉（不可放血）112 条，共计 189 条；内外中层脉 120 种，细脉分为 360 条；由此又分毫脉 700 条，再分为微脉遍布全身。

白脉（rtsa dkar，即隐脉 sbas pavi rtsa，可以理解为汉医的经络系统，或西医的神经系统）是大脑的神经脉络（系统），好像在海中，也好像地下的根系，其中传导润泽水脉 19

---

① 藏文：《四部医典》（对勘本），中国藏学出版社 2005 年版，第 35—38 页。汉文：《四部医典》，李永年译，人民卫生出版社 1983 年版，第 22—23 页。

条，内联脏腑之间好像丝带一般的隐脉 13 条，外连四肢的显脉 6 路，又可分出细小水脉 16 路。

4. 寿命脉络（tshe yi rtsa 命脉）有三条：第一条为从头到脚遍往全身；第二条司呼吸；第三条为灵魂。

【第三讲】讲全身要害处：肌肉的要害（sha gnad）有 45 处，骨骼的要害（rus nad）有 32 处，筋的要害（rgyus gnad）14 处，脏腑的要害（don gnad）13 处，脉络的要害（rtsa gnad）190 处，头部要害（mgovi gnad）62 处，项部要害（skevi gnad）33 处，胸膈上下的要害（byang khog stud smad）95 处，四肢要害（yan lag bzhivi gnad）112 处；人之要害处总共 302 处，其中最重的（rab tu gnyan pa）96 处，中等重要（vbring bavi gnyan）49 处。

【第四讲】讲孔窍。孔窍通内外，故而非常重要；内部管窍（nang gi bu ga）：命孔窍（呼吸系统）、食孔窍、以上介绍于人体的筋脉数量长短都有详细的记录。特别是对于人体的要害部位有多少处，这在古代战争年代里，救治金伤有极为重要的意义。

以上四讲都配有极为详细彩色挂图（即唐卡）说明。

（五）精辟独到的诊断方法和治疗方法

1. 诊断方法：藏医的诊断方法分望诊、脉诊、问诊三个方面：

①望诊：

望舌：藏医首先是望舌，包括望舌和望尿两大项。望舌是观察病人的舌，舌的红干粗、灰黄厚还是白薄无津等。

望尿：藏医对尿诊比较重视，尿诊之前要做准备，例验尿的头天晚上，饮食要忌口半夜不进食、不过度劳累、不与女人同房……验尿时间也有定时，一般要求在第二天的清晨；盛尿的容器最好是青铜盆、未生锈的白色铁盆、银碗等，只有这样才能保证尿液的色、性、气味不发生变化；尿液又分为水沫大小、红黄臭、白而清等。

②脉诊：藏医在望诊的基础上进行脉诊，脉象分为：空、急、数、洪、沉、细、迟等。脉诊同中医（汉医）的"切诊"十分类似，不赘述。

③问诊：在望诊和脉诊基础上，进行问诊。询问病人的病史、症状、疼痛点；胃口好坏，是否恶心呕吐，饮食状况，是否喜欢重腻、锐热、或者轻糙的食物；询问日常行为、体温以及惧寒、感觉烦热烦躁等各种问题，藏医的问诊包括"闻诊"。

另外，藏医对于"嗅"气味非常重视，包括病人身体和口腔中的一些气味，特别是尿的气味等。最后才完成诊断，进入治疗阶段。

2. 治疗方法，分食物疗法、行止疗法、药物疗法、外治疗法四种：

（1）食物疗法。首先考虑的因素就是认为饮食即是生命的必需品，也是致病原因之一，所以首先进行饮食调整。例如隆病就应该多吃十种食物（马肉、驴肉、獭肉、经年陈肉；谷物油、大蒜、大葱、红糖……），多饮四种饮料（牛乳、谷酒、蔗酒、骨酒）；赤巴病就应该多吃九种食物（牛肉、山羊肉、羚羊肉、狍子肉、野兽肉、青稞粥……），三种饮料（面汤、清凉水、凉开水）；培根病应该多吃六种食物（绵羊肉、野牛肉、野兽肉、鱼肉、蜂蜜、陈谷面……），三种饮料（牦牛奶酪、醇烈酒、滚开水）。

（2）行止疗法。是调整生活起居的疗法。如对隆、赤、培三种病须分别安排居住处所：隆病患者安排居住在暖和地方，多与好朋友相处；赤巴病患者安排居住在凉爽地方，居住安定，不要过多搬动；培根病患者安排居住在暖和地方，经常散步等。在安排生活起居之后，才谈到用药和理疗，这是藏医治病的主要思想。

（3）药物疗法。藏医药物分八性、六味。

【药物八性（sman gyi yon tan brgyad）】：重（lci）、轻（g. yang）、腻（snum）、粗（rt-sub）、凉（bsil）、热（tsha）、钝（rtul）、锐（rno）。

药物八性与隆、赤巴、培根，三因的关系：

重、腻、凉、钝可治赤巴。

粗、轻、热、锐可平培根。

轻、粗、凉性使隆增。

热、锐、腻性使赤巴生

重、腻、凉、钝使培根生

【药物六味（sman gyi ro drug）】：甘、酸、咸、苦、涩、辛。

药物六味与三因的关系：

甘（mngar）、酸（skyur）、咸（lan tshwa）、苦（kha ba）、涩（bska）、辛（tsha）。

甘、酸、咸可治隆病。

甜、苦、涩可治赤巴病。

辣、酸、涩可治培根病。

主要按照隆、赤、培致病三因，分别用药。隆、赤、培三种病使用的药性和药味都有极大区别。例如隆病用药的药味应是甘、酸、咸，而药性应是油腻、重油、软黏等。又如隆病可用汤药（sman thang）和酥油丸（sman mar）一类药品，而赤巴病宜用汤药和药散（sman phye），培根病宜用药丸和药灰一类药品。另外，隆病宜用缓泻药（vjam rtsi sle）、赤巴宜用峻泻药（sgos bshal），培根病宜用催吐药（skyur sman），等等。

（4）外治疗法（phyi dpyod）。它是藏医最具鲜明特色的疗法，历史悠久，方法独特，疗效显著，副作用小。雪域高原缺医少药，故而外治疗法发达。同样，外治疗法与隆、赤、培三种病有密切关系，须对症采用不同的外治疗法，或涂油揉搓，或用霍尔麦艾条灸，或是发汗、放血、冷浴，或是用温罨、火灸等特殊理疗方法。

下面仅重点介绍五种：

①放血疗法（gtar ga）。主要针对"血、赤巴"型热病、肿胀、各类疮、痛风等疾病的治疗，其中牛角放血法临床使用较广，此法适宜于各类关节痛、肿胀。

分三步骤：分先行准备、正行放血、术后护理。

·术前要服汤药使血液成熟，并分清好血和坏血。

·正行放血时，分结扎法和剖刺法，放学脉道共77条，确定放血穴位；放血时注意血色症候和放血量，当出现鲜红正常的血色时应立即停止，表示放血成功。

·放血后，用手指搓揉刀口，再用冰凉的石头压住。三日内不得饮酒。

②火灸疗法（me btsav）。主要针对"龙、培根"型寒病、消化不良、水肿、脓肿、癫痫、精神病、半身不遂等寒性疾病（除"痛风"外）的治疗。

分四个步骤：

·艾炷制作，艾叶要在秋月的吉日采集，按需要艾炷大小如羊粪、如诃子等。

·火灸穴位：腑脏穴位在背部有20穴，在身体前有22穴，头部、四肢关节和指趾29穴，总共71穴。

·方法有深灸、浅灸、表灸、微灸四种。

·艾炷火熄灭后，在火灸穴位周边用拇指按摩。灸后让患者起来活动，当晚禁忌饮水。

③罨敷疗法（dugs）。又名寒热敷法，主要针对"龙、培根"型病、消化不良、急慢性疼痛及皮肤出痘，其中，"霍尔梅"敷法使用较广。

分冷罨敷（bsil dugs）和热罨敷（tsha dugs）两种：

·冷罨敷宜用黎明时星宿未落之前取星光水激淋，或装入牛羊胃中冷敷。

·热罨敷宜用炒热了的盐、粮食、酒糟装入布袋里热罨。

④藏医药浴疗法。适用于"龙、培根"型病发作期、四肢僵硬及萎缩、肌肉僵直、黄水、各类皮肤病等。是将部分肢体或全身浸泡于药物煮熬的水汁中，然后卧热炕发汗，使腠理开泄、祛风散寒、化瘀活络，达到治病目的的一种疗法。藏医经典《四部医典》中列有专章讲述药浴疗法。13世纪藏医南北两派和宇妥宁玛·云丹贡布等历代藏医名家都著书论述药浴疗法。该法经久不衰，沿用至今。

药浴疗法分水浴（chu lums）和缚浴（bcing lums）两大类：

【水浴】包括天然温泉浴和药浴，如：矿泉水浴、甘露水浴（五种甘露药煮的水）、骨浴（地下久埋的大骨煮的水）、酒曲配的水浴。

【缚浴】包括清热缚浴和祛寒缚浴两大类，计20种。以清热缚浴为例，有粮食缚浴（粮食磨成粉，用芝麻油或菜籽油合成团，剃去头发敷上）、牛粪奶酪缚浴、花朵缚浴、5种甘露药缚浴、獐子粪煮酒缚浴、甘露药煮童尿缚浴等8种。

⑤涂搽疗法（byug pa）。适用于体弱、血色素低、面色苍白、少精等。

分油脂涂搽法14种和药膏涂搽法14种，共28种。按穴位涂搽身体并适度按摩。

结　语

伟大的藏医巨著《四部医典》除了博大精深的医学理论比较难懂以外，原作者是用偈诵体（韵文体古藏文）写成的，后人在阅读、学习、研究方面均感到困难，于是18世纪初叶，在第司·桑杰加措的主持下，陆续完成了大型成套的彩色医药教学挂图《曼唐》（sman thang），在藏语中，"曼"是"医"或"药"的意思，"唐"是唐卡的简称。《曼唐》的内容基本上就是《四部医典》和其他补充内容的形象化表现。对于人体的生理、病理、望诊、切诊、问诊、食疗；起居行止疗法、用药、理疗等各项都采用彩色图解方式向学习者传授。《曼唐》共80幅，几乎涵括了《四部医典》各个章节，对于后人深入了解藏医，培养年青藏医以及藏医工作人员行医方面，都起到关键性作用。因篇幅有限，请允许另文介绍。

此文有关藏医理论和行文上的错误在所难免，欢迎专家们批评指正！

参考文献

[1] 李永年译：《四部医典》，人民卫生出版社1983年版。

[2] 毛继祖、卡洛译：《蓝琉璃》，上海科学技术出版社2012年版。

[3] 蔡景峰、洪武娌：《〈四部医典〉考源》，大象出版社1999年版。

藏文

ༀ༎ དཔལ་ལྡན་རྩེ་སྦྱིན་པོ་ཡན་ལག་བརྒྱད་པ་གསང་བ་མན་ངག་གི་རྒྱུད་བཞི་ ཞེས་བྱ་བ་བཞུགས་སོ།། （< dpal ldan rgyud bzhi >）

ༀ༎ རྒྱུད་བཞིའི་འགྲེལ་པ་མེས་པོའི་ཞལ་ལུང་ ཞེས་བྱ་བ་བཞུགས་སོ།། （< rgyud bzhivi vgrel pa mes povi zhel lung >）

༄༅། སྡེ་སྲིད་སྨན་གྱི་ཁོག་འབུབས་ཞེས་བྱ་བཞུགས་སོ།། （ <sde srid sman gyi khog vbubs > ）

英文

Cai Jingfeng, Zhen Yan（Ph. D）：China's Tibetan Medicine, Foreign Languages Press, Beijing, China，2005.

附录：文中所有藏文都采用国际通行的"用拉丁符号转写藏文"的方法，为了读者方便附一个转写系统表。

【藏文拉丁符号转写系统（按字母顺序）】

辅音字母：

ཀ	ཁ	ག	ང	ཅ	ཆ	ཇ	ཉ	ཏ	ཐ	ད	ན	པ	ཕ	བ	མ
k	kh	g	ng	c	ch	j	ny	t	th	d	n	p	ph	b	m

ཙ ཚ ཛ ཝ ཞ ཟ འ ཡ ར ལ ཤ ས ཧ ཨ །   ཀྱ ཀ.. ཡ འ
tstshdz w zhzvyrlshsha   kyk..yav

元音符号：

ཨ ི ུ ེ ོ
a i u e o

国家图书馆藏西夏文《大般若波罗蜜多经》

黄延军*

内容提要　中国国国家图书馆所藏西夏文《大般若波罗蜜多经》共 21 卷，具有极高的文物价值和文献价值，已作为少数民族文献善本被《第一批国家珍贵古籍名录图录》收录。本文简要综述它的来源和收藏及研究状况，并以作者此前所作的系统解读为基础，指出它的主要特点及资料价值。

关键词　西夏文献　《大般若波罗蜜多经》　佛经　翻译

中国国家图书馆收藏的西夏文《大般若波罗蜜多经》共 21 卷，每卷有 9000 余字，总计 20 余万字①。这份西夏文资料数量较大，保存情况良好，具有极高的文物和文献价值。在 2008 年编订的《第一批国家珍贵古籍名录》中，它作为少数民族文字文献善本，被优先收录②。此 21 卷佛经出自黑水城遗址，是 1909 年科兹洛夫考察队所获西夏文献的一部分。这批西夏文献被带至俄国，藏于俄罗斯科学院圣彼得堡东方文献研究所。20 世纪 50 年代，苏联将之返还给我国后，此 21 卷西夏文佛经一直被中国国家图书馆妥善保存。国图曾请史金波先生整理西夏文献，这些经卷也在其中。由于当时所整理的西夏文献数量巨大，此佛经并未被系统解读，仅简单著录了经名、卷数、形制、校对者等基本信息。但对于后来的研究工作而言，这些基本信息已为进一步研究提供了重要线索，不失为一个良好的开端。此后，在《中国藏西夏文献》③《中国国家图书馆藏西夏文献》④ 书中，发表了此经的原件照片，对此经的全文解读即根据这些照片进行。

此 21 卷《大般若波罗蜜多经》均为抄本，多数卷为单墨栏⑤。据国图资料可知其形制等基本信息⑥：

---

* 黄延军（1978—　），女，壮族。中央民族大学少数民族语言文学系讲师。

① 中国国家图书馆所藏的 21 卷西夏文《大般若波罗蜜多经》分别为卷 18、21、22、26、27、34、71、93、94、95、96、97、103、104、112、113、281、283、293、294、355。

② 中国国家图书馆、中国国家古籍保护中心编：《第一批国家珍贵古籍名录图录》，国家图书馆出版社 2008 年版。

③ 宁夏大学、中国国家图书馆、甘肃五凉古籍整理研究中心编：《中国藏西夏文献》第 20 册，甘肃人民出版社 2005 年版。参看第 1 册，第 19—367 页，包括第 18、22、26、27、34、71、93、94、95；第 2 册，第 3—371 页，包括第 96、97、103、104、112、113、281、283、293、294、355 卷。

④ 宁夏社会科学院、中国国家图书馆、上海古籍出版社编：《中国国家图书馆藏西夏文献》第 4 册，上海古籍出版社 2005 年版。

⑤ 卷 34 无栏线。参看第 4 册，第 63—71 页。

⑥ 第 21、22、34 等卷每行字数实为 22 字。国图资料称每行 23 字，有误。第 26 卷每行字数实为 18，国图资料称 19，有误。

表 1 　　　　　　　　　　　　　　　各卷基本情况

序号	卷次	面数	行数	字数	栏高（厘米）	保存情况	本卷字数（千字）	备注
1	18	62	7	21	29.5	首尾完整	约 9.6	字迹端正
2	21	57	7	22	30.0	尾页略残	约 9.5	字迹与上似
3	22	59	7	22	30.2	首尾完整	约 9.6	字迹与上似
4	26	61	7	18	26.1	首尾完整	约 8.9	字迹与上似
5	27	65	7	19	26.1	首尾完整	约 9.0	字迹与上似
6	34	63	6	22	无栏线	首尾完整	约 9.1	字迹明显不同
7	71	77	6	18	25.0	首尾完整	约 9.2	字迹与1—5似
8	93	71	6	18	26.5	首尾完整	约 8.3	字迹与上似
9	94	69	6	19	26.6	首尾完整	约 8.6	字迹与上似
10	95	69	6	18	26.0	首页略残	约 8.4	字迹与上似
11	96	70	6	18	26.2	首尾完整	约 8.4	字迹与上似
12	97	73	6	18	26.4	首尾完整	约 8.9	字迹与上似
13	103	56	7	20	26.2	首尾完整	约 8.5	字迹与前皆不似
14	104	60	7	18	25.5	首完尾残	约 8.2	字迹与1—5似
15	112	49	7	21	25.5	首尾完整	约 8.8	字迹与13略似
16	113	75	6	18	27.2	首尾完整	约 9.1	字迹与前皆不似
17	281	64	7	18	26.2	首尾完整	约 9.4	字迹与13略似
18	283	57	7	24	29.0	首尾完整	约 10.1	字迹与前皆不似
19	293	58	7	18	25.5	首尾完整	约 8.3	字迹与13略似
20	294	9	7	18	25.5	首尾皆残	约 1.2	字迹与13略似
21	355	59	7	18	26.2	首尾完整	约 8.6	字迹与16略似

　　由上表可以看出，这 21 卷经书形制并不统一，应为不同写手所抄。序号为 1—5、7—12 及 14 的经书字迹大致类同，架构端庄，笔致圆润，颇与当时的敦煌汉文写经中一些精抄本的字体神似。其余几种字迹，或过于硬瘦或过于敦实，皆不如上述这种字迹优美。尤其是卷 34，无栏限，字迹细密，笔触生硬，与其他卷差别很大。卷与卷之间或有差异，但在每卷经书内部，尤其是抄写字迹比较端正认真的卷中，每面行数和每行字数都遵循一定规范，较为统一。

　　西夏文《大般若波罗蜜多经》由于卷帙众多，因而存世量较大。在中、俄、英、法等国均有收藏。其中数量最多、保存最完整的是在俄国，藏于前所述俄罗斯科学院圣彼得堡东方文献研究所。克恰诺夫在《西夏佛经目录》书中对这部分俄藏西夏文《大般若波罗蜜多经》做了著录①。据此目录，俄藏已知大般若经有 1600 余件。斯坦因所获的西夏文《大波若波罗蜜多经》则藏于英国国家图书馆②，已知有 270 余件。伯希和所获的西夏文献多为残片，藏于法国国家图书馆，其中大般若经仅两片，存 16 字③。中国所藏大般若经数量仅次于俄国。国内除国家图书馆上述收藏之外，在内蒙古自治区文物考古研究所、西安博物院等地还有少量收藏④。

　　在系统解读此 21 卷佛经，并与《大正藏》进行比对之后，可以完全确定，此《大波若波罗蜜多经》为西夏人据唐玄奘汉文本所译⑤。

　　《大般若波罗蜜多经》（Mahāprajñāpāramitā-sūtra），常简称《大般若经》或《般若经》。为宣说诸法皆空之义的大乘般若类经典的汇编。梵本总二十万颂，玄奘在取经归来，将之带回长安。后于玉华寺，自显庆五年（660）至龙朔三年（663），历时近 4 年，将之译为 600 卷⑥。全经包括十六会。第一会有经文共 400 卷，本文所述 21 卷即在其中。此会纯为玄奘初译。其余前代未有译本而由奘初译出的还有九会，即第三会五十九卷、第五会十卷、第十会至第十六会二十三卷。玄奘初译共四百九十二卷。前代已有译本而由奘重译或改译的有六会：第二会旧有西晋竺法护译十五卷《光赞般若波罗蜜经》、西晋无罗叉竺叔兰译二十卷《放光般若波罗蜜经》、姚秦鸠摩罗什译二十七卷《摩诃般若波罗蜜经》等三种，玄奘译为七十八卷；第四会旧有后汉支娄迦谶译十卷《道行般若波罗蜜经》、后汉竺佛朔译一卷《道行经》、吴支谦译四卷《大明度无极经》、西晋竺法护译四卷《新道行经》、苻秦昙摩蜱竺佛念译五卷《摩诃般若蜜钞经》、姚秦鸠摩罗什译十卷《小品般若波罗蜜经》等，玄奘译为十八卷；第六会旧有陈月婆首那译七卷《胜天般若波罗蜜经》一种，玄奘译为八卷；第七会旧有梁曼陀罗仙译二卷《文殊师利所说摩诃般若波罗蜜经》、梁僧伽婆罗译一卷《文殊师利

　　①　Е. И. Кычанов，*Каталог тангутских буддийских памятников*，Киото：Университет Киото，1999.

　　②　西北第二民族学院、上海古籍出版社、英国国家图书馆：《英藏黑水城文献》，上海古籍出版社 2005 年版；陈寅恪：《斯坦因 khara-khoto 所获西夏文大波若经考》（敦煌资料），上海古籍出版社 1980 年版。

　　③　西北第二民族学院、上海古籍出版社、法国国家图书馆：《法国国家图书馆藏敦煌西夏文文献》，上海古籍出版社 2007 年版。

　　④　参看宁夏社会科学院、中国国家图书馆、上海古籍出版社编《中国国家图书馆藏西夏文献》第 4 册，上海古籍出版社 2005 年版；中国国家图书馆、中国国家古籍保护中心编《第二批国家珍贵古籍名录图录》第 10 册，国家图书馆出版社 2010 年版。

　　⑤　西夏文本上未注明所据汉文本为玄奘译本，但前人据西夏文本内容早已判定此经所据汉文本即玄奘本。经过系统解读，仔细比对之后，不过是再次证实前人的判断。

　　⑥　曾了若编：《玄奘法师年谱》，台湾商务印书馆 1986 年版，第 198—201 页。

所说般若波罗蜜经》两种，玄奘译为二卷；第八会旧有后汉严佛调译二卷《濡首菩萨无上清净分卫经》、宋翔公译二卷《软首菩萨无上清净分卫经》两种，玄奘译为一卷；第九会旧有姚秦鸠摩罗什译一卷《金刚般若波罗蜜经》、北魏菩提流支译一卷《金刚般若波罗蜜经》、陈真谛译一卷《金刚般若波罗蜜经》、隋笈多译一卷本《金刚能断般若波罗蜜经》四种，玄奘译为一卷①。

经过全面解读此 21 卷西夏文佛经，我们可以发现一些有趣的情况。

大般若经最为突出的一个特点是文句回环往复，卷中字词句重重叠叠，往往令人目眩。抄手在抄经时，难免偶尔会整句遗漏或重复。脱文时，若仅一二字，常以细字在行右侧缝隙间增补，并于应补入处行右侧以一小钩标识。此小钩开口向右下，尖角斜向左。若脱漏字数较多，则另有一种常用的补足方法是粘贴纸条，再以细字写入，使卷面显得比较规整。衍文时，一般是在衍文行右侧标一小十字星符号，表示删除。此外，还采用另裁纸条粘贴覆盖的方法删去衍文。不过，后者不仅操作麻烦，还会留出长条空白，看上去粗糙突兀，十分影响美观，因而较少用到。偶尔也有在此空白处画上图案来美化的情况。此外，当字词先后颠倒时，一般于后一字的右侧轻描一细钩，开口向上，尖角斜向左下。另有一种并非为了删改而刻意墨染，致使字句脱漏的情况，原因不明②。

表 2   修改方法及示例

功能	增补脱文		删除衍文			修改讹文	调整倒文
方法	小勾	修改并增补	十字星	粘贴纸条	粘贴并美化	粘贴修改	小钩
实例							"𗿵𗰣"（定第）次序颠倒，应为"𗰣𗿵"（第定）。③

上面已经提及大般若经文句回环往复的语言特色。这一特点向来被西夏学界诟病。展卷阅读，起初只觉得经文绕来绕去，了无新意，让人气闷。研究者们于是常觉得花费时间多，获得新信息量少，研究效率不高。这也是此经虽然保存量巨大，保存情况良好，但少有人去彻底解读它的原因。

大般若经汉文本和西夏文本的这种语言特点的产生，是源自梵文原本回环往复、一唱三

---

① 蒋维乔：《中国佛教史》，扬州书社 2008 年版，第 26—28 页。

② 仅在第 18 卷中就有 5 处。墨染处十分方整，边缘流畅规则，显然是有意而为。但墨染后不仅没有订正的功效，反而导致字词因被墨色覆盖而脱漏，应该是贴覆在其上的字条脱漏而致。

③ 原文为"𗷀𗵒𗿵𗰣𗄊𗾟"（九次第定十遍）。

叹的语言特色。玄奘的翻译风格重实，经由他的翻译，把梵文本的这个特点继承到了汉文译本中。但由于两种语言的差异，玄奘用忠实于梵文原文的方法所翻译的汉译文，音节之间缺乏呼应，仅得原典回环往复之形，却难以表现原典一唱三叹的音律节奏之美。西夏译本的翻译则忠实于汉文本，字句重重叠叠，但音节之间似亦缺少有意识的呼应。这两种文本里，字句重复颇多，单位字词表达新信息量的效率不高。从这一角度看来，汉文本和西夏文本的研究价值确实打了折扣。

但从另一方面看来，这种忠实于原文的翻译方法却可以最大限度地保留原文的特色，为后人的研究提供便利。由于西夏语是一种人们早已经不再使用的所谓的"死语言"，而且关于它的历史文献资料也并不完备，因而西夏语文中还有许多谜题待解。在解读西夏文文献时，对于某些字词和它们的语法功能，在参照对象缺乏或不充分的情况下，人们往往或没有给予足够关注，或各有不同看法。而大般若经语句回环往复，结构规整、字句重叠，恰似清澈透明的流水，其中包含的特殊字词和语法现象就像流水中的石头一般清晰可见，甚至还激起浪花，这就给我们提供了发现和借助的上下文来理解个别特殊语言现象的良好条件。例如，西夏文的"𗫿、𗾱、𗏇、𗉔、𘝗"等否定词，大体看来都是"无、不、没有"的意思。但在西夏文大般若经中，它们出现得相当有规律，有自己特有的搭配对象，互相之间纹丝不乱。如下表 3 所示。

表 3

西夏否定词	组合	汉义	备注
𗫿	𗫿𗗉	非有	𘝙𘓶𗤒𗫿𗧠𗗉 此增语既非有 𗙹𘟛𗫿𗗉𘍦 尚性非有故
	𗫿𗫨	非人	
	𗫿𘈈	无常	
	𗫿𗅉	不净	
	𗫿𘏞𗸕	不可乐	
	𗫿𘔼𗗊𗤒	无忘失法	𘔼（失） 𗗊（忘）
	𗫿𘈙𗫿𘍏𘐆	无异无断	
	𗫿𗖻𗫿𗊟𗫿 𘟛𗫿𘈙	非一非二非多非异	此为词组
	𗖻𗫿𗫿𘑲	一来不还	
	𗫿𗖼𘑲	不退转	
	𗫿𘘚𗤒	不共法	𘋞𘟀𗫼𗫿𘘚𗤒 十八佛不共法
	𗫿𘈅𘐨	不动地	
	𗫿𘑲𘅤	不还向	
	𗫿𗵒	不生	𘔼𗗉𗵒𘝞𗫿𗵒𘄒 波罗蜜多与不生
	𗫿𘄒	不也	𗫿𘄒𘟛𘘚 不也世尊
	𗫿𗵒𗫿𘈑	不生不灭	

续表

西夏否定词	组合	汉义	备注
〔西夏文〕	〔西夏文〕	非	〔西夏文〕地界若净若不净增语菩萨摩诃萨① 〔西夏文〕非波罗密多戒
〔西夏文〕	〔西夏文〕	无我	
	〔西夏文〕	不思议	
	〔西夏文〕	无边	
	〔西夏文〕	繁无天	
	〔西夏文〕	热无天	
	〔西夏文〕	无等	
	〔西夏文〕	无疑	
	〔西夏文〕	不可得	
	〔西夏文〕	四无所畏	逐字对译为：四畏所无
	〔西夏文〕	无漏	
	〔西夏文〕	四无碍解	逐字对译为：四碍无解
	〔西夏文〕	无罪	
	〔西夏文〕	无明	
	〔西夏文〕	无相	
〔西夏文〕	〔西夏文〕	无为	此字在这21卷经中还作为第91、93、95、96、97卷的卷帙号。
〔西夏文〕	〔西夏文〕	无量	〔西夏文〕四无量四无色
	〔西夏文〕	不能	

上表为大般若经中否定词及其与其他词搭配的基本情况②。通常对应汉文"不"的是"〔西夏文〕"，在这21卷经中，它出现频率最高，是最常用的否定词。"〔西夏文〕"也可以用来翻译汉文"非、无"。"〔西夏文〕"则是另一个很常用的否定词，它一般对应汉文的"无"，但也可以用来翻译汉文的"不"。只不过，"〔西夏文〕"一定位于被否定词之前，而"〔西夏文〕"则位于被否定词之后。"〔西夏文〕""〔西夏文〕"则较少出现。在此21卷经中，这四个否定词与被否定词之间的组合比较固定，而且，由于大般若经的特点，这些组合也反复出现，但互相之间泾渭分明，从不换用。比如，"〔西夏文〕"（无量）绝对不会写成"〔西夏文〕""〔西夏文〕"或"〔西夏文〕""〔西夏文〕"，也绝对不会写作"〔西夏文〕"。与前述四个否定词不同，"〔西夏文〕"虽然也很常用，但在此21卷经中，它一般用于否定整个句子，不与其他词构成较固定的组合。

在《大波若波罗蜜多经》中，由于语句的结构规整，而且多次重复，这种否定词的使

---

① 在此经中，该词常用于否定整个句子，一般不与其他词组合搭配。

② 另有"〔西夏文〕"用来翻译"無上正等"，以及"〔西夏文〕（無上乘）"，但"〔西夏文〕"意为"极、最、甚"，并非否定词。"〔西夏文〕"用来翻译"等無間"，但对译应为"先后同"，没有否定词"无"的意思。

用特点才如此鲜明，而且便于研究者将上下文进行对照。当然，若仅分析一种材料，是很难圆满解释某种语法现象的。我们如果仅就此经进行研究，就很难回答这些问题：上述否定词的使用习惯究竟是此经独有的语言风格，还是能够在其他西夏文文献中得到验证的普遍现象？如果是普遍现象，隐含的语法规则是什么？如果是大般若经独有的语言特色，造成这个特色的原因又是什么？但无论如何，此21卷佛经提醒人们注意到了这个现象。这仅仅是其中一个例子，此外有意思的现象还不少。由此可见，这样一份数量巨大、保存较完好的西夏文献资料，应该得到学界的重视。对它进行系统解读和研究，也必然能够为我们提供一些很有意义的研究资料。

西夏文《瑜伽师地论》考释

王 龙[*]

内容提要 存世的《瑜伽师地论》有梵文、汉文、藏文、回鹘文和西夏文等多种文本。本文探讨的是该经的西夏文译本,西夏文《瑜伽师地论》存四卷,俄罗斯科学院东方文献研究所藏卷五十九和卷八十八,法国国家图书馆残存卷三十三尾题,中国陕西西安市文物保护考古所藏卷五十八。此外,还流传有黑水城出土的汉文本《瑜伽师地论》卷三十二和卷三十八之部分内容,说明《瑜伽师地论》在西夏当时十分流行。本文参考汉文本对西夏文《瑜伽师地论》卷五十八进行了译释,并将原文献顺序重新调整,就其文献的版本和相关术语作了探讨。

关键词 西夏文 《瑜伽师地论》 佛教

《瑜伽师地论》(梵文 Yogācāra-bhūmi-śāstra),简称《瑜伽论》,为大乘佛教瑜伽行唯识学派及中国法相宗的根本论书,由唯识宗的创始者无著菩萨所著,《瑜伽师地论》就是论明三乘行人修习境、行、果相应的境界,本论依次论述了十七种境界,所以《瑜伽师地论》又简称为《十七地论》。[①] 存世的《瑜伽师地论》有梵文、藏文、回鹘文和西夏文等多种文本。本论的梵文原本全文,直到 1936 年,才由印度的罗睺罗在西藏的萨迦寺发现录写归国,陆续刊印。在此之前,印度只存在《菩萨地》部分梵文本。本论的汉文译本,在唐译全本问世之前,已有多种节译本。汉文译本共 100 卷,分成五分,即《本地分》《摄决择分》《摄释分》《摄异门分》和《摄事分》。藏文译本比汉文节译本全,题为《瑜伽行地》(*Rnal-hbyor spyod-pahi sa*),与唐译本分卷有异。全本共分八个部分,即前十二地、声闻地、菩萨地、摄决择、摄事、摄调伏、摄异门和摄释。此译本纳入藏文大藏经的丹珠尔部。藏译本《瑜伽行地》是"无著菩萨造",印度人 Prajnyavarma、Jinamitra、Surendrabondhi 及藏人智军分组译出,也分成五分,但次第是《本地分》《摄决择分》《摄事分》《摄异门分》和《摄释分》。此外,还有回鹘文本的《瑜伽师地论》。

西夏文本《瑜伽师地论》(𘔎𗍧𗣀𗤛𗧿𗷲),译自唐玄奘同名汉文本。现存四卷,即卷五十九、卷八十八、卷五十八和卷三十三,现分别简述如下:

卷五十九和卷八十八于 1908—1909 年在内蒙古额济纳旗的黑水城遗址出土,今藏俄罗斯科学院东方文献研究所,迄今尚未刊布。书题著录首见戈尔巴切娃和克恰诺夫于 1963 年

---

* 王龙(1985—),男,中国社会科学院研究生院 2013 级博士研究生。
① 王梅林:《瑜伽师地论解题》,台北:佛光书局 1998 年版,第 3—13 页。

合著的《西夏文写本和刊本》，题作"瑜伽师地本母"，编号为 инв. No. 901 和 инв. No. 5133。①西田龙雄在《西夏文佛经目录》中将其著录为《瑜伽师地本母》，据题勘同《大正大藏经》第 1579 号"瑜伽师地论 Yogācāra-bhūmi-śāstra"或《藏文佛经》第 5536 号"瑜伽行地 Rnal-hbyor spyod-pahi sa"。② 其后，克恰诺夫在《西夏佛典目录》中明确指出西夏译本译自汉文本，并对这些版本的形制做了较为详细的描述。③ 对照上海古籍出版社蒋维崧、严克勤两位先生 20 世纪末从俄国圣彼得堡摄回的照片，我们得以了解《瑜伽师地论》的原貌。其版本的基本情况为：

1）инв. No. 5133，卷五十九，写本，麻纸卷子装。纸幅 21cm × 642cm，无边栏。行 17 字，草书。卷尾署光定元辛未年十一月（1211 年 11 月）抄，④ 佚卷首。

2）инв. No. 901，卷八十八，写本，麻纸卷子装。纸幅 21cm × 477cm，无边栏。行 22 字。结尾有经题。

卷三十三《法国国家图书馆藏敦煌西夏文文献》中残存有《瑜伽师地论》卷三十三尾题"𗼇𗴿𗹦𗉾𗩾𗿒𗗙𘄒𗅆𗅆𗰛 𗾞"，说明西夏文《瑜伽师地论》卷三十三也有留存，遗憾的是我们还没有见到文献的正文部分。

卷五十八是新中国成立之初经由当时的西北军政委员会转交而来的，其出土地点及具体来源情况俱不可考，⑤ 今藏西安市文物保护考古所，刊布于甘肃人民出版社与敦煌文艺出版社联合出版的《中国藏西夏文献·陕西卷》第十五册，编号 S21·005 [2gz58]。该书"叙录"对之做如下介绍："西夏文写本《瑜伽师地论》，梵夹装，残存 29 面，高 29 厘米，宽 12 厘米，上下双框，高 25 厘米。面 6 行，行 18 字，以西夏文行书写成，字迹工整。经译释，知为《瑜伽师地论》卷第五十八中后部分。经背有汉文经文 10 面 46 行，计 613 字，内容基本为供养短文或所谓请魂文。"⑥ 孙福喜、赵斌在该书"综述"中对之做如下介绍："该经为梵夹装，残存二十九面，字迹工整。内容大致类似于唐玄奘所译《瑜伽师地论》卷五十八中后部分。该经经背有汉文经文十面，内容皆为所谓供善文或请魂文，值得注意的是，文中曾先后两次提及'摩尼'之名，似乎表明该文与摩尼教有某种内在联系，倘事属不谬，则其对于更全面深入地认识和研究西夏宗教无疑具有重要的学术价值。不过由于文中未见作者、年代等内容，故目前尚难断定其是否确与西夏有关。"⑦

此外，经宗舜考证，《俄藏黑水城文献》第四册汉文文献中残存有《瑜伽师地论》卷三十八"持瑜伽处力种姓品第八"的残叶 6 件。⑧《俄藏黑水城文献》中还残存汉文本《瑜伽

① З. И. Горбачева и Е. И. Кычанов, Тангутские рукописи и ксилографы, Москва：Издательство восточной литературы，1963. стр. 105. 汉译本见中国社会科学院民族研究所历史研究室资料组编译：《西夏文写本和刊本》，《民族史译文集》1978 年第 3 期。

② 西田龙雄：《西夏文华严经》第 3 册，东京：京都大学文学部 1977 年版，第 32 页。

③ Е. И. Кычанов. Каталог тангутских буддийских памятников，Киото，Университет Киото，1999，стр. 449—450.

④ 克恰诺夫《西夏佛典目录》作"光定五年"（1215）。

⑤ 史金波、白滨：《西安市文管处藏西夏文物》，《文物》1982 年第 4 期。

⑥ 宁夏大学西夏学研究中心、中国国家图书馆、甘肃五凉古籍整理研究中心：《中国藏西夏文献》第 15 册，甘肃人民出版社、敦煌文艺出版社 2005 年版，第 346 页。

⑦ 同上书，第 271—272 页。

⑧ ［俄］孟列夫主编：《俄藏黑水城文献》第四册，上海古籍出版社 1997 年版，第 58 页。编号为"俄 TK166P"，定名为"佛书残片"；宗舜：《〈俄藏黑水城文献〉汉文佛教文献拟题考辨》，《敦煌研究》2001 年第 1 期。

师地论》卷三十二部分内容，《瑜伽师地论》西夏文本和汉文本的出土，说明《瑜伽师地论》在西夏当时十分流行。本文所要介绍的西夏文《瑜伽师地论》卷五十八，相关的解读可以为西夏佛教史和西夏语文学研究提供一些帮助。

至于《瑜伽师地论》的西夏译经时代，只有《瑜伽师地论》卷五十九保留了一条模糊的信息——这部著作的卷尾有一则年款：

（西夏文草体年款）

（西夏文楷体年款）

[光定元辛未年十一月]

凭经验可以判断，最前面的两个字应该是年号"光定"无疑，紧挨着的三个字是解读的关键，克恰诺夫最初认为应该译成"光定五年十一月"，折算为1215年11月23日—12月22日，即夏神宗光定乙亥五年，看来他心目中的对应楷书形式是"（西夏文）??（西夏文）"（光定?? 五年十一月）。现在看来，"光定"和"年十一月"的转写和翻译当无疑问，而另外三个字还需要进一步讨论。

根据字形判断，第四个字当为"（西夏文）"（辛），第五个字的意思是"某年"，克恰诺夫识解成"（西夏文）"（五），未免与原件的草体字形相差过远。另外，假如它真的是克恰诺夫识读的"（西夏文）"，自然就意味着对应于干支的"乙亥"，可是我们知道，当时的中国人如果只用干支中的一个字来记年，那么使用的字一定是来自"地支"而非"天干"，例如西夏文献的书字人题款中常见"午年""未年"，用元白话也可以说"马儿年""羊儿年"，等等。由此考虑，我们应当认为"（西夏文）"字对应的楷体字是十二地支里形体最相近的"（西夏文）"（未）。

夏神宗朝的"光定"凡13年（1211—1223），其中的"未年"有二，即"辛未"（1211）和"癸未"（1223）。加上第三个字（西夏文）（元、初），所以《瑜伽师地论》抄写于1211年，这一点是可以认定的。

另外一个值得注意的情况是书籍的装订。我们看到，西夏译本《瑜伽师地论》卷五十八的原拍图版是错乱的，下面是卷五十八的正确次序和原拍次序的对照：

正确次序：15－1→15－11→15－2→15－3→15－4→15－5→15－6→15－7→15－8→15－9→15－10

原拍次序：15－1→15－2→15－3→15－4→15－5→15－6→15－7→15－8→15－9→15－10→15－11

下面我们将对西夏文《瑜伽师地论》卷五十八中后部分做一解读，首列西夏文，其次为汉译文，最后为校注。其中西夏文中符号【】指示的是S21·005［2gz58］的叶次；a、b分别是梵夹装的两面，西夏文［］中是根据汉文本和上下文对残损部分的西夏文加以拟补的内容，并在校注中加以说明，实在难以拟补的用□标示。

西夏文：

……【15－1a】［（西夏文）］，（西夏文）　（西夏文）［（西夏文）］。

（西夏文段落，内含残损字符与拟补符号，如［（西夏文）］、□□□等，并有【15－1b】标记）

𗾔。𗙙𗏵𗂧𗣼𗋽𗏩。𗜓𗰗𗂧𗜓、𗙙𗋽𗎵𗆅：𗙙𗫂𗏵𗆫𗘂𗏵𗘂𗂧𗴩𗾔、𗏵𗂧𗓁𗆅；𗿒𗫂𗾔𗾔𗥃𗙙𗏵𗓁𗏩。𗫅𗙙𗏵𗂧𗣼𗋽𗆅。𗘂𗆅𗾔𗮑、［𗏵］𗾔𗆅𗾔𗑱𗏵𗥃𗌆、𗈪𗆀𗏵𗘂𗏵𗧑𗗙𗓁�R𗆅；𗫅……

汉译文：

……［如是八种烦恼］[1]随眠、迷于灭谛，见灭所断。

云何迷道有八随眠？谓无世间真阿罗汉[2]、乃[3]至广说。此中所有诽谤一切邪见智为导首有为无漏、是迷道谛所起邪见。[4]又诸沙门若婆罗门、不死矫乱邪见一分[5]、亦迷于道。又诸外道谤道邪见、彼谓沙门乔答摩种为诸[6]弟子说出离道、实非出离，由此不能尽出离苦[7]。佛所施设无我之见、及所受持戒禁无随法[8]、是恶邪道；非正妙道。如是亦名迷道邪见。又彼外道、作如是计：我等无所行若行若道[9]、是真行道；能尽能出一切诸苦。如是亦名迷道邪见。若有见取、取彼[10]邪见以为第一、能得清净解脱出离；[11]……

校注：

［1］《瑜伽师地论》卷五十八"摄决择分中有寻有伺等三地之一"西夏文本前部已佚，相应汉本从"如是已说五识身相应地意地决择。有寻有伺等三地决择、我今当说。"至"如是八种烦恼随眠"。

［2］谓无世间真阿罗汉，即西夏文"𗙙𗥃𗟻𗣫𗴂𗿒𗏵𗓁𗆅"，汉文本作"谓拨无世间真阿罗汉"。

［3］西夏文"𗏵"原残，据残存笔画和汉文本"乃至广说"补"乃"。

［4］"此中所有诽谤一切邪见智为导首有为无漏、是迷道谛所起邪见"，即西夏文"𗙙𗫂𗾔�R𗆅𗓁�R𗓁𗜓�R�R𗆅�R�R𗘂𗋽�R�R�44𗁅�R�R𗵣"，汉文本作"此中所有诽谤一切智为导首有为无漏、当知此见、是迷道谛所起邪见"。

［5］西夏文"𗹦"原残，据残存笔画和汉文本"不死矫乱邪见一分"补"分"。

［6］以上四字原缺，相应汉文本为"乔答摩种"。

［7］西夏文"𗈪𗆀𗵣𗗙"三字原缺，据汉文本"由此不能尽出离苦"补"尽出离苦"。

［8］及所受持戒禁无随法，即西夏文"𗆅𗜓𗙙𗓁𗵣𗓁𗮑𗵣𗓁�R"，汉文本作"及所受持戒禁随法"。西夏本"𗓁"字疑衍，当删。

［9］我等无所行若行若道，即西夏文"𗙙𗫂𗏵𗆫𗘂�R𗘂𗂧𗴩�R"，汉文本作"我等无所行若行若道"。西夏本"�R"字疑衍，当删。

［10］西夏文"�R"原残，据残存笔画和汉文本"取彼邪见以为第一"补"彼"。

［11］以下缺，相应汉本为：

"如是名为迷道见取。若于随顺彼见诸法所受戒禁取为第一、能得清净解脱出离；是名迷道戒禁取。所余贪等迷道烦恼、如迷灭谛道理应知。如是八种烦恼随眠、迷于道谛，见道所断。

如是已说见断诸漏。云何修道所断诸漏？谓欲界嗔恚、三界三种贪慢无明、由彼长时修习正道、方能得断；是故名为修道所断。又彼烦恼界界地地皆有三品。谓下中上。能断之道、亦有三品。下品之道、能断上品修断诸漏；中能断中；上道断下。又彼修道所断诸漏、于有漏事任运而转；长时坚固、于自所迷事难可解脱。

是名建立烦恼杂染迷断差别。

复次即如所说见修所断诸漏烦恼、当知略有五种所缘。一、缘邪分别所起事境；二、缘见境；三、缘戒禁境；四、缘自分别所起名境；五、缘任运坚固事境。

此中若缘苦集事境所有诸漏、是缘邪分别所起事境。见取贪等见断诸漏除疑、是缘见境、戒禁取、是缘戒禁境。缘灭道境及缘不同分界境所有诸漏、是缘自分别所起名境。何以故？非此烦恼能缘灭道，亦不能缘不同分界、非无所缘故。修所断漏、是缘自任运坚固事境。

云何建立烦恼杂染对治差别？

谓略四种。一、相续成熟对治，二、近断对治，三、一分断对治，四、具分断对治。如声闻地已具说十三种资粮道、名相续成熟对治。如声闻地已具说暖顶忍世第一法、决择分善根、名近断对治；见道、名一分断对治；修道、名具分断对治。

问：升见道圣者智行有何相？由几心故、见道究竟？云何当舍见所断惑、顿耶？渐耶？

答：升见道者所有智行、远离众相。

尔时圣智虽缘于苦；然于苦事不起分别、谓此为苦取相而转。如于苦谛，于集灭道、亦复如是。尔时即于先世俗智所观谛中一切想相、皆得解脱，绝戏论智、但于其义缘真如理、离相而转；其于尔时智行如是。建立见道、由二道理。一、广布圣教道理。有戏论建立。二、内证胜义道理。离戏论建立。依初建立增上力故、说法智品有四种心；种类智品亦有四心。随尔所时八种心转，即尔所时、总说名一无间所入纯奢摩他所显之心。如是总说有九种心见道究竟。随尔所时、如所施设苦谛之相、了别究竟；即尔所时说名一心。第二建立增上力故、说有一心。谓唯依一证真如智相应心类、见道究竟。此中亦有奢摩他道、如前应知。

又立二分见道所断烦恼随眠。一、随逐清净色，二、随逐心心所。由见道中止观双运，故圣弟子俱时能舍止观二道所断随眠。"

西夏文：

……【15－11a】（西夏文）……【15－11b】（西夏文）……

（西夏文）……【15－2a】（西夏文）……

汉译文：

……［故圣弟子俱］[1]时能舍止观二道所断随眠。第一，观所断；第二，止所断。是故见道说名究竟。若言观品所摄诸智见断随眠随逐生者；应不名对治体性[2]。由此因缘薄伽梵[3]说随信行者、随法行者、入见道时、名为第六行无相行补特伽罗[4]。非信胜解、见得、身证、慧脱、俱脱、五得其名。由彼于灭住寂静想，是故说彼名住无相。

譬如良医拔毒箭者、知痛熟已、利刀先剖，脓虽渐出、犹未顿尽；后更广开周回弥搦，脓出漉尽，未能甚净；疮门尚开、为令敛故，或以腻团、或以腻帛、而帖塞之；如是渐次肌肉得敛。令义易了、故作此喻。此中义者，如已熟痛，随顺见道所断诸漏处事亦尔[5]。如利刀剖，毗钵舍那品所摄见道[6]。亦尔。如周𭀁搦，奢摩他品所摄见道[7]、亦尔。如脓，见道所断随眠漏[8]，亦尔。如疮未净未敛、修道所断诸漏漏事[9]、亦尔。如腻团帛、修道[10]、亦尔。

校注：

[1] 以上缺，相应汉文本为"故圣弟子俱"。

[2] 应不名对治体性，即西夏文"􀀀􀀀􀀀􀀀􀀀􀀀"，汉文本作"应不得名对治体性"。

[3] 薄伽梵，即西夏文"􀀀􀀀􀀀" ∗pho¹ khja² xiwaã¹，梵文 Bhagavān，为佛陀十号之一，诸佛通号之一。又作婆伽婆、婆伽梵、婆哦缚帝。意译有德、能破、世尊、尊贵。即有德而为世所尊重者之意。

[4] 补特伽罗，即西夏文"􀀀􀀀􀀀􀀀" ∗pu¹ te¹ khja² lo¹，梵文 pudgala，意译为数取趣、人、众生，指轮回转生的主体而言。数取趣，意为数度往返五趣轮回者。乃外道十六知见之一。即"我"的异名。佛教主张无我说，故不承认有生死主体的真实补特伽罗，但为解说方便起见，而将人假名为补特伽罗。

[5] 随顺见道所断诸漏处事亦尔，即西夏文"􀀀􀀀􀀀􀀀􀀀􀀀􀀀􀀀􀀀􀀀􀀀"，汉文本作"当知随顺见道所断诸漏处事亦尔"。

[6] 毗钵舍那品所摄见道，即西夏文"􀀀􀀀􀀀􀀀􀀀􀀀􀀀􀀀"，汉文本作"当知毗钵舍那品所摄见道"。

[7] 奢摩他品所摄见道，即西夏文"􀀀􀀀􀀀􀀀􀀀􀀀􀀀"，汉文本作"当知奢摩他品所摄见道"。

[8] 见道所断随眠漏，即西夏文"􀀀􀀀􀀀􀀀􀀀􀀀􀀀"，汉文本作"当知一切见道所断随眠漏"。

[9] 修道所断诸漏漏事，即西夏文"􀀀􀀀􀀀􀀀􀀀􀀀􀀀"，汉文本作"当知修道所断诸漏漏事"。

[10] 修道，即西夏文"􀀀􀀀"，汉文本作"当知修道"。

西夏文：

􀀀􀀀􀀀􀀀􀀀􀀀􀀀􀀀􀀀􀀀􀀀􀀀􀀀、【15－2b】􀀀􀀀􀀀􀀀􀀀􀀀􀀀􀀀􀀀；􀀀􀀀􀀀􀀀􀀀􀀀􀀀􀀀􀀀、􀀀􀀀、􀀀􀀀、􀀀􀀀􀀀􀀀􀀀􀀀􀀀􀀀􀀀􀀀、􀀀􀀀􀀀􀀀􀀀􀀀􀀀􀀀􀀀、􀀀􀀀􀀀􀀀，􀀀􀀀􀀀􀀀。􀀀􀀀􀀀􀀀􀀀􀀀􀀀􀀀􀀀􀀀􀀀􀀀。􀀀􀀀􀀀􀀀􀀀􀀀􀀀􀀀、􀀀􀀀􀀀􀀀􀀀，􀀀􀀀􀀀􀀀；􀀀􀀀􀀀􀀀􀀀􀀀􀀀􀀀；􀀀􀀀􀀀􀀀􀀀􀀀􀀀􀀀、􀀀􀀀􀀀􀀀􀀀􀀀􀀀􀀀，􀀀􀀀􀀀、􀀀􀀀􀀀􀀀【15－3a】􀀀。􀀀􀀀􀀀􀀀􀀀􀀀􀀀􀀀􀀀􀀀、􀀀􀀀􀀀􀀀􀀀􀀀、􀀀􀀀􀀀􀀀􀀀􀀀􀀀􀀀􀀀；􀀀􀀀􀀀􀀀􀀀。

汉译文：

若诸异生离欲界欲或色界离欲[1]、但由修道无有见道；彼于欲界得离欲时、贪欲、嗔恚、及彼随法邻近憍慢[2]、若诸烦恼相应明[3]、不现行故，皆说名断。非如见道所断萨迦耶见[4]等。由彼诸惑住此身中、从定起已，有时现行；非生上者，彼复现起。如是异生离色界欲、如其所应除嗔恚，余烦恼、当知亦尔。自地所有见断诸漏、若定若起若生、于一切时若遇生缘；便现起[5]。

校注：

[1] 若诸异生离欲界欲或色界离欲，即西夏文"􀀀􀀀􀀀􀀀􀀀􀀀􀀀􀀀􀀀􀀀􀀀􀀀􀀀􀀀􀀀"，汉

文本作"若诸异生离欲界欲或色界欲"。

[2] 憍慢，即西夏文"􀀀􀀀􀀀"，字面作"不敬慢"。

[3] 若诸烦恼相应无明，即西夏文"􀀀􀀀􀀀􀀀􀀀􀀀􀀀"，汉文本作"若诸烦恼相应无明"。西夏本"􀀀"后脱"􀀀"。

[4] 萨迦耶见，即西夏文"􀀀􀀀􀀀􀀀" $*sa^2kja^1 \cdot ja^2ljij^2$，巴利文 Sakkāya-Ditthi，梵文 Satkāya-drsti，音译为萨迦耶达利瑟致、萨迦邪见、飒迦耶见。意译为有身见、身见、虚伪身见、移转身见。佛法所破斥的一种妄见，亦即认为在五蕴假和合之生命现象之中，内含一常恒不变的生命主体。为五见之一、十随眠之一。

[5] 便现起，即西夏文"􀀀􀀀􀀀􀀀"，汉文本作"便现在前"。

西夏文：

􀀀􀀀􀀀􀀀􀀀􀀀􀀀􀀀。􀀀、􀀀􀀀􀀀；􀀀、􀀀􀀀􀀀。􀀀􀀀􀀀􀀀：􀀀􀀀􀀀􀀀􀀀􀀀􀀀􀀀􀀀􀀀􀀀、􀀀􀀀􀀀􀀀。􀀀􀀀􀀀􀀀􀀀􀀀、􀀀􀀀􀀀􀀀􀀀􀀀􀀀􀀀、􀀀􀀀􀀀􀀀􀀀􀀀。􀀀􀀀􀀀􀀀：􀀀􀀀􀀀􀀀、􀀀􀀀􀀀􀀀􀀀􀀀􀀀、􀀀􀀀【15-3b】􀀀􀀀、􀀀􀀀􀀀􀀀、􀀀􀀀􀀀􀀀、􀀀􀀀􀀀􀀀􀀀􀀀􀀀、􀀀􀀀􀀀􀀀􀀀。􀀀􀀀􀀀􀀀􀀀􀀀􀀀􀀀􀀀􀀀。􀀀􀀀􀀀􀀀􀀀􀀀􀀀􀀀：􀀀􀀀􀀀􀀀􀀀􀀀。􀀀􀀀􀀀􀀀􀀀􀀀􀀀􀀀􀀀􀀀。

􀀀􀀀􀀀􀀀􀀀􀀀􀀀􀀀􀀀􀀀􀀀􀀀􀀀􀀀。

汉译文：

复次略有二种粗重。一、漏粗重，二、有漏粗重。漏粗重者：阿罗汉[1]等修道所断烦恼断时、皆悉永离。此谓有随眠者、有识身中不安隐性、无堪能性。有漏粗重者：随眠断时、从漏所生漏所熏发、本所得性、不安隐性、苦依附性、与彼相似无堪能性、皆得微薄。又此有漏粗重名烦恼习苦[2]。阿罗汉独觉所未能断：唯有如来[3]能究竟断。是故说彼名永断习气不共佛法。

是名烦恼杂染由五种相差别建立。

校注：

[1] 阿罗汉，即西夏文"􀀀􀀀􀀀" $* \cdot ja\ lo^1\ xa^1$，佛陀十号之一，又称"应真"，简称"应"。佛教认为佛陀是断尽一切烦恼、智德圆满的觉者，应受人天供养、尊敬。

[2] 又此有漏粗重名烦恼习苦，即西夏文"􀀀􀀀􀀀􀀀􀀀􀀀􀀀􀀀􀀀􀀀􀀀􀀀"，汉文本作"又此有漏粗重名烦恼习"。西夏本衍"􀀀"，当删。

[3] 如来，即西夏文"􀀀􀀀"，梵文 Tathāgata 的意译，佛陀十号之一，又译作"怛萨阿竭""多他阿伽度""怛他檗多""多陀竭"等。《智度论》曰："多陀阿伽陀，如法相解，如法相说。如诸佛安隐道来，佛亦如是来，更不去至后有中，是故名多陀阿伽陀。"《慧琳音义》十六曰："多陀竭，正音云怛他檗多，唐云如来也。"①

西夏文：

􀀀􀀀：􀀀􀀀􀀀􀀀􀀀􀀀􀀀􀀀􀀀􀀀􀀀􀀀􀀀。􀀀􀀀【15-4a】􀀀􀀀􀀀􀀀􀀀􀀀􀀀􀀀􀀀；􀀀􀀀􀀀􀀀?

􀀀􀀀：􀀀􀀀􀀀􀀀􀀀􀀀􀀀􀀀。􀀀􀀀􀀀􀀀􀀀􀀀􀀀􀀀􀀀􀀀􀀀。􀀀􀀀􀀀􀀀􀀀􀀀􀀀􀀀􀀀􀀀、􀀀􀀀

［西夏文原文，至【15－4b】【15－5a】］

汉译文：

问：如世尊言妄分别贪名士夫欲。以何因缘唯烦恼欲说名为欲；非事欲耶？

答：以烦恼欲悟染污故[1]。又唯烦恼欲能欲事欲故。又烦恼欲发动事欲、令生种种杂染过患。谓诸所有妄分别贪未断未知故、无所为欲爱之所烧恼[2]，爱烧故[3]、追求诸欲；追求欲故、便受种种身心疲苦。虽设功劳，若不称遂、便谓我今唐捐其功，乃受劬劳无果之苦。设得称遂、便深恋着，守掌因缘、受防护苦。若受用时、贪火所烧，于内便受不寂静苦。若彼失坏；受愁忧苦。由随念故、受思念苦[4]。又由是因、发起身语及意恶行。又出家者、弃舍欲时、已舍离[5]，欲复还起。又唯烦恼欲因缘故、能招欲界生老病死恶趣等苦。如是等辈杂染过患皆烦恼欲以为因缘；是故世尊[6]唯烦恼欲说名为欲、非于事欲。

校注：

［1］以烦恼欲悟染污故，即西夏文"□□□□□□□□□"，汉文本作"以烦恼欲性染污故"。据下文"□□□□□□□□"（又诸烦恼性染污故）此处"□"讹作"□"。

［2］无所为欲爱之所烧恼，即西夏文"□□□□□□□□"，汉文本作"先为欲爱之所烧恼"。

［3］爱烧故，即西夏文"□□□"，汉文本作"欲爱烧故"。

［4］受思念苦，即西夏文"□□□□"，汉文本作"受追忆苦"。

［5］已舍离，即西夏文"□□□"，汉文本作"虽复舍离烦恼欲因"。

［6］西夏文"□□"，为汉语"世尊"的对译。梵文 Bhagavan，汉语音译有"薄伽梵""婆伽婆"，意译有"世尊""佛"等多种译法。在译自藏文的西夏文佛经中，此词常依藏文 bcom-ldan-'das "坏有出"译为"□□□"。

西夏文：

问：□□□□□□□□、□□□□？

答：□□□□。□、□□□□□，□、□□□□□，□、□□□□□，□、□□□□□，□、□□□□□，□、□□□□□，□、□□□□□，□、□□□□□。

［□□□］□□□□：【15－5b】

□□□□□、□□□□□、
□□□□□、□□□□□、
□□□□□、□□□□□；
□□□□□、□□□□□。

□□□□□：□□□□□□□□□，□□□□□□□□□□。□□□□：□□□□□□□□、□□□□□□□□。□□□□□：□□□□□□、□【15－6a】□□□□□。□□□□

𘓋：𗗡𗱷𘝞𗾷𗣼𘓐𗗥、𗥫𗤓𘙲𘋊、𗫨𘃽𘋊𗤓𗸛𘓉。𗤻𗤇𗄛𘝵𘓋：𗗡𗱷𘝞𗾷𗣼𘓐𗗥、𗼃𘃽𗾖𗥫𗾖𗸛𘓉。𘈧𘜒𗄛𘝵𘓋：𘃝𘓉𗼃𘃽𗾖𘓐、𗉞𗤍𘃼𘕿𘓐𘊢𗸛𘓉。𗸮𘄽𗄛𘝵𘓋：𗢭𘕿𗸥𘕄𘗗𘅜𘓐、𘈧𘃽𘄽𘕿𗺩𘃽𗸛𘓉。𘓋：𘓉𘕄𗸮𗤓𘆖𗾖𗣼𗾖𗸛𘓉。

汉译文：

问：能生欲贪虚妄分别、凡有几种？

答：略有八种。一、引发分别，二、善性分别[1]，三、合结分别，四、有相分别，五、亲昵分别，六、喜乐分别，七、侵逼分别，八、极亲昵分别。

如梵问[2]经言：

引发与觉悟、及余和合结、

有相若亲昵、亦多种喜乐、

侵逼极亲昵、名虚妄分别；

能生于欲贪、智者当远离。

引发分别者：谓舍善方便心相续已，于诸欲中发生作意。觉分别者[3]：谓于不和合不现前境、由贪欲缠之所缠缚。合结分别者：谓贪欲缠所缠缚故、追求诸欲。有相分别者：谓于和合现前境界、执取其相，执取随好。亲昵分别者：谓于和合现前境界、由贪欲缠之所缠缚。喜乐分别者：谓由如是贪欲缠故、希求无量所受欲具。侵逼分别者：谓由一向见其功德、而受诸欲倍更希求。乐亲昵分别者：谓为最极诸贪欲缠之所缠缚。

校注：

[1] 善性分别，即西夏文"𗫷𘟣𗄛𘝵"，汉文本作"觉悟分别"。

[2] 西夏文"𘃝𘕒𘅄"三字原残，据残存笔画和汉文本"如梵问"补。

[3] 觉分别者，即西夏文"𘃞𗄛𘝵𘓉"，汉文本作"觉悟分别者"。据上文此处"肃"后脱"𘓉"。

西夏文：

𘓐𗥤：𗿒【15-6b】𗥤𗸛𗸮𘃽𘚱𘏞𘕄、𗼃𗸋𘙲𗸥�] 𗣱𘉓𘒿？

𗰖𗥤：𘜒𘃝𗥤𗥤𗽅、𗼺𗐆𘂤𘉓𗴾�] �；𘈩𘎆𗹙𗿒𗥤𗽅、𘃞�]𗭪𗗥。

𘓐𗥤：𗿒𗥤𗾗𘘶𘄒𘄒𗼃�] 𗣱𘉓�̞？

𗰖𗥤：𘜒𘃝𗥤𗥤𗽅𘕄𘈩𘖜𗼄�]�] 𘃝�̶、𘜒𘃝��̥�̞ ꈂ𘇘𗾗𘝞�、𗢭𘄽�𗾷𗾌𘓐�]�.𗉞𗢭𘙒��ꈂꈂ𗸛�̶、𘋯𗾷��{𗾗�] �̶；𗿒【15-7a】�]�{�𗾌𘓐��̳�ꈂ𘖜𗾗��]��̶、𘋯𗾌𘓐�𗣱𘉓𗳽 �̞。

汉译文：

问：何故欲界诸烦恼中、唯显示贪以为欲相？

答：若由是因缘[1]、显示贪爱为集谛[2]相；即以此因、当知此相。

问：何故显示分别俱贪以为欲相？

答：若此因缘令贪现前发起于贪、若此因缘受用事欲、都案为一妄分别贪[3]。又有一分弃舍诸欲而出家者、仍于诸欲起妄分别；为令了知虚妄分别亦是欲已寻复弃舍、故显分别亦是欲相。

校注：

[1] 若由是因缘，即西夏文"𘜒𘃝���"，汉文本作"若由是因"。

　　[2] 集谛，即西夏文"𗼋𗾈"，四谛之一。真理之意，汉文旧译"谛"。佛教认为"苦"生于"集"，是一条真理，故名集谛。

　　[3] 都案为一妄分别贪，即西夏文"𘕥𗓽𗸐𗤋𗗙𘗂𘉞𗓽"，汉文本作"总显为一妄分别贪"。

西夏文：

（西夏文问句）

（西夏文答文，含【15－7b】、【15－8a】标记）

汉译文：

问：何故唯说贪爱为集谛相？

答：由二因缘。一者、贪爱是愿不愿所依处故；二者、贪爱遍生起故。所以者何？由彼贪爱于身财等所应期愿、为现摄受故，便起心愿[1]；于非愿处对治善中为非所愿[2]、现摄方便故，便起期愿[3]。由此愿不愿故、生死流转无有断绝。谓遍起复有三种[4]。一者、位遍。依一切受差别转故。谓由五门。喜和合故、喜不离故、喜不合故、喜违背故[5]、常随自身而藏爱故。二者、时遍。谓缘去来今三世境故。三者、境遍。谓缘现法后法内身而起；亦缘已得未得境界而起。

校注：

　　[1] 便起心愿，即西夏文"𘀄𗱬𗓽𗉅𗥃"，汉文本作"便起期愿"。

　　[2] 西夏文"𘎓𗗙𗓽𘄡"四字左部残，参照所存笔画并汉本"于非愿处对治善中为非所愿"补"中""为""愿""所"。

　　[3] 便起期愿，即西夏文"𘀄𗱬𗓽𗉅𗥃𗥃"，汉文本作"便起不愿"。西夏文"𗓽𗉅"右部残，参照所存笔画补"愿""心"。

　　[4] 谓遍起复有三种，即西夏文"𘕥𗥃𗥃𗱬𗤿𗤋𗤋𗥃"，汉文本作"当知遍起复有三种"。

　　[5] 喜违背故，即西夏文"𗫶𗪟𗊱𗥃"，汉文本作"喜乖离故"。

西夏文：

（西夏文问句）

（西夏文答文，含【15－8b】标记）

汉译文：

问：何故唯说离贪嗔痴、心得离欲；不说离色受等烦恼事耶？

答：由离于此、亦离彼故。又诸烦恼性染污故。又即由此多过患故。所以者何？若于其事起诸过患；必是烦恼所作[1]。是诸过患、如前蕴善巧中观察不善所有过患。可避故[2]。所以者何？于诸事中，一切烦恼皆可避脱；非一切事。又由修习不净观等诸世俗道、虽厌其事入离欲地；然离欲地烦恼随逐、烦恼于心未得离欲。由此道理、唯离烦恼、心能离欲[3]；非离其事。此中[4]、余决择文更不显说[5]。

校注：

[1] 必是烦恼所作，即西夏文"𘟿𗵒𗄁𘂤𗾔𗤁𘄬𗭪"，汉文本作"当知皆是烦恼所作"。

[2] 可避故，即西夏文"𗼇𗤁𗆀𗭪"，汉文本作"又可避故"。

[3] 心能离欲，即西夏文"𗤓𗅳𗥦𗊱𘍦𗧾"，汉文本作"心善离欲"。疑西夏本"𘍦"讹作"𗞞"。

[4] 此中，即西夏文"𘕿𘊝"，汉文本作"于此处所"。

[5] 余决择文更不显说，即西夏文"𗤉𗗙𗟍𗸰𗜡𗾺𘋪𗱕"，汉文本作"余决择文更不复现"。

西夏文：

𗥩𗤗：𗤉𗦤𗟍𘕤、𗂍𗟭𘜶𘏒、𗤉𗄁𘂤𗆀𗊱𗊱𗅲𗤁、𗊱𘏒𗏹𘒞、𘒗𗦺、【15－9a】𘟿𗾔𗝠𘘣𘏒𗄁𘂤𘖑𗥇𘄬𗉅？

𘗽𗤗：𗄄𗦤𘏒𗭪。𗅆、𘖑𘜱𗗔𗾔𗧠𘄴，𘕿𘟰𗊱𗊱𗅲𗤁𘒗𗝠𗭪。𘕿𘟰𘝊𗫂？𘃪𗭪𗆀𘏒𘜶𗄄𘉋𗇉𘟰、𗐴𘃩𗰗𗤗𘒗𘒝𗔇𗍁；𘕿𘏒𘜶𗦤、�2𗢍𗆀𗊱𗢍𘗿、𘕿𗦤𗗔𗾔𘘞𘝜。𘒗𘝅𗾔𗧠𗰸𘃪。𘕿𘟰𗊱𘏒𘗿𗆀𘒗𗝠𗭪。𘕿𘟰�2𗥧？𗊱�2𗥇𗆀𘏒𘜶𗦤、𘀪�ᩅ𘗄𘘣𗝣𘜽𗏹𘕬【15－9b】𘘣𗝠𗓱𗤉𘊟𘚮𗨺𗇉𘚮𘊟𗕥𗉅𗉅𗒀。𘃪𗝓𘟰𗥮𘃪𗝓𘗿�?�ᩛ𗞔𘆍𘜽𘄴。𗰸𗊱𘜽、𗰸𗥩𘗿𘘡𘄬。𗄄、𘙥𗇉𘜱𗳜𗪙𗆀𘗿。𗊱𘒗𘊝𗅆�ᩅ𗏹。𘕿𘟰𘃪𗝓？𗬹𘓐𘜶𗽀𘗄；𗆀𘉋𗒀𘊝𘇜𘒗𗞔𗺉�、𗊱𘙥𗺥𘜽𘉻。

汉译文：

问：何因缘故、于诸经中、从余烦恼简取我我所见、我慢执着、随眠、说为染污烦恼品耶？

答：由三因故。一是一向邪行故[1]，谓我我所见二种故。所以者何？依止身见以为根本、便能生起六十二二见[2]；依托此故，于非解脱计为解脱、而起邪行。二是背正行故。谓我慢执着二种。所以者何？依止我慢执着故，于此正法毗奈耶[3]中所有善友、所谓诸佛及佛弟子真善丈夫。不往请问云何为善，云何不善？设彼来问、亦不如实显发自己。三是退胜位故。谓随眠一种。所以者何？虽到有顶；下地随眠所随逐故、复还退堕。

校注：

[1] 一向邪行故，即"𘖑𘜱𗗔𗾔𗧠𘄴"，汉文本作"向邪行故"。

[2] 便能生起六十二二见，即"𘞪𗍁𘖑𗓱𗏹𗏹𘏒𘖑𗥇"，汉文本作"便能生起六十二见"。西夏本衍"𗏹"，当删。

[3] 毗奈耶，即西夏文"𘛛𘚮𗧄" ＊phji¹ dej²·ja²，梵文 Vinaya，一作鼻那夜，毗那耶，又云毗尼，鞞尼迦。三藏之一，谓佛所说之戒律。译曰灭，或律，新译曰调伏。戒律灭

诸过非，故云灭，如世间之律法，断决轻重之罪者，故云律，调和身语意之作业，制伏诸要行，故云调伏。

西夏文：

（西夏文，含〔缀〕缀；标记【15－10a】）

（西夏文，含〔褫庸藏〕、綱绫褫【15－10b】、〔褫绶〕、〔藏忱忱〕、〔傛绌粿〕□□ ……）

汉译文：

复有差别。谓通达所知、于灭做证、有二种法极为障碍[1]。一、邪行因缘，二、苦生因缘。邪行因缘者：谓六十二见。此执着[2]，于诸有情，由身语意起诸邪行。苦生因缘者：谓不断随眠故。又此二业、有二因缘。邪行因缘因缘者：谓计我我所萨迦耶见。苦生因缘因缘者：谓初后两位、不起正行。由我慢故初不闻正法；由增上慢故后不修正行。

复有差别。谓于善说法毗奈[3]耶中、有四种法、为最为上、胜极胜妙[4]、不共外道[5]。何等为四？一者、于谛简择，二者、于己同梵行所[6]、修可乐法；三者、于异论所、不生憎嫉；四、于清净品、能不退失。于恶说法毗奈耶中有四种法[7]、于此四法极为障碍。一、计我我所萨迦耶见；二、我慢；三、妄执谛取[8]；……[9]

校注：

[1] 西夏文"缀"原残，据残存笔画和下文"障碍"补。

[2] 此执着，即西夏文"缀蒋彩"，汉文本作"因此执故"。

[3] 西夏文"褫庸藏"三字原残，据残存笔画和汉文本"毗奈耶中"补"毗""奈"。

[4] 西夏文"褫绶"二字原残，据残存笔画和汉文本"胜妙"补。

[5] 西夏文"藏忱忱"三字原残，据残存笔画和汉文本"不共外道"补"道""外""不"。

[6] 西夏文"傛绌粿"三字原缺，据汉文本"于己同梵行所"补"梵""行""所"。

[7] 西夏文"綾"原缺，据上文和汉文本"于恶说法毗奈耶中有四种法"补"种"。

[8] 以上二字原缺，相应汉文本为"谛取"。

[9] 以下缺，相应汉本为：

"四、不断随眠。由此因缘，虽到有顶、必还堕落。

又有二执。一、根境执。谓执我我所。二、展转有情执、谓我慢、计我为胜等。

问：自有贪爱为众苦因、何故余处世尊复说欲为苦因？

答：以是现法苦因缘故。所以者何？若于有情有欲有贪或有亲昵；彼若变异、便生忧恼等苦。

问：何故五盖、说名为龟？

答：五支相似故。能障修习如理作意故。

问：何缘故忿说名母驼？

答：似彼性故、由恶语者、于他言辞不能堪忍增上力故，能障得彼教授教诫。

问：何故悭嫉、说名凝血？

答：由于虚薄无味利养而现行故；能障可爱乐法故。

问：何故诸欲、说名屠机上肉？

答：系属主宰、无定实故、能障无间修善法故。

问：何故无明说名浪耆？

答：似彼性故、障闻智故。

问：何缘故疑说名岐路？

答：似彼性故、障思智故。

问：何故我慢说名轮围？

答：似彼性故、障修智故。

问：更有所余能发恶行无量烦恼、何故简取贪嗔痴立不善根？

答：发业因缘、略有三种。谓爱味因缘故；损他因缘故；执着建立邪法因缘故。此贪嗔痴、于上因缘如应配释。

中嗢拖南曰：欲、爱、离欲、计我等、欲、龟驼母等、及贪嗔等。"

参考文献

［1］З. И. Горбачева и Е. И. Кычанов, Тангутские рукописи и ксилографы, Москва：Издательство восточной литературы，1963.

［2］Е. И. Кычанов. Каталог тангутских буддийских памятников，Киото：Университет Киото，1999.

［3］丁福保：《佛学大辞典》，文物出版社 1984 年版。

［4］［俄］孟列夫主编：《俄藏黑水城文献》第四册，上海古籍出版社 1997 年版。

［5］宁夏大学西夏学研究中心、中国国家图书馆、甘肃五凉古籍整理研究中心：《中国藏西夏文献》第 15 册，甘肃人民出版社、敦煌文艺出版社 2005 年版。

［6］史金波、白滨：《西安市文管处藏西夏文物》，《文物》1982 年第 4 期。

［7］王梅林：《瑜伽师地论解题》，台北：佛光书局 1998 年版。

［8］西田龙雄：《西夏文华严经》第 3 册，东京：京都大学文学部 1977 年版。

［9］宗舜：《〈俄藏黑水城文献〉汉文佛教文献拟题考辨》，《敦煌研究》2001 年第 1 期。

彝文性质与类型

黄建明[*]

内容提要 本文详细梳理了彝学界对彝文性质的几种不同观点，认为应当把彝文放到世界文字的大背景中加以比较，以文字学界统一划定的标准来衡量，得出结论彝文是一种表意性的音节文字。

关键词 表音文字 表意文字 表音文字

文字学中的"性质"，指探讨一种文字是表意字或表音字。我国文字学界讨论文字性质时一直使用表形、表意、表音等术语。可后来人们发现用这种术语来划分文字容易产生混乱，如"表意字"这一术语会让人误以为这种文字的符号并不代表写字人的语言特征，而是代表实际世界的特征，容易与图画文字即表形文字混淆起来。后来外国学者放弃了表形文字、表意文字、表音文字的术语，用原始文字、词符文字、音符文字等术语来取而代之。中国学者也套用了上述术语。此外，还使用了表词——意音文字、音节文字、音素文字[①]，或形意文字、意音文字、表音文字等术语[②]。

彝学界对彝文性质的研究过程中，一直使用"表意""表音"等术语，为了叙述方便，也为了与彝学习惯对接，这里我们仍然沿用彝学界多年使用的"表音""表意"等术语来介绍彝文的性质。彝文性质是彝学界多年争论不休的问题，目前尚未取得一致的看法。关于彝文性质，彝学界有以下几种不同的看法。

一　表音说

相比较而言，持彝文为表音性质观点的学者为数不多。1949 年以前大多数彝族学者认为彝文是表意文字，到了 20 世纪 60 年代陈士林发表于《中国语文》上的《彝语概况》一文中提出："从这种文字的书写符号的主导性质来看，它们绝大多数不是表示词或词素的表意符号，也不是表示个别的音素的音素符号，而是一种表示彝语音节的音节符号。"[③] 进而证明彝文是一种表音文字。

李民也持彝文为表音文字的观点。"今见彝文中大多数书写符号，就其主导性质来说，既不是表达彝语词或词素的表意符号，也不是表达彝语因素的因素符号，而是用一个个的字

---

* 黄建明（1954— ），男，中央民族大学少数民族语言与古籍研究所教授。

① 王元鹿：《普通文字学》，贵州人民出版社 1993 年版。

② 周有光：《比较文字学初探》，语文出版社 1998 年版。

③ 陈士林：《万里彝乡即故乡》，西北工业大学出版社 1994 年版，第 118 页。

来表达彝语中的一个个音节符号。"①

彝族学者谢志礼、苏连科也持彝文为表音文字的观点："过去人们在书信往来中，接到信后，不能直接阅读下去，先得慢慢看一遍，根据句子的前后，确定下每个字的准确读音后才能把信念给亲友们听。这就是彝文用字的客观事实。彝文已作为表音字运用的事实，还可以从 20 世纪 50 年代初步了解的各地常用字量得到证明……这么少的字量要作为表意字来运用很显然是不敷运用的，只能作为表音字来应用。"②

确实，当今普通毕摩的文字掌握量一般在 2000—3000 字，如此的字量无法以一字一义的方式记录彝语。便采用通假代用的方法解决彝文应用中字数不足的问题。在彝文的通假代用实践中，通假的尺度放得很宽，不仅同音可以通假，近音也可以通假。如在相同发音部位上的清辅音 p，可与浊音 b 的同形字通假。在辅音相同的情况下，相近的韵母字形可以相互通假。辅音、元音相同的情况下，不同声调的字形也可以互相通假。事实上，彝文通假代用的现象比汉文献严重。在现当代彝文文献中，由于滥通假，确实导致部分彝区的彝文功能趋于表音。

二　表意说

大多数学者持彝文为表意文字的观点。持这种观点的代表是丁椿寿。从 20 世纪 70 年代末开始，他不断写文章来阐述这一观点。"彝文属于表意文字体系，它与汉字一样，也是当今世界现存的具有独自体系和独自特点的表意文字。彝文之中，虽出现了形声字，但是由于它处萌芽状态，为数极少，彝文仍是以它们象形字、指事字和会意字显示着它的表意性。"③

彝族学者朱建新也认为："从彝文的符号发展轨迹来看，彝文首先经历了一个图画文字阶段，并在此基础上调整发展，逐步形成一定的文字体系。它是由词或简单的词组这种形式出现的言语的独立语义单位符号所组成。它具有表意文字发达民族的一些语言特点。"④

彝族学者胡素华也同样认为："彝文就其根本、其固有的特征是象形表意的，因而彝文的主体性质是表意的，然而因字数有限，彝族人民又大量采用同音假借的用字法，使彝文的表音成分日益趋多……这样传统彝文就成为既有表意符号又有表音音节符号的文字。今天的彝文正处于表意向表音转换的过渡阶段，它还未引起性质上完全的改变，彝文的性质还是以表意为主体。"⑤

的确，之初彝文是按表意功能进行创字的。以象形的方式创出一个个字形，如头、眼、心、日、月、水、树、石、饭、弓、箭等一个个活灵活现的字形。由此，当今毕摩也能指出哪个是本义字，哪个是通假代用字。可见早期的彝文是纯表意的文字。

在现存的彝文原形中，有不少一音多字的现象。如"妈""竹"同念 ma^{33}，但用不同的字形来分别表示。假若创字之初彝文就是表音文字的话，就没有必要创不同的字形表 ma^{33} 形。

---

① 李民：《彝文》，载《民族语文》1979 年第 4 期。

② 谢志礼、苏连科：《试论彝文的起源、结构和类型》，载《彝语研究》1989 年刊，第 64 页。

③ 丁椿寿：《彝文论》，四川民族出版社 1993 年版，第 51 页。

④ 朱建新：《彝汉文渊源之争述略》，载《西南民族学院学报》1990 年第 1 期，第 40 页。

⑤ 胡素华：《彝文类型争议》，载《中国彝学》第 1 辑，民族出版社 1988 年版。

创字之初，人们以象形造字法创造出第一批表意文字后，以象形文字为基础，又以指事、会意等造字手法造出了一批字。我们知道，象形、指事、会意造字法是一种表意文字的造字法，用表意造字法造出来的字当然是表意字。

字量也能反映出一种文字的性质。表音文字一般字量都很少。如用来拼写汉语的汉语拼音用21个声母，35个韵母，4个声调总共用60个符就可以。用以表音节的如凉山规范彝文用819个字符就可以记录凉山彝语。而表意文字一般用字量都很大。如商务印书馆出版的《新华字典》（第10版）收汉文单字10000余个。又如云南民族出版社出版的《彝文字集》收贵州彝文20000余字，四川凉山传统彝文20000余字，云南武定、禄劝一带的彝文18000余字，收云南石屏、建水一带的彝文18000余字，收云南石林一带的彝文3000余字。各地彝文包括异体字在内总共80000余彝字。假若彝文是表音文字的话，就不会出现如此庞大的字量。除去相当一部分异体字，彝文正体字字量也是非常庞大的，足以用作表意文字使用。因此，彝文为表意文字的观点理由是充分的。

三 意音结合说

由于彝学界对彝文性质的看法各执一端，长期对立，有学者根据现存彝文既有表意文字，又有表音文字的特征，又基于表意文字说与表音说在学术争论中各方的理由，将各方观点综合起来，进而提出了彝文性质为音意结合说。最早提出音意结合说观点的是彝族学者武自立。

而对彝文为音义结合说做深层次探讨的是彝族学者朱文旭："从四川、云南、贵州目前彝文的整体情况来看，笔者比较同意以上各种说法的'表意兼表音说'。因为这种说法比较客观地介绍了彝文现状。这种现状就是有些地区如贵州和云南部分地区用字还比较讲究尽量用本义字，找不到本义字就用其他同音字代替。特别是掌握彝文较多的毕摩用字非常讲究，尽量用本义字……同时，大量地用同音假借和近音假借致使彝文在表意体系的性质发生了一些变化。故此，上述彝文为'表意兼表音说'可以说是比较切合实际的一种说法。"①

一般毕摩使用的常用字不足三千。法国学者保禄·维亚尔将石林彝区的撒尼彝文进行整理后，得到413个字，并制成彝文铜模，编写和印刷了《法罗词典》和彝文圣经——《纳多库瑟》。而撒尼彝语有1200余个音节，如此看来，413个彝文用来表撒尼彝语音节尚缺800余个彝文字符。由此，在实际应用中彝文确实已演变成了一种表音文字。每个方言的彝语一般有1200个左右的音节。通常每个毕摩掌握的常用字在三千左右，这样用1200个字作表音文字而外，尚可用约1800字作表意字。如果纯作表意字用的话，3000字是远远不够的。由此，彝文是一种音意结合体，在理论和实际上都说得通。

四 彝文是一种表意性的音节文字

上述彝文表音说、表意说、音意结合说都是根据自己所掌握的材料作出的判断。"导致

---

① 朱文旭：《彝族文化研究论文集》，四川民族出版社1993年版，第185页。

彝族学者观点不同的主要原因，似乎是因为他们在对古彝文字类型判定时采用了不同的原则"① 采用不同年代的材料，不同标准，谈论问题的视角不同，自然无法取得一致的看法。

得出彝文表音说的观点是根据局部地区彝文古籍现状做出的判断。如北部方言的大小凉山彝文古籍和云南撒尼彝区的彝文古籍，由于通假代用的普遍使用，形成了事实上的表音字。人们拿到彝文古籍，无法随意通读下去。先默读一遍或若干遍后，然后根据前后内容、字词判断出每个通假字的含义，这种现象已是典型的表音文字特征了。彝文为表音字观点的局限是：在材料使用过程中，只关注现实，割裂了历史，没有全面地看问题，因而对彝文性质缺乏客观的判断。

做出彝文为表意文字的判断是在材料的选择上走向了另一个极端，即只注重历史材料，而忽略了现实状况。确实，彝文创造之初的文字有一大批为象形的表意文字。由此，哪怕是没有学过彝文的人，通过字形也能猜出部分字的原义。创出第一批象形文字后，人们又在象形文的基础上用指事、会意的造字方法，造出了一大批文字，如此循环，彝文也逐渐发展壮大，并形成了自己独特的体系。由表意思维、表意造字法造出的彝文当然是表意文字。由此，在彝文字库中，越是古老的字符，越是历史悠久的字符，越能表现出表意文字的特征。

得出彝文为音意结合说的结论是从表象的角度提出来的，它虽然符合客观实情，但由于只限于表层现象的分析，缺乏内容分析，缺乏纵向比较，说服力不强。在彝文性质的讨论中，表音说的观点是以现实材料为主；表意说的观点是以历史材料为主；音意结合说是从表象角度看问题。由于选择的材料不一样，看问题的角度不一样，关于彝文性质一直没有取得统一的看法。

一种文字到底属于什么性质，不应只看到表面现象，既要用历史的眼光看问题，还要用发展的眼光看问题，这样才能看清事物的整体和本质。同时，还应该从纵向上看，用统一的标准，看看与彝文相似的其他民族文字划为哪一类，特别与比较典型和已定型并已取得世人公认的文种进行比较，综合方方面面的资料才能对彝文性质作出正确的定论。

汉字是世界各种文字中最具代表性的表意文字，但如果只是从表面现象看，今天的汉字已不是严格意义的表意文字了，不少汉字有一字多义现象，如汉字"节"能表物体段与段之间连接的地方，如"关节"；能表段落，如"章节"；能表量词，如"两节"；能表操守，如"晚节"等十余个义项。我们认为在汉字里"节"还不是一字多义的典型，有些字的表音现象比它还严重。假若按某些学者说的评判一个文字的性质要从"功能"来看的话，那么汉字的一字多义功能，将会是"表音文字"了。我们承认彝族文字有一字多义的"表音"现象，但一般是表5—6个义项，很少有一个字表10余个义项的现象。由此看来，彝文的"表音"现象还没有汉文的"表音"现象严重。既然汉文一字多义的现象如此严重都算为典型的表意文字，那么彝族文字性质当然属于表意体系了。

对彝族文字性质的讨论，不应该孤立地看问题，应当把彝文放到世界文字的大背景中加以比较，以文字学界统一划定的标准来衡量，彝文性质的界定才会得出客观的结论。汉字是世界上较为典型的表意文字，彝文性质也有许多与汉字相似之处，所以彝文性质应当视为表意体系。

---

① ［波兰］瓦斯露丝卡：《表意文字还是表音文字》，载《外国学者彝学研究文集》，云南教育出版社2000年版，第201页。

　　又鉴于彝文是种音节文字，一个方块字包含着辅音、元音、声调，即一个字注一个音节。但从字形中分不出哪个符号表辅音、哪个符号表元音、哪个符号表声调。在读音相同或相近的前提下，可以用一个字形来表义不同，但音相同或相近的音节。在音相同或相近的情况下，不同的字形还可互相通假。根据此情，将彝文性质定性为表意的音节文字，更为妥当，更为符合实情。

彝文古籍文献整理研究工作的兴起与艰难历程

朱崇先* 吉差小明**

内容提要 20世纪50年代初至70年代末，由于当时对彝族传统文化及其典籍文献的文化内涵和学术价值认识不足，彝文古籍整理翻译工作在50年代兴起之后，没有得到应有的重视，使之"举步维艰"。甚至一度出现完全否定彝族文化和彝文典籍的错误观点，使彝文古籍整理研究工作陷入瘫痪状态。特别是60年代中期"彝文典籍"被斥为"宗教迷信书籍"，成为彝学研究中的禁区。尽管如此，在这近30年的时间里，不仅集中收藏了一批珍贵的彝文古籍，还将《西南彝志》等多部重要彝文典籍翻译成汉文，为研究彝族历史文化提供了翔实的文献资料。特别是到了70年代末，许多甘闯禁区的勇士和审时度势、施展谋略的专家学者先后涉足彝文古籍整理研究，由此透露出彝族典籍文化研究高潮即将到来的曙光。

关键词 彝文 古籍 文献 整理 研究

20世纪50年代初至70年代末，由于当时对彝族传统文化及其典籍文献的文化内涵和学术价值认识不足，处处以阶级斗争的立场观点和形而上学的方法衡量和对待。甚至一度出现完全否定彝族文化和彝文典籍的错误观点。于是20世纪30—40年代在彝族文化及彝文典籍整理研究方面颇有成就的人，到了50年代以后，除了整理发表原来的调查材料之外，没有再做深入的研究。50年代初在彝族文化研究和彝文古籍的聚集与整理方面曾有过短暂的机遇。当时来京的各地彝族代表，以彝族文化典籍作为珍贵的礼物，敬献给毛泽东主席等党和国家领导人。现在民族文化宫、中央民族大学博物馆等处所藏的彝文典籍，多数是毛主席和周总理等党和国家领导人及有关部门当年转赠入藏的。再者，为了民族识别、史书编写以及语言文化教育的需要，进行过大规模的社会历史调查和民间文学采风等活动。在此期间翻译注释了一大批彝族文化典籍，受到学术界的极大关注。

1949年新中国成立后，彝文典籍整理和彝族传统文化学术研究方面出现了新气象。继三四十年代彝文典籍整理研究热潮之后，彝文古籍整理翻译研究得到了很好的机遇。当时为了配合历史调查和民间文学采风等活动，曾有部分有识之士注重彝文文学典籍和书本辑录的诗歌、辞赋。如《阿诗玛》的整理者就是根据民间口碑资料和彝文翻译材料，将其搬上文坛，使阿诗玛的歌声回荡在祖国大地，乃至飘向海外。更值得一提的是毕节地区成立了彝文翻译组，使之成为第一个整理研究彝族典籍文化的专门机构，翻译了一批彝文史书和文学作品。由于受当时条件的限制，毕节地区彝文翻译组的整理译注成果《西南彝志》等只能内部油印，未能正式出版。特别遗憾的是到了60年代中期，全国性的文化浩劫，使彝文典籍

---

* 朱崇先（1955.07— ），彝族，男，中央民族大学古典文献学博导，教授。

** 吉差小明（1987.08— ），彝族，女，中央民族大学少数民族语言文学系在读博士。

及其传统文化成为横扫的对象，彝文翻译和教学机构与单位被取消，大批古籍被收缴和焚毁，使彝族典籍的翻译整理和彝族传统文化的学术研究陷入困境。

在此期间，毕节地区彝文翻译组的组建和《西南彝志》的翻译工作，成为彝文古籍整理研究工作兴起的重要标志。1952 年，中央访问团访问大定县时，彝家献上了一面彝文锦旗，怎奈这天书般的文字耐人寻味，却又令人陌生。正因如此，引起了民族学家费孝通先生的注意，作为民族学家，早在 20 世纪的年代初，著名的地质学家丁文江与大定的罗文笔老先生就合作翻译出版了《爨文丛刻》，他深知彝文文献在西南地区，尤其是在黔西北地区的分量。知道这个信息后，有一位有志于揭开彝文古籍神秘面纱的叫李仿尧的乌蒙彝家汉子，正处于毕节地区专员公署副专员的重要位置上，1955 年，他倡导并筹建了毕节地区彝文翻译组，并归在他分管的地区民族事务委员会门下。李老专员的足迹遍布毕节地区的山山水水，彝家村寨。工作之余，他带领人们打访彝家老毕摩，并从每家收来一摞接一摞的彝文古书。从大方请来罗文笔之子罗国义老先生，赫章请来毕摩世家的传人王兴友老先生做主持，各县有名气的毕摩如陈执忠、李守华等一批人，纷纷被请到临时机构的彝文翻译组工作。

罗国义和王兴友等老先生，在简陋的房间里，过着清苦的生活。他们作为第一代翻译工作者，凭着对彝文古籍整理事业的一腔热情和娴熟的专业知识，夜以继日地整理翻译彝文古籍。他们首先在收来的彝文古书中寻觅到一本超群出众大书。在这本书的扉页赫然写着〔哎哺舍额〕四个彝文书名，书长 49.1cm，宽 31cm，每页有 14 行，每行有 38 个字，一数来全书有 30 余万字，记载的内容有哲学、古氏族谱系，以从希慕遮连到水西安氏的 116 代父子连名谱为主线。该书叙述迁徙、发展、分支、联姻、祭祖等社会活动，系统全面地记载了滇东北、黔西北、黔中、黔西南、四川凉山等地彝族"乌、白蛮"各部"什数君长"王族的父子连名谱，以及西南地方史。书中所记载的西南地区古代彝族各支系称谓和周边各民族称谓，与当今各地彝族的称谓以及周边各民族的称谓，可以一一对应。此书比较客观地记录了古代西南地区的彝族史实和彝族与西南各民族之间的民族关系史。书中的内容涉及天文、历法、语言、文字、医药、冶炼、兵器制作、生活用具制作、工艺、畜牧、狩猎、农耕等各个方面，全面地反映了彝族古代社会的政治、经济、文化生活。于是整理翻译者根据书中的实际内容，定名为《西南彝志》。

据书中记载，《西南彝志》原著的编纂者为水西阿哲部下属四十八目中的热卧部摩史。摩史在水西"九扯九纵"职官制度中，为官一秩，专"司宣诵"，又兼录史。由此可见，彝语所称的摩史一职，具有史官的身份。热卧部的摩史，或热卧家的摩史，人们都习惯称为"热卧摩史"。据说，他收集了彝族历代的很多彝文文史资料，他一手整理编纂了，即《西南彝志》。在完成整理编纂这部彝文巨著时，他年事已高，为七十有五之耄耋之年，其生活的年代，可能在清康熙三年（1664）吴三桂犯水西之后，雍正七年（1729）"改土归流"之前。《西南彝志》的原版，是贵州省大方县三元乡陈朝光家祖代收藏下来的，采用彝文、国际音标、直译、意译四行体翻译油印刊出后，受到社科部门和民族史学界重视，也引起了国内外学术界的关注，从此被誉为"百科全书"。[①] 也正因为如此，《西南彝志》的原版由北京民族文化宫采用计划经济时期特有的手段征调收藏。

第一代译人在条件极其艰苦的年代，始终保持着极其旺盛的工作精力，用十年的时间，

---

① 《〈西南彝志〉——百科全书译著的艰难历程》，http://renzhi234.blog.sohu.com/33470838.html。

把《西南彝志》的26卷初稿全部译完，并油印装订，为相关的研究部门和收藏部门无偿提供了第一手宝贵的资料，《西南彝志》乃至其他彝文文献神秘的面纱被一步步揭开来。担负《西南彝志》整理翻译的第一代译人在"大跃进"的运动中，不可能置身度外。"大跃进"运动极讲求数量上的突破。罗国义、王兴友等老先生除整理翻译出26卷《西南彝志》外，还整理翻译了《六祖纪略》等24部彝文文献，其中9部为油印本，15部为复写本，《天经地纬》《水西安氏谱》等10部为孤本，全部被中央第四语文工作队收走。因当时的人手少，时间紧，任务重，《西南彝志》等这批译本，对译文没有认真地校对，比较粗糙，油印的数量少，质量差，但又极其供不应求。彝文典籍的汉译资料深受学术的关注。如：20世纪60年代编写的《彝族简史》和方国瑜先生的《彝族史稿》义等大量学术著作都征引和参考彝文典籍中的文史资料。然而，1966年毕节地区彝文翻译组被迫撤销，彝文古籍整理研究工作处于停滞状态。

到20世纪70年代后期，出于研究凉山彝族奴隶制社会性质的需要，恢复毕节地区彝文翻译组和整理翻译彝文古籍的工作又被提上了议事日程。1977年10月，毕节地区彝文翻译组作临时机构恢复，被遣送回家的第一代译人们再度陆续被请了回来。当时，彝族文化的研究者主要投入语言调查、民族调查，为民族识别与新彝文的创制寻找依据；从事社会历史研究，则多倾心于对阶级关系和政治、经济方面的考察分析。尽管如此，也或多或少地涉猎到一些传统文化方面的内容。如凉山奴隶制研究离不了家支制度和有关礼俗及习惯法的考察。因此，不可能完全摆脱彝文典籍中的文献资料，特别是历史研究，最注重文史资料，更赖于文字依据，所以离不了彝文史籍中的史料。这个时期还培养了一批中青年学者，为彝族传统文化研究和彝文典籍整理工作的再度兴起积蓄了力量。

在这个时期内，彝族文化研究方面有起有落，有成功的地方，也有遗憾之处。这个时期的彝族文化学术研究本应大有作为，但是不尽如人意。因为千百年来，彝族人民长期遭受国内外的民族压迫，使本民族的传统文化历尽摧残，处处遭到鄙视和压抑，没有得到弘扬。1949年10月1日中华人民共和国宣告成立，彝族地区先后获得解放，许多偏僻落后、长期封闭的地区，与外界有了更多的接触，外界也有更多机会和条件深入彝区了解彝族社会历史与传统文化。彝族作为中华民族大家庭的一员，彝族传统文化也是整个中国文化的重要组成部分，在新中国的天地里应大展宏图，尽情表现其浓郁的地域风格和民族特色，使彝族文化得以振兴。然而，事实并非如此，在"左"倾思想以及民族文化虚无主义和民族文化落后论的影响下，彝族文化和彝文典籍不但没有得到重视，而且横遭指责，彝文被诬为"奴隶主文字"，彝文典籍被斥为"宗教迷信书籍"，于是彝文及其文化典籍的整理应用，成为社会科学研究的禁区。直到20世纪70年代末，彝族历史、彝族原始宗教、彝族哲学、彝族文学、彝族医药的研究和开发利用方面，有了转机。根据彝族文化典籍以及各类文献资料的实际情况，国家民委于1979年发出："抢救彝族文献需要继续搜集和整理研究，请各有关地区和有关部门引起足够的重视。为了落实此项任务，首先要发挥现有科研组织机构的力量。我们建议，不管是中央或地方的有关科研、教学单位，都应根据自己的人力和藏书的条件，把整理和研究彝族历史文献的工作列入本单位的科研规划，并且迅速付诸实施。"随着这个文件的深入贯彻落实，在彝族广大干部群众的积极支持和有关部门的强有力的领导下，彝族典籍文化的研究工作在许多专家学者的参与下蓬蓬勃勃地开展起来，并取得了令人欣喜的成就，将研究不断引向深入。

20世纪50年代初至70年代末的30年间，尽管彝族典籍文献整理和彝族传统文化学术研究工作遇到许多困难，但许多学者仍在默默地坚持研究。他们特别是对历史的研究，最注重文史资料，更赖于文字依据，所以会涉猎彝族古籍文献的整理翻译研究。古籍中的史料对民族历史研究具有重要的作用。此期间一大批学者整理研究彝族古籍文献，如 60 年代编写的《彝族简史》和方国瑜先生的彝族史讲义等大量使用彝文典籍中的资料，马学良先生 50 年代初期，出版《撒尼彝语研究》的同时，于 1951 年在《历史教学》第二卷第四期上发表了《彝族的祖先神话和历史记载》一文。第四语文工作队从民间收集了一些彝文典籍。六七十年代社科院民研所武自立先生赴云南禄劝县撒美宗德村从彝族呗耄研习彝文，在当地调查搜集彝文典籍。如他在该地区收集到的变体彝文宗教示意图集在彝族文字研究和彝族典籍文化的研究方面都很有典型意义。据武先生讲，他曾在禄劝彝区发现过一部彝文《神源论》。总之，彝学专家和学者始终坚持彝族典籍文献的整理和彝族传统文化的研究。①

在此期间直接和间接地培养了一批本民族的高级知识分子，他们的学识与实践经验，使他们对本民族的传统文化产生新的认识。通过宣传和反思，在平静之中，唤起了广大彝族干部和群众，特别是知识分子对彝族本体文化价值观方面的共识。因此，为 20 世纪 80 年代彝族典籍的整理和彝族传统文化的学术研究工作的迅速兴起和尽快打开新局面奠定了坚实的基础。如同前面所说，这个时期培养了一批中青年学者，为彝族典籍文化研究工作的再度兴起积蓄了力量。如中央民族学院 50 年代培养彝语文专业的学生充实到有关教学科研单位，第四语文工作队的调查与实践也锻炼了一批彝汉学者。因此，在这期间已为 80 年代彝族典籍文化研究的崛起做了许多必要的准备工作。如著名的彝文典籍翻译家罗国义先生就是在这个时期，从事《西南彝志》等一批典籍的翻译注释工作，积累了丰富的古籍整理与翻译注释经验，编纂出一部收字 7000 多的彝文字典。培养了一批翻译人才。又如云南楚雄彝族自治州双柏县的施学生先生为配合民间文学调查工作，曾翻译了大批彝文典籍中的文学作品。再如，有一批新中国成立后接受过高等教育的彝族知识分子在从事各项人文学科的研究过程中逐步对彝族典籍文化产主浓厚的兴趣，并激发出抢救彝族文化遗产，研究彝文典籍，弘扬彝族优秀的传统文化的强烈责任感。他们为彝族典籍文化的研究工作，奔走呼吁，奋笔疾书，做了大量宣传和研究工作，唤起彝族人民注重本体文化的意识、通过宣传改变了许多错误观念。在这期间，彝族典籍文化工作虽然未能轰轰烈烈地开展起来，但宣传组织工作和零星的研究从未间断，涌现出许多杰出的人物。在抢救彝族文化遗产的宣传组织方面，果吉宁哈先生做了大量的工作，他早在中国人民大学就读期间，已开始着手彝文及其典籍的研究，从哲学的角度对彝文及其典籍进行考察，对彝文的社会功能和彝文典籍的学术价值予以肯定，在当时是难能可贵的。刘尧汉先生用彝文宗谱论证南诏族属，也唤起了许多学者对彝文典籍资料的注重。余宏模、陈英、张乌谷、冯元蔚等一大批彝族著名学者率先译注和研究彝文典籍，带动了一大批中青年学子涉足于彝文古籍的整理研究工作，这也是值得肯定的。

实事求是地讲，20 世纪 50 年代至 70 年代末的近三十年间，对于整个彝文古籍的整理研究工作来说，有起有落，既有成功的地方，又有更多的遗憾。依理而论，这一时期彝文典籍文献的整理研究本应大有作为。然而，许多方面都不尽如人意。为什么这样说呢？千百年来彝族人民长期遭受本民族内部的阶级压迫和国内外的民族压迫，使本民族的传统文化历尽摧残与鄙视的境遇，没有很好地得到弘扬，一大批珍贵的彝文古籍和文献资料长期得不到重视，更谈不上整理研究。彝文古籍文献也当是中华民族文化宝库中不可或缺的宝藏。综上所

---

① 朱崇先：《彝文古籍整理与研究》，民族出版社 2008 年版。

述，彝族古籍文献研究整理经历艰难的过程。尽管如此，还有甘闯禁区的勇士，更有审时度势、施展谋略的老将在为之奋斗！从中已透露出彝族典籍文化研究高潮即将到来的一线曙光。

目前全国各彝学研究机构和高校建立一系列具有学术团体和相关彝族古籍整理研究的机构和单位，正在积极开展彝文古籍文献的整理研究工作。在彝文古籍文献的具体整理研究方面，云南社会科学院楚雄彝族文化研究所彝文古籍文献研究室开展了一系列的科学研究工作，编辑内部刊物《彝文文献译丛》，现正在组织翻译整理出版一百卷"彝文经籍"译注集。收集到的彝族古籍版本珍贵，有刻本、抄本、印本、写本等版本。这在国内外学术界产生极大的影响。中央民族大学组建了彝族历史文献编译室，翻译整理了大批优秀文化遗产。贵州毕节地区彝文翻译组，在 20 世纪 50 年代就开始整理翻译《西南彝志》的基础上，先后翻译整理出版了《西南彝志》《物始纪略》和《彝族源流》等一系列著名彝文典籍，对彝学研究发挥了重要作用。从 80 年代初开始，彝族典籍文献整理出版和彝族传统文化研究方面的专业队伍、教学部门、研究机构、出版单位等相继建立，已初形成了比较系统完整的专业体系。使彝族典籍文献的整理出版和彝族传统文化的学术研究进入了大展宏图的时代。

彝文文献目录工作述略

徐海涛*

内容提要 彝文文献目录工作起步比较晚，但发展很快，尤其是在 20 世纪 80 年代以后，出现了大量的目录，本论文通过对五部 80 年代以后较有代表性目录书的研究，来展示彝文文献目录工作的概况，并从中看出这几部目录书在体例上，尤其是分类法上的不同。同时商榷彝文文献目录编订的规范。

关键词 彝文文献目录　目录分类　体例

一

彝族是一个历史悠久、文化丰富的民族，也是我国少数民族中少有的几个拥有文字的民族之一。现存的彝文文献中，记载了彝族社会历史方方面面的内容。

彝族祭师和彝族文化传播者毕摩为彝文古籍的保护与发展做出了重大贡献，很多彝文文献都是经毕摩辗转传抄而流传至今，因此毕摩文献（凉山称为"毕摩特依"、撒尼称为"毕摩司波"）的数量在彝文文献中占绝对主导地位。另外一种是民间仪式的普通文献（凉山称为"卓卓特依"、撒尼称为"左稿司波"），此类文献不及毕摩文献的十分之一。宗教类的文献种类繁多，卷帙浩繁，给历代彝文文献目录学者做彝文文献分类带来了很大困扰，因为彝族宗教类文献的内容没有严格的区分，一部书可能同时包含了哲学、历史、宗教、伦理等形形色色的内容。但大体上来说，彝文宗教类文献大致包括以下几类：作斋、作祭、祭祖、指路、祭祀、鬼神、祈福、诅咒、百解、卜卦、谱牒、教育类等。民众经籍大致包括以下几类：风俗歌调、叙事长诗、翻译作品等。

彝文文献主要流传于民间，每个毕摩都收藏有数量不等的文献，这些文献数量相当巨大，据徐丽华主编《北京地区彝文古籍总目》统计，北京地区彝文古籍有 1100 多册[1]。陈乐基、王继超主编《中国少数民族古籍总目提要·贵州彝族卷（毕节地区）·序言》说："贵州有 16 个收藏单位藏有彝文古籍 8000 余册。"[2] 而且这 8000 册古籍还是各官方机构如博物馆、图书馆、地方民委、民宗局等收藏的，不包括民间藏本。彝族其他地区、国内其他机构或个人、海外流传的彝文文献数量也相当可观。

---

* 徐海涛（1989— ），男，中央民族大学少数民族语言文学系 2013 级在读硕士研究生。

[1] 徐丽华：《北京地区彝文古籍总目》，民族出版社 2011 年版，第 1 页。

[2] 陈乐基、王继超：《中国少数民族古籍总目提要（贵州彝族卷）》，贵州民族出版社 2010 年版，序言部分。

二

到 20 世纪 80 年代，彝文文献整理与研究开始进入国家文化建设的轨道，1981 年，中央发布 "《中共中央关于整理我国古籍的指示》"，1984 年 "国务院办公厅转发国家民委关于抢救、整理少数民族古籍的请示的通知"。随之在全国范围内掀起了古籍整理研究的高潮，在全国设立各大古籍整理研究机构，在高校成立古籍文献专业及开设各种培训班，培养了大批的彝文文献古籍整理人才。也是从这时候开始，彝文文献目录书在这三十多年的时间方兴未艾，得到了前所未有的发展。

经过三十多年的努力，彝文古籍目录学建设取得了骄人的成绩。此时期的目录书呈现以下几个特点：（1）目录书的数量多（大小彝文文献目录在 20 种以上）；（2）类别丰富。出现了馆藏目录（如《清华大学图书馆典藏彝文古籍整理目录》）、联合目录（《北京现存彝族历史文献的部分书目》）、地方文献目录（如《中国少数民族古籍总目提要·贵州彝族卷》）、译注目录（如《彝文石刻译选》）、专题目录（如《指路经·第一集》，专收不同版本的《指路经》）等；（3）各目录书编排没有统一规律，分类方法各异，编排选录标准不一。在分类上，有按方言区划分，也有按书籍内容分类，甚至有的不作分类而只作呈现；在编排上，有的只收图书，有的则收金石文献甚至口传文献。

在此笔者选择了 20 世纪 80 年代以后的五部目录著作的原因是：无论是从分类还是在提要撰写，抑或是著录方式来看，真正使彝文文献编目进入科学轨道的还是在新时期（即 1980 年以后）。在这一阶段，由于彝文文献整理工作的开展，推动了彝文文献目录的发展，独立的目录书相继涌现。很多学者对彝文文献的分类、著录格式等问题进行了细致的研究。因此上述所选的五本目录著作均为这一阶段的成果。尽管各目录之间相距的时代并不远，但我们仍然可以看出各目录书由于种种原因造成的巨大差异。但终究逃不过姚名达先生在《中国目录学史》中目录学的宗旨："目录学者，将群书部次甲乙，条别异同，推阐大义，疏通门类，因以辩章学术，考镜源流；欲人即类求书，因书究学之专门学术也。"①

此五部目录书在彝文文献目录中均有一定的代表性，每一部都给彝文文献目录一些启发，如《北京地区现存彝族历史文献的部分书目》在每一类前写有类序，类序最早来源于汉目录学《七略》，将此应用于彝文目录学，是很有益的尝试；《北京地区彝文古籍总目》是至今体例最完善的馆藏联合目录之一，尽管它的分类还不够细致，但其著录方式是相当科学严谨的；《台湾中研院傅斯年图书馆藏彝文文书解题》体例的独特性绝无仅有，是一部日汉双语、按方言区划分、有图有表、提要精彩的单一馆藏书目，极具学术价值，为彝文馆藏书目的编著提供了十分可据的范本；《国家图书馆藏彝文典籍目录》在书后附有彝文书名索引和汉文书名索引，可以大大方便读者查阅；《中国少数民族古籍总目提要·贵州彝族卷（毕节地区）》是彝族目录史上规模最大的地方文献总目，其宏大、其分类之科学、提要撰写之严谨也是无出其右。可以说，这几部目录书都是彝文文献目录史上很有影响的目录，从它们那里我们都能找到彝文文献目录编排的有效途径。从这五部目录著作可以看出，在提要撰写方面是一直在发展的。

下面是对该时期部分目录书的简介及体例分析。

---

① 姚名达：《中国目录学史》，上海古籍出版社 2002 年版，第 7 页。

三

1. 《北京现存彝族历史文献的部分书目》

《北京现存彝族历史文献的部分书目》是由中央民族学院少数民族语言研究所彝族历史
文献编译组于 1981 年油印出版的。该目录收藏了北京图书馆、民族文化宫、中央民族学院
三个单位保存的彝文典籍 659 部，大部分为明清抄本。为了编译此书，特从云、贵、川邀请
了一些彝族经师来解读，具体整理程序是：先通读书籍内容，再讨论确定书名，之后再将书
籍分类。此目录也成为我国首部书本式地区性馆藏彝文古籍联合目录。此目录将所收古籍根
据内容分为 11 类，即历史书、哲学书、文艺书、历算书、作斋经、作祭经、指路经、占卜
书、百解经、福禄书、其他类。并附上"云南楚雄州张兴老人私人的彝文书目"，录张兴毕
摩的家传 122 本彝文经书。

该目录书的最大特点是有简明类序，是彝族目录史上少有的叙录体书目之一。此书十一大
类前都有类序介绍此类经书收书的数量、所收书的内容特点、此类经书的意义，以及此类经书
产生的原因、与此类经书相关的彝族文化背景等。虽然这些文字相当简略，有的地方也出现语
句的错误，但是毋庸置疑，此书类序为研究者、学者提供了很直接、实用的相关知识，提供了
很有价值的彝族文化研究资料。该目录采用卡片式的著录方式来登录书目，内容有书名部分、
书的出处、存书单位、此书现状、藏书号码。书名部分有彝文书名、对应的国际音标、翻译后
的汉文书名。著录很简练，直观地展现了所录书的基本信息。缺点是对书的内容没有介绍。

此目录为我国首部书本式地区性馆藏彝文古籍联合目录，为今后较大型彝文文献的编目
工作提供了范例。其体例、其分类法都得到以后目录编制者的借鉴。

2. 《北京地区彝文古籍总目》

《北京地区彝文古籍总目》是由中央民族大学图书馆徐丽华主编，此目录是继《北京现
存彝族历史文献的部分书目》之后另外一本北京市彝文古籍馆藏联合目录，无论是在收书
范围还是在著录内容上都较成熟。《北京地区彝文古籍总目》补足了《北京现存彝族历史文
献的部分书目》未收录的几个图书馆馆藏彝文古籍，即中央民族大学民族博物馆、清华大
学图书馆、中国社会科学院民族学与人类学研究所图书馆、中国历史博物馆。将著录的
1096 种彝文古籍分为五类：宗教类、历史类、教育类、文学类、历法占卜类。

著录方式主要是按照《中国少数民族古籍总目提要》的要求编成，也是《中国少数民
族古籍总目提要·彝族卷》的北京分册。因此，与之前的目录相比，此目录又呈现出一些
新的特点：（1）在除了基本著录（书名、卷册页、著者等）之外，新增了卷册页、提要、
版本、版框等重要信息。尤其是提要部分，大都记述文献的主要内容，提要部分简明扼要地
讲述了文献的基本内容，为读者提供了更多相关信息。如《氏族祭祖经》提要：记叙彝族
氏族祭祖仪礼及举行祭祖典礼的宗教意义和社会功能；歌颂列祖列宗的历史功绩；虔诚地请
求氏族历代祖宗降临享用祭品。①

（2）分类编排上呈现新特点，即分类简略，把所有文献分为五大类，较之前的分类法
简要得多，并将《清华大学图书馆彝文古籍目录》直接附于目录后。

缺点主要体现在分类法上，简略分类一定程度上也带来了一些问题。其一是此目录中的宗

---

① 徐丽华：《北京地区彝文古籍总目》，民族出版社 2011 年版，第 1 页。

教类文献有 595 部之多，占到整个目录所著录书的三分之二，而历史类为 112 种、历法占卜类为 96 种教育类文献仅有 24 种、文学类文献仅有 36 种（所附的《清华大学图书馆彝文古籍目录》共著录 251 种，未分类）。这样导致了各类别之间的严重不平衡，在一定程度上丧失了目录书"欲人即类求书，因书究学"的功用，宗教类文献再分二级子目会更方便。其二是部分书的分类不妥当。归入历史类的部分文献（如《指路经》《招逝者灵魂经》《为逝者接魂经》《投生经》等）应当属宗教类文献，彝族学者黄建明教授在《彝文经籍〈指路经〉研究》中指出："《指路经》是毕摩在葬礼上为亡灵指路时念诵的一部经书，是彝族先民一种神圣的宗教仪式。"① 同样的《招魂经》《给逝者接魂经》等当归入宗教类更合理。

3.《台湾中央研究院傅斯年图书馆藏彝文文书解题》

此目录为日本学者清水享主编，由龙倮贵、摩瑟磁火、张仲仁著的一部著录台湾"中研院"傅斯年图书馆馆藏彝文文献的目录，日文和中文双语合璧，共著录馆藏彝文文献 250 种。傅斯年图书馆馆藏彝文文献均为民国时期马学良先生在西南田野调查时所征集的，后来这批书随国民党一起去了台湾。这批书主要来自南部方言（云南省红河州、玉溪市地域）、北部方言（四川省凉山州）和东部方言地区（云南省武定县、禄劝县附近）。因此提要部分的撰写也因方言区的不同而各有分工，龙倮贵负责南部方言文献、摩瑟磁火负责北部方言文献、张仲仁负责东部方言和少量其他方言区文献。

此书最大特点是体例严谨，著录规范。其书体例有凡例、解说（包括所著录书的来历，彝文文献的基本情况，傅斯年图书馆馆藏介绍等）、解题、表和图等部分。"解说"部分详细地叙述了彝族的起源、彝语彝文的起源、彝文文献的由来、"中研院"历史语言研究所所藏少数民族文书、傅斯年图书馆所藏彝文文书以及它们的来历，并介绍了马学良先生和彝文文献的渊源。解题部分更是详尽严谨，不仅有基本著录，还记文献类别、该文献的传承方式、成书年代、版本等。尤其是提要部分，详细地介绍了文献内容，宗教类的文献还记述彝族宗教观念、该经书的用途以及具体的诵经流程等；文学类书（主要指诺依特书）会简短地描述故事基本情节，即故事起因、经过、结果。表部分依次记文献书名、版本、册页、尺寸、书籍情况、是否可读、所属方言区、解题书名、提要撰写者和备考项。可以方便读者查阅，提供了一些直观信息。

此目录没有作细目分类，和很多馆藏文献目录一样，如《清华大学图书馆藏彝文古籍目录》，部分原因是著录的文献数量较少。但此目录基本上是按照方言区来划分文献的，即龙倮贵所撰写的提要的文献都属于南部方言地域、摩瑟磁火负责北部方言、张仲仁负责东部方言和其他方言区文献。按方言区来分类文献很早就有人提出，但是很少有实践。从这本书中，我们能看到按方言区来划分文献的合理性：（1）在没有明确的分类目录下，将所收文献按方言区分类，为读者提供了一种查检的途径，读者便可对号入座，直接查找自己所要方言区的文献。（2）按方言区来划分文献的另一个好处是，在实际操作上有其方便性。便于古籍整理，如确定书名、撰写提要等，彝文各方言区的巨大差异往往会导致此方言区彝文的学者不懂彼方言的彝文。按方言区划分后，直接找对应方言的学者来阅读文献，一般都比较准确，且可靠。如目录书中的目录提要，有的甚至详述故事内容、宗教仪式流程等，如果读不懂文献，是不可能完成的。

4.《国家图书馆藏彝文典籍目录》

在馆藏目录中，这是一部代表性的目录，由国家图书馆杨怀珍编著。国家图书馆实际馆

---

① 黄建明：《彝文经籍〈指路经〉研究》，民族出版社 2012 年版，第 3 页。

藏彝文古籍共 592 册，绝大多数是民国期间马学良、万斯年先生从彝区收集的，这批彝文古籍均为精品，价值比较高，除了十四册明代木刻本，其余均为清写本和传抄本。考虑到很多书一册里包含有多种书的情况，因此按书的种类来分，该目录囊括了国家图书馆馆藏的全部彝文典籍 1245 种。

该目录最大的特点是分类细致、方便查检。将群书分为 23 类，类目划分结合了国家图书馆图书分类法和彝文文献分类法。按图书分类法分为"哲学、政治法律、经济、天文学、工业技术等"；按彝文文献分类法则将宗教类文献分为"氏族祭祖经、指路经、献药经、百解经等"。其次，书前有大量彩印彝文文献图片，书后附有彝文书名索引和汉文书名索引。

著录方式除了基本著录之外，还记版本、文献来源、册页、版框、书籍残损情况等，但没有提要，这也是这部目录书的一些不足。

5.《中国少数民族古籍总目提要·贵州彝族卷（毕节地区）》

《中国少数民族古籍总目提要·贵州彝族卷（毕节地区）》是彝族编目史以来收文献数量最多、规模最大的一部集大成性质的地方文献总目。共收录贵州彝族古籍条目 2911 条。全书按照《〈中国少数民族古籍总目提要〉编写纲要》的规定和要求编写，并结合彝文古籍的功用将文献分为 14 类。目录与其他目录书的不同便是将铭刻类和讲唱类收进目录，因此称为集大成性质的目录。全书分三编：甲编文献累收录条目 2256 条；乙编铭刻类收录条目 82 条；丙编讲唱类收录条目 573 条。每一条目除了基本著录、版本特征、书籍残损情况、文献来源地等之外，还精撰提要。著录标准十分规范、统一。近三千条条目均按此种标准写成，提要部分写得十分有价值，包括经书大致内容、经书用途、价值以及经书形成的文化背景等。这些内容对读者初步了解彝族文献起了十分重要的作用。

此目录的分类极具特色。以古籍功用划分为 14 类，并在一级大类下划分二级子目，形成了条理清晰、自成系统的分类结构。如第一类"丧祭习俗"类，又分为：（1）丧祭献祭；（2）丧祭禳解消灾；（3）丧祭主体仪式；（4）丧祭指路。彝文宗教类文献的分类是历来分歧最大的一类文献，按文献的功用分类也提供了一种可行的途径。

此目录从整体上来说，各类别之间互不冲突、相对平衡，是一部成熟的目录学著作，也为其他地区彝文古籍目录的修订提供了参考。唐目录学家毋煚在《古今目录·序》中对目录学的功用、职能阐述精辟："将使书千帙于掌眸，披万函于年祀；以传后来，不其愈己。"① 从《中国少数民族古籍总目提要·贵州彝族卷（毕节地区）》的提要撰写中，我们的确能"览录而知旨，观目而悉词；不见古人之面，而见古人之心"②。

四

宋郑樵在《通志》中曾说："学之不专者，为书之不明也。书之不明也，为类例之不分也。有专门之书，则有专门之学；有专门之学，则有世守之能。人守其学，学守其书，书守其类。"③ 这几十年的彝文文献目录发展的总体情况便是：新的目录书不断涌现、体例不断完善、学术价值也越来越大，促进了彝学的发展以及培养了大批彝学学者。从上述几部目录

---

① 余嘉锡：《目录学发微 古书通例》，中华书局 2009 年版，第 9 页。

② 同上。

③ 同上书，第 16 页。

书实践来看，彝文文献目录的编排差距相当大，我们看到了各目录书各有其特色及相互可取之处。综观上述几部目录，彝文文献目录主要应包括以下几项：

序。序包括类序和部序，在《北京现存彝族历史文献的部分书目》中有详细的类序，可惜此后的目录书未再写类序，类序的功用在于阐释此类目录书的内容，文献产生的文化背景，也可以说明将此类独立出来的原因以及此类文献的概况。彝族文化复杂、精深，且内部各个方言区还存在着差异，写简明类序可以为不太了解彝族文化的读者提供方便。

分类法。每一部目录书的编纂体例都要基于实际，文献的数量、类型、价值等都是影响目录书体例的重要因素。著录文献数量多便要求分类要更为科学细致，《中国少数民族古籍总目提要·贵州彝族卷（毕节地区）》是分类最细致的，我们在作目录书的时候可以借鉴它的分类系统；文献数量少，可以在分类上追求简明，在别的方面可以更为细致，比如可以在书后附文献基本情况表，如《台湾中研院傅斯年图书馆藏彝文文书解题》。彝文文献分类法历来众说纷纭，但如果著录的文献来自不同方言区，应先按方言区划分，然后再按文献内容分类，以上两部目录也可得出这个经验。

基本著录。即书名，作者，成书年代项。有的彝文文献编目要将文献的彝文书名翻译成汉文书名，翻译时要说明翻译原则，力求翻译准确；彝文的成书年代和作者比较复杂，因为大多彝文文献不写成书年代和作者，如果有这方面的线索，应在提要里写明。

提要。我们看到目前彝文文献目录编纂得很好的趋势是提要越来越详细，不仅介绍文献基本内容和用途，有的还记载文献的收集地、版框大小、装帧形式、藏书单位、版本残损情况等。这些都是对彝文文献研究很有价值的资料。

检索。在书后附检索能方便读者查检，更快地找到自己想要的文献，《国家图书馆藏彝文典籍目录》书后附有书名索引，大大加快了我们的检索速度。

参考文献

[1] 中央民族学院少数民族语言研究所彝族历史文献编译组编：《北京现存彝族历史文献的部分书目》，油印本 1981 年版。

[2] 黄建明：《彝族古籍文献概要》，云南民族出版社 1993 年版。

[3] 姚名达：《中国目录学史》，上海古籍出版社 2002 年版。

[4] 郑樵：《通志》，浙江古籍出版社 2007 年版。

[5] 余嘉锡：《目录学发微 古书通例》，中华书局 2009 年版。

[6] 陈乐基、王继超：《中国少数民族古籍总目提要·贵州彝族卷（毕节地区）》，贵州民族出版社 2010 年版。

[7] 徐丽华：《北京地区彝文古籍总目》，民族出版社 2011 年版。

[8] 清水享：《台湾"中央"研究院傅斯年图书馆藏彝文文书解题》，东京外国语大学亚非语言文化研究所 2012 年版。

[9] 杨怀珍：《国家图书馆藏彝文古籍目录》，中华书局 2010 年版。

[10] 黄建明：《彝文经籍〈指路经〉研究》，民族出版社 2012 年版。

[11] 朱崇先：《彝文文献分类初探》，载朱崇先主编《民族古籍文献研究》，民族出版社 2014 年版。

[12] 李敏：《彝族目录工作述评》，载《国家图书馆学刊》2014 年 3 月刊，总第 93 期。

彝文《祭奠亡灵经》版本状况与文献价值探析

李绍华*

内容提要 彝文古籍以抄本居多,《祭奠亡灵经》是彝文文献中较早的写本。自成书以来在彝区流传过程中,对传统文化、伦理道德、民风民俗、生态文明、医药医学等方面产生重要影响。对文本的解读和有关文化信息的考察论述,客观再现版本状况,揭示文献资料价值和展现文本现代意义。

关键词 彝族 《祭奠亡灵经》 版本状况 文献价值

彝族文字源远流长,古籍文献卷帙浩繁,构成中华民族百花园中一枝瑰丽奇葩,其中大多为宗教类经书,最具活力和生命力,《祭奠亡灵经》①就是典型代表。《祭奠经》主要用于祭奠亡灵活动中的各种仪式,是使用频率最高和具有广泛普适性的宗教类书,也是彝族传统文化的重要载体,不仅数量居多,使用率高,而且富含深邃的哲学思想和其他文史方面的文献资料价值,迄今仍有广阔的市场和生存空间,有待进一步挖掘、整理、研究。

一 文本状况、成书历史背景与主要著述内容

因彝族方言、支系、地域差异,《祭奠经》文本、成书和内容也各显特色,抄本居多,异体、通假、借代字混用现象十分普遍,甚至还有极少数的自创字。成书有早有晚,成书后还不断被使用者再创作。经书内容和经书选用因人而异、各有侧重、有删有减,甚至出现装订错乱、类书之间互混互用等现象,整理研究时应谨慎和区别对待。汉化、西化严重的地方只有口头文本,人为因素更多,处于濒危境地,急需挖掘、保护、传承。

此经是彝族作祭经中的一部。祭奠亡灵是彝族祭荐超度亡灵的最大典礼,认为只有经过做祭超度后,才能回到彝族发源地和祖先的发祥地,与其一起生活,从而摆脱疾苦,步入光明之道,进入列祖列宗的行列,并升为祖妣神灵接受子嗣后裔的祭祀和顶礼膜拜,享尽种种荣华富贵。《祭奠经》原文用彝族传统文化、哲学思想、伦理道德观念加以创作,是一部字数较多、内容极为丰富的彝文古籍文献经典,也是彝族使用频率最高、具有典型意义的一部

---

* 李绍华(1979—),男,彝族,中央民族大学中国古典文献学在读博士生。此论文系中央民族大学研究生院"彝文《祭奠亡灵经》整理与研究"科研课题,项目编号:10301-01402903,同时系博士毕业论文选题,受朱崇先导师指导,特此表示感谢。

① 《祭奠亡灵经》:简称《祭奠经》《丧葬经》《丧祭经》《作祭经》《超度经》等,是在举行亡灵作祭仪式时祭师"呗耄"唱诵的经书,该经所包括的仪式很多,每场仪式有每部对应的经文。根据彝族五言诗体格式、宗教信仰和传统文化进行创作,因其内容为祭奠亡灵而得名。为彝族宗教类经书,目前仍大量存在民间并发挥应有作用。此版本为作者于2013年收集于东部方言区滇东北部次方言区的禄劝、武定纳苏支系祭奠经书。目前该地区此类经书还未系统整理研究,有待进一步整理研究,并公之于众。为方便起见,以下称《祭奠经》。

经书。

（一）文本状况

图一　《祭奠经》封衣

图二　《祭奠经》封面

图三　《祭奠经》打开图

图四　序言

此版本《祭奠经》由作者于 2013 年 6 月收集于本村亲戚已故李姓呗耄①家。经书尺寸：24cm×21cm×1cm。完好程度：除封面和封底 2 叶部分残缺外，其他基本保存完好，文字尚能辨识。纸质：绵纸。装帧：装帧形制为线装，纸张对折后两面书写，穿以白线和绵纸捻线装订，其中一叶中间衬以草纸增加厚度，为方便携带，用长 32cm×29cm×0.1cm 的黑色棉布做外包装（封衣），布上订有作为捆扎用的白线一根，经书用完后在封衣上捆扎，对经书起到很好的保护作用。叶数：37 叶。重量：0.1kg。版书：用毛笔书写，按传统彝文经书书写习惯从后往前翻阅，从上到下直书，但受汉文书写惯例影响从右到左布列。句读：除为数不多的句子漏段外，其他大部分句子用空心圆圈"○"或实心圆圈"●"做句读符号。篇章结束标记：每段经文之后用"⌐"从上到下分成三行，每行作"w"波浪符号做结束标志，隔列或接着抄写下一段经文。和它一起装订的还有此次祭奠亡灵时丧家给祭师报酬的清单、《六祖献水经》、《高寿亡灵献水经》等六部经书。

（二）成书历史背景

1. 抄写情况

此版本《祭奠经》用彝族传统棉纸、黑墨、毛笔书写，字迹除虫蛀、鼠啮、水浸毁损外尚清晰可辨。经书封面有序、题跋语识和落款，书写按传统彝经从上到下竖写，但受汉文言影响从右到左排列，各列字数不等，最少一列 11 字，最多一列 15 字，共 5 列 67 字，除抄写者姓名"李宗元"3 个汉字外，其余为彝文。除《序言》外的其他篇章每页 7—8 列、每列 16—18 字不等，大多为 17 字，平均 125 字。抄写者为云南省昆明市禄劝彝族苗族自治县汤郎乡汤郎村委会上龙门村民小组李宗元村民，为民国至新中国成立初期呗耄。抄写时间

---

① 呗耄：彝族祭师，类似汉族经师，主要从事宗教活动，同时又是彝族知识分子，是传统文化，特别宗教文化的主要创造者和传承者。

为猴年农历十一月（冬月）二十六日，是 12 位呗耄同僚聚会时抄写的。最后还有"虽然抄写不好，但要按照经书去行事"的谦辞，并冠以《献药经》《叙药经》两部主要经书名，实则还有其他十多部一起合订的经书。

2. 成书历史背景

彝文经典《帝王世纪·人类历史》中记载彝族至 29 代武老撮之时才"祀典兴，燕礼成，祭帝与祭神"。该经译者罗文毕认为："从人类始祖希母遮之时，直到武老撮之世，共 30 代人。此间并无文字，不过以口授而已，流于 29 代武老撮之时，承蒙上帝差下一祭司宓阿叠者，他来兴奠祭、造文字、立典章、设律科，文化初开，礼仪始备。"罗氏译经之时的 1921 年已 120 代，武老撮在 29 代就"造文字、立典章"，每代按 25 年计，则可推算彝文产生大致时间为：1921 − （120 − 29）×25 = − 354，即公元前 354 年。当时就全国范围而言，文字正处在六国文字并行发展和各自独立使用阶段，统一规范文字还未出现。

文字从产生到形成再到成熟必经漫长岁月，史籍记载往往滞后于现实的事实，这里所说的造文字其实指的是趋于成熟后由官方规范、认可、颁布、推行和正式使用的文字，据此，彝文产生当早于这一时期。也不能说《祭奠经》就与文字一起产生。因为，像这样一部巨著不是一蹴而就，而是经过漫长的口耳相传和众多人的再创作才逐步形成，即使问世后到目前在民间流传过程中也无时不再被创作，这也是写本成书之后的手抄本（转抄本、传抄本）不同于刻印本的特色所在，更何况即便是刻印本也在历史岁月中不断流变。

该经既然为重要的祭奠宗教类经书，则真正起源应为原始宗教产生之时，成书年代即以经书为物质载体的形式出现只能证明文字用于记载思想意识这一历史事实而已。虽然成书年代具体不可考，但重要的是成书历史背景考证。最初，呗耄是以国师、军师兼祭师（宗教神职人员）的多重身份进入彝族统治阶级体系，既是统治阶级，又是宗教经师和知识分子，构成彝族社会"君臣呗匠奴"五位一体的社会结构。代表彝族原始宗教思想的经典《祭奠经》，正是在这种情况下顺势而发、应运而生，最终为特定历史时期的社会发展发挥应有的历史作用。

此版本《祭奠经》具体成书年代不可考，只能考察抄写年代，但从经中内容大量涉及古代人们头脑中占主导地位的唯心论思想来看，是在彝文形成并进入成熟期后的著作，再说，写本问世后在民间流传过程中不断出现新的手抄本（转抄本、传抄本），又有更多的人参与创作，所以，它不是一时一地一人的专著，而是历史长河中集体智慧的结晶。

由于是近现代抄写，按照彝族纪年法，结合抄写者生卒可以比较准确地考证抄书时间。抄写者为云南省昆明市禄劝彝族苗族自治县汤郎乡汤郎村委会上龙门村民小组李宗元村民，彝族名字叫忨 [ȿa²dɚ]，音译为"沙德"，生肖属相为酉鸡，卒于 1976 年，享年 79 岁，则当生于 1897 年［此为第二次于 2015 年 6 月 11 日所得信息。第一次是 2015 年 3 月 8 日所得信息：儿媳于 2014 年 12 月 85 岁时去世，生于 1929 年，公公再减 30（每一代按 30 年记），李宗元大约出生时间为 1899 年，和客观情况误差 2 年］，为清末人，跨越民国至新中国三朝呗莫。根据《序言》抄写时间为猴年农历十一月（冬月）二十六日，严格按照彝族传统生肖纪年。1897 年为酉鸡年，1908 年为猴年的 11 岁完全不可能，可以排除。与《祭奠亡灵经》一起收集的《献水经》序言中没有署名，但版本状况、经书装帧、书写风格却如出一辙，抄写者与《祭奠经》抄者属同一个村，基本可以断定是李宗元。和此部经书一起收集出自一人之手的另外一部经序中还特别提到是年轻呗耄抄写的。年轻即青年，一般标准为成人 18 岁至 35 岁或 40 岁以前，1944 年的 47 岁、1956 年的 59 岁、1968 年的 71 岁可以排除。这样一来，1908 年的 11 岁，理论上说可以做呗抄写经书，但从现实来看可能性不是很大；但那么就只有两种可能，即 1920 年的 23 岁和 1932 年的 35 岁，经书抄写的上限为 1920 年，下限为 1932 年。但从重点强调青年呗耄这一点来看，1932 年的 35 岁也可以排除，根据当地彝族年龄段划分的习惯，所说的年轻既指年龄属于青年范围，又特指未婚青年，无论年龄几何，只要成家立业、结婚生子就被排除在青年行列，因为在旧社会没有计划生育限制，早婚现象十分普遍，如果父子（女）两代都早婚，30 多岁就三世同堂，当爷爷奶奶、外公外婆，所以 23 岁时的 1920 年可能性最大。由此考证此经抄写年代可以定格在 1920 年，迄今已有 95 年的历史。

从《序言》看，1920 年属猴年农历十月初二十二这天丧家迎请十二位呗耄为亡灵指阴路，过了一个月零四天后的十一月二十六日（农历）趁众多呗耄相聚而抄写经书以作交流学习、切磋技艺。

（三）主要著述内容

根据各自独立、自成体系的 16 个章节内容和仪式，就整体上说，此版本《祭奠经》可分十六个篇章（部分），即祭奠或丧葬十六经。若把《祭奠经》看作总经、大经、母经，那么其中每个具体章节就是小经、子经，内容分述于下。

第一部分，《叙谱经》。彝谚云：不是敬重父母，而是敬重养育之恩；不是敬重祖妣，而是敬重历史。彝族是崇尚历史的民族，敬重知识，考究源流，并相信万事万物都有其发生、发展、演进和变化的根源，包括人类自身。叙谱就是要肃清源流，明白你是谁、从何而来、怎样来等哲学问题。不仅使亡灵知道族源族谱而不忘保佑亲人，而且使子孙后代明白身世而增强归属感、向心力和民族自信心、自豪感。

第二部分，《享礼经》。献牲的目的就是要亡灵前来认领和接受所献之牲和其他礼品，只有通过享礼仪式后，亡灵才能收到所献祭礼，才能带着生产和生活资料回到阴间后继续正常生活。

第三部分，《结草结经》。因为牺牲受惊后可能会失魂落魄，唯恐亡灵收不到祭牲而怨恨亲人，避免再来人间侵扰亲人或作祟于人。所以，供牲献牲前结草结于牺牲之上，表示拴住祭牲灵魂。

第四部分，《祈贤经》。祭奠亡灵的重要目的之一就是使子孙后代圣贤聪颖。通过祈贤仪式和呗耄念诵《祈贤经》，祈求亡灵庇护保佑，让亲人聪颖、圣明和贤达。

第五部分，《解草结经》。彝族相信万物有灵，亡灵带走祭牲灵魂，所以献牲前结一个绳结放在祭牲上，表示把牺牲灵魂拴住并固定在身上，向亡灵献完牺牲前把身上的草结解开，好让亡灵前来领牲，并使祭牲灵魂随亡灵一起赶赴阴间。

第六部分，《献牲经》。又名《翻牲经》，用于在祭奠亡灵活动中向亡灵献祭牲仪式上唱诵，主要是猪牛羊三牲，献牲主人把所献牺牲尸体翻身。仪式简化为亲人献牲时用手触摸一下祭牲，表明该牲为其所献，让亡灵明白物有所主，名正言顺地前来领牲，并记住亲人恩情。

第七部分，《解竹圈经》。呗耄在祭场插神座之时，用四根竹片插在神座旁边，念诵完此经后进行拔出。

第八部分，《受礼经》。祭奠亡灵的一个重要目的就是要虔诚地向亡灵贡献礼物，邀请亡灵前来领受所献礼品，只有通过献礼和受礼仪式后，亡灵才能收到所献祭礼，才能更好地为子孙后代提供庇护。

第九部分，《升灵经》。彝族宗教观念中，阴间是阳间的翻版和再现，也有社会等级制度，唯恐灵魂在阴间因社会地位低下，不能很好地造福于子嗣后裔，所以要通过升灵仪式，提高亡灵地位，抬高亡灵身份，免受压迫，更好地庇护亲人。

第十部分，《献药经》。彝族原始宗教的核心是万物崇拜，传统观念认为人死灵不死，灵魂回到祖界后如阳间一样生活，会生病染疾，祭奠亡灵时要向其献药，使其无病无痛地赶赴阴间，到阴间后也健康生活，更好地降福禄于生者。

第十一部分，《赞贤经》。记述了彝族最早的君王——彼乃带领部族开疆拓土、垦荒种植、畜牧牛羊的艰难过程，反映了彝族从原始、游牧社会向半耕半牧社会转型，开启农牧业并重的社会历史，与此同时，抒发和讴歌了人们对先祖圣贤的感激和追思。

第十二部分，《歌颂嫘女经》。人类自身的再生产是古代社会再生产的重要内容，是社会发展的内在动力机制。嫘女是彝族女始祖，后演化为生育神，通过歌颂嫘女女神，祈求子嗣大繁衍、人丁兴旺、族裔昌盛。

第十三部分，《祈吉经》。祭奠亡灵不仅使亡灵回到祖先发祥地，与列祖列宗一起生活，实现灵魂向神的角色转变，加入神灵的行列，受到亲人的顶礼膜拜，而且更为重要的是要祈求保佑和庇护子孙后代的繁荣昌盛、平安幸福。

第十四部分，《启灵经》。棺椁的前后左右，即祭奠场四周插四棵青松树，在所有祭奠活动结束后，呗耄和主家各砍倒前面一棵松树才能启灵，抬棺椁前往坟山墓地下葬。此经书及其仪式一方面表明呗耄圆满完成各种经书的唱诵、法事活动顺利进行和仪式圆满完成；另一方面，亡者属于正常死亡，舅氏对死因无异议，主家是清白的、尽力的。

第十五部分，《神座封邪清净经》。所有祭奠仪式结束后，唯恐神座沾染邪气，被秽气玷污，所以要对神座举行封邪仪式，进行祛邪祛污处理，从而使神座清洁干净，体现了对神灵的崇敬、畏惧心理，同时也表明神的威严和圣洁。

第十六部分，《神座掩埋经清净》。所有祭奠仪式结束后，把神座收集起来进行掩埋，得到妥善处理，使其不暴露荒野，反映了神的神圣不可侵犯性。

二　版本状况与行文格式特点

（一）版本状况

彝文手写经书在使用过程中出现破损、脱页时，抄出新的经书后就进行烧毁，所以很难找到原稿和最初版本，对古籍文献版本、文字等方面的考证提出不小的难题，彝文《祭奠经》也是如此。《祭奠经》是诸多经书中使用频率最高的类书，更换也最为频繁，一个呗耄一生中往往要烧毁和新抄很多经书。在众多经书中，彝文《祭奠经》是各个时代、各个方言区、不同经师的不同写本、抄本、转抄本，比较而言转抄次数越多，版本质量越低；相反转抄次数越少的版本就更接近原本，也是较好的古本、善本、珍本和底本。正如马学良先生针对彝文《作祭献药供牲经》版本状况时所说："我在翻译以前，曾对照几个本子校对一番，发现时代愈后的本子，错误越多；而且有些巫师为了偷懒，为人家作法术时，大多不愿唱诵全经，所以往往将全经任意删繁就简；有些经本甚至上下文不能连贯成意。于此亦可见巫师的程度，真是一代不如一代了。我译这篇经颇得力于张文元巫师，他在近代巫师中，实为翘。倮倮的方言差异很大，这篇经文的记音也是根据张文元巫师的方言，借此亦可以看出禄劝倮倮语音情形。"① 马先生于 20 世纪 30 年代末 40 年代初受中央研究院派遣深入彝区收集古籍文献，为保护弘扬民族文化做出不可磨灭的贡献。

彝文《祭奠经》为写本、抄本，此经彝族祭奠亡灵活动中献药仪式上呗耄唱诵经书，彝族因支系繁多、方言差异，同名经书在流传过程中出现不同版本，内容也往往变异很大。正如《指路经》一样，同名而版本成千上万，各支系有各支系版本，各地有各地版本，甚至各姓有各姓版本，因此，它是类书，不能作为唯一版本看待和处理。《祭奠经》由 16 个不同的仪式组成，如果说祭奠活动看成一个系统，那么其中包括的每个活动就是一个独立完整的小仪式，同样所诵读的经书就是子经。《祭奠亡灵经》以写本形式问世之后，由于社会客观需要而出现不少手抄本、转抄本。可见，《祭奠经》问世后，底本消失了，但出现大量的手抄本。从版本角度开展不同方面的深度研究具有特别重要的学术意义、版本价值和社会意义。对彝文《祭奠经》的版本问题，很难确切鉴定具体的时代和作者，只能看作不同历史时期、众多呗耄的集体创作，其版本出自不同时代、不同人之手，在纸张运用、纸质优劣、尺寸大小、装帧形制、书写风格等方面千差万别，呈现纷繁复杂、千姿百态的状况。

（二）行文艺术特色

此版本彝文《祭奠亡灵经》严格按照彝族传统经书格式进行写作，形成以五言为主，辅以三言、七言、九言，间以少量长短句的行文特点，形成一套自己独具个性的创作风格，彰显彝族诗律创作特色和亮点，其中不乏现代方言难以听到、见到和用到的怪癖生字、词汇、句型语法和典故，以古代文言文为语言一大特色，内容简洁。迄今，它的文学价值和影响尚存。

1. 譬物借喻

彝族说事譬物借喻，如讲故事说成讲道理，甚至一句话也有头有尾，即戴帽式的开头语，中间譬物借喻，然后才切入主题，最后得出结论，句末也有结语字、词、句。这是自古以来形成的传统和思维习惯，如果不遵循这一潜在规则就被视为不会说话、不懂规矩、没有教养。如描写子嗣后裔繁衍昌盛时说："祖嗣如绵羊，姒裔如蕨枝，族裔大繁衍。"

2. 阴阳观的对立统一

彝族世界充满阴阳五行对立统一观，如《西南彝志》《彝族源流》等巨著认为宇宙万物皆由阴阳二气变化而成，无论自然界还是人类社会及其人自身。经中随处可见阴间阳间、天地、日月、生死、雌雄、公母、祖姒、父母、儿女、男女等阴阳五行对立统一观，如《享礼经》中写道："之前夫献礼，现在妻献礼；之后儿献礼，贤惠儿媳、孝子贤孙来献礼；父享儿之礼，母享女之礼"；再如《叙谱经》中写道："叙谱给祖听，祖也笑盈盈，讲述明朗朗；叙谱给姒闻，姒也亮堂堂，讲述明了了；叙谱贤甥听，贤甥舒畅畅。"

3. 引经据典

《叙谱经》中"官吏施号令，舅氏叙普系，灵呗司祭仪，祭仪序井然"。《献水经》中"亡灵逝去后，还需教导入行列；若不教行列，恐不知祖宗；官死不知宗，入偌肯姒乃行列；吏死不知宗，入比额比德行列；匠死不知宗，入阿娄阿勒行列；武乍不知宗，入慕克克

---

① 马学良：《彝文〈作祭献药供牲经〉译注》，中央民族学院出版社 1986 年版，第 4—5 页。

行列"。又如"侪肯妣乃,官临政不施;比额比德,吏临政不理;史楚乍姆,呗临不祭祀;阿娄阿勒,匠临不微笑"。其中,不乏彝族历史上古籍文献明文记载和民间广泛流传,或鲜为人知的典故,如彝族共祖笃姆洪水神话、君臣呗匠民的社会结构、舅氏叙谱的母系传统、最早的君王侪肯、妣乃,最早的大臣比额、比德,呗耄始祖史楚、乍姆,工匠始祖阿娄、阿勒等。

4. 赋比兴修辞

根据事物发展变化客观实际和典型特征,经中大量利用排比进行描述事物发展过程和规律,如在《叙谱经》中从人类的彝族始祖尼能氏族、六祖到自然界的水石,到日月、云雾、山川、河谷、田地谱系和根源描绘等都通过赋比兴修辞进行创作。凡此种种,不胜枚举,与此同时,其他修辞手法也贯穿其中,如描写椎牲时写道"椎牛似小山,椎羊如白绸,椎猪如黑鱼"。

三 价值和意义

《祭奠经》是彝族先民认识世界、改造世界和适应自然及社会的产物,架构思维和认知体系,在古籍文献版本、哲学思想和文学转变阶段划分上,具有文明里程碑和划时代的意义。

(一) 文学价值

如在阴阳交界亲人与亡灵辞别时,用五言诗体形式烘托和渲染生离死别的伤感情绪,《叙谱经》写道:"不离不忍离,夫妻不忍离,父子不忍离,母女不忍离,妻妾不忍离,子孙不忍离,奴婢不忍离,官民不忍离,舅甥不忍离,宗族不忍离,村乡不忍离,牛羊不忍离,五谷不忍离……"《献药经》写道:"采药采药兮,采药至东方,东方未获药……采药采药兮,采药至天间,药苗生天上,药枝延大地。"

彝文古籍,特别是经书多为五言诗歌体,类似汉文言,不乏"之乎者也"味道。修辞上利用排比、对偶、夸张、譬喻等手法,可谓尽文学创作之能事,即使今天读来也朗朗上口,几千年后仍传唱不衰,充分体现了它的文学价值。

(二) 社会功能

祭奠亡灵是人生诸多礼仪中的最后一个,考察各个年龄段特征后,生离死别时的祭奠仪式也不失为社会教育和人的社会化良机。彝谚云:生时父母欠子债,养儿又育女;死时子欠父母债,祭奠又祭祀。经中写道:"子为父母设灵台,子孙为祖设灵台,重孙为妣设灵台,设台祈求子孙昌,重孙圣贤吧!"从中充分地反映了传统农业社会养儿防老、多子多福的价值观和伦理道德。同时,通过祭奠活动相关仪式,祈求祖灵降福赐禄,从心理上得到慰藉;祈祷妣灵庇佑,让子孙后裔聪颖圣贤,从精神上唤起信心和斗志。所以,不仅生时尽孝道之能事,而且死后也尽悦神之所能,让亡灵升入后顺利地变为祖先神灵,继续保佑和降福禄于后人。经中说道:"起于洁净场,进入青祭棚。青祭棚之间,进至祭尸场。祭尸场之间,阳间不祭尸,死后阴间恐势微;阳间不被邪,死后阴间恐染邪。"

人的二重性决定了人的社会化是人生的必然阶段,参加祭奠活动和仪式,可以学到书本和家里学不到的知识。社会化程度要求越来越高的今天,接受社会教育和加速社会化是几千年前《祭奠亡灵经》所难能可贵的智慧和远见之识。

（三）医药学价值

《礼运》："故圣人作则，必以天地为本"，又说"夫礼，先王以承天之道，以治人之情"。《乐记》也指出："乐者，天地之和也；礼者，天地之序也。"人是自然的一部分，衣食住行皆与自然休戚相关。人的自然属性决定了人类必须处理好自身与自然的关系。当下已形成一种共识：人与自然和谐相处应作为人类的一大追求，《礼记》序言中指出："道是自然秩序的体现，自然与社会是同构的，人类文化准则与自然规律是一致的。"[①] 主观上亲人是向亡灵献药供牲，但在客观上却向后人传授医药学常识的效用，人为自然的一部分，产生和形成遵循一定的自然规律，是《祭奠经》之《献药经》内容之一。人类的命运与自然的变化始终是生死与共的，因此，人们必须去努力认识人与自然的关系，特别是作为主位立场认识自己。如在谈到药的功用时说："大蛇花蛇胆，大蛇花蛇肉，癫病连疮药；田埂青蛇胆，田埂青蛇肉，呻吟号痛药……果类皆配药，橄榄不配药，橄榄不干药；块根皆配药，万年青不配，万年青不枯药。"在几千年前的彝族有此医药学认识实乃难能可贵，当代的部分人有没有这样的常识也是个未知数。从这一点上说，《祭奠亡灵经》是考察古代彝族医药学的重要古籍文献资料。

四　结　语

彝文《祭奠经》是彝族传统古典文献中的历史、宗教、文学、哲学、思想和医药类书籍，专为祭奠亡灵活动中献药供牲仪式所凭借的经籍。虽受时代限制，含有宣传和倡导唯心主义世界观和价值论，有其不可否认的历史消极影响，但其中也不乏积极的社会价值和现实意义，其主流是健康积极向上的。通过科学分析，客观再现彝人的古代历史面貌、社会形态、宗教信仰、心理特征、精神追求和彝医概况，更加科学地看待和借鉴积极健康向上的因素，对此我们要持唯物主义辩证法观点来审视，通过去其糟粕，吸取精华，为我所用。做到古为今用，更好地传承弘扬民族传统文化，对当今构建社会主义核心价值体系、和谐社会和物质、精神、政治、生态文明"四位一体"新型社会，中华民族伟大复兴有所裨益。

参考文献

[1] 马学良：《中央民族大学出文集》，北京出版社 2009 年版。
[2] 马学良：《彝文〈作祭献药供牲经〉译注》，中央民族学院出版社 1986 年版。
[3]《中国传统文化读本》编纂委员会：《礼记》，北京燕山出版社 1995 年版。

---

① 《中国传统文化读本》编纂委员会：《礼记》，北京燕山出版社 1995 年版，第 1 页。

彝文文献中的物种起源神话初探

叶康杰[*]

内容提要　彝文文献中物种起源的神话内容极为丰富，所述物种与彝族生活关系极为密切。对物种起源的科学研究，在当今的科学界也很难给出准确的答案，然而以自然科学无法回答的命题，在彝族的物种起源神话中却可以从人文科学的角度作出自己的回答。且不论这些答案的科学性，但通过这些物种起源神话足以说明了彝族先民是一个善于思考的民族，他们以自己独特的思维方式和认知方式诠释着生活中各种事物的起源，从另一个侧面反映了彝族先民的朴素唯物史观和辩证观，以及彝族先民的睿智。

关键词　彝文文献　物种起源　动物　植物　神话

一　彝族物种起源神话

彝族古籍文献种类繁多，文献内容卷帙浩繁，其中物种起源神话是最具特色的内容之一。"起源"彝语叫 [du³³ pha⁵⁵]，[du³³] 意为"出"，[pha⁵⁵] 意为"源"。彝族神话一般叫 [bu³³ dɯ³³ nɯ³³ ɣo³³]，相当于汉语"神话"一词。而据说汉语"神话"一词是一个外来词，它最先源于希腊语的"Uiθol（Mythos）"，表示原始时代关于神奇的事物，或受神能支配的自然事物的故事。① 对物种起源的科学研究，在当今的科学界也很难给出准确的答案，然而以自然科学无法回答的命题，在彝族的物种起源神话中却可以从人文科学的角度作出自己的回答。且不论这些答案的科学性，但通过这些物种起源神话足以说明了彝族先民是一个善于思考的民族，他们以自己独特的思维方式和认知方式诠释着生活中事物的起源，从另一个侧面反映了彝族先民的朴素唯物史观和辩证观，以及彝族先民高深的智慧。

从宗教的角度来说，彝族没有严格意义上的宗教信仰，但是彝族有原始宗教，信仰万物有灵。彝族人认为山有山神，树有树神，水有水神。在生活中，彝族人对世界万事万物的起源都有其独特的认知方式，对于生活中无法解释的问题，他们总是寄托神的力量，以神话的形式来进行回答。虽然其带有宗教和神话色彩，但是实际上这也是原始人类对客观事物的认识而所折射出的一种认知思维方式。早在 19 世纪 50 年代，马克思在《〈政治经济学批判〉导言》中就说过："任何神话都是用想象和借助想象以征服自然力，支配自然力加以形象化，神话是已经通过人民的幻想用一种不自觉的艺术方式加工的自然和社会形式本身。"② 从这句话中马克思直接指出了神话的本质。彝族物种起源神话也是彝族先民用不自觉的艺术

---

* 叶康杰（1988—　），男，彝族，中央民族大学中国古典文献学在读博士研究生。

① 袁珂：《中国神话史》，重庆出版社 2007 年版。

② 同上。

方式加工而产生的结果。目前，在彝族婚丧嫁娶等民俗仪式中还存在着物种起源文化在生活中广泛应用的现象。例如，在彝族的丧葬礼仪中，特别是在老年人的葬礼中，众多亲朋好友都会带着牛羊等牲口前来吊唁死者，而在这个过程中"曲木"（是指守灵、火化尸体等专职人员）会牵着这些"牛、羊"面对着死者讲述"牛、羊"的起源，同时他会告诉死者这些"牛、羊"是哪家亲朋好友为其带来的，让其安息上路。有时还要举行一种叫 [va²¹ tsʅ³³ ɬi⁵⁵] 的活动，其主要由两位男子进行合唱表演，并伴以夸张的舞蹈动作，其中演唱的内容包含了各种动植物的起源神话。可见，彝族人以其独特的认知思维方式诠释着生活中各种事物的起源。

关于彝族物种起源神话的传承，虽然在毕摩文献中也有记载，但是在社会中其以口头传承为主。在传统上，彝族人家家户户都有火塘，火塘在彝族生活中具有重要的作用，它是待人接物的客厅，生活中无论发生的大事或小事，一般人们都会选择在火塘边上商量和解决。在平日，吃过晚饭后，家里人都会围坐在火塘边聊天，而在这过程中老人或长辈往往会借此机会向在座的晚辈们讲述彝族传统神话故事，使晚辈们受到知识的洗礼。可见彝族的火塘是演述彝族上千年传统文化的重要场所，彝族物种起源神话也在这里得到了很好的传承与延续。

通过对相关文献资料的查阅可知，物种起源神话在彝族传统古籍文献中有大量的记载，如已整理出版的文献《西南彝志》《物始纪略》《彝族源流》《勒俄特依》《物种起源》等。但是虽然有文献记载，却很少有学者系统地去研究彝族的物种起源文化，仅有少部分学者研究过彝族的人类起源文化。对物种起源文化的研究，仅罗妞牛的硕士论文《非遗视角下的彝族民间口头文献"博葩"价值研究》（2014）一文从彝族物种起源价值方面进行了研究。

凉山彝族自治州人民政府组织选编的《中国彝文典籍译丛》（第1辑）一书收录了22种动物、植物和无生物的起源，其中动物有绵羊、马、牛、鸡、狗等，植物有草、树、竹、荞麦、水稻等。本文主要以该书中所收录的"物种起源神话"为切入点，选择其中几种动物和植物的起源作为代表，再以其他文献资料作为补充，从人文科学角度对彝族物种起源神话进行初探性的研究。

二　彝族动物起源神话

彝族社会经历了由狩猎时代到游牧时代再到农耕时代的发展历程，在这一发展过程中，动物与彝族的生活始终息息相关。对有关各种动物的起源问题，彝族先民用自己的智慧从不同角度给予了解释。如流传于四川彝区的《勒俄特依》对动物起源的认识是这样记载的："下面大地上，住着德布阿尔家。德布阿尔啊，请求阿俄暑布神，建造地上物。阿俄暑布啊，来到吕敏山脚下……杉树林中无动物，引来鹿子放林中，从此林中有动物……草原无动物，引来云雀放其中，云雀无粮食，捉对小蚱蜢，专作云雀粮，从此草原有动物……水中无动物，引来水獭放河中，水獭无粮食，引对鱼儿来，专作水獭的食粮，从此水有动物……"①在其他的文献中也记载有动物起源方面的材料。在社会生活中，有些动物被赋予了特殊的文化含义，它们在彝族婚丧嫁娶等活动中具有特殊的作用。以下将以"绵羊、马、

① 凉山彝族自治州人民政府组织选编：《中国彝文典籍译丛（第1辑）》，四川民族出版社2006年版，第12—14页。

黄牛和鸡"的起源为例进行研究，并辅以从文化角度对其进行综合性阐释。

绵羊的起源。"绵羊"彝语称为［ʐo³³］。在动物类中绵羊是一种比较和善的动物，人们对它的认识也主要倾向于中性或褒义方面，很少有贬义的含义。如《说文解字》上也说："羊，祥也。"《三字经》中"人之初，性本善"，其中的"善"字从羊。可见人们对羊寄予了美好的愿望。在生活中，绵羊与彝族关系非常密切，人们不仅以自己特殊的认知方式诠释绵羊的起源，而且绵羊在彝族社会生活中具有重要的作用和文化符号意义。其一，绵羊是彝族财富的象征，在远古没有使用货币时，绵羊充当着货币的功能，如今彝语中"钱"与"牲畜"为同一个读音，即［dʐɯ³³］。其二，在彝族礼仪文化中，绵羊是招待客人的重要食品，其规格仅次于牛，算是比较高的一种招待规格。其三，在彝族婚丧嫁娶或平日聚会等重要活动中，绵羊也是其中的牺牲用品，少了绵羊很多仪式就无法进行。如在部分凉山彝区葬礼中，当老人去世时，首先要宰杀一只绵羊后，才能对死者进行哭丧，这只绵羊的皮连着头要挂在死者的旁边，羊头还得正对死者，在这特殊仪式中的绵羊被称为［kɔ⁴⁴ba³³ʐo³³la³³］，意为断气绵羊。其四，在平日的宗教活动中也常常使用绵羊。例如，在彝族超度祖先亡灵的［ni²¹mu³³tsho⁴⁴pi³³］宗教仪式时也要使用绵羊，在这种特殊的宗教活动中能使用的动物有猪、绵羊、鸡等，但不能使用山羊，山羊一般在驱鬼时使用。其五，在彝族社会中还存在以绵羊给事物命名的现象，如在彝族姓名中：ʐo³³ga⁵⁵友嘎，"友"为绵羊，"嘎"为富，意为富绵羊；ʐo³³da³³友达，"友"为绵羊，"达"为优秀，意为优秀的绵羊；ʐo³³pho⁴⁴友坡，"友"为绵羊，"坡"为主，意为绵羊主人；ʐo³³bu⁵⁵友布，"友"为绵羊，"布"为繁多，意为繁多的绵羊。在彝族的方位名词中也有以绵羊命名的现象，如ʐo⁴⁴si³³go³³，指西北方，彝语的含义为绵羊的方向。总之，"绵羊"在彝族文化上具有特殊的地位和文化符号，也恰好反映了彝族社会早期经历游牧发展的形态痕迹。对于绵羊的起源，彝族文献中是这样记载的："远古的时候，黄山药茎叶，长在埂坎下，彩云绕山峰，彩云映白鹤，白鹤绕蒙乌，蒙乌连昭通。昭通原野上，疑有何动物？吱吱哇嗻鸟，哇嗻乌鸦两只鸟，被野羊惊飞。飞到阿普阿萨，阿普阿萨呢，认为此鸟真怪异，哇嗻乌鸦两只鸟，发现昭通原野有何物？阿普阿萨去瞧瞧，原来是在野绵羊。昭通野绵羊，成群又结队，羔羊咪咪叫，大羊肥又壮……食盐三百斤，找来喂绵羊……弹毛做毡衣……"① 从中我们可知，彝族认为绵羊最早是在昭通地区美丽的原野上被发现的。文中还记载了人们使用食盐喂绵羊，用羊毛做毡衣等重要信息，这些都体现了彝族早期社会生产生活与绵羊之间的密切关系。

马的起源。彝语称"马"为［mu³³］。在历史社会中，彝族与马之间存在着密切的关系，马在彝族社会生活生产中发挥着不可替代的作用，马不仅是彝族生活中重要的交通工具，而且也是人们最忠实的朋友，在生活中彝族人不吃马肉。在动物类中马是一种比较勇敢的动物，人们对马的认识也主要倾向于中性或褒义方面，很少有贬义的含义。我们可以从一些词汇中可知，如千里马、马到成功、汗马功劳等。而且马在彝族文化中也被赋予了特殊的文化含义。首先，彝族认为马是英雄的象征，其在生活中具有比较高的地位和价值，彝族谚语是折射生活的重要哲理，我们可以通过彝族谚语中可知，如［tsho⁴⁴ma³³mu³³phu³³，mu³³ma³³ndʐʅ³³tɕɯ⁴⁴phu³³］意为一个人值一匹马，一匹马值一杯酒。［ʐo³³sʅ³³ʐo³³sʅ³³ʐo²¹gɯ²¹ha⁴⁴dʐe³³dʐo³³，mu³³sʅ³³mu³³si³³ta⁵⁵li³³a³³tso⁵⁵dʐo³³］意为绵羊中的豪杰为有格哈吉，马中的豪

---

① 凉山彝族自治州人民政府组织选编：《中国彝文典籍译丛（第 1 辑）》，四川民族出版社 2006 年版，第 122—124 页。

杰为达历阿作。可见，马在彝族社会生活的地位是非常高的。其次，在彝族宗教祭祀中，马不能用作牺牲祭祀品。最后，在彝族社会中还存在使用马给事物命名的现象，如在彝族姓名中：$mu^{33}tchu^{33}$ 木曲，"木"为马，"曲"为白，意为白马；$mu^{33}no^{33}$ 木诺，"木"为马，"诺"为黑，意为黑马；$mu^{44}sa^{33}$ 木沙，"木"为马，"沙"为幸福，意为幸福的马。对于马的起源，彝族文献中是这样记载的："远古的时候，空中降马卵，降到土尔山顶上。鹤雁疑是自己卵，孵它三年又三月，孵卵不出雏。滚到磊石洞穴里，花脸巨蟒疑是自己卵，蟒来孵一年，实际孵一月，孵卵出壳否？孵卵出壳了，孵卵出子来否？孵卵子了。头天出一个，不出所预料，出个颈身花杠马……"[1] 从中我们可以看出，彝族人以自己独特的认知方式诉说着马的起源，认为马是一种起源天上的产物，使得马的起源带上了神秘的神话色彩。

黄牛的起源。彝语称"牛"为 [$lɯ^{33}$] 或 [$ŋi^{33}$]。在生活中，牛与彝族的关系非常密切，牛是跟人们关系比较亲近的一种动物，人们对它的认识也主要倾向于中性或褒义方面。在游牧时期，牛是人们蓄养的重要动物之一，进入农耕社会之后，牛也成了人们最得力的劳动力之一。牛在彝族社会生活中具有重要的作用和文化符号意义。其一，牛和绵羊一样，是彝族社会生活中的重要财富，早期同样充当着货币的作用。其二，在礼仪文化中，牛是用于招待客人最高的规格，宰牛招待客人是彝族生活中最隆重的一种礼仪。在民族习惯法方面，过错一方宰牛招待对方道歉也是一种规格很高的道歉礼节。其三，在宗教活动中，牛作为牺牲祭品使用比较少，但是在大型的宗教仪式中也可以用牛作为牺牲。其四，在彝族婚丧嫁娶或重要节日活动中，牛也是重要的牺牲品。如在老年人去世时，其子女都要带牛前来吊唁，特别是在 20 世纪 50 年代之前，凉山布拖、普格等阿都地区彝族为了显示家族实力和地位，在老年人葬礼上有些家族会宰杀上百头牛来祭奠死者。在过去，火把节时多数百姓只能杀鸡过节，而土司则要宰牛庆祝节日，并以此显示其高贵的地位。其五，在彝族社会中还存在使用牛给事物命名的现象，如在彝族姓名中，$lɯ^{33}şu^{55}$ 勒社，"勒"为牛，"社"为阉，意为阉牛。$lɯ^{21}gu^{21}$ 勒格，"勒"为牛，"格"为玩，意为牛玩。$ŋi^{33}ga^{33}$ 尼嘎，"尼"为牛，"嘎"为富，意为富牛。$ŋi^{33}pho^{44}$ 尼坡，"尼"为牛，"坡"为主，意为牛主。$ŋi^{33}ha^{33}$ 尼哈，"尼"为牛，"哈"为百，意为牛百。在彝语的方位中，东北的方位也是以牛来命名的，如 $ŋi^{33}si^{33}go^{33}$，意为牛的方向。在彝族文献中对牛的起源是这样记载的："远古的时候，木乌罕吉惹，罕吉罕娘惹。罕娘尔波惹，尔波格正惹，格正长子兴，成了麋与鹿，乃是神祇之牲畜。格正次子兴，居于高原上，成了大牦牛，乃是喇嘛之家畜。格正三子兴，居于大江之对岸，成了大水牛，乃是彝汉之家畜。格正幼子兴，居于阿甘乃拖方，成了母黄牛，乃是人类之家畜……"[2] 从中我们可以知道，彝族认为牛起源于天上，使得牛的起源带上了神话的色彩。从牛的谱系上，也反映了彝族认识事物起源方面的独特心理，牛的谱系实际上所折射出的是彝族父系社会制度下父子连名文化的痕迹。从文中"格正"繁衍成大牦牛、水牛和黄牛等内容上，也反映了早期畜牧业中不同品种牛所生存地理环境也不同，实际上它所反映的是彝族社会早期人们所居住的不同地理环境的空间。从中还反映了藏、汉、彝民族之间的相互来往的痕迹，以及当时多民族群体中不同社会组织之间的和谐关系。

鸡的起源。彝语称"鸡"为 [va^{33}] 或 [$ʑe^{33}$]。在生活中，鸡与彝族的关系非常密切。

---

① 凉山彝族自治州人民政府组织选编：《中国彝文典籍译丛（第 1 辑）》，四川民族出版社 2006 年版，第 126—128 页。

② 同上书，第 130 页。

鸡在彝族社会中具有重要的作用和文化符号意义。其一，在过去鸡扮演着彝族生活中的时钟，这在不同民族文化中的认识应该都一致，从彝族谚语中也可以得到体现，如［khu^{55} mo^{21} ɬɯ^{21} mo^{21} khu^{55} ʂ^{33} ɬɯ^{21} ɬi^{55} si^{21} tsʅ^{55} te^{33}，mu^{33} khɯ^{55} mu^{33} thi^{33} va^{33} pu^{33} to^{55} tɕʅ^{33} si^{21} tsʅ^{55} te^{33}］意为"岁月由过年来分晓，昼夜由公鸡来分晓"。这些都是对早期社会人们根据鸡鸣来判断时间的写照。其二，鸡也是彝族生活的财富，在早期社会中也充当着货币的作用，这在彝族谚语中还有记载，如［va^{33} pu^{33} ma^{33} ni^{21} mu^{33} ȵi^{33} tshɯ^{33} tɕi^{33}，ʂ^{33} mu^{33} ȵi^{33} tshɯ^{33} tɕi^{21}］意为"一只公鸡在彝区也值一斤盐，在汉区也值一斤盐"。其三，在彝族礼仪文化中，以鸡招待贵客也是一种重要的礼仪，但其规格比较小，仅次于牛、羊、猪之后。其四，在宗教上，鸡具有积极的作用和含义，也有消极的作用和含义。积极方面，如有一种叫［çi^{44} khɯ^{33} pu_^{33}］的宗教仪式，其主要用意是反弹别人对本家庭人员所施的咒语，同时保佑家人平安，而在这个仪式中，毕摩也会念诵所用牺牲动物的起源。在人们生老病死过程中，彝族人也一般使用鸡作为宗教祭祀牺牲，如招魂仪式、驱晦仪式等。消极方面主要体现在，彝族对仇人或冤家实施诅咒时，也使用鸡作为牺牲祭品。其五，在彝族社会中还存在使用鸡给事物命名的现象，如在彝族姓名中：va^{33} tɕʅ^{33} 瓦其，"瓦"为鸡，"其"为屎，意为鸡屎；va^{33} çʅ^{33} 瓦西，"瓦"为鸡，"西"为粪，意为鸡粪；va^{33} ha^{33} 瓦哈，"瓦"为鸡，"哈"为舌骨，意为鸡舌骨。在彝族文献中对鸡的起源是这样记载的，如："一代化为鸟，鸟类化为鸡，住在木乌地。昊天之上降，降到山脚下，降到体合尼维家，传给马布尼维……鸡在人世间，鸡叫阴间闻，祭祖需要鸡，用鸡来除秽，抗敌需要鸡，用鸡来招魂，联姻需要鸡，联姻传子嗣……"① 从中我们可知，彝族认为鸡起源于天上，这使得鸡的起源带上了神话的色彩，而且鸡在社会生活中的重要作用也在该文献中被记载得清晰可见。

三　有关植物起源神话

在彝族社会生活中，植物与彝族关系非常密切，对于植物的起源，彝族人从自己的认知角度诠释着它的来源。彝族文献《勒俄特依》中的"雪子十二支"一章也记载了植物的起源，认为植物是由雪变成的，如"雪族十二支，无血的六支是：草为第一种，分支出去后，住在草原上，遍地都是黑头草。宽叶树为第二种，住在杉林中。水筋草是第四种，水筋是雪子。灯世草是第五种，住在沼泽边。藤蔓是第六种，住在树根崖壁边。"② 《勒俄特依》中的"阿俄署布"一章也记载了植物的起源，如："下面大地上，住着德布阿尔家。德布阿尔啊，请求阿俄暑布神，建造地上物。阿俄暑布啊，来到吕敏山脚下…… 地上不长树，去到天上取。取来三种树，载在地面上，树木长成林，荒山有了杉木树。地了没有草，阿俄暑布啊，去到天上取，取来三种草，载在地面上，草长一片青，荒坝成草原……"③ 有关彝族植物的起源在其他文献中的记载也极为丰富，且不同的植物在彝族社会生活中具有不同的作用和文化含义。以下本文将以"竹、荞麦和水稻"的起源为例进行研究，并辅以从文化角度对其综合性地阐释。

---

① 凉山彝族自治州人民政府组织选编：《中国彝文典籍译丛（第1辑）》，四川民族出版社2006年版，第140—144页。

② 同上书，第17—18页。

③ 同上书，第12页。

竹的起源。彝语称"竹"为［ma³³］。在生活中，竹与彝族关系非常密切，竹在彝族社会生活中具有重要的作用和文化含义。首先，竹器在彝族社会中充当着重要的工具，如口弦、笛子、斗笠等都是用竹子做的，另外建筑材料上也使用竹。其次，在宗教活动中，使用到竹子的仪式特别多，如彝族超度送祖灵仪式中，其中的"祖灵"是由竹子做的，祖灵彝语叫［ma³³ du³³］，竹是彝族祖先崇拜的图腾物，彝族把其作为祖先崇拜，可见其在彝族社会中的地位是非常高的。再次，在彝族婚礼中，姻亲双方在进行彝族说唱诗"克哲"比赛时，也常常诉说竹的起源。最后，彝族对人类起源的认识中，其中有一种说法为人类起源于竹，如"远古的时候，天庭祖灵掉下来，掉在额吉阶勒山，变成烈火在燃烧，九天烧到晚，九夜烧到亮……变来又变去，变成儒博伟格人。"① 其中"祖灵"指的是竹。对于竹子的起源彝文文献中是这样记载的："昊天氏子竹，氏子氏林竹，氏林黎尼竹。迁徙复迁徙，落到青天上，青天之上迁，落到中天上……迁到尼木合撒山，既是长笋地，也是长竹地，既是繁衍竹子的，也是竹子种群繁茂地……祖先灵牌出于竹，征战箭杆出于竹，德古神签出于竹，遮雨斗笠出于竹，口弦出于竹……"② 从中我们可知，彝族认为竹起源于天上，从天而降，一代一代繁衍而来，使得竹的起源带上神话的色彩。另外从中还出现了竹的谱系，实际上它所折射出的也是彝族父系社会制度下父子连名文化的痕迹。最后竹在彝族社会中的使用领域也被记载得清晰可见，如祖先灵牌、征战箭杆、德古神签等。

荞麦的起源。彝语称"荞麦"为［ŋgɯ³³］。在生活中，荞麦与彝族关系非常密切，其在彝族社会生活中具有重要的作用和文化含义。首先，荞麦是彝族生活中的主食，彝族人世代散居在高山或半高山上，高海拔地区适合荞麦生长，荞麦成为彝族的主食，这跟彝族生存地理空间是有一定关系的。彝族谚语中也说［o²¹ tshɿ³³ phu²¹ ȵo⁴⁴ ʂɯ²¹，zɯ³³ lɿ³³ ŋgɯ³³ tso²¹ dzɯ³³］意为"祖辈找土地，后辈能吃荞"。这说明了荞在彝族地区占据着重要的地位。其次，在礼仪文化中，即使宰杀牛羊招待贵宾，其中的主食还得用荞麦，而不会用其他如土豆、大米之类食物，在彝族谚语中也有相关的记载，如［vo⁵⁵ ʂɯ³³ tʂha³³ dza³³ ndzi⁵⁵，lɯ³³ ʂɯ³³ ŋgɯ³³ tso²¹ ndzi⁵⁵］意为"猪肉与米饭相配，牛肉与荞饭相配"。最后，在婚丧嫁娶或重要节日等活动场合中也会使用荞麦，如过彝历年时，在当日吃年饭之前，主人家会把食物作为供品献给祖先，而这些供品中必须要有荞麦，一般使用苦荞，不用甜荞；在葬礼中，将死者抬去火化时也要用到一个叫"千层荞饼"，荞饼平时彝语叫［ŋgɯ³³ va⁵⁵］，但在这里其称谓比较特殊，叫作［ʂa²¹ kha³³］，这是专给烧尸者吃的，而这个［ʂa²¹ kha³³］必须只能用苦荞来做的。对于荞麦的起源，彝族文献中是这样记载的："远古的时候，雪族石尔起，石尔俄特时……曲布笃慕时，上界天堂呢，恩体古兹家，降下黄颗粒，落在洛尼山……曲布笃慕呢，寻荞种荞去……寻找第三天，来到山顶上，荞长于山顶，开花又结果，结籽荞粉多，这是栽种物，这是食用物……结婚待客荞为先，过节祭祀荞为首，人类社会中，人以母为尊，五谷杂粮中，以荞为主食。"③ 从中我们可知，彝族认为荞麦起源于天上，使得荞麦的起源带上神话的色彩，但实际上文献中所指的上界天堂可能是指古代上层贵族阶层，因为荞麦不可能真的是从天而降。从中我们还知道，荞麦是我们的祖先曲布笃慕从山上寻找而来的，荞

---

① 凉山彝族自治州人民政府组织选编：《中国彝文典籍译丛（第1辑）》，四川民族出版社2006年版，第15—16页。

② 同上书，第99—101页。

③ 同上书，第108—112页。

麦从野生到人工栽种的过程表明荞麦进入彝族生活的历史已比较久远。文中还记载了荞麦被发现后，其在彝族生活中所具有的重要作用。

水稻的起源。彝语称"水稻"为［tʂhɯ³³］。根据彝族文献的相关记载，我们可以推测彝族认识水稻的时间应该比较晚。彝族所居地理空间一般在高海拔地区，而水稻一般只适合在低海拔有充足水源的坝平地区生长，而且从目前彝族婚丧嫁娶等重要活动来看，水稻的作用远不及荞麦重要。当然水稻进入彝族生活以后也发挥了重要的作用，但因为水稻比较难得，所以在过去彝族一般不容易吃到水稻。对于水稻起源，国际水稻研究所的张德慈教授认为："稻的起源在尼泊尔——阿萨姆（印度），缅甸——中国云南、贵州，这么大一个生态区域内。不是什么非洲起源中心或哪一国水源中心。"① 在彝族文献中对水稻的起源是这样记载的："依兹阿扎谷，俄布硕麻谷，兹兹俄普谷，成木典补谷，马吉树窝谷，坪埃则洛谷，竹核甲谷谷……米饭用处多，定婚结婚粮，宗族调节粮，招待客人粮，走亲访友粮……"②从中我们可知，彝族对水稻的认识没有说是起源于天上，而是直接说某某地方水稻，可见这些地方的水稻在彝族地区应该是比较出名的，这些地名位于现美姑县和昭觉县境内。

结　语

综上所述，在彝族文献中有关物种起源文化的内容极为丰富，上文只是笔者选择其中几种动植物起源为代表进行研究。从中我们可知，彝族先民是一个善于思考的民族，他们以自己独特的思维和认知方式诠释着生活中各类物种的起源。实际上其所折射出的是古代彝族先民的朴素唯物史观，反映了在一定的社会形态下人们对主观世界和客观世界的思想意识，同时也是民族认同感的一种思想意识反映。另外，这些物种起源神话其实也反映了彝族社会所经历的游牧文明和农业文明。

参考文献

［1］袁珂：《中国神话史》，重庆出版社 2007 年版。

［2］罗曲、李文华：《彝族民间文艺概论》，巴蜀书社 2001 年版。

［3］凉山彝族自治州人民政府组织选编：《中国彝文典籍译丛（第 1 辑）》，四川民族出版社 2006年版。

［4］张德慈：《水稻的起源、进化与演变》，《世界科学》1980 年第 5 期。

---

① 张德慈：《水稻的起源、进化与演变》，《世界科学》1980 年第 5 期。

② 凉山彝族自治州人民政府组织选编：《中国彝文典籍译丛（第 1 辑）》，四川民族出版社 2006 年版，第 116 页。

浅析彝文古籍的信息化处理

张盈盈*

内容提要 彝文古籍是彝族人民智慧的结晶，是研究彝族历史、文字、文学、天文历法、宗教、哲学、医药、教育等方面的重要文献资料，具有很高的传承价值。但现实中彝文古籍的流失情况却十分严重，原因复杂，亟须抢救与保护。而将信息技术引进到对彝文古籍的保存和利用中来，将会更加快捷、更加高效。利用信息技术处理彝文古籍主要体现在：文献内容的转移、古彝文字库的建设、数据库的建设、文献资源的共享和网络的开发利用等。把信息技术引进到抢救彝文古籍的工作中，是顺应时代潮流、推进彝文文献保护工作迫切的一环。我们应该运用各种新技术去保护、抢救正在流失的彝文古籍。

关键词 彝文古籍 信息技术 传承

彝族是一个具有悠久历史的民族，是中国最古老的民族之一。彝族先民创造了光辉灿烂的古代文明，彝族文化在历史的长河中几经历练，成为中华灿烂文化中灼灼耀眼的一星。彝族文化是彝族人民智慧的结晶，彝文古籍作为彝族文化的集中体现者，是研究彝族历史、文字、文学、天文历法、宗教、哲学、医药、教育等方面的重要文献资料。特别是在史学、文字学和文学方面，其价值更是突出。因此传承彝文古籍，不仅单单是对彝族文化的传承，更是对人类文化遗产的保护。但遗憾的是，彝文古籍的流失情况却令人痛心。据云南省少数民族古籍整理出版规划办公室透露：云南地区的少数民族古籍，目前每年正以上千册的速度流失。而在这些流失的少数民族古籍中，有相当大的一部分是彝文古籍。在 2009 年 11 月 29日出版的《中国新闻出版报》上，一篇名为《拯救彝文古籍刻不容缓》的报道中指出，彝文古籍正以每年百卷的速度流失。要改变这种情况，就必须对彝文古籍进行信息化处理，以减缓流失的速度。而所谓的信息化就是运用信息技术对彝文古籍进行整理。

信息技术是借助微电子学为基础的计算机技术和电信技术的结合而形成的手段，对声音、图像、文字、数字和各种传感信号的信息进行获取、加工处理、存储、传播和使用的技术。[1]信息技术相比于传统技术，无论是对彝文古籍的保存还是对彝文古籍的利用都带来了更加快捷、更加高效的巨大变革。其变革成果主要体现在：文献内容的转移、古彝文字库的建设、数据库的建设、文献资源的共享和网络的开发利用等。

一 文献内容的转移

彝文古籍分为有文字类和无文字类。有文字类的彝文古籍包括各种用彝文记载的古籍和

---

* 张盈盈（1987— ），女，汉族，中央民族大学少数民族语言文学系中国古典文献学专业 2013 级在读博士研究生。

用汉字记载的有关彝族资料的古籍，其按载体形态又可分为：原生载体古籍，如刻木符号、刻板符号、衣饰符号、乐舞符号等；金石载体古籍，包括陶器符号古籍、摩崖古籍、瓦当砖雕古籍等[2]；纸书古籍。无文字类古籍主要是指口碑古籍。口碑古籍即口头资料，是指彝族在历史上以口耳相传留下来的具有文学和历史价值的各种资料，反映了彝族的风土人情、生活习惯、民族性格、宗教信仰等，内容涉及民族的政治、经济、军事、宗教、文学、哲学、历史、医学、地理、历法、农技等。而在这些文献中能够留存下来的部分文献，经过久远的年代洗礼，已经存在着不同程度的损坏，我们一方面需要保护好这些文献的载体形式，因为这些文献往往是孤本，难以再生；另一方面，我们又要保护传承其中的文献内容，而反复翻阅本身就是对古籍文献载体的严重损毁，因此，我们若想既保护文献载体，又保护文献内容，就必须将其中的文献内容转移到其他的载体上。

目前新兴的文献载体形式有胶片、磁盘、光盘、网络等。有文字类的文献可以通过文字录入、扫描、复印、拍照、录像等形式，借助计算机和相应的刻录设备传输到这几种载体形式上。若转化成电子书的形式，更能够保存古籍的完整性，延长古籍的使用寿命，利于更多的人接触学习古籍。

文字的录入，即通过计算机并借助于文字库的相关程序，将原文献的内容一一输入到计算机的存储中。这一种方式是最为直接的转移形式，也是最为方便、最为灵活的形式。所借助的工具仅仅是计算机而已。只不过是将过去的抄写过程改成了录入过程。但是同时文字的录入又存在着一个问题，就是文字库的建设。因为没有完整的文字库，就无法正确地录入文字。无法正确地录入彝文文字，就无法使古老的彝文古籍顺应信息时代的潮流而得到更为长远的传承。目前很多科研机构已经认识到建设彝文字库的重要性，并且都纷纷研发出了一些可喜的成果。关于彝文字库的建设将在下文中的"文字文献的录入"部分详细阐述。

通过扫描的方式转移文献内容，可以原原本本地保存原文献的内容及排版，体现原书的真实性。但在扫描过程中，扫描仪的光源和热源会对文献的纸张、文字、装帧等产生影响，尤其是扫描时还需要拆开书刊，会破坏到文物的品相，不利于保存古籍的原生性。所以扫描对于通常是孤本的彝文文献，尤其是那些年代久远的，不能经受高温的珍贵古籍来说，并不是很好地转移内容的方式。如果古籍有副本，可以考虑运用扫描的方式来操作。

再就是通过拍照来转移文献的内容。拍照是通过相机将古籍中每页的内容拍摄下来。这种方式非常方便地将古籍的原始面目呈现出来。而且相比于扫描，不需要对古籍装帧的拆分，也不会因热源而造成对纸张的损坏。唯一的缺憾即是相机的闪光灯可能会对古籍的保存造成一定的影响。因此笔者认为，拍照是最好的转移文献内容的方式。

另外录像更多的是针对无文字类文献，即口碑文献。利用录像技术或者录音技术对口碑文献的传授现场进行记录，使其能够长期地真实再现，这种方式不但能保存口碑文献的内容，而且使其再现方式生动活泼，为后人留下了无价的文化遗产。

二 古彝文字库的建设

信息技术的出现，改变了过去彝文文献靠手抄或者版印的传承方式。人们越来越需要将更多的彝文文献呈现到计算机上，而依靠扫描、拍照等方式虽然能原原本本地再现古籍文献，却不能对其做灵活的处理和应用，因此将彝文输入计算机就成为一个亟待解决的问题。

但由于各地的彝族分支所使用的彝文不尽相同，给彝文的计算机输入带来了相当大的困难。建设一个较为完备的古彝文字库是当前推进古彝文信息化处理进程的当务之急，是古彝文信息化处理过程中亟待迈出的历史性的一步。[3]当然建立一个完备古彝文字库是一项巨大的工程，不是一朝一夕的事情。从目前情况来看，全国范围内的彝文仍未普遍实现计算机输入和编辑，致使彝文古籍文献的收藏途径比较单一，基本上都仅是原件存档。缺乏馆藏、电子缩微存档、复制等多种方式并举的措施。[4]现在很多专家学者都开始关注并且探索彝文的信息化处理过程。例如，据 2007 年 7 月 1 日的《楚雄报》报道，楚雄彝族语言文字工作领导小组已经成功研制出"彝文输入软件"，但这一输入系统只是根据楚雄地区的彝文研制开发的。据新华网报道，2007 年，云南、贵州、四川、广西四省的专家努力于为彝文申请国际编码。贵州的毕节学院于 2005 年 12 月获得教育部立项的"传统彝文整理及计算机输入软件"的研发项目，目前正在积极有序地对传统彝文的国际编码进行攻关。

但是古彝文字库研制开发的现状是各个地区专注于做自己方言区的彝文字符，其结果必然是只适应于部分地区。这又给文字文献的录入带来麻烦。因为各个方言区的古籍文献都有灿烂繁荣的一面，都值得抢救保护，而且在开发利用的过程中，难免要将不同地区的彝文文献拿来进行对比研究，如《指路经》，在各个地区都有自己的版本，而将各地区的《指路经》进行对比研究，就能整理出整个彝族的迁徙路线，也可以明了不同支系的关系。因此建设一个囊括了各地区的方言文字的古彝文字库是实现彝文录入工作的基础和现阶段的目标。而各地区彝文字库的研发则为建设这一全面的古彝文字库奠定了基础。一旦这一字库研发成功，必然能使大多数的彝文古籍更好地呈现在计算机上，或者说网络上，使更多的人看到彝文文献的面貌，而不会损害古籍本身。同时，我们也可以方便地在计算机上用彝文记录自己的思想。

三　数据库的建设

利用信息技术和网络技术，我们可以对彝文古籍的收藏和整理信息进行共享，打破过去的闭塞状况。而这里笔者所指的数据库即彝文文献的检索数据库。这一数据库的建设无疑对彝文古籍的收集、管理、整理、利用带来巨大的便利。这一数据库的建立也和文字库的建设一样，要从整体和部分两方面入手。首先，各地的收藏机构应该建立一个完善反映彝文古籍收藏和整理情况的图书目录数据库，其中对每一本书的记录应该尽可能地包含古籍名称、出处来源、存书单位、残损程度、整理情况以及内容简介等方面。并且尽可能地将所收藏的彝文古籍制作成电子书，以方便日后的查找，有利于在异地的学者专家对彝文古籍进行检索、使用和整理。将彝文古籍制作成电子书不仅是对古籍的保护，更重要的是提高彝文古籍的开发利用率。而建设好这一检索数据库的关键是要不断更新，及时地将收集到的彝文古籍收录其中。其次，各收藏机构之间进行有效的信息沟通及信息共享，以利于专家学者们利用自己的知识优势更好地为传承彝文文献贡献力量。在各地区的古籍收藏机构建设好自己馆藏的检索数据库的基础上，形成一个更高层次地更系统地囊括了各个收藏机构的检索信息的数据库。这样将会更好地开发和利用彝文文献，而不会出现目前的彝文文献被收集上来却有相当一部分无人整理的尴尬境地。当然建设这样一个检索数据库，需要很大的人力、物力，而且需要相关的领导能够统筹川、滇、黔、桂四省的彝区，这是一个非常浩大的工程。

四　文献资源的共享

长期以来，许多收藏部门把彝文古籍文献视为"镇库之宝"，不轻易让别人借阅、浏览，重藏轻用，没有体现"藏用结合"。[5]应该说对彝文古籍的抢救，不只包括收藏和保护彝文古籍，更重要的是共享利用。如果我们仅仅是将这些宝贵的古籍文献收集过来，束之高阁的话，那么用不了多长时间，彝文古籍对于我们来说就只是无人能晓的"天书"，从某种意义上来说，这也是对彝文古籍的损毁和流失。而信息技术可以说为我们学习使用彝文古籍提供了方便。彝文古籍的开发利用大致包括对彝文古籍的翻译、对比研究、分析论证等。而通过信息技术，我们可以更容易地获得彝文文献的资料，也更容易地看到其他人对同一问题的不同观点和看法，这都会大大地提高对彝文文献的利用效率。而收藏部门更应该充分利用起彝文文献，通过将其翻译、再版或者制作成电子书等途径，使信息技术带给彝文文献共享利用的巨大优势更好地发挥出来。

五　网络的开发利用

现代社会是数字时代，更确切地说是网络时代。网络使人们能够更高效地交流和分享信息。同样，网络也给彝文古籍的传播和利用带来了更为广阔的空间和前景。虽然现在还没有一个专门的彝文古籍网站，但通过其他网站，我们可以查到很多的彝文古籍资料。例如，中国彝族网的彝网资源板块就提供了很多彝文古籍的电子书。此外彝学网、彝人网、毕摩文化网等网站也提供了很多彝文古籍信息资料。我们应该更好地利用好网络这一平台，扩大彝文古籍的影响，更好地传承彝族的文化。同时，网络也存在着不安全因素，利用网络推广彝文古籍也应注意保护彝文古籍的版权和信息安全，而不能一味地追求资源的共享。

近年来，手机网络逐渐繁荣起来。2014年12月，彝人彝语手机 APP 正式上线。提供新闻、旅行、音乐、风俗、美食、摄影、视频、人物等资讯。彝语学习程序设为学习音频、口语录音、学习视频三个部分。通过在线彝语音频试听学习，完成字根、词、短语、对话等基础学习，然后通过录音对比原声练习口语，提高口语。彝语视频学习部分提供彝语原声影视作品欣赏，以提高彝语听说能力。这为彝文古籍的信息化处理探索了一条崭新的网络途径。

通过网络，不仅可以再现彝文古籍，而且可以扩大彝文古籍的影响。这主要表现在网络为人们的自由话语权提供了更为方便的阵地，人们可以通过论坛、贴吧等网络形式发表自己对彝文文献的观点和看法，这样的自由必然会为彝学的发展带来巨大的动力和新鲜的活力。因此，可以说网络的开发利用使彝文文献研究领域里出现了前所未有的生机。

总之，信息技术使我们不能再固守自己的脚步，而应该放远眼光，解放思想，将各学科的先进科学成果引进到抢救彝文古籍的艰巨任务中，同时充分利用彝文古籍，挖掘其价值，使其更好地传承下去。

参考文献

[1] 朱崇先：《彝文古籍整理与研究》，民族出版社2008年版，第354页。

　　［2］包和平、李晓菲、李杰等：《中国少数民族文献学概论》，民族出版社 2004 年版，第 402 页。

　　［3］朱建军：《古彝文字库建设的几点思考》，《湖州师范学院学报》2003 年第 1 期。

　　［4］曲比阿果：《彝文古籍文献现状与抢救保护研究》，载《首届中国少数民族古籍文献国际学术研讨会论文集》，民族出版社 2011 年版，第 226 页。

　　［5］禄玉平：《彝文古籍数字化刍议》，《毕节学院院报》2008 年第 5 期。

20 世纪初布依族拉丁字母文献及其产生的动因分析

内容提要 20世纪初布依族地区民间出现了以拉丁字母文字以及变形拉丁字母文字为载体的外来宗教文献和少量布依族本民族传统宗教文献。本文对这类文献的基本情况作了简单介绍,并对其产生的社会历史背景及其对布依族传统宗教文化以及社会生活的影响进行了初步探索。

关键词 20世纪初 布依族 拉丁字母 文献 动因

一 引 言

拉丁字母文字产生于公元前7世纪,随着西方宗教文化向东传播进入中国。明万历三十三年(1605),意大利天主教传教士利玛窦设计了第一套用拉丁字母拼写汉语的拼音方案,但未能作为文字加以推广,仅仅作为西方传教士以及其他来华人员学习汉语的一种辅助工具。1626年耶稣会士金尼阁出版的《西儒耳目资》是最早用音素给汉字注音的字汇,所用的拼音方案是利玛窦方案的修正案。①

布依族自古以来就没有形成一套适合于本民族语言,并为全民族广泛使用的文字系统。大约明末清初,一些学习过汉文的布依族宗教人士以汉字作为记音符号,记录本民族宗教经文,这类文字目前被学术界称为"古布依文"或"方块布依文"。20个世纪中期以来,在布依族地区民间发现了大量用这种文字记录的宗教文献典籍,针对这类文献所进行的整理、保护和研究工作自20世纪80年代以来取得了较大的进展,但另有一类布依族古文献长期以来却一直受到人们的冷落,那就是以拉丁字母文字以及变形拉丁字母文字为载体的外来宗教文献和少量布依族本民族传统宗教文献。本文拟对这类文献的基本情况作一个简单的介绍,并对其产生的社会历史背景及其对布依族传统宗教文化以及社会生活的影响做一个初步的探索。

二 20 世纪初布依族拉丁字母文献概述

与拉丁字母文字进入中国的情况相同,在布依族地区出现的拉丁字母文字也跟外来宗教——天主教和基督教的传播密切相关。

早在明万历三年(1575),罗马教廷已把贵州划入天主教的传教势力范围,但其真正进

---

* 周国炎(1962—),男,布依族,中央民族大学少数民族语言文学系教授。

① http://baike.baidu.com/view/569335.htm.

入布依族地区是在清道光年间，即清道光二十七年至二十九年（1847—1849），主要在贵州省黔西南的兴义、贞丰、兴仁、安龙以及册亨、望谟等地，稍后，从 1877 年开始，基督教的势力也进入贵州中部、西部的布依族地区，兴建基督教堂，从事基督教传教活动。①

创制文字，兴办教育是西方宗教势力传播的主要特点。天主教在贵州西南布依族地区传教期间，也曾以协助政府发展文教事业为名，创办过两所教会完小，学校除按当时教育部规定的学制和教科书教学外，还增设教理、教义经典等宗教课程。开办经言学校，培养传教人员和教会服务人员。② 教会学校招收当地教徒（包括少数民族教徒）。传教期间，西方传教士为了更好地融入当地社会，以扩大传教范围，刻苦钻研当地汉语和少数民族语言，用法语字母配以"五音"（汉语声调）给汉语和少数民族语言注音。如法籍传教士卫利亚用法语字母拼写布依语词汇，搜集布依语单词 2 万多个，并会同布依语惯用语、短语、谚语以及民歌等编辑成《布依—法试用辞典》（Essai de Dictionnaire Dioi—Français），还将简短经文翻译成布依语，散发给传教士念诵。法籍传教士方义和也搜集了贞丰一带的布依语词汇，编成《夷法辞典》，送香港出版。③ 但目前在布依族地区发现的用拉丁字母记录布依语文献的仅有三种：一种是 1904 年出版的《马太福音》，另一种是 1909 年出版的《布—法试用词典》，还有一种是发现与贵州省水城县北部的布依族本民族宗教文献"白摩书"。前两种均以拉丁字母文字为载体，后一种则借用了英国传教士柏格理（Samuel Pollard）为滇东北、黔西北地区苗族所创制的"柏格理苗文"，也称"波拉文""老苗文"或"大花苗文"。从宗教的角度看，第二种与天主教有关，第一种和第三种与基督教有关。

（一）《马太福音》及其文字

《马太福音》（Gospel of Matthew，布依语名 Fù Ìn Ma-Tai）一书于 1904 年在上海由大英圣书公会（British and Foreign Bible Society）出版，是目前发现的第一本用拉丁字母记录布依语的文献。该书除扉页标明出版单位、出版时间及语言归属（Chung Chia Vernacular，仲家话，即布依语）以外，没有其他文字说明或附加材料，这给我们的研究，无论是从版本的角度，还是从语言文字的角度，都增加了不少困难。不过，由于是以拉丁字母为载体，从拼写形式可以了解每个音节的读音。通过以《布依语调查报告》中的材料进行对比，大体可以知道该书的译语属于布依语第二土语，即贵州省中南部，贵阳市周边地区的布依族语言。

《马太福音》的文字系统完全采用了拉丁字母体系的 26 个字母，按音节书写，外国多音节的人名和地名用连字符号连接，大多数音节包含声韵调三个部分，少数音节为零声母，即只有韵母和声调，一部分音节则只有声母和韵母，不标声调。声调标于每个音节主要元音的上方。这套文字系统可分为：

1. 声母

这套文字共有声母 22 个，包括唇音声母 6 个，即 b［p］、mb［ʔb］、m［m］、v［v］、f［f］；舌尖音声母 8 个，即 ds［ts］、s［s］、r［z］、d［t］、t［tʰ］、nd［ʔd］、n［n］、l［l］；舌面音声母 4 个，即 g［tɕ］、ch［tɕʰ］、sh［ɕ］、ny［ȵ］；舌根音声母 4 个，即 k

---

① 贵州省民族事务委员会编：《布依族文化大观》，贵州民族出版社 2012 年版，第 134—136 页。

② 同上书，第 416 页。

③ 同上书，第 415 页。

[k]、ng［ŋ］、z［ɣ］、h［x］；半元音 2 个，即 w［w］、y［j］。其中送气音声母 t［tʰ］、ch［tɕʰ］只用来拼读汉语借词；g［tɕ］只出现在舌尖前音［i］的前面。k［k］与 g［tɕ］形成互补，除前元音［i］之外，都可与之相拼，当拼读现代汉语借词时，可变读为送气音［kʰ］。

2. 韵母

韵母一共有 84 个。包括主要元音 7 个：a［aː］、a̱［a］、e［e］、i［i］、u［u］、o［o］、o̱［ɯ］；二合元音 11 个：ae［aːi］、ai［ai］、ao［au］、au［aːu］、ei［əi］、ia［ia］、ie［iə］、iu［iu］、ua［ua］、ue［ue］、uo［uo］；三合元音 6 个：aeo［aɯ］、iao［iau］、iau［iaːu］、iei［ie］、uai［uai］、uei［uei］；－m 尾韵母 10 个：am［aːm］、a̱m［am］、im［im］、iam［iam］、om［om］、um［um］、u̱m［um］、uam［uam］、uom［uom］、uo̱m［uɯm］；－n 尾韵母 13 个：an［an］、a̱n［an］、en［en］、in［iːn］、i̱n［in］、ian［ian］、ien［ieːn］、i̱en［ien］、oan［oan］、o̱n［ɯn］、uan［uan］、uen［uen］、uon［uɯn］；－ŋ 尾韵母 12 个：ang［aːŋ］、a̱ng［aŋ］、eng［eŋ］、ing［iːŋ］、i̱ng［iŋ］、iang［iaŋ］、ieng［ieŋ］、ong［oŋ］、o̱ng［ɯŋ］、ung［uːŋ］、u̱ng［uŋ］、uong［uoŋ］；－p 尾韵母 7 个：ap［aːp］、a̱p［ap］、ip［ip］、iap［iap］、iep［iep］、up［up］、uop［uop］；－t 尾韵母 8 个：at［aːt］、a̱t［at］、et［eːt］、it［it］、iat［iat］、iet［iet］、o̱t［ɯt］、uat［uat］；－k 尾韵母 9 个：ak［aːk］、a̱k［ak］、ek［eːk］、iak［iak］、iek［ieːk］、ok［ok］、o̱k［ɯk］、uk［uk］、uok［uok］。

在主要元音当中，o̱ 的实际音值为［ɯ］，可作单韵母，也可带鼻音韵尾 －m、－n、－ŋ 和塞音韵尾 －t、－k。主要元音下加一短横表示该元音为短音。元音 a、e、i、u 有长短之分，但 e、i、u 的长短差别只有带韵尾时才体现出来，a 作单韵母时也区别长短，但短元音 a 的出现频率较低，从所掌握的材料看，只出现在声母 k［k］之后。元音后加表示该音节调值较低，因此，带尾的韵母实际上不能算独立的韵母。带尾的韵母有 ah、eh、ieh、ueh。

3. 声调

这套文字共区分六个声调，其中一个调不标调号，其他五个调分别用五个符号来表示。这些声调符号均标在每个音节主要元音的头上。这五个符号分别是：ˇ、ˋ、ˋ、ˆ、ʼ。例如 kǒk 根源、lèk 儿子、làng 后面、sûɯ 主、koʼan 先。由于该圣经译本没有对译语的语音系统作必要的介绍，因此，我们无法知道每个调的实际音值。根据对译文词汇意义的分析，可以得知"ˇ"表示第一调，"ˋ"表示第二调，"ˆ"表示第三调，"ʼ"表示第五调，"ˊ"表示第六调，第四调不标调号。塞音韵尾音节不单独设立调号，它们的调值大致分别与一、二、五、六调相同。

《马太福音》的布依语译本为小 32 开本，共 166 页。除正文外，书中没有任何附加材料，这给我们的研究，无论是从版本的角度还是从语言文字的角度，都增加了不少困难。不过，从文字系统所反映出来的语音特征以及汉语借词调类的分布来看，大体可以知道译语属于布依语第二土语。其主要特点是有舌尖前塞擦音 ds［ts］，舌根擦音 z［ɣ］、h［x］，本民族固有词没有送气音声母，鼻音韵尾有 －m、－n、－ŋ，塞音韵尾有 －p、－t、－k，体系比较完整。

（二）《布—法试用词典》及其文字

19、20 世纪之交，法国传教士卫利亚（Gust Williatte）和昌岳（Jos Esquirol）来到贵州省册亨县南部的布依族村寨从事天主教传播活动，出于传教的需要，同时也是因为对布依族语言怀有极大的兴趣，他们潜心学习并钻研当地布依语，收集了大量的布依语词汇、谚语以及布依族民间故事和歌谣，并在此基础上编撰成《布依—法试用词典》（Essai de Dictionnaire Dioi—Français），于宣统元年（1909）在香港对外传教会印刷厂（Hong Kong, Imprimerie de la Societé de la Missions-Etrangeré）印刷。该书原文为法文，属拉丁字母文字体系，记录并转写布依语的也是同一种文字。

根据目前掌握的资料整理出的音系，《布依—法试用词典》所记录的布依语共有声母 18个，包括双唇音声母 5 个，即 p、b、m、f、v，舌尖音声母 6 个，即 t、d、n、s、th、l，舌面音声母 5 个，即 ch、tch、ts、gn、h，舌根音声母 2 个，即 k 和 g。

共有韵母 103 个，包括单元音韵母 5 个，即 a、e、i、o、u，复合元音韵母 41 个，即 aeu、eao、eu、ia、ie、ih、io、aeuh、iaeu、ioua、oa、oua、oue、ah、iah、ieh、ai、ei、iai、ioi、oi、ouai、oui、ui、ao、eou、iao、ouao、oueu、ueueu、aou、eou、eue、iaou、iou、iu、ou、ouaou、oueou、aoueu、eueu，带鼻音韵尾的韵母 33 个，即 am、em、euem、iam、iem、im、ioum、ium、om、ouam、oum、an、en、euen、ian、ien、in/ iuen、ion、iuen、on、ouan、oun/ ouin、ang、eng、euang、iang、ing、iong、iuang、ong、ouang、eung、ougan，带塞音韵尾的韵母 24 个，即 ap、ep、eueup、iap、iep、ip、op、at、et、eueut、iet、iot、it、ot、ouat、out、oueut、ak、ek、euk、iak、ik、ok、ouk。

共有声调 7 个，包括 cha^1，第一高调，是比较高的声调（35）；cha$_1$，第二高平调（33，实为中平调）；cha2，低平调（11）；cha3，高降调（53）；cha3，中降调（31）；cha4，中升调（24）；cha5，此调大致听下来也如低平调（11），低而短。

由于这一音系是在有限语料的基础上整理出来的，因此，还不是十分全面，比如声母只有 18 个，这与目前各地布依语音系中的声母系统都相差较大。韵母系统也缺乏系统性，复合元音韵母比较复杂，而鼻音韵尾韵母和塞音韵尾韵母这两个系统也不平衡。

（三）水城"白摩书"及其文字

"白摩书"属布依族本民族传统宗教——摩教文献，系贵州省西北部六盘水、毕节一带部分布依族对摩教经书的称呼，其他地区则多称为"摩经""摩书"（即布依语的 Sel Mol），黔南部分地区则称为"傩书"。"白摩"可能受当地彝语"呗摩"（彝族宗教职业者）一词的影响。其他布依族地区的"摩书"大多以汉字及汉字偏旁部首作为字元自创的"土俗字"作为记音符号，书写摩经的内容，而唯独只有水城县金盆乡锁嵩村发现了一套用变形拉丁字母文字抄写的摩经。这种文字系英国传教士柏格理为滇东北和黔西北苗族所创，被称为"柏格理苗文"，或称"波拉文""滇东北苗文""老苗文""大花苗文"。20 世纪初曾广泛用于川、黔、滇交界的苗族（大花苗）地区，后稍加改造，用于滇北彝族、傈僳族地区的基督教传播。20 世纪初，基督教势力在贵州省西部地区广泛渗透，传教对象主要是当地少数民族。其中以苗族居多，也有少量其他民族的信徒。目前在贵州西部地区的苗族村寨中，以柏格理苗文作为载体翻译的基督教圣经随处可见，在个别地区甚至还用于苗族学校的双语教学。但这种文字对布依族的影响比较小，黔西北地区的布依族当中目前已很少有基督教信徒，迄今为止也没有发现用柏格理苗文在布依族当中传教的情况。水城县金盆乡锁嵩村的"白摩书"是目前布依族当中唯一发现的使用这种文字的文献。

柏格理苗文是一种拼音文字，通过改变大写拉丁字母的字形创制而成，也有人认为是受到滇东北大花苗妇女服装上的方框形图案的启发。的确，有几个方框或半方框形字母与苗族妇女服装上的图案比较相似。"白摩书"的文字系统基本来源于这套拼音文字。以下对这套文字作一个简要的介绍。

1. 声母：该套摩经文字系统共有声母 36 个，其中包括双唇音 4 个 ↲ [p]、 ⌡ [ph]、 cↅ [ʔb]、 ⊃ [m]，唇齿音 2 个 Г [f]、 ∨ [v]，舌尖前音 4 个 ⊏ (Cↅ) [ts]、 干 [tsʰ]、 S (／) [s]、 R (ʒ) [z]，舌尖中音 5 个 T (CT、CⱴV) [t]、 干 [th]、 CT (✗) [ʔd]、 ⌀ (ↄ) [n]、 ∟ (ↄ) (∧ↄ) [l]，舌面音 4 个 ∑ (C↳) [tɕ]、 C∟ [tɕh]、 C [ɲ]、 ⟍ [ç]，舌根音 ⊐ (C⊐) [k]、 ʒ [kh]、 ✝ (⊤) [h]、 V [ɣ]、 ↼ [ŋ]，喉塞音 Y [ʔ]，半元音 ∧ [j]。

由于材料有限，所归纳出来的不一定是完整的声母系统，有些声母例字很少，如送气塞擦音/tsʰ/和/tɕh/都分别只有一个例子；前紧喉音声母/ʔb/和/ʔd/的例字也很少，与低声调结合时，前紧喉成分不明显，有些接近浊音。另外，经书在文字应用方面存在明显的错误，对此，笔者在《贵州省水城县布依族"白摩书"文字释读》一文中已进行了系统的论述，这里不再赘述。①

2. 韵母：该套摩经的文字系统共有韵母符号 28 个，其中有不少符号既用作单元音韵母，也用作复合元音韵母，有的同时用作复合元音韵母和带鼻音韵尾的韵母，有的符号甚至集三者于一身。包括重复使用的符号在内，记录单元音韵母的 11 个，即 ― (∧⁻) [a]、 O (∧O) [o]、 = (‖) (↙) (∧↙) [e]、 ∧ (∧ɛ) (∧C) [i]、 Г [ɿ]、 ∨ [u]；记录复合元音韵母的 15 个，即 二 (↙) (∧⁻) [ai]、 ‖ (∧‖) [au]、 ε (∧↙) (∧ɛ) [ei] / [əi]、 ⁊ (ↅ) (∧ↅ) [əu]、 二 (∧↙) (∧ɛ) [ie]、 ∧‖ [iau]、 ∧ɿ [iu]、 ― (∨⁻) [ua]、 ↙ (∨↙) (∨=) [uai]、 ∨↙ (∧ε) [ui]；记录鼻音韵母的 15 个，即 ∧⁻ [aŋ]、 ⁊ↄ (∧‖) (∧ↅ) (∧∨) [an]、 O (∧O) [oŋ]、 ɤ (∧=) (∧C) (ε) (=) (↙) (∧ↅ) [en] / [ən]、 ɤ [əŋ]、 ∧⁻ [ien]、 ∧= [ian]、 ∧ↅ [iaŋ]、 ∧ε (∧ɤ) [in]、 ɤ (ε) (∧ε) [iŋ]、 G [uan]、 ⁊ [uaŋ]、 ε (∧ε) (∧ɤ) [un]、 ɤ (∧G) [uŋ]。

从现有材料来看，本套经书的韵母系统相对比较简单，主要元音没有长短音的区别，/i/的变体/ɿ/只出现在擦音/s/和塞擦音/ts/之后，而且例字很少，少数复合韵母发音很不稳定，常常变读为单元音韵母，如/ai/变读为/a/，/ie/变读为/e/等，鼻音韵尾只有/n/和/ŋ/两个，主要元音为/i/时，后鼻音韵尾常常变读为前鼻音；塞音韵尾已经基本消失，这是该地区布依语的一个共同特征，但个别音节还能听出有轻微的喉塞音韵尾成分，如/ʔbo²³⁵/"容器中的东西减少"。文字方面：与声母相比，韵母部分的符号使用更加混乱，错误也更多，主要是一符多音和一音多符现象比较突出。

---

① 载西南交通大学外国语学院主办傅勇林主编《华西语文学刊》（第五辑），四川出版集团、四川文义出版社 2011 年版。

3. 声调

"柏格理文字"没有设计专门的符号来表示声调，不同的调值通过声母右侧或顶部韵母的不同位置来表示。从现有的材料来看，该套摩经共有声调 7 个，即高平（55）、高升（35）、高降（53）、中平（33）、中升（24）、中降（31）和低升（31），其中中平（33）调和低升（13）调的例词很少。列表如下。

调型	调值	例词					
		文字	读音	词义	文字	读音	词义
高平	55	ǔ	su^{55}	收拾		taŋ^{55}	嘱咐
高升	35	/°	so^{35}	六	Rᶜ	zai^{35}	呼唤
高降	53	ɟ″	phəu^{53}	老者	Cᴳ	tɕəu^{53}	桥
中平	33	Fʌᴧ	thien^{33}	穿（衣）	Vᴧ-	wan^{33}	魂
中升	24	Rɛ	zei^{24}	地	Rᵥ	zu^{24}	直
中降	31	V-	va^{31}	铁	6ᴧ	nəu^{31}	指
低升	13	CJᴧ	pe^{13}	即使			

表中 7 个调值是通过录音材料来进行分类的，与文字对比，有些音节实际调值出入很大，比如，韵母标在右上角的音节，在录音材料中其调值却为低降或中升；另外，调型相近的音节从文字标写很难看出差别，如高降和高升都标在右上角等。

三　布依族拉丁字母文献产生的时代背景及其原因

布依语三种拉丁字母文献都产生于 20 世纪初至三四十年代，都与外来（西方）宗教——天主教和基督教的传入有直接的关系。早在明朝末年，西方宗教势力就已经把目光投向我国的大西南，随后不断渗透。清道光末年，天主教传教士开始进入布依族地区。

19 世纪中期的布依族社会仍处于自给自足的、封闭的小农经济社会，以稻作农耕和山地农耕为主要的生计方式，社会经济还很落后，尤其是黔西南一带，18 世纪末清嘉庆初年爆发的"王囊仙起义"招致清政府的残酷镇压，大量的布依族农民惨遭屠杀，幸存者为躲避迫害而被迫远走他乡，社会经济和文化生态受到近乎毁灭性的破坏。至道光末年时，虽经过半个多世纪的休养生息，社会人文生态得到一定的恢复，但仍处于十分落后的状态，社会经济发展十分缓慢。由于布依族地区山高谷深，交通极其闭塞，与外界缺乏交流，布依族人民对外界了解甚少，加之长期的封建统治和政治压迫，阶级矛盾、民族矛盾和社会矛盾极为尖锐。西方宗教势力正是利用了这些矛盾，在贫困、边远的少数民族地区得以立足，达到他们宗教渗透的目的。20 世纪初基督教在贵州西部的传播和渗透也有类似的社会历史背景。

西方传教士在少数民族地区的传播宗教，首先面临的是语言交际与文化调适的问题。传教士进入中国之前大多都经过一定程度的汉语训练，能用汉语进行简单的交流，但进入贵州南部的布依族地区，要想长期驻扎下来传播宗教，仅掌握汉语是不够的。他们还需要了解甚至学习教区内少数民族的语言以及他们的传统文化。有些西方传教士对传教民族的语言进行了刻苦学习，不仅熟练掌握教区的民族语言，还成为该语言的首位调查者甚至研究者。

在天主教传入的 19 世纪中期，黔西南册亨、贞丰一带的布依族虽有精通汉、布两种语言的双语人，但更多的是略通汉语，以布依语作为主要交际工具的准双语人和只懂布依语的单语人，布依语在家庭、村寨内部以及村寨之间发挥中重要的交际功能。因此，外来传教士想要达到宗教传播的目的，就必须设法适应布依族的文化，学会布依族的语言。19 世纪末先后在黔西南布依族地区传教的法籍传教士卫利亚（Gust. Williatte）、吕岳（Jos. Esquirol）和方义和是这方面的代表，他们不仅自己掌握了布依语，还用自己的劳动成果，即编辑出版法语和布依语对比的工具书，为其他的传教人员提供了帮助。遗憾的是，这类工具书在布依族地区并未得到流传，目前，除上文介绍的《布法试用词典》以外，未见有其他文献。这说明，一方面，这些工具书服务的对象不是信徒，而是传教人员。另一方面，文字符号本身存在缺陷，不足以准确地记录该语言，从前文对这种文字符号的介绍可以看出，该符号系统是一种以拉丁字母为基础，按法文的读音规则进行拼写，如其中的一些元音字母组合表示复韵母，其读音与法语的字母组合读音相同，再用数字表示声调，比较复杂，对于未接受过系统的拼音文字教育，甚至连校门都没有进过的布依族信众来说，要掌握该符号系统并达到熟练运用的程度是非常困难的。再者，文字没有承担教育方面的职能。天主教在黔西南布依族地区传播期间，虽然也创办了教会学校，当地的一些布依族信徒也被吸纳到学校中接受教育，但教学语言主要是汉语，文字采用的是汉文和拉丁文，没有布依语文方面的内容。

布依文《马太福音》出现的社会历史背景不是十分清楚，从文字所反映出来的语音特点来看，属于布依语第二土语，该土语主要分布在贵州省黔南布依族苗族自治州的平塘、惠水、贵定、龙里、都匀、长顺、贵阳周边的各区（县）、清镇、平坝和毕节市的黔西、织金一带。我们通过将《圣经》音系与 20 世纪 50 年代调查的语言材料对比，发现贵阳周边青岩一带的布依语语音特征与之比较接近。

自 1877 年开始，英国基督教中华内地会先后派传教士到布依族地区传教，范围遍及大部分布依族地区，包括惠水、平塘、安顺、普定、贵阳、清镇、平坝等。① 其中有使用布依语第二土语的。1926 年，美国基督福临安息日会派传教士到贵阳、惠水传教，也在布依语第二土语区范围。《马太福音》于 1904 年在上海出版，因此，应该是基督教传入布依族地区早期的文献。贵州中部也是布依族主要分布的地区之一，虽然聚居程度不如黔南、黔西南那么高，但人口相对集中。由于地处贵州主流文化中心区域，经济文化相对发达，交通便利，与外界接触交流相对频繁，因此，自 20 世纪中期以来，布依族语言和传统文化在这一地区逐渐为汉语和汉文化所替代。今天，惠水、贵定、龙里以及贵阳周边各区县的布依语已经处于濒危甚至严重濒危的状态。但是，在社会相对封闭的 100 多年以前，这一地区的布依语应该是布依族家庭和村寨内主要的交际工具，西方传教士在这一带从事传教活动，仍会面临语言交际和文化适应的问题，在这一背景下，翻译出版布依语版的《马太福音》也是符合情理的。

基督教在贵州西部传播期间，对布依族影响的程度到底有多深，目前尚不得而知，在布依族散居的贵州西部六盘水、毕节一带，迄今未发现与基督教传播相关的布依族文献，如任何文种的圣经，但 2004 年初，笔者在水城金盆乡锁蒿村调查当地布依族宗教文献时了解到，20 世纪三四十年代在当地传播的基督教的确对布依族产生了影响。用柏格理苗文抄录的布依族宗教经文"白摩书"就是这一影响的产物。

"白摩书"发现于 20 世纪 90 年代中期，书主是该村"布摩"（当地称"白摩"）王福

---

① 贵州省民族事务委员会编：《布依族文化大观》，贵州民族出版社 2012 年版，第 416 页。

明老人，当时只发现有一本，六盘水市民委将原书拿来复印后，交还给书主。2001 年笔者到六盘水调研时，从市民委古籍办拿到一本，并着手进行研究。从影印本可以看出，原书封面和封底以及书的边沿部分已经有所损毁，但内容基本完整。2004 年初，笔者到锁嵩村调查时，原书已经不见，"白摩" 王福明本人用的也是影印本。最早接触该文献的是六盘水市古籍办，但对文字的属性和来源未加探究，只是沿用书主本人的说法，将该文字视为 "远古流传下来的，没有人能释读的神秘文字"。21 世纪初，贵州民院老师吴定川曾做过调查，并录了音，但相关研究成果没有刊布。2002 年出版的《中国少数民族书法宝典》首次将这种文字与贵州西部少数民族宗教文字联系起来，但也未进行深入的解读。2004 年，笔者赴锁嵩村进行了为期一周的调查，其间与 "白摩" 王福明老人反复核实了每一个字的读音，并用国际音标进行了转写。笔者对锁嵩村附近的一个苗族村寨进行了走访，了解到该村全体村民均信奉基督教，村中有一座教堂，每周日附近村子的苗族信教群众都要聚集于此做礼拜，他们用的圣经和赞美诗唱本也是用柏格理苗文翻译的，可见当地苗族群众有非常浓郁的基督教文化氛围。王福明老人最初反复强调，"白摩书" 的文字是老祖宗传下来的古来文字，突出其作为宗教符号的神秘感，不提与柏格理苗文之间的关系，不过，在调查结束时的闲聊中，他却滔滔不绝地讲述了很多有关年轻时在当地一所教会学校学习的情况，并用汉语和布依语唱了几首当时在教会学校学会的基督教圣歌。这一情况一方面说明，20 世纪三四十年代或稍早些时候，基督教在贵州西北部传播的过程中，的确对当地布依族产生过影响。同时也说明，所谓 "白摩书" 神秘文字并非远古传下来的，而是从柏格理苗文借来的。

四 结 语

拉丁字母文字在中国传播的历史不过数百年，在布依族地区，作为西方宗教传播的一种辅助工具，其使用范围仅限于传教人员内部，虽然布依族信徒也有可能接触到这类文字，比如在教堂或学校，但毕竟是少数。天主教在贵州布依族地区尽管苦心经营百余年，即使在鼎盛时期，信众也不过数万人，在布依族人口中所占比例很低，且绝大多数普通信众并不具备接触和掌握宗教文献的条件。西方宗教在布依族地区传播并拥有一定数量信众的同时，绝大多数布依族仍然在坚持自己的传统信仰，布依族的摩教与外来的天主教、基督教是并存的，西方传教士用自己的西方文字传播宗教教义，而布依族的布摩则用汉字作为工具，记录传承本民族的摩经，井水不犯河水。因此，总体来说，拉丁字母文字对布依族文化的影响是有限的，不过，用这类文字记录下来的古籍文献仍是布依族文化中不可多得的珍品。

参考文献

［1］http：//baike. baidu. com/view/569335. htm。

［2］贵州省民族事务委员会编：《布依族文化大观》，贵州民族出版社 2012 年版。

［3］周国炎：《贵州省水城县布依族 "白摩书" 文字释读》，西南交通大学外国语学院主办傅勇林主编《华西语文学刊》（第五辑），四川出版集团、四川文义出版社 2011 年版。

水书《正七卷》条目格式整理研究

牟昆昊*

内容提要 水书《正七卷》是水族文献中的重要组成部分，其受汉文献的影响也是巨大的，本文就是立足于研究《正七卷》在具体条目的格式上受到的汉文献影响，通过分类整理得出《正七卷》在条目行文上的一些特点，以月份配以其他、天干配以其他、地支配以其他、四季配以其他、其余情况五类进行具体研究，并希望能对水书《正七卷》的研究起到一定的辅助作用。

关键词 月份 天干地支 四季 格式

水书《正七卷》所受汉文献的影响是巨大的，除了其内容上与《鳌头通书》《象吉通书》等文献相关内容的高度一致，在行文格式上《正七卷》也多有借鉴汉文献的情况，比如《正七卷》"卡老"条目①，其歌诀就与《象吉通书》"天乙贵人"条目②不仅具体内容一样，诗歌行文也是极为相似。可见《正七卷》所受汉文献影响之深。

当然，《正七卷》与《象吉通书》《鳌头通书》的内容有相关性，并不代表水书就是从这几类文献中借鉴了部分内容；相反，我们认为这几部汉文献大部分与《正七卷》成书时代相当或更晚，《正七卷》目前发现有明代的版本，那么水书中借鉴的相关内容应是另有所本。由于水书《正七卷》相关内容主要是从汉文献的《日家凶神诗例》中借鉴的，这一部分内容虽从现有文献来看，最早就是在《鳌头通书》中有所记载，但是依据这一部分内容的完整和严密程度，应该是经过了长时间的加工整理，《鳌头通书》虽有记录，估计也是参考过前人的成果。那么水书《正七卷》的相关内容来源，应该是借鉴了更早的汉文献书籍。

但是，就《正七卷》的行文格式而言，使用了汉族文化中一年十二月、天干地支、四季、五行、九宫、九星等的概念，这从另一角度说明了水书文献受汉族文化影响十分深远。总体来说，水书《正七卷》的行文格式按内容可以分为月份配以其他、天干配以其他、地支配以其他、四季配以其他、其余情况五个大类，下面分别对各个大类进行梳理和分析。

（一）月份配以其他

这种行文格式在《正七卷》中占有极多篇幅，其变化也极多，下面做一下简单介绍：

1. 月份配天干地支

这种情况在《正七卷》行文格式使用中占一定比例，如水书条目"五锤"，行文格式为：

---

* 牟昆昊（1985— ），男，贵州民族大学文学院教师。

① 王品魁：《正七卷》，贵州民族出版社1994年版，第223页。

② （清）魏鉴：《象吉通书》，中州古籍出版社2005年版，第149、272、994、1063页。

正	五	九	丁	癸	方
tsjeŋ^1	ŋo^4	tɕu^3	tjeŋ^1	tɕui^5	faːŋ^1
正	五	九	丁	癸	方

二	六	十	甲	庚	方
ȵi^6	ljok^8	sup^8	tɕaːp^7	qen^1	faːŋ^1
二	六	十	甲	庚	方

三	七	十	一	乙	辛	方
haːm^1	ɕət^7	sup^8	ʔjət^7	ʔjət^7	ɕen^1	faːŋ^1
三	七	十	一	乙	辛	方

四	八	十	二	丙	壬	方
ɕi^4	paːt^7	sup^8	ȵi^6	pjeŋ^3	ȵim^2	faːŋ^1
四	八	十	二	丙	壬	方①

其基本格式结构为月份 + 天干地支，月份搭配模式为：

一五九 + 干支
二六十 + 干支
三七十一 + 干支
四八十二 + 干支

2. 月份配以天干

这种情况在《正七卷》行文格式使用较多，如水书条目"梭项"，行文格式为：

（正	七	连	庚	甲	日
tsjeŋ^1	ɕət^7	leŋ^4	qeŋ^1	tɕaːp^7	van^1
正	七	连	庚	甲	日②

二	八	乙	辛	当	日
ȵi^6	paːt^7	ʔjət^7	ɕen^1	taːŋ^1	van^1
二	八	乙	辛	当	日

丁	癸	日	五	十	一
tjeŋ^1	tɕui^5	van^1	ŋo^4	su^8	ʔjət^7
丁	癸	日	五	十	一③

---

① 中国水书编委会：《水书·正七卷》，贵州出版集团、贵州民族出版社 2006 年版，第 20 页。条目九十四。
② 该句"正"字残缺，只留一半不到，依据王本补出。
③ 该句下缺三字，其中"五"只留一半，依据王本补出。

çi⁵	sup⁸	pjeŋ³	ȵim²	van¹	ȶhaŋ¹（?）
四	十	丙	壬	日	乡

ha：m¹	ljok⁸	ȶu³	sup⁸	ȵi⁶
三	六	九	十	二

tsi⁶	mu⁶	ȶi²	van¹	tsi⁶	
忌	戊	己	日	忌	梭项①

其基本格式结构为月份 + 天干，月份搭配模式为：

一七 + 天干

二八 + 天干

三九 + 天干

四十 + 天干

五十一 + 天干

六十二 + 天干

3. 月份配以地支

这种情况在《正七卷》行文格式使用极多，如水书条目"腊忙"，行文格式为：

tsjeŋ¹	ŋo⁴	ȶu³	sən¹	ju⁴	hət⁷	van¹
正	五	九	申	酉	戌	日

ȵi⁶	ljok⁸	sup⁸	ʁa：i³	çi³	su³	van¹
二	六	十	亥	子	丑	日

ha：m¹	çət⁷	sup⁸	ʔjət⁷	ji²	ma：u⁴	sən²	van¹
三	七	十	一	寅	卯	辰	日

---

① 《中国水书》编委会：《水书·正七卷》，贵州出版集团、贵州民族出版社 2006 年版，第 1 页，条目一。

çi^5	pa：t^7	sup^8	ŋȵi^6	çi^4	ŋo^2	mi^8	van^1
四	八	十	二	巳	午	未	日①

其基本格式结构为月份＋地支，月份搭配模式与"五锤"相同。

4. 月份配以五行和地支

这种情况在《正七卷》行文格式使用中占一定比例，如水书条目"印占"，行文格式为：

tsjeŋ^1	çi^5	çət^7	sup^8	sjeŋ^6
正	四	七	十	旺

ȶəm^1	njen^2	ma^4	fa：ŋ^1
金	年	午	方

ŋȵi^6	ŋo^4	pa：t^7	sup^8	ʔjət^7
二	五	八	十	一

mok^8	thu^5	ljoŋ^2
木	卯	辰

ha：m^1	ljok^6	ȶu^3	sup^8	ŋȵi^6
三	六	九	十	二

fa^3	tsu^1	sui^3
火	亥	水

thu^3	sui^3	ju^4	ȶi^1	çoŋ^1
土	水	酉	己	凶②

---

① 《中国水书》编委会：《水书·正七卷》，贵州出版集团、贵州民族出版社 2006 年版，第 1 页，条目三。

② 王品魁：《正七卷》，贵州民族出版社 1994 年版，第 77 页。

其基本格式结构为月份＋五行＋地支，月份搭配模式为：

一四七十＋五行＋地支

二五八十一＋五行＋地支

三六九十二一＋五行＋地支

总体来说，以月份配其他的模式有以上这四种情况。

（二）天干配以其他

这种行文格式在《正七卷》中占有一定篇幅比例，也有一些变化，下面做一下简单介绍：

1. 天干配天干地支

这种情况在《正七卷》行文格式使用中占一定比例，如水书条目"问驾时"，行文格式为：

$\textrm{ta:p}^7$	$\textrm{ti}^1$	$\textrm{van}^1$	$\textrm{ta:p}^7$	$\textrm{çi}^3$	$\textrm{si}^2$
甲	己	日	甲	子	时

$\textrm{ʔjət}^7$	$\textrm{qeŋ}^1$	$\textrm{van}^1$	$\textrm{pjeŋ}^3$	$\textrm{çi}^3$	$\textrm{si}^2$
乙	庚	日	丙	子	时①

天干搭配模式为：天干＋天干地支。

2. 天干配地支

这种情况在《正七卷》行文格式使用中占一定比例，如水书条目"卡老"，行文格式为：

$\textrm{ta:p}^7$	$\textrm{mu}^6$	$\textrm{si}^2$	$\textrm{ȵu}^2$	$\textrm{ja:ŋ}^2$
甲	戊	时	丑	未

$\textrm{ʔjət}^7$	$\textrm{ti}^1$	$\textrm{su}^3$	$\textrm{gau}^1$	$\textrm{si}^2$
乙	己	子	申	时②

天干搭配模式为：天干＋地支。

3. 天干配九星

这种情况在《正七卷》行文格式使用中占一定比例，如水书条目"九星"，行文格式为：

① 王品魁：《正七卷》，贵州民族出版社 1994 年版，第 212 页。

② 同上书，第 223 页。

ȶa：p⁷	ȶi¹	tha：m¹	ljem²	ȶu³	çi³	van¹
甲	己	贪	廉	九	子	日

ʔjət⁷	qeŋ¹	ȶu²	fu⁴	pa：t⁷	pek⁸
乙	庚	巨	武	八	白①

天干搭配模式为：天干＋九星。

4. 天干配月份和地支

这种情况在《正七卷》行文格式使用中占有一定比例，如水书条目"则头"，行文格式为：

ȶa：p⁷	ȶi¹	njen²	ȶu³	ȵot⁸	mi⁶	fa：ŋ	çoŋ¹
甲	己	年	九	月	未	方	凶

ʔjət⁷	qeŋ¹	njen²	pa：t⁷	ȵot⁸	tsu¹	fa：ŋ
乙	庚	年	八	月	亥	方②

天干搭配模式为：天干＋月份＋地支。

（三）地支配以其他

这种行文格式在《正七卷》中占有篇幅极大，也有一些变化，下面做一下简单介绍：

1. 地支配天干地支

这种情况在《正七卷》行文格式使用中有一定比例，如水书条目"某空"，行文格式为：

çi³	ŋo²	ma：u⁴	ju⁴	njen²	hət⁷	ti⁶	ȶa：p⁷	van¹
子	午	卯	酉	年	戌	地	甲	日

su³	mi⁶	sən²	hət⁷	njen²	thu⁵	ȶi¹	van¹
丑	未	辰	戌	年	卯	己	日

① 王品魁：《正七卷》，贵州民族出版社1994年版，第213页。
② 《中国水书》编委会：《水书·正七卷》，贵州出版集团、贵州民族出版社2006年版，第14页，条目六十八。

ji^2　　$sən^1$　　$çi^4$　　$ga:i^3$　　$njen^2$　　$ŋo^2$　　$tɕəm^1$　　van^1　　$tɕa:p^7$

寅　　申　　巳　　亥　　年　　午　　金　　日　　甲①

地支搭配模式为：地支＋天干地支。

2. 地支配天干

这种情况在《正七卷》行文格式使用中有一定比例，如水书条目"绍骸"，行文格式为：

hu^3　　$ȵu^2$　　$ljoŋ^2$　　ma^4　　$njen^2$　　$tɕa:p^7$　　qen^1　　$fa:ŋ^1$

寅　　丑　　辰　　午　　年　　甲　　庚　　方

$ça^2$　　thu^5　　tsu^1　　$ja:ŋ^2$　　$njen^2$　　$tjeŋ^1$　　$tɕui^5$　　$fa:ŋ$

巳　　卯　　亥　　未　　年　　丁　　癸　　方②

地支搭配模式为：地支＋天干。

3. 地支配地支

这种情况在《正七卷》行文格式使用极多，如水书条目"各木年"，行文格式为：

$çi^3$　　$ŋo^2$　　$ma:u^4$　　ju^4　　$njen^2$　　tsi^6　　$ça^2$　　tsu^1　　van^1

子　　午　　卯　　酉　　年　　忌　　巳　　亥　　日

su^3　　mi^6　　$sən^2$　　$hət^7$　　$njen^2$　　tsi^6　　qau^3　　gau^1　　van^1

丑　　未　　辰　　戌　　年　　忌　　戌　　申　　日

ji^2　　$sən^1$　　$çi^4$　　$ga:i^3$　　$njen^2$　　tsi^6　　su^3　　ma^4　　van^1　　　　$tɕu^2$

寅　　申　　巳　　亥　　年　　忌　　子　　午　　日　　　　巨③

地支搭配模式为：地支＋地支。

4. 地支配月份和地支

这种情况在《正七卷》行文格式使用中有一定比例，如水书中本条目二十五，行文格式为：

① 《中国水书》编委会：《水书·正七卷》，贵州出版集团、贵州民族出版社 2006 年版，第 11 页，条目五十五。

② 同上书，第 13—14 页，条目六十五。

③ 同上书，第 8 页。条目四十二。

çi³	ŋo²	ma：u⁴	ju⁴	njen²	tsjeŋ¹	çi⁵	çə⁷	sup⁸
子	午	卯	酉	年	正	四	七	十

sjen⁶	çi³	hət⁷	sən²	van¹
伤	子	戌	辰	日①

地支搭配模式为：地支＋月份＋地支。

　5. 地支配四季和地支

这种情况在《正七卷》行文格式使用中有一定比例，如水书条目"八平"，行文格式为：

sən¹	çi³	sən²	njen²	sən¹	ha：m¹	ȵot⁸
申	子	辰	年	春	三	月

ʈhon³	ʈi¹	van¹
戌	酉	日

çi⁴	ju⁴	su³	njen²	ja³	ha：m¹	ȵot⁸
巳	酉	丑	年	夏	三	月

tsi⁶	ma⁴	ja：ŋ²	van¹
忌	午	未	日

ji²	ŋo²	hət⁷	njen²	çu¹	ha：m¹	ȵot⁸
寅	午	戌	年	秋	三	月

tsi⁶	ljoŋ²	ça²	van¹
忌	辰	巳	日

---

① 《中国水书》编委会：《水书·正七卷》，贵州出版集团、贵州民族出版社2006年版，第8页，条目二十五。

（图）

ga：i³	ma：u⁴	mi⁶	njen²	toŋ¹	ha：m¹	ȵot⁸
亥	卯	未	年	冬	三	月

tsi⁶	su³	ȵu²	van¹
忌	子	丑	日

pa：t⁷	pjeŋ²	ȶu³	mu⁶	çoŋ¹
八	平	九	戊	凶①

地支搭配模式为：地支＋四季＋地支。

6. 地支配二十八星宿

这种情况在《正七卷》行文格式使用中有一定比例，如水书条目"三路"，行文格式为：

（图）

sən¹	çi³	sən²	njen²	ȶui³	təm¹	ja：ŋ²
申	子	辰	年	鬼	金	羊

çi⁴	ju⁴	su³	njen²	loi²	təm¹	qau³
巳	酉	丑	年	数	金	狗②

地支搭配模式为：地支＋二十八星宿。

总体来说，以地支配其他的模式有以上这六种情况。

（四）四季配以其他

这种行文格式在《正七卷》中占有一定篇幅，也有一些变化，下面做一下简单介绍：

1. 四季配天干地支

这种情况在《正七卷》行文格式使用中有一定比例，如水书条目"地转"，行文格式为：

---

①　王品魁：《正七卷》，贵州民族出版社1994年版，第93页。

②　同上书，第196页。

sən¹	ha：m¹	n̯ot⁸	ʔjət⁷	çən¹	ma：u⁴
春	三	月	乙	辛	卯

ja³	ha：m¹	n̯ot⁶	ʈa：p⁷	qen¹	ŋo²
夏	三	月	甲	庚	午

çu¹	ha：m¹	n̯ot⁸	ʔjət⁷	çən¹	ju⁴
秋	三	月	乙	辛	酉

toŋ¹	ha：m¹	n̯ot⁸	ʈa：p⁷	qeŋ¹	ç³
冬	三	月	甲	庚	子①

四季搭配模式为：四季＋天干地支。

2. 四季配地支

这种情况在《正七卷》行文格式使用中有一定比例，如水书条目"大腻"，行文格式为：

sən¹	tsi⁶	sən²	su³	hət⁷	van¹
春	忌	辰	丑	戌	日

ja³	mi⁶	ma：u⁴	çi³
夏	未	卯	子

çu¹	jən²	ju⁴	ŋo²	van¹
秋	寅	酉	午	日

toŋ¹	çi⁴	ga：i³	sən¹	van¹	fa：ŋ¹	çoŋ¹
冬	巳	亥	申	日	方	凶②

---

① 王品魁：《正七卷》，贵州民族出版社1994年版，第135页。

② 同上书，第84页。

四季搭配模式为：四季＋地支。

3. 四季配二十八星宿

这种情况在《正七卷》行文格式使用中有一定比例，如水书条目"忌方宿"，行文格式为：

sən^1　　ha:m^1　　ŋot^8

春　　　三　　　月　　昂日鸡

ja^3　　ha:m^1　　ŋot^8

夏　　　三　　　月　　毕月乌①

四季搭配模式为：四季＋二十八星宿。

（五）其余情况

1. 五行配地支

如水书条目"姑又"，行文格式为：

təm^1　　njen^2　　gau^1　　ti^1　　thon^3　　van^1

金　　　年　　　申　　　酉　　　戌　　　日

mok^8　　njen^2　　tsu^1　　ljoŋ^2　　van^1

木　　　年　　　亥　　　辰　　　日

fa^3　　njen^2　　ma^4　　ja:ŋ^2　　van^1

火　　　年　　　午　　　未　　　日

thu^3　　sui^3　　njen^2　　hu^3　　thu^5　　ljoŋ^2　　ku^3jiu^1

土　　水　　年　　寅　　卯　　辰　　　姑又②

搭配模式为：五行＋地支。

---

① 王品魁：《正七卷》，贵州民族出版社1994年版，第198页。

② 同上书，第63页。

2. 只列日期

如水书条目"尖辛"，行文格式为：

搭配模式为：只列出需要注意的天干地支日期。

水书《正七卷》牵涉了诸多关于水族社会、历史、宗教等方面的内容，还携带有汉文献影响的深刻印记，从《正七卷》条目行文所使用的月份、天干地支、四季、五行、九星等汉族知识就可见一斑。

由"《正七卷》所受汉文献影响"这一问题，实能扩展出诸多具有实际价值的问题，古代水汉民族社会文化的交流情况，也是值得研究的大课题。而本文关于条目格式的整理研究，仅是形式上较为粗浅的整理分析，关于《正七卷》所受汉文献的影响的深入研究还需要进一步的论证与分析。

参考文献

［1］贵州省档案馆、贵州省史学会：《水书先生访谈录》，贵州民族出版社 2010 年版。

［2］贵州民族研究所：《明实录·贵州资料辑录》，贵州人民出版社 1983 年版。

［3］黄建明：《彝族古籍文献概要》，云南民族出版社 1993 年版。

［4］黄建明、聂鸿音、马兰主编：《首届中国少数民族古籍文献国际学术研讨会论文集》，民族出版社 2012 年版。

［5］黄润华、史金波：《少数民族古籍版本》，凤凰出版社 2002 年版。

［6］陆勇昌、潘朝霖主编：《采风论坛（9）》，中国文联出版社 2008 年版。

［7］潘朝霖、韦宗林主编：《中国水族文化研究》，贵州人民出版社 2004 年版。

［8］潘朝霖编：《水书文化研究》，贵州民族出版社 2009 年版。

---

① 《中国水书》编委会：《水书·正七卷》，贵州出版集团、贵州民族出版社 2006 年版，第 18 页，条目八十三。

女书文献中的特殊词汇

谢 燨*

内容提要 女书，是人类文明的产物，是人类文化多样性的体现，极具研究价值。女书研究工作的深入和推进，有赖于"善本"女书文献的搜集整理及译注。在译注时，我们应当对这些与现代汉语词汇不同的特殊女书词汇给予关注与重视，以便能更加准确地对女书文献进行解读和研究。

关键词 女书文献 译注 词汇

《联合国教科文组织文化多样性宣言》指出："语言是保存和发展人类有形和无形遗产的最有力的工具。各种促进母语传播的运动，都不仅有助于语言的多样化和多语种的教育，而且能够提高对全世界各语言和文化传统的认识。"语言是人类文化的一部分，也应呈多样性。人类保护语言的多样化及各地方特色语言不仅是为了语言本身，更重要的是为了人类的美好未来和社会的和谐发展。

中国湖南省永州市江永县及其近邻一带妇女中流传的女书，是人类文明的一个产物，是人类文化多样性的体现。1983年，女书被发现为一种独特的文字体系，先后在海内外许多大小报刊、电视台报道之后，这个在偏僻山区峒场中世代相传，历代文人雅士不屑一顾的女性书写符号系统，迅速以中国女性文字——人类历史上的特殊文化现象蜚声中外，引起中外学人的广泛关注。

文字的使用有性别之分，固定为女性使用，确是人类文化史上罕见的奇迹。然而要对这一奇特文化现象来一个寻根究底，却是十分困难的事：第一，女书古本失存。旧时，江永及其近邻一带的妇女虽普遍习用女书，但从女书的传习到作品的流传和藏存，均系自发的个人行为，没有女书文献的刊印设施，没有女书文献的藏存机构。而女书所有者生前喜爱读女书，希望去世后到了阴间也能有女书可读，因此，临终时都要再三嘱咐亲人，在她去世后，必须把她所有的女书作品随葬，或像烧纸钱一样焚化掉，以便她能将自己的这些女书作品文本带到阴曹地府。历代的女书文献就这样随着所有者的逝世而大多消失殆尽了。目前所能见到的时代最早的女书文献，仅有清代文献，元明以前的女书文献已没有遗存了。第二，史志无载。虽然当地女性对自己使用的女书及其书写的作品文本都十分珍视，但是当地的男性则对女书不屑一顾，当地的男性知识分子更是忽略无视女书的存在，因此，史书、方志大多无载，居民族谱、碑文中也都没有蛛丝马迹。迄今为止，历史文献中述及江永女书的，仅发现1931年刊印的《湖南各县调查笔记》的《花山》条和中国革命博物馆（现国家博物馆）藏的袁思永于1945年左右撰写的《猺文歌》并《序》两例。而1990年、1991年，最熟谙女书的两位女书传人高银仙、义年华老人相继去世后，当地妇女中只有少数人能识得女书了。

---

* 谢燨（1983— ），女，汉族，中南民族大学讲师。

这使得女书文化的研究陷入了更加困难的处境之中。庆幸的是，清代以来的女书文献尚存旧本，另外，还有高银仙、义年华老人根据回忆记录下来的旧时流传的女书作品，再加上两位老人创作的部分女书作品，有三百余篇，十来万字的珍贵资料，可谓女书善本。女书研究的深入和推进，有赖于原始的"善本"女书文献，另外，还有赖于对这些"善本"女书文献的尽可能准确无误的译注，只有以这样的研究资料做基础，才可能得出各种科学客观的学术观点。

在女书文献中，女书词汇与现代汉语词汇大多相同，但也存在不少差别。在女书词汇中，有些词语是现代汉语中所没有的，这些词语外地人很难理解，若单看文字望文生义，很容易产生歧义；有些词语虽与现代汉语词形相同，但词义却不尽一致；有些词语遗留了已在现代汉语中消失的古词古义成分；等等。在译注中，我们应当对这些与现代汉语词汇不同的特殊女书词汇给予关注与重视，以便能更加准确地对女书文献进行解读和研究。

一　女书中遗留的古词古义成分

现代汉语中，有的古词古义已成了死语言成分，一般不再使用，或者已在词汇中消失。然而在女书中却是常用词。如"曰""晡""将"等：

［wue⁴⁴］：曰，即"说"的意思，如"曰我出身家寒苦""若是由侬几个曰"等。

曰我出身家寒苦

若是由侬几个曰

［pu⁴⁴］：晡，即"申时"的意思，如"方可长停守到晡""饮晡入棺万事休"等。

方可长停守到晡

饮晡入棺万事休

［tsia⁴⁴］：将，即"送"的意思，如"书本传文将三日"等。

书本传文将三日

"曰"，在现代汉语中已为"说"替代，在女书中，"曰"的使用仍较为普遍。"晡"，古汉语有申时一义，如杜甫《徐步》诗："荒庭日欲晡"。而在现代汉语中，"晡"的这种古义一般已不使用。"将"，古汉语字义可解作"送"，如王安石《上仁宗皇帝言事书》："若夫迎新将故之劳"，现代汉语的"将"字已无"送"义，而女书的"将"字，古义犹存。

女书中的人称代词系统中的古词古义尤多，如"台""吾""身"等，这些人称代词在女书文献中出现得十分频繁。

[je³¹]：台

台本粗心倚过了

见台有愁解开心

"台"第一人称代词，指自己。"台"作"我"义，在现代汉语中已经不再使用，仅存在于历史文献中。"台"作第一人称代词时，音同"怡"。《尔雅·释诂上》："台，我也。"主要见于周代《尚书》，如《尚书·说命》："以台正于四方，惟恐德弗类，兹故弗言"，《尚书·汤誓》："今汝其曰，夏罪其如台"等。至唐宋文中，"台"作第一人称的用法已很少见，如唐代卢肇《汉堤诗》"流灾降慝，天曷台怒"，宋代王禹称《奠故节度使文》"魂且有知，察台深意"。到了元代以后，"台"的自称意义就消失了。而在女书中，"台"却是普遍使用的第一人称代词，仅以《江永"女书"之谜》的第一部分书信为例，"台"字作为第一人称代词的用法就出现了111次，占第一人称代词（台、我、吾）出现总次数的三分之一左右，可见其出现频率之高。

[ŋoai⁵¹]：吾

搭附丈夫带贵吾

"吾"，在古汉语中主要作主语和定语。王力先生在《汉语史稿》中曾认定"任何情况下，'吾'都不用于动词后的宾格"，①而在女书文献资料中，"吾"均作宾语，无一例外。

[çe⁴⁴]：身

1. 独用时仅出现于宾格，有两义：或同第一人称代词"我"；或同第二人称代词"你"。

（1）[çe⁴⁴] 身作第一人称代词：

几个共凭教嘱身

姐在高楼教嘱身

又没亲娘惜怜身

---

① 王力：《汉语史稿》，中华书局2004年版，第303页。

（2）［ȵe⁴⁴］身作第二人称代词：

今此三朝全不见，才写书来看察身

三朝传文书本到，崽个书言相会身

薄文传声信，奉来相会身

2. 还可与第一人称代词组合使用，也可与第二人称代词组合使用。在与其他代词组合时，身位在组合结构后部，意为：自己，作为前一代词意义的补充强调。例如：

（1）［ȵe⁴⁴］身与第一人称代词组合：

可怜台身命贱薄

只气台身单薄了

我身不曾安归静

（2）［ȵe⁴⁴］身与第二人称代词组合：

谁知你身先别吾

设此你身宽慢步

难得你身是不嫌

（3）还可与（［tsiaŋ⁴⁴］将）组成第一人称复合代词，意为：自己、我。可做主语、宾语，也可用做定语。这种复合代词不能与其他代词合。例如：

想着将身眼泪流

又气将身死日拢

将身枉为错投女

只气将身老来难

"身"，在古代汉语中，作代词时，与女书中的"身"一样，也既可以做自称代词，又可以做反身代词。做自称代词时，相当于"我"，大多用为主语，表示单数。秦汉时"身"已经有自称用法了，广泛用为自称代词，在魏晋之后，多见于六朝小说中，《世说新语》里尤其多。如六朝刘义庆《世说新语·文学》："支（支道林）徐徐谓曰：'身与君别多年，君义言了不长进。'"《世说新语·赏誉》："王子敬语谢公：'公故潇洒。'谢曰：'身不萧洒，君道身最得，身正自调畅。'"唐代文学中也时见。但宋以后，自称代词"身"就很少使用了。到元代，自称代词"身"在书面语中消失。作反身代词时，表示"自身""自己"的意思。但是用例不太多。如《孟子·滕文公下》："是何伤哉？彼身织屦，妻辟纑，以易之也。"《吕氏春秋·爱类》："故身亲耕，妻亲绩，所以见致民利也。"①

女书中的"身"，与古汉语中的"身"功能相似，也是既可作自称代词，也可做反身代词。然而，做自称代词时，女书的"身"仅出现于宾格，且不仅可表示"我"，还可表示"你"义。此外，女书中的"身"还可与"将"组成第一人称复合代词，意为"自己""我"。

古汉语中的"身"作为自称代词到了元代之后就在书面语中消失，其作为反身代词的用例也不太多，且其反身称代的功能也没有得到发展。而在女书文本中，"身"不仅一直作为自称代词和反身代词的功能使用着，而且还可与其他代词组合使用或可组成第一人称复合代词等功能。

二　女书中与现代汉语的同词别义现象

女书文献中出现的一些语词，与现代汉语有些词词形相同，词义却不尽一致。注释时应多加注意。如：

[tshi^{35}]：请

请你我者女书寄归来
此处，"请"是"请求"义，与现代汉语词义同。

百路忧焦尽请全
此处，"请"是"遭受"义，与现代汉语词义异。

[çe^{51}]：神

① 陈翠珠：《汉语人称代词考论》，博士学位论文，华中师范大学中文系，2009 年，第 55—56、114 页。

万百神仙亦是难

此处，"神"是"神仙"义，与现代汉语词义同。

只得神内去安神

此处，"神"是"神庙"义，与现代汉语词义异。

[fue⁴⁴]：花

三样花下有金银

此处，"花"是"花草"义，与现代汉语词义同。

无花无儿没开心

此处，"花"是"女儿"义，与现代汉语词义异。

[li³¹]：礼

书家出身知礼情

此处，"礼"指"礼法"义，与现代汉语词义同。

粗字一张回礼迟

此处，"礼"指"书信"义，与现代汉语词义异。

[fu⁴⁴je⁵¹]：夫人

压迫民女做夫人

此处，"夫人"指"妻子"义，与现代汉语词义同。

安葬夫人到祖边

此处，"夫人"指"丈夫"义，与现代汉语词义异。

[fa⁴⁴ça⁵¹]：非常

急接热待甚非常

此处，"非常"指"异乎寻常的、特殊的"义，与现代汉语词义同。

想起非常于楼上

此处，"非常"指"从前"义，与现代汉语词义异。

"请""神""花""礼""夫人""非常"这类词，从词形看，女书与现代汉语之间语音形式相同，或有规律性语音对应变化关系。从表义上看，女书与现代汉语之间有同一的词义，但在女书中，这些词又有与现代汉语不同的义项，表现为女书词汇独特的特点。

另外，女书文献中还有一些与现代汉语形同义别的词语，反映了当地女性特有的审美个性，与普通汉文或一般民间文学中同形的词语所反映出的审美情趣截然不同。如：

〔liaŋ⁵¹〕：龙

将此时来正二月，龙出远乡拆烂行。

双龙去出洞，黄河海下穿。

女书中的"龙"有与现代汉语不同的义项，即指义姊妹。

在普通汉文和一般民间文学中，平民百姓不能称龙，即使是王公大臣也是不能称龙的，而在女书作品中，却将龙指义姊妹，将姊妹比作美好高尚尊贵的龙，这与春秋战国时期，楚文化中的龙大多被喻为君子情况相似。如汉王逸《楚辞章句》序言中"虬龙鸾凤，以托君子"即是将龙喻为高风亮节的君子形象。

〔jĩ⁴⁴jaŋ⁴⁴〕：鸳鸯

被为他家人紧逼，拆散鸳鸯不成行！

才给姐娘落阴府，少个鸳鸯不成行！

女书中的"鸳鸯"有与现代汉语不同的义项，即指义姊妹。鸳鸯，在普通汉文和一般民间文学中，一般用以指恩爱的夫妻，是爱情的象征物，如卢照邻《长安古意》："得成比目何辞死，愿作鸳鸯不羡仙"；另外，在汉魏六朝以前的汉文诗歌中，也用来指兄弟朋友之谊，如嵇康赠其兄嵇喜从军诗《送秀才从军》有："鸳鸯于飞，啸侣命俦。朝游高原，夕宿中洲。交颈振翼，容与清流"，而女书鸳鸯一词则多用以指义姊妹，这也反映了当地女性特有的审美个性。

〔xaŋ⁵¹çua³⁵〕：洪水

好比河边杨柳树，洪水到河推动身。

"洪水"指娶亲的男子。河里一涨洪水，河边的杨柳就会被推走，比喻男方一娶亲，女子就得出嫁离乡。在现代汉语中，洪水一词词义是河流因大雨或融雪而引起的暴涨的水流，常常造成灾害。洪水，这样一种危害人们人身安全、令人恐惧讨厌的事物，被当地女性用来指娶亲的男子，把来娶亲的男子喻为洪水猛兽，如此让人厌恶、排斥乃至恐惧，这种情感表达得如此鲜明与强烈。

三　女书中反映当地习俗的词汇

〔$son^{44}li^{44}$〕：三朝

三朝愁书到贵府，奉请高亲放量行。

三朝传文书本到，崽个书言相会身。

"三朝"为婚后第三天。"三朝愁书""三朝传文"指的是女书书信的一种"三朝书"。

按照当地传统习俗，结婚后的第三天，要"贺三朝"，即女方家要向男方家赠送三朝礼，包括女方亲朋好友赠送的糖果、红包和装订得非常精致的书信等，向姑娘祝福，向男方家恭贺。其中，精心制作的用女书书写的书信，就是三朝书。三朝书是贺三朝中庄重而珍贵的馈赠礼品。现代汉语也有"三朝"一词，一指婴儿初生后第三天，旧俗这一天为婴儿洗三；二指新婚后第三天，旧俗这一天新妇回娘家。女书和现代汉语"三朝"一词虽都有指新婚后第三天的义项，但是其具体的礼仪活动内容不同，且女书中"三朝愁书""三朝传文"等词组在现代汉语中未曾出现过，是指当地女书使用群体所独有的书信形式"三朝书"。

还有如：

〔$lian^{31}jue^{31}$〕：两夜

〔$son^{44}jue^{31}$〕：三夜

两夜收开不闹热，三夜收开真收开。

〔$ku\mu^{55}phan^{44}\varsigma u^{44}$〕：割封书

二四到来宿一夜，二五朝早割封书。

"两夜""三夜"指的是当地的民俗活动"坐歌堂"。"两夜""三夜""坐歌堂""割封书"等词都不能按照现代汉语的字面意思来理解，它们都指的是当地居民婚礼中的独特习俗。"坐歌堂"，即是在女书流传区的女子出嫁时，上轿前要举行三天的哭嫁歌活动，叫作"歌堂"。参加歌堂活动叫作"坐歌堂"。"两夜""三夜"，即是指当地的歌堂活动，因为坐歌堂均在晚上，故说"夜"。"割封书"，也是女书流传区居民婚礼中的独特习俗。当地传统习惯，娶亲之家在洞房花烛夜的次日早晨，需向女家送一封谢恩书，感谢岳父岳母养育女儿之恩；还要给女家六亲各送一份肉，每份肉贴上用红纸写的受礼者的姓名，这种礼物叫作"封书"。切割作为这种礼物的肉叫作"割封书"。

四　女书中反映女书使用群体特殊文化心态的词汇

女书中有一些反映了女书使用群体特殊文化心态的词汇。如：

𖾇𖾇 ［liŋ³¹lau⁵¹］：冷楼

𖾇𖾇𖾇𖾇𖾇𖾇𖾇𖾇𖾇𖾇𖾇𖾇

唯是冷楼我两个，知理听言痛恨声。

𖾇𖾇𖾇𖾇𖾇𖾇𖾇𖾇𖾇𖾇𖾇𖾇

问你听言气不气，放下两位守冷楼。

"冷楼"指的是孤寂、冷清的阁楼。

江永及其毗邻一带的民居极具江南水乡特色，常见的形制是天井院，最富特色的，是二层的阁楼，出嫁前的姑娘们就住在这二楼闺阁之中。她们不能随意与亲属之外的男子接触，她们的生活被限制在这狭小的二楼闺阁之中。住在阁楼中的妇女们虽然生活天地狭窄，但与其他地方的妇女们不同的是，她们能广泛地交女友、结老同，她们结成义姊妹在自己的狭小的阁楼里一起做女红、唱女歌，尽情地玩耍嬉戏，这些都大大地充实了她们的生活内容。阁楼代表着她们的闺女时代，代表着青春与自由。但是出嫁后，阁楼闺房再无人居住，再也没有姊妹们聚在那里海阔天空，往日热闹的闺楼，人已散，心已冷，便成了冷楼。"冷楼"极其形象地表达了出嫁者对曾经热闹的阁楼如今变成清冷的阁楼的惆怅与感慨。

𖾇𖾇 ［sa³⁵na⁴⁴］：死日

𖾇𖾇 ［ȵu⁴⁴ai⁴⁴］：玉日

𖾇𖾇𖾇𖾇𖾇𖾇𖾇𖾇𖾇𖾇𖾇𖾇𖾇

三个同胞台无用，又气将身死日拢。

𖾇𖾇𖾇𖾇𖾇𖾇𖾇𖾇𖾇𖾇𖾇𖾇𖾇

过了不容隔疏义，只要同归玉日时。

"死日"指的是女子出嫁。"玉日"指的是出嫁前的日子。

"死日"，字面意思是将死之日，在现代汉语中，没有"死日"一词，而"将死之日"这一词组也很难让人联想到有女子出嫁这样的含义。而在女书中，死日这个词就是指的当地女性出嫁之时。如此决绝、厌恶、毫无回转余地的词语，被用来指女子出嫁，这是与当地的人文环境和作者的创作心理分不开的。当地女性都极其不愿出嫁，因为出嫁了就再不能与义姊妹们无忧无虑地在闺阁里一起唱女歌做女红，而只能在夫家服侍丈夫、公婆，过着卑贱的生活。她们对封建社会灌输给女性的伦理思想如男尊女卑、三从四德等十分反感，对封建婚姻制度极其不满和愤怒。因此，她们将未出嫁前的日子说成是"玉日"，玉日，字面意思是美好如玉的日子，这正是当地女性对出嫁前的生活的描述，她们向往自由，她们认为出嫁前与义姊妹们聚在自己居住的阁楼里做女红唱女歌是最美好的时光。

五　女书中的独特组合结构词组

在女书文献中，有些词组从结构形式看，与普通汉语语法规则不符，从表意方式看，与普通汉语遣词造句的习惯不合，组合结构独特。如：

$[me^{31} liau^{51} \varsigma ua^{55}]$：不留出——不出

手据门帮不留出
句意是说手抓着门框不肯出去。

$[me^{31} liau^{51} xa^{51}]$：不留行——不行

脚踏花街不留行
句意是说脚使劲踩着卵石砌成的场地不愿离去。

$[tse\~{\ } ^{51} \eta a\ ^{51} xau^{31} mu^{31}]$：前娘后母——后母

前娘后母不积德
句意是说后母不积德。

$[fu^{31} mu^{31}]$：父母——母

父母你且听分明
句意是指要母亲听清楚，并无父亲在场。

$[ku^{44} jue^{51}]$：哥爷——哥哥

两个哥爷年亦轻
句意是指两个哥哥年纪也都还很年轻。

$[me^{31} t\varsigma\~{i}^{31} ku^{31}]$：不见过——不感到时间的流逝

在于身边不见过

句意是说姊妹们聚在一起时不感到时间的流逝。

𝌆𝌆𝌆［me³¹fu⁵⁵te⁵⁵］：不复了——不记得了

𝌆𝌆𝌆𝌆𝌆𝌆

都些书字不复了

句意是说许多字都不记得了。

𝌆𝌆𝌆［wa⁵¹fue³¹ɳi⁴⁴］：为下义——结成义姊妹

𝌆𝌆𝌆𝌆𝌆

依亲为下义

句意是说父母已经同意我们结成义姊妹。

𝌆𝌆𝌆［me³¹ɳe⁴⁴tɕe⁴⁴］：不认真——不要计较；不要客气

𝌆𝌆𝌆𝌆𝌆

随时不认真

句意是说任何时候都不要跟姊妹客气。

𝌆𝌆𝌆𝌆［no☠⁵¹pe⁴⁴tu⁴⁴me⁵¹］：南风窦门——南边的窗门

𝌆𝌆𝌆𝌆𝌆𝌆

南风窦门绣一点

句意是指在南边的窗门上绣上一朵花。

𝌆𝌆𝌆𝌆［pɯ⁵⁵pe⁴⁴tu⁴⁴me⁵¹］：北风窦门——北边的窗门

𝌆𝌆𝌆𝌆𝌆𝌆

北风窦门绣一双

句意是指在北边的窗门上绣上两朵花。

𝌆𝌆𝌆［wu⁵¹fue³¹la⁴⁴］：无下落——无处落脚；无安身之所

𝌆𝌆𝌆𝌆𝌆𝌆𝌆

母子三人无下落

句意是说母子三人没有了安身之所。

𝌆𝌆𝌆［wu⁵¹tɕe⁴⁴sẽ³¹］：无针线——不会针线活；不善女红

𝌆𝌆𝌆𝌆𝌆𝌆𝌆

女人十五无针线

句意是说女人到了十五岁了还不会针线活。

上述女书组合结构，使用的大都是汉语基本词汇成分，但组合结构、表意方式，与普通汉语迥然有别，表现出了女书遣词造句的独特特点。

女书文献中的这些特殊用词情况，不见于现代汉语词汇中，在译注时，应尽量保留、还原女书的语言词汇特色，对这些特殊词汇给予重视，如女书中遗留的古词古语、女书中的独特组合结构词组、女书中与现代汉语同词别义现象等。同时，这些词汇也可为女书语言研究提供一些富有特点的语言材料，在这些材料的基础上，还可以继续深入地研究其成因及与汉文化、瑶文化等的关系。

水书历法在水族民间的应用

陆　春[*]

内容提要　水书历法是水族先民在长期的生产生活中通过实践总结出来的一种法则，运用于水族民间的各种习俗和节日活动，至今仍在使用。本文简述水书历法，以期对爱好水书的专家学者研究水书有一定帮助。

关键词　水书　历法　水族　民间　应用

水书是水族先民在长期的生产生活实践中总结出来的一种古老文化典籍，记载了水族天文、地理、宗教、哲学、伦理等文化信息，现仍在水族民间普遍使用。水书是水族人的易经，是水族的百科全书，被誉为象形文字的活化石，是一部解读水族悠远历史的重要典籍。水书习俗于 2006 年被列入首批国家非物质文化遗产名录。水书历法是水书中的重要内容，占整个水书卷本的大部分，运用于水族民间的各种习俗和节日等环节。

一　水书历法的基本内容

所谓历法，就是根据天象变化的自然规律，计量较长的时间间隔，判断气候的变化，预示季节来临的法则，也就是推算年、月、日、时并使其与相关天象对应的方法。在我国有一部分民族都有自己的历法，但大多数民族都用汉历，而水族有自己独特的水历，在水族生产生活中都一直在使用并延续至今。

水书历法是水族先民根据天上各种星辰在宇宙中运行变形相互遮蔽组合等规律总结出来的，其内容具有一定科学依据，水书先生常用于择吉避凶。虽然有的专家学者发现水历，但是他们不会说水语，无法深入了解其内容，没有谁针对其某项内容做深入分析研究。笔者作为第三代水书传承人，祖辈都懂水书，对水书历法有深厚的研究，就水书历法内容谈谈以下几点。

1. 水书历法错综运用到水书各卷本中。在整个水书内容中，水书历法占整个水书内容的 80% 以上。现在水族民间运用的抄本无一不是水书历法内容，都用于择吉避凶方面。在水族民间生活中，无处不在请水书先生运用水书帮忙择日子。水书历法与其他内容在水书卷本中就吉凶而言有吉祥类和凶祸类，就结构而言，有十天干和十二地支结合组成六十甲子配五行，有八卦纪元配九星、二十八宿、六宫、八宫，均在年月日时、四时五方等方面，体现出水书历法的具体内容。

2. 水书历法是产生于水族民间，运用于水族民间，这都是以居住地域不同和根据各个水书先生个人的需要，各归纳自己的抄本，没有固定的排版模式。是水族先民根据长期观察

---

　*　陆春（1966—　　），男，水族，贵州三都水族自治县民族研究所。

星象并运用他们聪明的智慧总结记载下来的，其内容反映了日月五星以及二十八宿等各种星辰在宇宙中，各自在不同的轨道上运行相互遮蔽的迹象。在科学还没有很发达之际，水族就能有人完成天文历法图，实在是很了不起的。

水书历法纪元把一个完整的元分为上、中、下三个大元，每个大元中包含第一小元至第七小元，每一小元为六十年（即六十甲子）。如：上纪大元年，有七个小元，按每元六十年，则上元共有四百二十年。中纪元和下纪元依此类推，则上中下三大元总共是一千二百六十年。水历一年分为四季，每季有 3 个月，12 个月为一年，与农历有许多相似之处。但在月的安排上，大月为 30 天，小月为 29 天，共 354 天，比回归年少 11 天，因而采用 19 年置7 闰的方法弥补所少的天数，闰月一般置于水历九月之后（农历五月）十月之前。在水书历法的内容中，有纪元配九星、纪元配二十八宿、纪元配六宫、纪元配八宫以及七个纪元日吉凶定局等。主要是以对纪元配九星、八宫、六宫来推断纪元日吉凶定局方面的内容进行分析。水书九星为：⚹（贪）、彐（巨）、⚹（禄）、屵（文）、⚹（廉）、𠃌（武）、卐（破）、☼（辅）、◉（弼）；六宫为：⚹（破）、彐（巨）、𠃌（武）、⚹（禄）、⚹（贪）、⚹（廉）；八宫为：𠀉（乾）、⚹（兑）、列（离）、𦥑（震）、癸（巽）、瓦（坎）、冉（艮）、坤（坤），水书历法一般都以用年月日时配天干、地支、九星、八宫、六宫推断吉凶来使用。

水书历法的纪元配九星具有一定的规则。上大元年配九星的排列顺序为：第一小元甲子贪、第二小元甲子破、第三小元甲子文、第四小元甲子贪、第五小元甲子破、第六小元甲子文、第七小元甲子贪；中大元年配九星的排列顺序为：第一小元甲子破、第二小元甲子文、第三小元甲子贪、第四小元甲子破、第五小元甲子文、第六小元甲子贪、第七小元甲子破；下大元年配九星的排列顺序为：第一小元甲子文、第二小元甲子贪、第三小元甲子破、第四小元甲子文、第五小元甲子贪、第六小元甲子破、第七小元甲子文。在上大元年的第一小元六十甲子中，它的排列为：甲子贪、乙丑巨、丙寅禄、丁卯文、戊辰廉、己巳武、庚午破、辛未辅、壬申弼、癸酉贪、甲戌巨、乙亥禄……依此类推，一直到癸亥武年才接上第二小元的甲子破，第三小元甲子文等，一直排到上大元年的第七小元六十年癸亥武结束。中大元、下大元的七个小元，各元六十年跟九星相配，依此类推，周而复始，便形成水族历法的纪年方法。纪元是水书历法最根本基础部分，是预择用事日课不可缺少的部分。每个水书先生都有自己的水书历法，但他们内容是相互关联的，它们之间是包含与被包含的有机结合，有序地按事物发展变化来制定。这些都是水书先生学习水书知识必不可少的内容，它与水族人民的生产生活息息相关。要懂得其水书历法的奥秘，就必须要有一定的水书功底，才能揭开其神秘面纱。

二　水书历法在水族民间的运用

首先，农业生产与水书历法有密切的关联，它在水族地区支配着一切农业生产活动。水历和其他历法有一定的区别，它正月建戌，刚是农历的九月，水历就是意味着新年的开始；水历的十二月也刚好是农历的八月，也是水历一年的终端，正在农业丰收的时候。水历和农历正月建寅有极大区别。同样是正月就形成两种不同的时节概念，庄稼成长的过程也是截然不同。

其次，水族地区的赶集日离不开水书历法。过去，水族人民因为聚居地域复杂，各地生产的物资不同，为了能进行产品交流，各地寨老商量用水历十二地支的某一天定在某一地点进行产品交换，这一日期叫作赶集日。每一个赶集地点就对应两个地支日，如三都水族自治县境内廷牌赶巳、亥日，中和赶卯、酉日，水龙赶子、午日等。在"文革"期间政府也强迫打破这种赶集规律，但改革开放以后水族地区的赶集日期又是"春风吹又生"，自然重新恢复达到整合水族地区经济流通，一直沿用至现在。

再次，水族独特的民俗节日也离不开水书历法。水族地区最大的节日是过"端节"，也是世界上过节日期最长的一个节日。每年水历十二月（农历八月）逢地支亥日开始过端节，往后推每逢一个亥日就是一个水族地区过端节，一直过到水历正月（农历九月）底，是按照水族地域分期分批"过端"，长达两个月的时间。这是水族庆祝大季丰收节日，也就是水族的"过年"。"卯节"又是水族另外的一个大节日。水族有"过端"的地方就不过卯。然而卯节的时间也是由水历推算出来的，每年都是水历九月、十月（农历五月、六月）逢地支卯日过节，但过卯节与"过端"有所区别，因此选择辛卯日过节为上吉，稻田、庄稼茂盛，人丁兴旺；乙卯日、己卯日、癸卯日三日过节为中等吉；尽量避免丁卯日过卯节，因为丁卯预兆禾苗庄稼不旺，人间多疾病。但是受水历时间限制，按照水族地域分期分批顺序过卯节，也避免不了丁卯日要过节。原来传说卯节是男女老少祭祖、祭稻田，使人丁兴旺、庄稼茂盛丰收，后来卯节出现水族青年男女在卯坡自由对歌、认识恋爱，逐渐形成风情独特的"东方水族情人节"。"苏宁喜"又是水族的另外一个节日。这是水族地区为儿童和母亲专门过的节日，也是按水历推算，每年水历四月（农历十二月）初一到十五逢地支丑日过节。

最后，水族人民日常生活的其他各种活动都受水书历法的影响和制约。如水族的丧葬、起造、婚嫁等，丧葬的入殓、停棺、发殡、破土挖井、下土安葬；起造中的破土、下基础、上梁、落成；婚嫁中的说亲、定亲、接亲等，各个环节都得按水书历法所列的条目趋吉避凶；还有农村挖的牛马猪圈、安床、出行、安桥、每年吃新米等也用水书历法择吉；甚至出远门、上学、剃头发等细小的事情也要受水书历法所限。

可见，水书历法在水族人民中有着重要的作用，对水族人民的思想意识和日常生活有着十分深远的影响。

三 水书历法受历史发展的制约

古老的水书历法，数千年来都在水族民间运用和传承，现在只为少数的水书先生掌握，并且面临失传消亡的状态。水书历法这块瑰宝为什么会导致这样的情况呢？

1. 由于远古历史多次战乱，弱势水族先民为了逃生，也多次受逼迫迁徙，途中水族文化遗落惨重。

2. 水书历法被水族先民一直视为传家宝，秘密单向传承，不公开向外招学徒，况且只是父传子而且只一个，仅传男不传女。现在六十多岁的水书老先生，基本上没有女性。

3. 数千年来都是封闭式传承，加之历史的文化扼杀。如20世纪"文革"期间对水书摧残，水书先生被划为牛鬼蛇神，他们再也不敢出来传授水书知识，直到现在政府大力提倡抢救水书的今天，他们都还感到心有余悸。

4. 如今在世的水书先生已经为数不多，整个水族地区40多万人，仅有700多人懂水书了，况且他们都是六十多岁以上的白发老人了。加上现在的年轻人外出打工多，在家的人也不愿学，所以水书历法即面临灭绝的危机。

四　对水书及水历传承工作的建议

1. 健全法律法规，依法保护水书。

2. 加大对水书古籍的保护与宣传。

3. 政府或民间多方筹集资金，对散藏于民间的水书古籍资料以"普查为基础，保护为重点"尽快抢救和保护。

4. 党和政府要高度重视与加强对水书研究队伍的建设，给予政策保证，统筹管理，注意培养民族传统文化优秀的后继人才。

5. 认真开展水书文化进校园活动，使水书得到更好的传承与发展。

虽然 20 世纪四五十年代专家学者的发现研究都没有得到官方的重视。直到 20 世纪末 21 世纪初，改革开放后，主张大力弘扬民族文化。因此，引起国内外专家学者的关注，纷纷深入水族地区展开调查研究，他们认定水书文字是古老的文字，水书历法是水书文化的重大内容，认为有待抢救和开发利用这块瑰宝，引起了各级政府关注，各级单位部门也纷纷主动介入，掀起了抢救水书文化的热潮，让水书历法这块瑰宝得以重现光彩。

水书历法运用在水族人民生活中的方方面面，即使在长期的历史战乱中也愿意冒生命危险记载保留下来，从而成为一块历史文化瑰宝。如今有各级政府做后盾，有对水书历法感兴趣的各位专家学者关注宣传，相信水书历法这块瑰宝会永远活在水族人民生活中，它既是水族的文化遗产，是中国的文化遗产，也是世界的文化遗产。

浅析唐以前历朝正史中有关西南少数民族的记载

甘述玲[*]

内容提要　唐以前历朝正史中有不少关于西南少数民族专篇记载，这不仅反映了唐代以前西南各少数民族的历史文化，还反映了中原王朝与西南少数民族的关系及历朝的民族政策。本文希望通过对其梳理，为研究西南少数民族提供正史史料，为考察西南各少数民族的演变发展提供重要的历史和文献根据。

关键词　秦汉　魏晋南北朝　西南少数民族　正史

有关西南少数民族的记载，早在先秦典册中就已出现，但大都零星碎散。如在甲骨文和钟鼎文中，就有关于夷的记载，而后来的《左传》《淮南子》《国语》《尚书》《诗经》中也包含了西南少数民族一些事迹，但都是（文中间出）略微提及，不成篇章体系。

秦汉时期，在中原大一统的局势下，西南少数民族与中原民族的联系不断加强，并开始以独立姿态出现在以中原民族为主体的国家正史中，成为统一多民族国家的重要组成部分。

一　秦汉时期

（一）《史记·西南夷列传》

公元前 1 世纪，司马迁在《史记》中最早以西南少数民族为对象，专门为之立传——《西南夷列传》，记述西南各民族之族系、居住区域、经济生活、风俗习惯等。《史记·西南夷列传》中的西南夷，是秦汉时期对居住在蜀郡西北、西南地区，即今四川成都西北、西南，云南、贵州两省及广西西部广大地区诸少数民族的总称，其中包括众多不同的氏族、部落和部落联盟。

观《史记·西南夷列传》，其将"西南夷"分为四种类型七个集团：夜郎（今黔中西部至滇东）、滇（今滇中地区）、邛都（今四川凉山州）三个集团，系农耕类型，盘发于顶，有邑聚；嶲、昆明集团（今滇西至四川西南）属于游牧类型，编发为辫，无君长；徙、筰都（今四川雅安市、甘孜州和凉山州一部分）和冉、駹（今四川阿坝州）两集团为半农半牧类型；还有白马集团（今川北至甘南），其各个集团都有数以十计的部落或部落联盟。

西南夷地区与中原地区的大规模交通，开始于战国时期的楚将庄𫏋入滇。秦始皇时期，开辟了一条从巴郡通往西南地区的"五尺道"，并开始在这一地区置吏统治，"秦时常頞略通五尺道，诸此国颇置吏焉。十余岁，秦灭"，"邛、筰、冉駹近蜀，道亦易通。秦时常通为郡县"，但其有效统治范围，仅局限在今四川南部一带。汉朝初年虽放弃对这一地区的统

* 甘述玲（1991—　），女，汉族，中央民族大学少数民族语言文学系 2013 级硕士研究生。

治，但这一地区和巴蜀地区的民间贸易往来，却一直没有中断。到了汉武帝时期，国内局势稳定，国力强盛，便开始了对西南夷地区的大规模的开拓事业。公元前 135 年至公元前 109 年，汉武帝相继派遣唐蒙、司马相如、公孙弘和王然于前往西南夷予以安抚，促使夜郎、滇等先后归附；随即在那里变国为郡（计有犍为、牂柯、越巂、沈黎、汶山、武都、益州七郡），设官置吏，修筑"南夷道"和"西夷道"。

（二）《汉书》和《后汉书》对《史记》的继承与发扬

继《史记》之后，东汉班固的《汉书·西南夷两粤朝鲜列传》和南朝范晔的《后汉书·南蛮西南夷列传》也是关于西南少数民族的专传。观其内容主旨，是对《史记·西南夷列传》的一脉相承。

除此之外，班固还做了两方面的工作：（1）改订司马迁史实记载的个别文字及错讹；（2）补载汉朝在西南设置七郡以后至王莽时地方与中央错综复杂交互斗争的史实。

《后汉书·西南夷列传》则资料更为丰富、体例更为完备。这主要表现在：（1）内容上：①记载了西南少数民族地区的地理环境、气候物产、习俗服饰、神话传说、民歌民谣。如：描写滇池区域"河土平敞，有盐池田渔之饶，金银畜产之富"，越巂郡"其土地平原，有稻田"，哀牢人"种人皆刻画其身，象龙文，衣皆着尾"，还有夜郎竹王的传说，沙壹和九隆的传说"其母鸟语，谓背为九，谓坐为隆"。②记载了东汉政府和周边国家的关系。如："永元六年，郡徼外敦忍乙王莫延慕义，遣使献犀牛、大象。"又和帝永元九年（97）徼外掸国首次遣使奉献，安帝永宁元年再次来奉献时，带来了能"变化吐火，自支解，易牛马头，又善跳丸"的海西人。

（2）体例上：对西南各个少数民族部落进行单独描写。即《史记·西南夷列传》《汉书·西南夷两粤朝鲜列传》是以秦汉王朝在西南夷地区的经营活动为主线，对西南民族地区进行记载。《后汉书·南蛮西南夷列传》则以西南七个主要的民族部落为纲，即夜郎、滇、哀牢、邓都、节都、冉駹、白马，对其逐个列传，记载其本末，使读者对每个民族地区的产生发展、中央在此的设置沿革等重大历史事件一目了然。

（三）秦汉时期的民族政策

汉武帝实行了比较平和的初郡政策，巩固了汉王朝在这一地区的统治，也加快了西南夷地区的封建化步伐。汉武帝制定的初郡政策，一直延续到西汉末年。"初郡政策"的主要内容：

（1）"以其俗故俗治"。即令原来少数民族的首领，按本地区民族的习俗去治理，比如夜郎、滇、邓都、句町等族首领都受封为王，"复长其民"。

（2）"无赋税"。对于新设郡县的地区，开始阶段免征赋税，这样减轻初郡地区的负担，对于政治上的稳定和经济上的发展都有好处。

（3）"募豪民田南夷，入粟县官"。即从内地招募豪民到开发较早的南夷地区屯垦，收获的粮食交给国家，再凭证据回内地国库支钱，这样就减少了耗费甚巨的远距离运输费用。

（4）开通道路。加强西南夷地区和内地的政治、经济、文化交流起了很大作用。

王莽乱政期间，"初郡政策"遭到极大破坏。提出"四夷称王"是"违与古典，谬与一统"的事情，令四夷称王的改为侯，派五威将收缴王印，贬句町王为侯，结果引起当地少数民族首领的怨恨和人民的反抗，"益州郡夷栋蚕、若豆等起兵杀郡守，越巂姑复夷人大牟亦皆叛，杀略吏人"。

东汉时期，随着光武中兴，西南夷再次进入安定发展阶段。东汉王朝在哀牢地区建立了永昌郡，实行的也是初郡政策。永昌太守郑纯与哀牢夷人约定，"邑豪岁输布贯头衣二领，盐一斛，以为常赋，夷俗安之"。可见，两汉时代西南夷地区的郡县制能够巩固发展，与适应少数民族地区特点的"初郡政策"分不开。在初郡统治下，西南夷各地区各民族的社会发展水平仍然不平衡，但是初郡政策的实行，标志着整个西南夷地区已开始封建制的进程。

二 魏晋南北朝时期

魏晋南北朝时期，西南少数民族不再被泛称为西南夷，"西南夷"的内涵有了新的变化（本文不作讨论）。秦、汉时期的"西南夷"各民族地区，三国时称为"南中"，晋朝以后设置"宁州"。在大部分时间内，南中或宁州的范围，包括今云南、贵州和川西南在内。

（一）魏晋南北朝时期正史中西南少数民族的记载

（1）陈寿《三国志》

《三国志》中虽没有关于西南少数民族的专传，但却有大量关于西南少数民族的历史情况散见于《三国志·诸葛亮传》《三国志·霍峻传》《三国志·吕凯传》《三国志·李恢传》等，主要围绕蜀汉对西南各民族的平叛和治理。

刘备定蜀后，没有处理好蜀汉政府与方土大姓和少数民族首领之间的利益问题。加之孙吴交阯太守士燮诱导益州大姓雍闿叛蜀归吴，雍闿"使郡人孟获诱诸夷"导致南中诸郡，并皆叛乱。诸葛亮率蜀军分三路南征平叛：东路军以马忠为帅，入牂牁（治今贵州凯里市西北），直取朱褒；庲降都督李恢率领中路军"案道向建宁（治今云南曲靖）"；诸葛亮亲率主力军向越巂（治今四川西昌市东南），攻高定远。

继诸葛亮平叛后，庲降都督又多次镇压各族人民的反抗。《三国志·李恢传》："后军还，南夷复叛，杀害守将，恢身往扑讨，锄尽恶类"；《三国志·马忠传》："十一年，南夷豪帅刘胄反，扰乱诸郡……忠遂斩胄，平南土"；《三国志·张嶷传》："平南事讫，牂牁、兴古獠种复反，忠令嶷领诸营往讨"，"越巂郡自丞相亮讨高定之后，叟夷数反"；《三国志·霍弋传》："永昌夷獠恃险不宾，数为寇害，乃以弋领永昌太守，率偏军讨之，遂斩其豪帅，破坏邑落，郡界宁静。"

（2）晋、南北朝时期的正史

晋、南北朝时期的"正史"多达十部，这十种"正史"是：房玄龄等《晋书》、沈约《宋书》、萧子显《南齐书》、姚思廉《梁书》和《陈书》、魏收《魏书》、李百药《北齐书》、令狐德棻等《周书》、李延寿《南史》和《北史》。

晋、南北朝时期汉族建立的国家政权对西南难以进行有效统治，故正史中对西南少数民族的记载相对较少，大多散落于正史的其他篇幅中。

《晋书·四夷列传》有少量关于西南少数民族情况的记载；而相当一部分历史材料散见于《晋书·王逊列传》《晋书·苻坚列传》《晋书·地理志》等。

晋永嘉四年，王逊为宁州刺史。面临大姓和夷帅的反叛，王逊采取了军事镇压的强硬态度，《晋书·王逊传》："诛豪右不奉法度者数十家。"又"以（牂牁郡内）五苓夷昔为乱首，图讨之，未有致罪。会夷发夜郎庄王墓，逊因此讨灭之，及讨恶獠刚夷数千落"。"专杖威刑，鞭挞殊俗"，"于是莫不震服，威行宁土"。王逊在宁州造成了"夷、晋莫不惶惶"的恐怖局面，民族关系恶化。在晋朝的苛政压迫下，大姓和夷帅不断掀起反抗斗争，致使晋王朝在宁州的统治一时瘫痪。

《魏书》第一次专门为西南的僚族部落立了专传，即《魏书·僚传》。其实，《后汉书·南蛮西南夷传》载西汉时就有僚，《后汉书·南蛮西南夷传》载："夜郎侯，以竹为姓。武帝元鼎六年，平南夷，为郡，天子赐其王印绶。后遂杀之。夷僚咸以竹王非血气所生，甚重之，求立为后。"以后僚作为部落的称呼，往往散见诸史籍。如《三国志·霍峻传》载："时永昌郡夷僚恃险不宾，数为寇害，乃以代领永昌太守，率偏军讨之，遂斩其豪帅，破坏邑落，郡界宁静。"《魏书》为僚立传。由此表明了在社会动荡、民族分化与融合急剧变化之时，僚族部落正在以前所未有的速度发展着。

《魏书·僚传》对于僚族部落之经济社会、生活习俗有较为详细的记载：

1. 僚族部落的经济社会发展是较为原始，是一个以渔猎为主的过着部落社会末期生活的民族，但已具奴隶制度的雏形，且买卖奴隶盛行。"平常劫掠，卖取猪狗而已。亲戚比邻，指授相卖，被卖者号哭不服，逃窜避之。若亡叛，获便缚之。但经被缚者，即服为贱隶，不敢称良矣。"

2. 有关生活习俗值得注意的是居干兰、用铜爨、竖棺葬及祭鬼鼓等。例如，居干兰"依树积木，以居其上，名曰干兰，干兰大小，随其家口之数"；用铜爨"铸铜为器，大口宽腹，名曰铜爨，既薄且轻，易于熟食"；竖棺葬"死者竖棺而葬之"；祭鬼鼓"其俗畏鬼神，尤尚搖祀。所杀之人，美鬓髯者，必剥其面皮，笼之于竹，及燥，号之日鬼鼓，午祀之，以求福利"。

在余下八部"正史"中，《宋书》有《夷蛮列传》，但从文中所记来看，"夷"主要指东北亚、南亚、东南亚的民族，而"蛮"则仅指荆、雍州蛮和豫州蛮（当为今苗、瑶、土家等族的先民）。《梁书》《南齐书》《南史》有少数民族的专传，但没有对西南少数民族的专传，对西南少数民族的记载也只是散落于其他篇章中；《北史》主要记载北方少数民族；《周书》将少数民族传记归入异域传，对西南少数民族的记载多为转抄《魏书》，并无特色；《陈书》和《北齐书》没有少数民族史的专篇，也没有关于西南少数民族的记载。

（二）魏晋南北朝时期的民族政策

（1）蜀汉南中政策

诸葛亮用武力镇压了南中各族人民的反抗之后，便采取一些有助于加强蜀汉在南中的统治的措施：

1）《三国志·诸葛亮传》中记载："皆即其渠帅而用之。"即承认当地少数民族首领的原有政治地位，仍用他们来统治当地的少数民族。对于参加平叛而有功于蜀汉的少数民族首领，蜀汉政权则给予赏赐。如对历代统治昆弥川的龙佑那被正式封为酋长，并赐予张姓；牂牁郡夷帅济火在协助蜀汉军作战中立了战功被封为罗甸国王。

2）在南中地区设置专门机构以统摄该地区事务的汉人政权，这一措施为后世所继承。庲降都督很快壮大起来。

3）庲降都督推行绥抚措施。首任都督邓方"轻财果壮，当难不惑，以少御多，殊方保业"。越嶲太守张嶷到郡后"诱以恩信，蛮夷皆服，颇来降附"。他还"开通旧道，千里肃清，复古亭驿"，使南中与蜀地的联系更加便利。阎宇任职后期，副都督霍弋"甚善参毗之礼，遂代字"。霍弋利用宗教统治南中各族人民，因此能"抚和异俗，为之立法施教，轻重允当，夷晋安之"。

（2）晋、南北朝时期民族政策

晋武帝司马炎为进一步强化对南中地区的统治，不顾各民族地区的特殊情况，采取各种乖张的措施。泰始七年，晋武帝命令将南中七郡中的云南、兴古、建宁、永昌四郡单独划出设置宁州，其余牂牁、朱提、越巂三郡则仍属益州。这种行政区划的改变，表明要抛弃各民族中的"大姓""夷帅"，由内地派遣前来的汉族官吏对宁州进行直接的统治。"每夷供贡南夷府，入牛、金、旃、马，动以万计，……其供郡县亦然。南人以为饶。"

《南齐书·州郡志》载："宁州，道远土瘠，蛮夷众多，齐民甚少，诸爨氏强族，恃远擅命，故数有土反之虞。"南朝之宋、齐、梁、陈四个朝代，均没有对宁州实施过实际的控制，所任命的宁州刺史，几乎都不曾履任。以爨氏为首的大姓势力爨氏凭借其经济、军事实力和民族关系方面的影响，控制了整个宁州，并建立起自己的统治体系。

三　启　示

通过对唐代以前"正史"中有关西南少数民族的史料的梳理，我们可以得到以下认识：

（1）史学家们都有撰写统一的多民族国家历史的自觉意识，对西南少数民族的历史情况较为重视。但由于正史的记载从大民族主义出发，从政治统治着眼，故文献中或以描写政治对抗为主，或以描写落后的"蛮夷"习俗为多，认识上有片面性。

（2）它们反映了中原皇朝对西南少数民族的政策及相关措施，不论是征战还是交往，客观上都使相互间的联系更加密切，其积极影响以至于扩大到域外。然而，当中原地区皇朝政权强大时，与西南民族的政治联系更为紧密，反映在文献上记载也更为详细，反之，文献记载则简略。

（3）它们在一定程度上反映了西南各少数民族演变、发展的历史。如《后汉书》《晋书》和《魏书》等，都上承《史记》和《汉书》，记述了西南少数民族的史况。但是由于西南少数民族成分复杂，民族融合现象普遍，且受地域等方面条件的限制，正史中对西南各少数民族的认识、对族源的论述不够清晰准确，对经济文化特征的反映略显不够。如秦汉时期，对其总冠以"西南夷"的泛称，不大符合西南少数民族的实际情况。

总之，唐代以前的历代"正史"中为我们研究西南少数民族的概况提供了重要的历史文献资料。但如果要全面考察唐代以前的西南各少数民族，"正史"里所提供的资料室是远远不够的。需要综合其他有关资料，如常璩的《华阳国志》和樊绰的《蛮书》，以弥补"正史"的"不足"。

参考文献

[1] 司马迁：《史记·西南夷列传》，中华书局标点本 2011 年版。

[2] 班固：《汉书·南蛮西南夷列传》，中华书局标点本 2011 年版。

[3] 范晔：《后汉书·西南夷列传》，中华书局标点本 2011 年版。

[4] 陈寿：《三国志·蜀书》，中华书局标点本 2011 年版。

[5] 房玄龄等：《晋书》，中华书局 2011 年版。

［6］ 沈约：《宋书》，中华书局 2011 年版。

［7］ 萧子显：《南齐书》，中华书局 2011 年版。

［8］ 姚思廉：《梁书》，中华书局 2011 年版。

［9］ 姚思廉：《陈书》，中华书局 2011 年版。

［10］ 魏收：《魏书·僚传》，中华书局 2011 年版。

［11］ 李百药：《北齐书》，中华书局 2011 年版。

［12］ 令狐德棻等：《周书》，中华书局 2011 年版。

［13］ 李延寿：《南史》，中华书局 2011 年版。

［14］ 李延寿：《北史》，中华书局 2011 年版。

［15］ 王钟翰：《中国民族史》，中华书局 2011 年版。

从夷人到中国人的转变
——主要基于清代以来京族文献的研析

何思源[*]

内容提要　本文通过清代以来京族文献的解读与分析，展示了沿海京族从"夷人"向"中国人"的身份转换过程，以及这一过程展开的相关历史场景。

关键词　京族　文献　身份转换

一　引言

京族是一个跨境民族。在国外，它是越南的主体民族；在中国境内，它是人口较少的少数民族。本文的"京族"指现今中国的京族及其先民。

京族是从越南迁入的，至于具体时间，中国汉文古籍并无相关记载。由于京族民间提到其先祖来自"涂山"，我们目前能看到的较早的对于"涂山夷人"的记载是明代的《东粤疏草》：官府派峒官黄克钦奉文到安南黎朝传令，涂山夷人护送黄往返于钦州与安南黎朝之间，这引起了黎朝统治者与其他贼党的妒恨，涂山夷人遭贼党攻杀。万历三十六年（1608）中原朝廷大征安南夷贼，涂山夷人便主动发挥了策应配合的作用。征剿完成后，涂山夷人因与明官府合作而得到格外安置。[①]现今广西防城港市沿海族群（包括京族）大多宣称自己的祖源来自涂山（桃山）概出于此。

与汉文古籍较少涉及京族历史相比，京族文献对于京族的族源、迁入现今居住地后的相关境遇多有记录。本文所指的"京族文献"，指的是用京族语言和文字记录的、可供后人查考历史文化的资料，包括刊刻誊写在一定材料上的文字资料和口传讲唱类资料两大部分。通过对这些现存的清代以来京族文献的解读与分析，辅以相关汉文文献参照，本文尝试还原京族人从"夷人"向"中国人"转变的过程。

二　相关文献分析

1. 与祖居地保持联系的文化记忆与记载

京族民歌中，追溯先祖来源的大多以"涂山"作为祖居地，述说祖先由于种种原因流落漂泊到此地的经过："蚪恼拟吏萁智，吒翁傅吏羅得埊山，自莄洪顺三年，吒翁流落福安

＊　何思源（1979—　），女，京族，中央民族大学少数民族语言与古籍研究所讲师。

① （清）王以宁：《东粤疏草》卷4，《四库禁毁书丛刊》史部第69册，北京出版社2000年版，第227、228、249、254页。

准尼。"①（译：闲来但坐忆古昔，祖先乃涂山人士，自洪顺三年时，流落至福安地界。注："涂山"即现今越南海防市附近，"洪顺"是越南十六世纪黎朝年号，"福安"是京族沥尾村旧名）；"祖先些於垒山，趆彈魛鱻蟲頭濑，……搁刨龇島米山，……於终廊帽蒔歚准尼。"②（译：咱们祖先在涂山，追赶鱼群到头滩，……划舟进入米山岛，……终于久住帽村地。注："頭濑"即今天江山半岛白龙尾海面，"米山"是巫头岛的旧称，又因巫头岛形似帽子而又有"帽村"之旧名）。

民歌提到的时间和地名，都具有较为浓厚的"异质"特点。这个特点也保留在不少有形文献里。现今搜集到的京族古籍文献，用越南皇帝年号、越南属地来记年记事的主要有以下几例：

（1）沥尾村存一份乡约记载了京族祖先何年从何处迁徙至现今居住地："承先祖父洪顺叁年贯在涂山，漂流出到……立居乡邑，壹社贰村，各有亭祠……不便训至嗣德贰拾捌年季夏届节具祭……"③"洪顺"是16世纪中叶越南后黎封建王朝的年号，洪顺三年即公元1511年，相当于我国明朝武宗正德六年。"嗣德二十八年"为我国清光绪元年，即1875年。由此可看出，直至19世纪末，京族聚居区仍遵循越南王朝纪年法。

（2）红坎村"哈亭"碑上记载："前奉管万宁州权监永安州长部官特进瑞郡公俯君潘门正室黄氏夫人乃于癸巳年由本村殿宇崩颓，人民饥馑，不堪其苦，赖承潘郡洪德夫妇同情，发心应给古钱七十贯，许本村修整完成。"④。碑文落款的时间是嘉隆七年，嘉隆是越南阮朝皇帝阮福映的年号，嘉隆七年相当于我国清嘉庆十三年，即公元1808年，而提到的"万宁州""永安州"均为安南属地。

（3）山心村"哈亭"栋记为"嗣德乙酉孟冬上院"⑤，"嗣德"是越南阮朝翼宗英皇帝阮福时、恭宗惠皇帝阮福膺禛、协和帝阮福升的年号，共计36年（1848—1883），"嗣德乙酉"即1849年。

由于京族聚居区地处边陲，远离越南王朝统治，因此出现了年号使用错误的情况，如：

巫头村灵山寺内存一钟鼎，钟高57cm，钟口直径39.5cm，钟顶部有龙形提耳，钟体四面刻字，每面刻喃字7行，每行25字，楷体，部分文字漫漶难辨。铸钟时间为"景兴四十二年岁次辛丑四月癸巳初九日壬子建立"。⑥"景兴"为越南黎朝显宗的年号（1740—1777），景兴只有三十八年，"景兴四十二年"显然是错误的。出现这样的现象，说明了越南王朝统治对京族地区鞭长莫及，以至于京族地区"不知有汉，无论魏晋"。此外，钟鼎还铸刻了捐资铸钟的村人姓名，男性名字中间多用垫字"文"，如"黄文艚""刘文基""段文执""黄文雄"等，女性名字多为"姓+氏+名"，如"段氏赡""刘氏惠""黄氏榴""武氏芴"等，这与越南人起名惯例一致而与当时周边汉人及僮人不甚相同，与后世京族人的名字也不太一样。20世纪50年代的京族社会历史调查是这么说的："……据他解释他们祖先初来时，还是依越南的习惯，取名不分班辈，男子都用一个'文'字来冠首，如刘文

① 陈增瑜主编：《京族喃字史歌集》，民族出版社2007年版，第3—4页。

② 同上书，第28、29、34页。

③ 广西壮族自治区编辑组：《广西京族社会历史调查》，广西民族出版社1987年版，第78页。

④ 广西壮族自治区编辑组：《广西少数民族地区碑文、契约资料集》，广西民族出版社1987年版，第263页。

⑤ 广西壮族自治区编辑组：《广西京族社会历史调查》，广西民族出版社1987年版，第78页。

⑥ 广西壮族自治区编辑组：《广西少数民族地区碑文、契约资料集》，广西民族出版社1987年版，第262页。

益、刘文进、刘文×……等，到后来才照汉族的做法按班辈取名。"①

虽远离越南封建统治，但并不表明京族人与清朝官府之间的关系更加密切。实际上，京族人依然与越南保持着一定的联系，并没有被转化成清廷稳固的编户齐民，这可从以下文献中略窥一斑：

（1）沥尾村存有"广安省海宁府万宁州安海总米山沥里吴廷米役目武廷新"的开地批文，述年号有"明命十贰年"和"明命拾捌年"字样。②"广安省海宁府万宁州"是安南属地，"明命"则是越南阮朝第二代皇帝阮福胶（1820—1841年在位）年号，"明命十贰年"和"明命拾捌年"分别为公元1831年、1837年。

（2）沥尾村存的一份卖地契约记载：海宁府万宁州宁海总米木山社福安村的里役副总苏光清、乡长杜胜利、吴有宝等因本村无钱文安龙修亭，将田地卖给李嘉和父子。③无论是地名的表述还是官职称呼，仍可看到京族人仍把自己视作安南编民。

这种不入清廷编户、不纳清廷赋税的现象并不独存于京族聚居区，亦存于与京族聚居区以北的企沙半岛的啼鸡等村落中。汉文史书记载明崇祯间，啼鸡村由安南黎朝来查收户口丁钱，在啼鸡村"夷目"谎称中国防城官兵"骚扰"后，安南官员还派兵前来"安边"。④

从以上文献分析中我们可以看到，无论口头传说还是碑刻、文书，都反映了京族对祖先历史的集体记忆，也反映了移民的部分生活境遇。在这些记忆中，我们看到的是京族迁徙、定居、发展的历史及环北部湾区域的族群关系。

2. 逐渐向清代王权统治靠拢

值得注意的是，19世纪中期以后，京族地区的纪年方法出现了一些变化，如沥尾村"哈亭"有"嗣德拾年正月拾贰日子辰竖柱上梁大吉"和"龙飞岁次丁巳年孟春月谷旦日"字样。⑤"嗣德拾年"即1857年，而"龙飞"显然不是越南朝代的纪年。我们知道，清代有段时间流行在帝号前面加"龙飞"，如"龙飞同治元年岁次壬戌十一月冬至日吉旦"，"龙飞道光十三年岁次癸巳仲冬毂旦"，而乾隆进士冯晋祚题《盛世耆英》匾落款"龙飞岁次辛丑"（注：乾隆四十六年，即1781年）等。由京族沥尾村"哈亭"的年代落款可见这一时期虽然仍遵循越南阮朝纪年方法，但已经出现与同一时期的中国清代一致的纪年法，这说明了京族向清代王权统治靠拢的细微变化。

这种变化不单表现在纪年上，更突出表现在现实的"入籍"上。清代地方政府登记土地和征收赋税时，采用了被称为"圈甲制"的户籍系统，社会成员或社会群体只有在一个户籍系统中开立了户名，并将自己所占有的土地登记在某一户名下，其所有权才会合法。现今能看到京族地区最早受到清廷开垦耕种招抚的，是一份沥尾村领种荒地核验单，记两广总督部堂、广东巡抚部院委员据河洲岗沥尾村民吴志广呈明，于"光绪十一年二月十八日领种村旁荒地种三斗验讫实，遵照乾隆二年制，八岗地方山岗硗瘠，令每年纳丁银四十两，无庸报垦升科，历经遵奉有年均免，垦升科给照开垦在案，待会同廉府钦州知州详核后发还

---

① 广西壮族自治区编辑组：《广西京族社会历史调查》，广西民族出版社1987年版，第79页。
② 同上书，第77—78页。
③ 国家民族事务委员会全国少数民族古籍整理研究室：《中国少数民族古籍总目提要·毛南族、京族卷》，中国大百科全书出版社2009年版，第177页。
④ （明）张镜心：《驭交记》卷12，《丛书集成新编》第104册，新文丰出版社1985年版，第507页。
⑤ 广西壮族自治区编辑组：《广西京族社会历史调查》，广西民族出版社1987年版，第78页。

单照留存。"① 这表明京族人已部分从"夷人"向清廷编户转变。

作为边缘人群，京族经历了一个从"夷人"逐渐过渡到"归附、服从、固着"状态的过程。这一转变的直接动力，应该是这一时期京族人意识到"入籍"才能保障自身的利益。清末，环北部湾地区的开发进入高潮，滨海京族人与周边族群的接触趋于频繁，在激烈的生存竞争中，京族人处于弱势，只有成为编户，进而纳税服役，才能获取"齐民"地位。虽说清代各省汉户有四籍之分，苗、回、番、夷诸户更依"归化"程度而有区分，可谓"编户而不齐民"，但无论如何，努力实现身份的"编民"化，才是生存、发展之道。这就不难解释这群远离安南皇朝统治的京族人为何努力向中原王朝统治靠拢，积极纳入到"招抚"当中了。

京族人主动寻求"招抚"的同时也在积极争取清地方政府的"优待"。在京族人与清地方政府的共同努力下，清政府承认京族可以占有以"海"为主体的生存空间，并以法定的形式给予确定。京族一首史歌记载：有传言京族人将被驱赶回安南，京族人苏光清找到在防城县任职的同族人苏光保，通过苏光保从中斡旋，终于使清政府正式下达官文，划定北部湾海面西至竹山江口、东到白龙水口、南抵白苏公石礁海域为三岛京族海上作业区，其他人等不得擅自进入该海域作业。② 从此，京族人有了自己的专属作业区，免除了被人驱赶、欺侮之苦。新中国成立后广西省政府再次颁布规定，重申此海域为京族捕捞作业区域，禁止其他拖船进入。

3. 重大历史事件促使京族成为"中国人"

对于地处边陲的京族人来说，他们是远离国家纷争和政治斗争的。获得清廷的"编户齐民"也只是一种生存策略的选择。但中法战争及中法勘界一下把"三岛"京族人的生活、切身利益与国家利益联系在一起。"国家"的概念凸显开来。"三岛"的京族群众积极加入到反侵略和保卫疆界的斗争中，从而触发、增进了他们的国家观念和爱国意识。中法勘界，对"三岛"的京族人来说，不是"是否归入越南的管辖"的问题，而是"是否要沦为法国的殖民统治"的问题，因此，在清廷官员和京族群众的努力下，"三岛"正式归中国管辖。清光绪十三年五月初六日（1887年6月26日）中法续议界务专条三款云：

"广东界务，现经两国勘界大臣勘定边界之外，芒街以东及东北一带，所有商论未定之处，均归中国管辖。至于海外各岛照两国勘界大臣所书红线，向南接书，此线正过茶古社（注：今越南茶古岛，在沥尾、巫头、山心'三岛'岛以南）东边山头，即以该线为界：该线以东海中各岛归中国；该线以西海中九头山（注：今越南格多）及格小岛归越南。若有中国人民犯法逃往九头等山，按照光绪十二年三月十二日合约第十七款，由法国地方官，访查严拿交出。"③

至此，京族聚居的三岛正式划归中国，三岛京族获得了"中国人"的身份。这不仅标志着京族作为中越跨界民族的形成，并且促进了京族的国族认同的塑造。沥尾村"哈亭"今存一副1888年的对联是这样写的："古在南邦成原例山河之永固，今朝北国敬严存社稷之遗风"，横批"圣躬万岁"。可见当时京族人对"浩荡皇恩"的领受和敬拜。

① 国家民族事务委员会全国少数民族古籍整理研究室：《中国少数民族古籍总目提要·毛南族、京族卷》，中国大百科全书出版社2009年版，第177页。

② 陈增瑜主编：《京族喃字史歌集》，民族出版社2007年版，第148、149页。

③ 黄月波主编：《中外条约汇编》，商务印书馆1935年版，第90页。

对"中国人"的认同突出表现在京族对"杀敌立功""保家卫国"的祖先及民族英雄的歌颂和塑造。杜光辉、苏光清这两位抗击法国侵略者的京族统领的英雄事迹在民间歌谣里被广为传颂，他们"护国安民"的事迹被神化，两人已经成为京族的保护神。[①] 从原先"披荆斩棘"的祖先群像向个人英雄形象的凸显，符合这一观点：祖先的概念和祖先崇拜、英雄崇拜的模式在历史上是不断变化的，这些变化又是与总的社会政治的转型紧密联系在一起的。

中法战争后的京族文献在提到"安南""越南"的时候，已经把它视为"国外"。如杜姓家族圣文里头，则已经有了"猥貅光達，該隊渃外"[②]（译：小儿子光达，率军驻扎在国外。注：光达即杜光辉的弟弟，当时任越南万柱海河口联合管辖队官员）的记载。至于后来出现的乡约、布告、田契等，时间都用上了"光绪""民国"等纪年，不再出现越南皇帝的年号了。

三　小结

在当今民族国家观念已经深入人心的情况下，国家边界绝对是神圣、神秘、威严、不可侵犯的东西。但以历史的眼光来看，边界也有一个形成的过程。边缘人群有一个从"自在自由"或"两可"的身份状态过渡到"依附、固着、唯一"的状态的过程。在这个过程中，经济利益、政治资源、军事博弈、重大历史事件等，都是促成这个转变的动力。由于中国汉文历史文献缺乏对这些边缘族群的记载，通过解读、分析这些民族的文献，观察、讨论国家、族群的整合和分化，谁是以及如何成为中国人，是一项新的、有意义的课题。当然，这一转化过程伴随着波澜壮阔的历史场景，包含了丰富而多层面的历史事件，本文所能做到的仅是挖掘、解读相关文献，提供相关信息，以期对后来者的进一步研究起到补充作用。

---

① 陈增瑜主编：《京族喃字史歌集》，民族出版社 2007 年版，第 72—158 页。

② 同上书，第 73 页。

中国少数民族家谱整理与研究

王华北*

内容提要 家谱作为记载家族先人的血缘脉络、世系分支和重要人物事迹等方面的文献资料，其所承载的学术价值一直被社会学、历史学等专业的学者所重视。著名学者白寿彝先生曾指出："家谱是社会史料的一部分。通过各种家谱的研究，可以了解中国封建社会史上家族制度的形态、性质及其在社会史上的作用。"家谱是一个家族的发展史。一个家族要发展壮大，除需要雄厚的物质条件外，还需要足以"强宗固族"的精神条件，而良好的家风的形成，正是这种精神条件的基础和内容之一。

关键词 家谱 价值 少数民族

家谱中所保存的家规、家训以及治有格言等，从一开始就以积极、进取的人生价值和社会价值态度来讨论家庭环境和家庭氛围的建设。在家规、家训中，封建伦理纲常礼教作为其理论基础占有中心地位，三纲五常、孝悌忠信的内容占全部内容的大半。家谱中的家规、家训除上述内容外，还有"睦族人""和亲友""恤孤贫"以及"戒赌博""戒奢侈""戒懒惰""戒淫逸"等，对家族成员的行为、举止做出规范，这也是我们今天借鉴的有益成分。

总　论

家谱是同宗共祖血亲集团以特殊形式记载本族世系、人物和事迹的历史图籍，家谱是中国典型的文化现象，它与方志、正史构成中华历史文化大厦三大支柱。少数民族家谱是中国家谱宝库不可或缺的组成部分，它与汉族家谱一样，都是中华民族优秀传统文化中的瑰宝。然而长期以来，由于各种原因，对少数民族家谱的整理和研究，已明显落后于其他方面的少数民族历史文化研究，时至今日，既没有一部反映整个少数民族家谱资源的目录，更没有一部完整、系统研究少数民族家谱的学术专著，甚至对少数民族家谱的资料现存整体状况也未进行深入系统的调研，了解甚少。

我国的少数民族有各自的特点和背景，家谱蕴含着丰富的文化，具有其独特的存在价值和历史意义。然而在当前经济全球化和信息化网络化浪潮的冲击下，中国少数民族家谱面临断裂、消失和失传的处境。与主流的强势文化相比，中国少数民族文化依然是边缘化的弱势文化。这些都对保持和发扬中国少数民族优秀传统文化提出了严峻挑战。中国有 56 个民族，是个统一的多民族国家，中华民族"多元一体"的格局决定了中国文化本身的多元特征。多种文化元素的存在正是整体文化多样性的突出表现。

中国少数民族家谱历史悠久、种类繁多、数量可观，虽然受汉族家谱的影响，但又保持

---

* 王华北（1962—　），女，汉族，中国民族图书馆副研究馆员。

各少数民族自己的特色，大大丰富了中国家谱的内容。其整理范围包括族谱、宗谱、支谱、世谱、通谱、家乘、世系等。家谱是我国许多少数民族记载家族历史的重要方式，整理与研究这些少数民族家谱，能够通过若干个家族的来龙去脉，去考证一个民族的族源、迁徙、分布以及社会经济状况、政治地位、风土民情等，家谱中保存了大量的人物、经济、移民、文化、民俗、教育、人口等资料，对历史学、经济学、教育学、民俗学、人口学、遗传学等人文社会学、自然科学，对家谱资料加以分析、鉴别、整理，其丰富的内涵必将对人文社会科学和自然科学的研究起到有力的推动作用，同时对海内外华人、华侨的寻根问祖及增强中华各民族的凝聚力均有积极的作用。

一　研究少数民族家谱文化的意义与价值

中国少数民族家谱作为地方性史料，在史学方面发挥着其他文献不可替代的作用。中国民族图书馆馆藏家谱资源丰富，且以少数民族家谱为特色，现馆藏家谱 200 余种。而且我们想在今后的几年里到少数民族地区实际考察，搜集更多的少数民族家谱，摸清我国少数民族家谱的现状，以补充我们现存家谱的不足，充分开发利用好这些家谱，为研究我国少数民族的族源形成、文字使用、人口分布、迁徙原因、职业及民族之间融合相处提供珍贵的史料。

在我国家谱中有相当数量的少数民族家谱。如满族、蒙古族、回族、朝鲜族、彝族、藏族、傣族、布朗族、佤族、布依族、畲族、瑶族、苗族、白族、高山族、土家族、维吾尔族、锡伯族、纳西族、达斡尔族、鄂伦春族、壮族、土族等少数民族都有自己的家谱。其中满族、朝鲜族、蒙古族编修的家谱种数均在千种以上。少数民族家谱不仅有一定的数量，而且种类多样，内涵丰富。如中国最原始形态的口传家谱，就是 20 世纪 50 年代在西南对佤族、彝族、哈尼族、傈僳族、怒族等少数民族进行历史文化调研时发现的，而在东北对鄂伦春族、锡伯族调研时，则发现了最原始的结绳家谱的遗迹。

关于彝族家谱：清代水西热卧土司的歌师著的彝族古籍《西南彝志》，第一次用文字记录了大量彝族的口头家谱。他将他所记诵的和各地收集的彝族始祖希慕遮到笃慕的三十一世谱和笃慕以后六祖所传的各主要支系，都用文字记录下来。

中国少数民族家谱中记述的本民族始祖的发祥地，如满族爱新觉罗氏的始祖的发祥地在吉林长白山的"天池"；满族修谱多在龙年、虎年、鼠年进行，取龙腾虎跃、人丁兴旺的吉祥寓意。

鄂伦春人在使用满文记事之前，一直使用结绳记事，其中也包括使用结绳来记录自己的世代，形成结绳家谱。据有关材料记载，鄂伦春人的结绳家谱多用马鬃绳，一代一代结，平时悬挂房梁中，十分珍视。

蒙古族是个豪放的民族，也是在中国历史上创造了辉煌业绩的民族。蒙古族十分崇尚英雄，在未有文字之前，在广阔的草原上就流传和吟唱着各种英雄的事迹和传说，其中自然包括了英雄的家世，这些流传四方的英雄事迹实际上就是后世英雄史诗的前身。史诗中的英雄家世实际就是一种口传家谱。此外，在蒙古族早期，其社会组织单位是氏族。氏族是以血缘关系维系，供奉一个共同祖先，因此，在没有文字之前，对祖先的世系传承，也必须切记，这就形成了民族的口传历史。蒙古文字创立后，一部分口传历史和英雄家世被记录下来，形成了文字家谱。蒙古族早期文字家谱并不是独立成书，而是记录在其他著作之中。如 13 世纪中叶形成的《蒙古秘史》和 14 世纪初形成的拉斯特《史集》中，都记载有成吉思汗祖先、成吉思汗及其继承者的家谱世系，多达二十多代。

瑶族历史上重要的原始居住地之一，在湖南江永县大远瑶族乡的"千家峒"等地，都流传着美丽动人的传说，结合当地秀丽的自然景观和淳朴好客的民俗风情、岁时节气、礼仪等人文景观，开发旅游资源，挖掘当地特色物产资源，接待海内外回乡寻根访祖的同族，吸引投资等，都可以对振兴少数民族地区经济发展起到积极作用。

云南《郑和家谱》，就是回族家谱，记载了郑和为一世祖的十五代世系和后裔的情况，以及郑和的出使始末，随使官兵，下西洋船舶，所到国家的史实，是研究郑和家族十分珍贵的资料。

黔南州布依族《苏氏家谱》《王氏家谱》《侬氏家谱》等少数民族家谱，除记载本族世系，还记载了明末从泗城府进兵黔南所遇到的少数民族战斗过程，分割区域及明清两代的贡、赋、征、调的内容。

畲族家谱《冯翊郡雷氏宗谱》中说，"广东盘瓠铭志"，详细记述了盘瓠建功立业、与三公主成婚，迁居广东潮州一带繁衍生息及遇难，子孙迁移入福建、浙江的情况。畲族族谱记载了本家族男性成员的生辰、婚姻、子女等情况，较为全面、完整、准确地反映本家族人口发展繁衍变化，血缘关系家谱的现实意义往往大于其记录历史的意义，经过批判地继承研究，可以为文明建设提供资源。家谱所传承的族训，深刻地反映着伦理观念，起着对族人的教化作用，其中含优秀民族传统文化理念之精华，也是当今结合婚姻关系状况，从大量的家谱中可以得到珍贵的户口资料。展示畲汉族通婚的史实，纠正了长期以来"史料未见畲汉族通婚的误断"，对畲族婚姻制度的探索有新发现。

畲族家谱对了解畲族华侨出国的历史和现状，对华侨史研究有着重要意义，华侨是福建的一大特色，然而对畲族华侨的研究却是凤毛麟角的，因为一说起畲族，人们很容易将她和山地农耕等山文化联系起来，而似乎和海洋文化并不相干。然而福建闽南一带畲族，由于地缘、史缘关系，有大量的畲族华侨分布在东南亚，他们为祖国家乡的建设做出巨大的贡献，如南安码头镇坑内乡城山雷厝雷姓畲族华侨建立了雷学基金会，扶持桑梓文化教育有成效。

在中国父子连名的家族世系比较多也易于背诵。因此怒族、哈尼族、白族、大凉山彝族和黔东南苗族等少数民族中，一般的家庭成员都能背诵出三四十代祖先世系，特殊人士如专职巫师或族中老人，则能背出多达六七十代的祖先世系，最多能背到九十多代。其他不少父子连名的民族，如傈僳族、普米族、阿昌族、高山族等，家族世系则一般由专门的神职人员如巫师和头人掌握，定时向族人宣诵，通常一般能背诵出几十代祖先世系，十分难得。

在漫长的中国古代文明史上，还有一些曾经在中国历史舞台上演过轰轰烈烈的正剧，而如今已经消亡的民族，如建立辽朝的契丹族，建立西夏政权的党项族，他们都有自己的文字，产生过大量的文献，自然也会包括皇室公卿贵族和士民家谱。随着时代的流逝，这些民族已经不存在了，他们的各种文献也大部分消亡，但可以肯定，民间也还有一些流传下来，前些年于西安面世的 10 册据说是西夏皇族的家谱就是一个明证，这些已经被湮没的历史文献，也很值得我们去发掘。

与当代自然科学研究成果的应用相关，我国科学家正在进行的中华人类基因组单体型图研究计划，将在已完成的人类全基因组序列图基础上，确定人类经过世代遗传仍然保持的完整始祖板块，以及在不同族群中这些板块的类型与发布。可以预言，这一成果不仅在医学上给人类遗传性疾病的确定与治疗带来福音，还可以与已经整理及待挖掘的少数民族家谱中提供的有价值线索及信息互证互补，填补缺少文字史料的少数民族家谱空白，在更广阔的范围中，续补少数民族家谱历史脉络的完整与延伸。

家谱是一个家族的发展史。一个家族要发展壮大，除需要雄厚的物质条件外，还需要足以"强宗固族"的精神条件，而良好的家风的形成，正是这种精神条件的基础和内容之一。

家谱研究的另一现实意义是通过家谱研究，满足海内外炎黄子孙"寻根谒祖"的需求。古人云：参天之树必有根，怀山之水必有源，人必有祖。每一部家谱要经过认真调查、考证，明确记载家族的始祖或始迁祖。他是家谱的根。有了这个根，家族才能一代接一代繁衍下去，根也是家族的源头，任何一代都有源头，离不开根。寻根问祖是我们民族敬祖宗的美德和爱国爱家的情怀。崇尚和膜拜祖宗，自古就是中华民族的文化传统。"寻根"成为遍布世界各地族人共有的情怀。"树高千丈，叶落归根。"自20世纪60年代以来，世界范围内掀起"寻根"热潮，70年代后期，美籍黑人亚力克斯·哈利通过各地寻访和调查家谱档案，创作了世界名著《根》进一步掀起世界性的"寻根热"。据统计，中国海外炎黄子孙5500万人，台湾2200万人口中，80%以上祖籍在大陆。1980年台湾开放大陆探亲政策后，台湾也形成了一股到大陆"寻根热"。台湾同胞有的手持家谱到大陆。因为，海外华侨看到祖国繁荣昌盛，欣欣向荣，欣喜之情溢于言表。他们纷纷回国寻根谒祖，探亲访友，慷慨解囊，投资家乡的经济建设。家谱作为一个家族血缘关系的总记录，将海外华人与祖国亲人紧紧连在一起。也有不少的港、澳、台和海外各地的一些华人他们联合起来纂修家谱，家谱像一条无形的纽带，把大陆和港、澳、台同胞及海外侨胞联系在一起，极大地增强了中华民族的凝聚力、向心力，为中华民族的强大、振兴，实现祖国统一大业奠定了坚实的基础。

中国少数民族家谱是整个中国家谱宝库中的重要组成部分，研究家谱的意义还在于通过对我国传统家谱进行内容、体例、结构、功能等，并与汉族家谱进行比较研究，来构建一种能适应社会主义新时代需要的新型家谱。一部新型家谱或家族档案，其编制原则应既要符合现代家庭的需要，顺应现代社会的发展，也要具备传统家谱的"敦宗睦族""凝聚血亲"的功能作用，编写方法既要继承传统家谱中的一些优秀成分，也要创制适应现代需要的内容。从而探讨、总结少数民族家谱编修的特点、规律，这将更加完善中国家谱文献的宝库，丰富中国家谱的研究内容，对近三十年来在全国各地少数民族中自发出现的编修新家谱的活动，也具有参考指导意义。

家谱研究的现实意义当然不止于此，随着研究的进一步深入，家谱这个蕴藏丰富的资料宝库还会为我们提供许多新的其他资料，谱牒学这门古老又年轻的学科也会不断发展，日益走向成熟。

中华民族五千年的文明历史，由各少数民族共同缔造。汉族和少数民族异彩纷呈的家谱文献显示了汉族与少数民族之间、少数民族与少数民族间，和而不同，你中有我，我中有你，谁也离不开谁的史实，正是这种中华文化所特有的多样性与和谐性，铸就了祖国的统一和稳定。"参天之树，必有其根；怀山之水，必有其源。"一个中国人，不管他在何地，只要在家谱中找到自己的名字，便可上溯祖宗，明了自己与族人之间的亲疏关系，将自己归属到一定历史位置中，这种生生不息寻根问祖的意识，更甚于世界其他民族，血浓于水，这是中华民族伟大凝聚力的血脉之源。少数民族家谱文化的整理与研究工作对新时期增进各民族之间的相互了解，增强民族自信心，促进民族团结，实现中华民族伟大复兴，无疑具有深远意义和历史价值。

二　国内外少数民族家谱文化研究的现状

据上海古籍出版社出版的《中国家谱总目》统计，目前存世的中国家谱有 52401 种，608 个姓氏，其中有一部分就是少数民族家谱，近 1000 种，其中包括满族、蒙古族、白族、回族、朝鲜族、彝族、土族、畲族、土家族、锡伯族、布依族等，据说这其中有 168 个是中国少数民族的姓氏。另外还有一些如鲜卑族后裔元氏，月氏人后裔支氏，匈奴人后裔宇文氏、呼延氏，锡兰国王王储后裔世氏等姓氏。是迄今为止收录中国家谱最多，著录内容最为丰富的书籍，较完整地揭示了海内外地区收藏的中国 56 个民族姓氏家谱的基本情况和存世的中国家谱姓氏状况。

在学术研究上，我国最早提出研究家谱的是著名史学家梁启超在《中国近三百年学术史》中，对开发谱牒资源的价值作了精辟论述："我国乡乡家家皆有谱，实可谓史界瑰宝，如将来有国立大图书馆，能尽集天下之谱，俾学者分科研究，实不朽之盛业。"主张广收家谱并对家谱进行研究。新中国成立后，家谱研究基本处于停止状态，有关家谱的论文只有一篇《封建家谱谈》。中共十一届三中全会以后，人们的思想得到解放，认识到中国的传统文化家谱是个宝藏，海内外华人寻根问祖意识及对家谱文化的重视，对祖国大陆家谱研究的开展起了推波助澜的作用。近年来，世界各地华人通过查询家谱找到自己祖籍的故事比比皆是。比如：新加坡前总统李光耀发现自己的祖籍在广东；菲律宾原总统阿基诺夫人据族谱确认自己是福建鸿渐村的后人；香港船王包玉刚查到自己是包公的后裔；毛泽东之女李讷则发现毛家远祖在江西吉水。在上海图书馆我们能查到刘少奇、蒋介石、李鸿章、苏轼、荣毅仁等名人的家谱。在中国与世界的沟通日益加强的文化背景下，中国家谱研究蓬蓬勃勃地开展起来了。学术界也出现了不少家谱研究的论文，据"全国报刊索引数据库"检索，近 50 年来，有关少数民族家谱的论文有 200 余篇，所涉及的民族近二十个，如白寿彝、马寿千的《几种回族家谱中所反映的历史问题》，郭德兴的《锡伯族家谱及其价值》等。此外，也有少量外国学者论文，如日本冈田英弘的《蒙古编年史与成吉思汗系家谱》。其中许多对家谱的源流、沿革及编撰体例，记事内容等问题进行了探讨，对一些重要姓氏宗族的家谱做了研究。他们对家谱研究发展开辟了新的道路，使家谱资料在社会科学各学科的研究中也得到了广泛的应用。在人口学、民族学、人才学、社会学、经济学、华侨学、法制学、伦理学史等方面都有应用家谱资料进行研究的上乘之作。

研究少数民族家谱专著有李林所著《满族家谱研究》、常建华撰写的《朝鲜族谱研究》。其中常氏之作，主要论述韩国的朝鲜族家谱。台湾学者李亦园在《台湾土著民族的社会与文化》一书中，论述了高山族家谱。以资料选辑形式出版的少数民族家谱，有马建钊主编的《中国南方回族谱牒选编》、姚斌等主编的《辽宁朝鲜族家谱选》等。此外，尚有少量的单种族谱出版，如《陈埭丁氏回族宗谱》。另外比较特殊的是，某些书刊也收录有少数民族家谱。

国家和政府机关也加大力度开展对家谱的研究，在海内外，研究家谱掀起了高潮。

1978 年，香港大学图书馆编有《族谱目录》，收录馆藏家谱原件 3746 种，缩微胶卷 92 种。

1978 年，台湾省各姓历史姓氏渊源研究学会发行了赵振绩、陈美桂合编的《台湾区族谱目录》，收录了台湾地区公私所藏各类家谱 10600 余种。

20 世纪 80 年代初，日本学术振兴会出版了日本学者多贺秋五郎的《宗谱之研究》，收录了中国家谱 12697 部，其中，含日本收藏的 1491 部，美国收藏的 1406 部，中国（含港、澳、台）收藏的 9800 部。

国家图书馆早在 1985 年就开始了馆藏家谱的开发整理，经过数年时间，在完成编撰馆藏家谱目录和家谱提要 2228 种的基础上，成立地方志和家谱文献中心，编辑出版家谱的二次文献，资料丛编。其中规模最大的为北京图书馆出版社于 2003 年出版的《北京图书馆藏家谱丛刊·民族卷》，共 100 册，计收录蒙古族、满族、锡伯族、达斡尔族、回族、彝族、白族、纳西族、朝鲜族等家谱 118 种。

1992 年，山西人民出版社出版了反映山西省社会科学院家谱研究资料中心收藏中国家谱胶卷状况的《中国家谱目录》，收录缩微胶卷 176 盘，2565 件。

1997 年，国家档案局、南开大学历史系、中国社科院历史系图书馆联合编纂《中国家谱联合目录》，共收录了海内外 1949 年以前编制的家谱 14761 种。

2000 年 5 月，上海图书馆编撰的《上海图书馆馆藏家谱提要》问世，收录家谱 11700余种，近 10 万册，这是一部家谱提要专著，除记录谱主姓氏、谱名、卷数、纂修者、版本、册数等之外，还记载家谱的始祖、始迁祖、迁徙路线、谱内各卷内容及其价值的资料，正文之后，还附录有分省地名索引、堂号索引、人名索引、常见古今地名对照表等。

随着家谱资料的重见天日，以家谱作为重要史料基础的社会史研究得到发展，同年 6月，由中国、美国、英国、德国、新加坡及中国香港、中国澳门、中国台湾等 42 个国家和地区的研究机构共同编撰的《中国家谱总目》宏伟工程正式立项，主纂人王鹤鸣说，将用 3年的时间完成，这是一部"全球华人家谱大全"，2009 年已由上海古籍出版社出版。

目前，国内外对汉族家谱研究较多，尚未有一本专门对中国各少数民族家谱全面系统研究的专著，由于各少数民族地域不同，文化心理、社会发展状况不同，民族文字创造的先后不一等，故少数民族家谱有独特性、多样性和重要性。少数民族家谱反映着一个家族的生命史，大多以本民族源流为先导，以世系为核心，着重记述始迁祖以来的族脉延续。与汗牛充栋的汉族家谱文献相比，少数民族家谱文献较为稀见。

2010 年，国家社会科学基金重大项目"南方少数民族家谱整理与研究"由厦门大学申请立项。

2011 年，国家社会科学基金重点项目"北方少数民族家谱整理与研究"由中国民族图书馆申请立项。

两项国家社会科学基金课题，说明国家将加大力量调研、了解少数民族家谱的资料现存整体状况，改变既没有一部反映整个少数民族家谱资源的目录，更没有一部完整、系统研究少数民族家谱的学术专著的现状。对今后研究中国少数民族家谱不仅是新史料的开发，而且将为新的研究角度和方法，提供有益的启迪并有着非常重大的意义和历史价值。

三 少数民族家谱文化数字化发展趋势

少数民族家谱数字化是整个文献数字化或图书馆数字化的一个重要方面和重要内容。当今社会，文献数量急剧增长，给人们了解、掌握和利用文献带来了极大的不便。家谱文献的数字化处理绝不仅仅是将纸张载体变成电子形式的翻版，而是将其原有内容与先进的数字化手段完美结合。彻底解决历史资料的保存问题——数字化给我们带来了新的家谱形式。从

"纸库"到"数据库"——数字化给我们带来了新的管理方式和新的管理空间。从感性上升到理性——电子革命给我们带来了新的思想和新的理念。由于家谱数字化能够带来这么多好处，因此，国内外家谱的数字化工作已经呈蓬勃发展之势。

要加快中国少数民族家谱数字化的进程，除了有效借鉴西方家谱数字化的成功经验之外，我们认为还应该做到：第一，改变观念。中国少数民族家谱数字化工作并不是一个单位、一个家族、一个姓氏所能够承担的。加快中国少数民族家谱数字化进度成为全社会的共识，需要全社会的共同投入。第二，增加资金投入。应积极争取资金投入，除了向政府申请之外，还应积极吸引社会资金、民间资金的投入，同时，改善自身的造血功能。第三，加强数据库建设。数据库建设是少数民族家谱数字化的基础和保障。这其中最重要、最基础的是数据库的建设。第四，建立和完善中国少数民族家谱数据库标准。选择和开发合适的软件，确定输入输出的界面设计，确定数据库的结构设计，进行数据库规范化设计，各种代码设计。我们期待，中国少数民族家谱网站的成功与影响的扩大，将增进人们对中国少数民族家谱数字化的关注，促进全球华人对少数民族家谱数字化关注的参与，使少数民族家谱数字化关注进程迈上一个新的台阶。

四　少数民族家谱文化研究的可行性发展

我国是一个统一的多民族国家。少数民族古籍记录了各民族自己独特的形成、发展和统一的过程。历史上无论如何改朝换代，无论出现何种纷争，无论哪个民族占统治地位，我们这个多民族的国家，始终作为一个整体屹立于世界民族之林。历史告诉我们：汉族与各少数民族谁也离不开谁，这就是我们各民族人民的历史传统。通过对少数民族家谱的整体开发，就能更加生动地揭示：中华各民族如何在历史上彼此接触、混杂和融合，终于形成今天这样一个"你中有我、我中有你"而又各具个性的多元统一体，这对促进建立平等、团结、互助、和谐的民族关系，促进中华民族大家庭的融合也是有帮助的。通过研究少数民族家谱文化，展现这种你中有我、我中有你的源远流长、血肉相连的民族关系，对巩固祖国的统一，反对民族分裂，有着十分重要的意义。

少数民族家谱文化是我国各少数民族先民们在漫长的历史发展过程中，与社会和自然作斗争的光辉写照；是他们辛勤劳动与智慧的结晶；是各兄弟民族与汉族共同创造祖国历史和灿烂文化的记录；也是各兄弟民族为祖国的形成、发展和统一做出贡献的光辉篇章；是人类文化的瑰宝。各兄弟民族的重要文化遗产和优秀的思想精华，无不存留在家谱文化中。因此，整理少数民族家谱古籍，把祖国宝贵遗产继承下来，是"一项十分重要的、关系到子孙后代的工作"。整理少数民族家谱是全面继承和发扬中华民族优秀传统文化的重要组成部分，对进一步加强各民族的兄弟团结和促进各民族经济、文化繁荣与发展，不仅有深远的历史意义，更有深刻的现实意义。

中国少数民族人口分布、历史发展、文化范围不同，社会环境、生产和生活方式等方面千差万别，这些在不同程度上影响了民族古籍的保存、保护工作，历史赋予了少数民族古籍的重要特点。由于历史悠久而形成这些大量的家谱古籍，在世界文化史上也有着极其重要的地位。据统计，在公共图书馆藏有大量的古籍约 2140 万册，大量的珍本、善本图书约 25 万册，少数民族古籍浩繁之巨，它们都具有很高的文字价值、文献价值和文物价值，古籍随着时间在不断地变化，自然老化是必然趋势，外界的损毁我们平时观察不到，只有遇到危害比较严重时才会引起人们的重视（火灾、水灾、被盗）。这些古籍从量变到质变，就很难恢复原貌，古籍修复专业也望之叹息！如何最大限度地延缓少数民族古籍的自然老化延长其保存寿命，已成为我国古籍专家乃至世界学者不断努力共同探讨的重要课题了。1984 年国务院以国办发 30 号文件转发了《国家民委关于抢救整理少数民族古籍的请示》的通知。2007年，国务院颁布（国办发［2007］6 号）《关于进一步加强古籍保护工作的意见》；2008 年，国家民委、文化部下发了《关于进一步加强少数民族古籍保护工作的实施意见》；2009 年，国务院颁布国发［2009］29 号《关于进一步繁荣发展少数民族文化事业的若干意见》。贯彻执行落实文件精神，为中国少数民族文化遗产提供有效保护和理论支持，是我们研究少数民族家谱文化的目的。

五 少数民族家谱文化研究中的重点、难点与特色

少数民族家谱结合当地的自然环境、区域特征、发展规律、迁徙原因、宗教文化、婚姻嫁娶、与当地的自然条件进行综合分析研究，更多地了解中国各少数民族历史发展沿革和文化习俗，探索中华民族大家庭形成中诸多历史痕迹。特别是那些在少数民族地区的口碑传承文化，对这些濒临消逝的社会历史活化石进行抢救、整理研究，为民族研究提供资料，为民族工作和民族团结进步事业发挥有益作用。

少数民族家谱与汉族家谱一样，在编写过程或口碑传承中，出于所处角度及掌握的资料，不可避免夹有一些攀龙附凤、与事实不符的现象，需要我们辩证地加以考证使用。过去的一些数据，分布在不同的资料中，并且差异较大，如何甄别，找到真正的数据，还原历史原貌，也是一大难点！另外，有许多少数民族家谱是用本民族文字书写的，这也是研究的最大难点。

少数民族人口分布、历史发展、文化范围不同，社会环境、生产和生活方式等方面千差万别，这些在不同程度上影响了少数民族家谱的保存、保护。家谱古籍除收藏在各大党政院校、博物馆、图书馆科研机构外，大部分存在少数民族地区私人手中，而这些民族地区相应的条件比较落后，对古籍寿命相当不利。我国有 55 个少数民族，大部分居住在山区和高寒地区，如南方的少数民族：瑶族、侗族、水族、哈尼族、黎族、土家族、彝族、畲族、高山族、拉祜族、景颇族、仫佬族、布依族、布朗族、仡佬族、阿昌族、普米族、德昂族、独龙族、傈僳族、苗族、怒族、佤族等 20 多个少数民族，基本上居住在边远山区，白族、傣族、纳西族及东北各少数民族也分布在山区，藏族、门巴族、珞巴族等少数民族分布在边远的高寒山区。还有居住在草原牧区的少数民族也占相当大的比例，占少数民族总人口的 40% 以上，少数民族居住的山区地貌复杂、纷乱重叠，干旱、半干旱地区主要是荒漠戈壁、地域辽阔，青藏高原地势险要、海拔高，这些地理环境的特点，对于少数民族家谱古籍的收藏与保存是非常难的！

通过研究少数民族家谱，我们力求做到创新，搜集、整理一些新的一手资料，还不被外界所知晓的少数民族家谱，将自然的史料与当地的自然条件、人文特征，努力寻求少数民族发展的规律，打破单纯的述而不作的整理性质，做到史料与规律性探索结合起来。

今后我们将改变以地域为界、以单一民族为界的传统写法，搜集多个少数民族家谱，把多个少数民族地区的发展、变化集中研究，寻求它们的共同点和不同点，努力开拓史料新来源，摸清我国少数民族家谱的现存状况，对家谱中所涵盖的民族学、历史学、社会学、人类

学、考古学、经济学、民俗学、人口学、遗传学等加以分析，综合研究，多科学、多视角地探索少数民族家谱文化发展的轨迹，对我国少数民族家谱文化做更深入系统的研究。

参考文献

[1] 徐建华：《中国的家谱》，百花文艺出版社 2002 年版。

[2] 张公瑾：《民族古文献概览》，中央民族大学出版社 1997 年版。

[3] 王鹤鸣、马远：《上海图书馆藏家谱提要》，上海古籍出版社 2005 年版。

[4] 唐邦治：《清皇室四谱》，1923 年。

[5] 蒲氏族人：《广东南海甘蔗蒲氏家谱》，明万历修、清光绪重修本。

[6] 康熙十七世孙蒲奇成修：《蒲氏族谱》。

[7] 袁彤：《浅谈家谱的保护和利用》，《图书馆工作与研究》2010 年第 3 期。

[8] 《蒙古秘史》成书约 1240 年，作者、译者和写作年代不详。

[9] 蔡福田：《家谱研究与收集整理》，《山西档案》1989 年第 2 期。

[10] 白寿彝、马寿千：《几种回回家谱中所反映的历史问题》，《北京师范大学学报》1958 年第 2 期。

[11] 翁乾麟：《论广西回族的族谱及其史料价值》，《回族研究》2001 年第 3 期。

[12] 刘侗：《辽宁回族家谱选编》，天津古籍出版社 1992 年版。

高本汉和他的古汉语研究

聂鸿音*

内容提要 本文对著名汉学家高本汉有关古汉语研究的成果及其主要观点进行了详细解析，彰显了其在中国的汉语史教学和研究领域产生的巨大影响。
关键词 高本汉 古汉语 音韵学

兴起于 18 世纪的"乾嘉学派"把中国传统语言学推向了巅峰，这一派学者对古汉语文献的理解能力令后人感到难以超越。不过，在出色地运用"声音通训诂"这一科学方法的同时，"乾嘉学派"也不可避免地暴露了其学术思想的局限。中国学者历来都以"复古"为治学的基本理念，他们大都只集中于对远古时代语言现象的共时考察以求读懂古代文献，而不大考虑对汉语从古至今的演化脉络进行系统的阐释。到了 20 世纪初，高本汉首次提倡借用印欧历史语言学的方法来探讨汉语近三千年的演化规律，他一系列的出色研究不但被接纳为那个时代的唯一主导，而且他本人在中国也被视为汉语史一代学风的开创者。直至今天，在中国的汉语史教学和研究领域仍然可以体味到他当年的巨大影响。

一

高本汉（Klas Bernhard Johannes Karlgren）1889 年 10 月 5 日出生于瑞典的一个教师家庭，1909 年毕业于乌普萨拉大学的斯拉夫语专业，其后来到中国，游历于山西、陕西一带，在学习中国语言文化的同时考察汉语方言。大约过了两年，高本汉回到欧洲投身汉学研究，并于 1915 年在乌普萨拉大学获得博士学位。自那以后，他历任乌普萨拉大学副教授、哥德堡大学教授、校长、远东考古博物馆馆长、瑞典皇家人文科学院院长、皇家文史考古研究院院长，直至 1978 年 10 月 20 日逝世。[①]

"高本汉"是他给自己起的中文名，这是他音译了姓氏 Karlgren 的第一个音节再加上名字 Bernhard 构成的。按照西方人的读法，Bernhard 本该译成"伯纳德"，而高本汉却巧妙地给这个名字赋予了纯粹的中国特色。据说当年他曾经用浓重的山西口音向别人介绍自己："我姓高，名字叫本汉，因为我本来是汉人嘛。"[②] 这位"汉人"一生致力于研究中国的语言，宣传中国的历史文化，对中国这片土地和人民怀有很深的感情。据他自己说，他从事汉学研究为的是"对于他所敬爱的一个国家，一种民族，一系文化，或者还可以效些许的努

---

* 聂鸿音（1954— ），男，北方民族大学研究员，中国社会科学院民族学与人类学研究所研究员。

① N. G. D. Malmqvist, Bernhard Karlgren in Memoriam, *Journal of Chinese Linguistics*, No. 1, 1979.

② 高本汉：《中国音韵学研究》，赵元任、罗常培、李方桂合译，商务印书馆 1940 年版，译者序，第 7 页。

力"，① 这个愿望无疑构成了高本汉毕生的追求。

高本汉的第一篇文章发表于 1908 年，最后一篇文章发表于 1976 年。② 在长达 68 年的时间里，他用三种语言写下了百余种著作和论文，内容涉及汉语言学、文字学、文献学、考古学、文学和宗教学等诸多领域。大致说来，他早期的论著使用法文和英文，后来的论著全部使用英文，普及读物和翻译著作一般使用英文和瑞典文。这些著作从 20 世纪 20 年代开始被陆续介绍到中国，据目前所知，他在 40 年代之前的研究著述大都有过汉译文，不过在当下已经不大容易查寻，其中主要有：

《答马斯贝啰论切韵之音》 （The Reconstruction of Ancient Chinese，*T'oung Pao*，21，1922），林玉堂译，载北京大学《国学季刊》1：3，1923。

《高本汉的谐声说》（*Analytic Dictionary of Chinese and Sino-Japanese* 的导论第三章，Paris，1923），赵元任译，载清华大学《国学论丛》1：2，1927。

《原始中国语为变化语说》 （Le proto-chinois，langue flexionelle，*Journal Asiatique*，15，1920），③ 冯承钧译，载《东方杂志》26：5，1929。

《上古中国音当中的几个问题》（Problems in Archaic Chinese，*Journal of the Royal Asiatic Society*，1928），赵元任译，载《中央研究院历史语言研究所集刊》1：3，1930。④

《中国古音（切韵）之系统及其演变》（*Analytic Dictionary of Chinese and Sino-Japanese* 的导论第二章，Paris，1923），王静如译，载《中央研究院历史语言研究所集刊》2：2，1931。

《论考证中国古书真伪之方法》（The Authenticity of Ancient Chinese Texts，*Bulletin of the Museum of Far Eastern Antiquities*，1，1929），王静如译，载《中央研究院历史语言研究所集刊》2：3，1931。

《中国语和中国文》 （*Sound and Symbol in Chinese*，London，1923），张世禄译，上海：商务印书馆，1931。

《藏语与汉语》（Tibetan and Chinese，*T'oung Pao* 2：28，1931），唐虞译，载《中法大学月刊》4：3，1934。

《中国语言学研究》（*Philology and Ancient China*，Oslo，1926），贺昌群译，上海：商务印书馆，1934。

《左传真伪考及其他》（On the Authenticity and Nature of the Tso Chuan，*Göteborgs högskolas årsskrift*，32，1926），陆侃如译，上海：商务印书馆，1936。⑤

《汉语词类》（Word Families in Chinese，*Bulletin of the Museum of Far Eastern Antiquities*，5，1933），⑥ 张世禄译，上海：商务印书馆，1937。

---

① 高本汉：《中国音韵学研究》中译本著者赠序，第 6 页。

② Bernhard Karlgren，Moot Words in Some Chuang-Tse Chapters，*Bulletin of the Museum of Far Eastern Antiquities*，48，1976.

③ 这篇文章的题目按现在的习惯应该翻译成 "原始汉语为屈折语说"。

④ 这篇译文发表时在后面附有王静如的《跋高本汉的上古中国音当中的几个问题并论冬蒸两部》。

⑤ 本书除了翻译高本汉的《左传真伪考》之外，同时也翻译了《中国古书的真伪》（The Authenticity of Ancient Chinese Texts，*Bulletin of the Museum of Far Eastern Antiquities* 1，1929）和《书经中的代名词厥字》（The Pronoun Küe［厥］in the Shu-king，*Göteborgs högskolas årsskrift* 39，1933）。

⑥ 这篇文章的题目按现在的习惯应该翻译成 "汉语词族"。

《论周颂的韵》（The Rimes in the Sung Section of the Shï King, *Göteborgs högskolas årsskrift* 41，1935），朱炳荪译，载燕京大学《文学年报》3，1937。

《诗经研究》（Shï King Researches, *Bulletin of the Museum of Far Eastern Antiquities* 4，1932），张世禄译，上海：商务印书馆，1939。

《老子韵考》（The Poetical Parts in Lao-tsï, *Göteborgs högskolas årsskrift* 38，1932），张世禄译，连载于《说文月刊》1，1939—1940。

《中国音韵学研究》（Etudes sur la phonologie chinoise, *Archives d'études orientales* 15，1926），赵元任、罗常培、李方桂合译，上海：商务印书馆，1940。

中华人民共和国成立以后，仍然可以见到对高本汉著作的译介：

《中上古汉语音韵纲要》（Compendium of Phonetics in Ancient and Archaic Chinese, *Bulletin of the Museum of Far Eastern Antiquities* 26，1954），聂鸿音译，济南：齐鲁书社，1987。

《汉文典（修订本）》（Grammata Serica Recensa, *Bulletin of the Museum of Far Eastern Antiquities* 29，1957），潘悟云等编译，上海：上海辞书出版社，1997。

《汉语的本质和历史》（*The Chinese Language, an essay on its nature and history*, New York，1949），聂鸿飞译，北京：商务印书馆，2011。

作为瑞典汉学的奠基人，高本汉为瑞典和世界其他各国培养了一批优秀的汉学家，其中最著名的学生是诺贝尔文学奖终身评委马悦然（Göran Malmqvist），前些年他为他的老师写了一本生动的传记，[①] 而当代国人熟悉的两部介绍中国文化的有趣读物——《汉字王国》和《古琴》，则是出自他的另一位学生林西莉（Cecilia Lindqvist）之手。[②]

二

高本汉的学术生涯几乎涉及了当时汉学的所有领域。除去古代汉语之外，他还重点研究过中国古代的宗教和礼器，[③] 也为《诗经》《尚书》《左传》等古书作过注释，[④] 这使他在西方汉学界获得了巨大的声誉。不过，他在译注儒家经典的过程中表现出了对中华传统经学的强烈反叛精神，屡屡通过"因声求义"的过度运用来辩驳以"毛传""郑笺"为代表的正统诂训，这让中国的学者感到难以接受。事实上，高本汉的此类研究成果只能在一定程度上辅助西方汉学家阅读古汉文经典，而在中国则几乎全然不见征引。与此相对的是，他早期的汉语音韵学研究却得到了学术界的交口称道，可以说是为20世纪初的中国语言学开创了一个崭新的时代。

这个崭新时代的奠基之作是《中国音韵学研究》。这部著作的前半部分是高本汉的博士学位论文，于1915年开始问世，后来增补了"方言字汇"部分，全文发表于1926年的

---

① 马悦然：《我的老师高本汉：一位学者的肖像》，李之义译，吉林出版集团有限责任公司2009年版。

② 林西莉：《汉字王国：讲述中国人和他们的汉字的故事》，李之义译，山东画报出版社1998年版；林西莉：《古琴》，许岚、熊彪译，生活·读书·新知三联书店2009年版。

③ 他在这方面的代表作是《中国古代的传说与迷信》（Legends and Cults in Ancient China, *Bulletin of the Museum of Far Eastern Antiquities* 18，1946）和《皮茨堡藏品中的中国青铜器目录》（*Catalogue of the Chinese Bronzes in the Alfred P. Pittsburg Collection*, University of Minnesota Press，1952）。

④ 高本汉对《诗经》和《尚书》的注释连载于1942—1950年的《远东考古博物馆馆刊》（*Bulletin of the Museum of Far Eastern Antiquities*），对《左传》的注释连载于1969年和1970年的上述《馆刊》。

《东方研究档案》（*Archives d'études orientales*，15）。在中国，除去早期的少数学者有能力阅读法文原著之外，后人阅读的一般都是赵元任、罗常培、李方桂合作的中译本。这个中译本的学术价值高于原著，因为在高本汉最初完成了中古汉语构拟方案以后，有很多人对他的方案提出过修正意见，其中有些被他采纳了，另外，高本汉通过自己不断地深入研究也修正了当初的一些结论，这些修正都通过译者与作者的交流反映到了中译本里，有的地方是脚注，也有的地方是删补，所以中译本与法文原著不尽相同，其中展示的已经是高本汉在 20 世纪 30 年代末期的意见了。

高本汉《中国音韵学研究》的目的是构拟 7 世纪汉语长安话的音韵系统，并描述从这种"共通语"到现代汉语诸方言千余年间的演化轨迹。他的全部工作分为三步：首先利用反切和等韵图整理 7 世纪的汉语声韵类别，然后通过比较多种方言资料来构拟各声韵类的读音，最后从构拟的中古音系出发来梳理汉语诸方言特征的形成过程。

在高本汉开始这项研究之前大约 70 年，陈澧的名著《切韵考》就已问世。不过种种迹象表明，高本汉对陈澧的工作似乎并不知情，所以他没能利用陈澧系联《广韵》反切的现成结果，甚至没能利用《广韵》《切韵指掌图》等中古时代的原始资料，而仅仅使用了《康熙字典》里转引的《唐韵》反切和卷首那套来历不明的《等韵切音指南》。[①] 然而令人惊异的是，凭着自己坚实的语文学基础和勤奋的工作精神，高本汉依照第二手材料整理出的中古声韵格局竟然丝毫没有出现原则性的纰漏。概言之，他整理的中古声韵系统与陈澧的最大不同有两处：第一，陈澧把古汉语的明见溪疑影晓来等声母各视为一类，共得四十声类，而高本汉则把这七个声类各分为二，以一二四等为一类，以三等为另一类，由此得出了被后人普遍认可的四十七声类；第二，陈澧首次发现古汉语的支脂祭真仙宵侵盐八个韵里存在若干"重纽"，而高本汉却对这个后来引起人们热烈讨论的现象未置一词。[②]

高本汉的第二步工作是利用音标为他整理出的声韵类逐一标注音值。他首先假定《切韵》所反映的是 7 世纪的汉语长安方言，而这个方言是除闽方言之外绝大多数现代汉语方言的始祖。在这个假定的前提下，他利用了当时能够得到的大量古今方音资料，[③] 通过比较同一声韵类在各个方言里的读法来猜测《切韵》的声韵系统。高本汉构拟古音的基本出发点是语言学上所谓的"颚化"，[④] 就是说，当一个辅音后面出现半元音 j 的时候，[⑤] 辅音在正常发音时会产生一个舌面向硬腭抬起的附加动作，这个附加动作会逐渐导致那个辅音最终变成一个真正的舌面前音。在这一认识的基础上，高本汉把中古的一二四等声类构拟成了普通的辅音，而把三等声类构拟成了颚化的辅音。在韵类方面，他为三等韵母构拟了辅音性的 j 介音，为四等声母构拟了元音性的 i 介音，同时认为一等到四等的主元音表现为舌位由低到高的阶梯形差异。以见母效摄为例，他的构拟结论是：高（一等）kɑu，交（二等）kau，骄（三等）kjɛu，骁（四等）kieu。

---

① 陆志韦：《古音说略》，《燕京学报专号》20，1947 年版，第 2 页。

② 关于 20 世纪 40 年代围绕重纽问题的讨论，参见王静如《论开合口》（《燕京学报》29，1941）、董同龢《广韵重纽试释》及周法高《广韵重纽的研究》（《六同别录》，中央研究院历史语言研究所，1945）。

③ 这些资料中的大多数方言来自他本人在山西、陕西一带的田野调查记录，另外一些则转引自前人发表的字典。

④ 最早用"颚化"来解释古代汉语的是沙昂克的《古代汉语语音学》（S. H. Schaank，Ancient Chinese Phonetics，*T'oung Pao* 8，9，1897，1898），高本汉的理论是在他的基础上发展而来的。

⑤ 高本汉原著使用的是伦德尔（J. A. Lundell）设计的一套标音字母，赵元任等中译本把这套标音字母改成了相应的国际音标，这里为方便中国读者，在叙述语音时也一律使用国际音标。

　　高本汉的第三步工作是从他构拟的中古音出发来阐释现代汉语诸方言的演化。例如他把中古汉语的并母构拟为 b'–，接下来就可以在此基础上解释说，中古的 b'– 变成现代北京话的 p'–（如"并"）是平声字在演化过程中发生了"清化"，而变成现代北京话的 p–（如"并"）则是仄声字在演化过程中发生"清化"的同时又失落了"送气"。这类解释自始至终贯穿在高本汉对汉语中古音的推论当中。

　　顺便说，高本汉在为构拟中古汉语准备资料的时候，实际上也使他自己成了现代汉语方言调查的先驱。在《广韵》声韵分类的基础上利用音标来记录汉语方言，这是高本汉在中国的一项创举。当前汉语方言专业的学生手边都有一本《方言调查字表》，① 从里面可以很明显地看出高本汉《中国音韵学研究》中"方言字汇"编制原则的影子。

　　通过一部《中国音韵学研究》对汉语中古音做出成功构拟之后，高本汉很快便着手实现他的下一个目标，即以此为基点上溯公元前 7 世纪的上古汉语音系。

　　高本汉对汉语上古音的探索始于他的《诗经研究》，集大成于《中日汉字形声论》，② 所使用的材料是以《诗经》为代表的先秦韵文和谐声汉字，无论是整理资料的方法还是得出的声韵分类结论都大致不出清儒范围，其最引人注目的创新点是利用音标对上古声类及韵类间相互关系做出的解释。

　　高本汉在上古声母方面值得称道的观点有二：第一，他注意到了中古的部分喻母三等字与匣母字之间出现了频繁的谐声例子，而部分喻母四等字与定母字之间也出现了频繁的谐声例子，③ 于是他把上古汉语的喻母三等构拟为与匣母（g'–）相近的 g–，把上古汉语的喻母四等构拟为与定母（d'–）相近的 d–，从而形成了上古汉语声母"清不送气""清送气""浊不送气""浊送气"这样的严整格局。第二，他注意到了有些汉字的谐声关系不能用现成的单辅音演化规律来解释，例如"阑"（l–）从"柬"（k–）得声，无论是假定上古的 l– 演化成了中古的 k– 还是假定上古的 k– 演化成了中古的 l–，那都是不合音理的，于是他提出在上古汉语里可能存在 kl– 之类的复辅音声母。当然，由于汉字谐声的实际情况比他所举的例子要复杂得多，所以他始终没能回答上古汉语里除了 kl–、gl–、xm–、ml– 等之外究竟还有哪些复辅音，自然也没能提出一个完整的上古汉语声母表。

　　高本汉推导出的上古韵母系统以 –d、–g 两个浊塞音韵尾为突出特色。"乾嘉学派"的学者已经注意到，有一些中古的阴声字在上古经常被用来与入声字押韵，并且在谐声和又音方面也反映出同样的规律，于是他们把这些阴声字和同谐声的入声字合为一个韵部，而高本汉则把阴声字从入声韵部中独立出来，理由是它们的韵尾并不相同。按照高本汉的想法，与 –t 类入声字关系密切的中古阴声字（如"害"声有"割"）在上古应该是 –d，与 –k 类入声字关系密切的中古阴声字（如"路"从"各"声）在上古应该是 –g，这两个韵尾从上古到中古的演化可以用浊塞音的"元音化"或者"脱落"来解释。

　　在完成了上古汉语音韵的构拟之后，高本汉开始探索早期汉语文献中反映的语义和语法。不知是否受到了中国传统小学的启发，他对"四声别义"这类现象给予了特别的关注，并由此而发展到对声母、韵母间"音转"的分析。不过，高本汉比清儒高明的地方在于他

---

① 《方言调查字表》最初由赵元任在 1930 年设计，后来经过中国科学院语言研究所重新编辑，由科学出版社于 1955 年出版。现在的通行本是中国社会科学院语言研究所修订的《方言调查字表》，1981 年商务印书馆出版。

② Bernhard Karlgren, Grammata Serica Recensa, *Bulletin of the Museum of Far Eastern Antiquities* 12, 1940.

③ 这两种现象在中国音韵学界通常叫作"喻三入匣"和"喻四归定"，但中国没有人对其提出音理上的确切解释。

的观察并没有停留在表层的词义训解，而是进入了深层的语法阐释。例如他认为，汉语"恶"ʔak（凶恶）和"恶"ʔɑg（厌恶）之间的音变实际上是用辅音韵尾的转换来区分形容词和动词，汉语"见"kian（看见）和"见"g'ian（出现）之间的音变实际上是用辅音声母的转换来区分主动动词和被动动词，汉语"配"p'wər和"妃"pĭwər之间的音变实际上是用介音的转换来区分动词和名词，等等。通过分析这类现象，高本汉得出了一个令当时学界震惊的结论，即早期的汉语并不是像现代汉语那样的缺乏词形变化的孤立语，而是具有较丰富形态变化的屈折语，其中甚至可以观察到人称代词格的遗迹。[①] 进一步说，原始汉语的性质应该与现代欧洲语言没有本质区别，只不过其最初的屈折语特征已经在几千年的演化过程中逐渐消磨掉了。

三

　　由于在年轻时受到过名师的严格训练，高本汉的研究展现了早期欧洲历史语言学正统的"经院派"风格，他总是尽力使每一条结论必有公认的历史语言演化定律作为佐证，这使得他的一系列推导在形式逻辑上几乎无懈可击。然而人们感觉到，尽管在他所用材料和方法的基础上似乎只能得出那样的结论，但是结论中的某些地方却明显与中国人多年来对自己语言的感性认识不尽相符。人们从宏观角度对高本汉古音构拟最典型的批评是："按照历史语言学的原则，在同一条件下的同一音位，在同一时间和同一地点，只能发生同一的音变。于是中古不同音的字，上古只能拟成不同音，而中古同音的字，上古还有不同音的。这样，势必形成一个倒竖的金字塔，上古的语音极其繁多。"[②] 显然，人们不能相信上古汉语具有那么复杂的音韵系统，而那个音韵系统在其形成之后的几千年里所经历的仅仅是合并和简化的单一进程。

　　不过总的来说，20世纪上半叶的大多数学者还是全盘接受了高本汉的理论和方法，即使在与他辩难时也没有脱离他首创的研究范式。[③] 那时中国学术界给人们的突出感觉是，几乎所有与高本汉辩难的文章都不得不在"法"与"情"之间做出抉择。我们这里所谓的"法"是指历史语言学的法则，而"情"则是指中国学者通过现代方言和古文献记载形成的对汉语的印象。毋庸讳言，在这一时代的汉语音韵学研究中，"法"与"情"有时会表现出难以调和的矛盾，高本汉当然是毫不犹豫地选择了前者，而中国学者则更希望在不与历史语言学发生重大冲突的前提下尽量照顾已有的印象。如上所述，在构拟中古全浊声母的时候，高本汉选择了送气浊音（b'-、d'-等），因为这样可以用"失落送气"来解释现代方言的不送气浊音（b-、d-等）、用"清化"来解释现代方言的送气清音（p'-、t'-等）、用"清化＋失落送气"来解释现代方言的不送气清音（p-、t-等），而中国学者则

---

　　① 高本汉认为《论语》和《孟子》里的代词"吾"和"汝"多用作主格和属格，"我"和"尔"多用作与格和宾格，参见他的《原始汉语为屈折语说》（Le proto-chinois, langue flexionelle, *Journal Asiatique* 15，1920）。

　　② 王力：《中国语言学史》，山西人民出版社1981年版，第197页。

　　③ 最早与高本汉辩难的是马伯乐（Henri Maspéro）。参见他为高本汉《中国音韵学研究》写的评论（*Bulletin de l'Ecole française d'Extrême-Orient*, 16：1，1916, pp. 61—73），以及后来的《唐代长安方言考》（Le dialecte de Tch'ang-ngan sous les T'ang, *Bulletin de l'Ecole française d'Extrême-Orient*, 20：2，1920）。中国学者在这方面的开端著作是李方桂的《切韵â的来源》（《中央研究院历史语言研究所集刊》3：1，1932）和 Archaic Chinese *ĭwang, *ĭwak, *ĭwag（《中央研究院历史语言研究所集刊》5：1，1935）。

觉得他构拟的这种送气浊音颇显另类，很难得到文献语言的直接证明，于是他们提出应该将其改拟为不送气音（b-、d-等），① 可是，这个拟音虽然能够解释现代方言的不送气浊音和不送气清音，却不能解释其中一部分字在后来变为送气清音（p'-、t'-等）的缘故。人们当然可以说那里面的送气是在浊音清化时产生的一种伴随现象，但这毕竟不是历史语音学的经典规则。

中国学者对高本汉中古声母的另一个重要修正意见是"舌上音"的发音部位。高本汉把汉语的知彻澄娘构拟为舌面前音ȶ-、ȶ'-、ȡ'-、ȵ-，并把这解释为颚化声母 tj-、t'j-、d'j-、nj-演化的最终结果。然而人们却观察到，知彻澄娘这四个声母的字在汉译佛经中只与梵文的ṭ-、ṭh-、ḍ-、ḍh-、ṇ-一组字母相当，这说明古汉语的舌上音应该是舌尖后音 ʈ-、ʈ'-、ɖ'-、ɳ-而非舌面前音。② 尽管高本汉曾经认为佛典译音往往不够精确，不足以作为构拟汉字古音的证据，③ 但是这个对音规律本身毕竟没有任何疑问，只不过按照历史语言学的原则，舌尖后音绝对不可能从颚化声母演化而来，关于这一点，学者没有能够提供充分的解释。④

不过无论如何，上述这两处主要的修正意见最终还是得到了中国音韵学界的赞同，并且逐渐被多数人接受为构拟汉语上古音系的基础。⑤

在上古音研究领域，高本汉的"复辅音假说"引发了旷日持久的争论。早期的学者就此明显地分为两个阵营，即以林语堂、陈独秀为代表的肯定派，⑥ 以及以唐兰为代表的否定派，⑦ 这两派间的争论一直影响至今。然而冷静地看来，人们涉及的材料无非古代文献里的谐声字、又音字和联绵字这几种，而对这些材料的解释自古以来就是见仁见智，这导致双方的论证都不能做到无懈可击，因此这类争论在目前的条件下还很难有一个结果，⑧ 其中值得注意的仅仅是，围绕复辅音的争论始终与语言学本身关系不大，起主导作用的其实是 20 世纪初期中国思想界对外来学术影响所持的不同态度。非常明显，提倡主动接受外来文化的人们大都接受了高本汉的"复辅音假说"，尽管他们的工作不过是为高本汉的原则性结论补充些例子，况且在目前的条件下，想要列出上古汉语的全部复辅音也还是个不可能达到的目标。与此相对，主张固守中国传统文化的人们大都反对高本汉的"复辅音假说"，他们认为这不符合人们此前对中国语言的固有印象，就像当时人们心目中的其他西方思想一样荒诞不经。

---

① 较早提出这一修正建议的是陆志韦和李荣，参见陆志韦《汉语的全浊声母》（The Voiced Initials of the Chinese Language，哈佛燕京学社英文单行本 7，1940），以及李荣《切韵音系》（科学出版社，1956），第 116—118 页。

② 罗常培：《知彻澄娘音值考》，《中央研究院历史语言研究所集刊》3：1，1930。

③ Bernhard Karlgren, Prononciation ancienne de caractères chinois figurant dans les transcriptions bouddhiques, T'oung Pao, 2：19，1920.

④ 李方桂曾提出，知彻澄娘这四个声母在早期的介音不是 -j- 而是 -ɿj-，也许可以算是一种可能的解释。参见李方桂《上古音研究》，中华书局 1980 年版，第 15 页。

⑤ 李方桂：《上古音研究》，第 7 页。

⑥ 参见林语堂《古有复辅音说》，《晨报》六周年纪念增刊，1924；陈独秀《中国古代语音有复声母说》，《东方杂志》34：20、21，1937。

⑦ 唐兰：《中国文字学》，开明书店 1949 年初版，参见上海古籍出版社 2005 年新排本，第 28 页。

⑧ 关于历来围绕这个问题的争论，参见赵秉璇、竺家宁编《古汉语复声母论文集》，北京语言文化大学出版社 1998 年版。

与"复辅音假说"命运不同的是，高本汉构拟的上古汉语浊塞音韵尾－d 和－g 遭到了音韵学界众口一声的强烈反对。人们凭经验感到，依照高本汉的原则构拟出的语音系统几乎全部是闭音节，而且带－g 韵尾的字几乎占到了三分之一，世界上没有任何一种语言的开音节是像这样贫乏的。① 事实上高本汉的想法可能是受了他的母语——瑞典语的误导。在瑞典语中，浊塞音韵尾一律脱落，取而代之的是元音的长度，而清塞音韵尾不脱落。高本汉把瑞典语的这种演变模式硬套在了古汉语上，显然是没有考虑到汉藏语系的语言没有清浊塞音韵尾的对立，所以汉语不可能发生像瑞典语那样的演变。② 对于那些与入声字有押韵或谐声关系的阴声字（主要是去声字），人们另外提出了两种解释：欧德里古尔认为那些字的韵尾应该是－ts 或者－ks，③ 而王力认为那些字是"长入声"——上古的"长入声"变成了中古的去声，而相对的"短入声"则变成了中古的入声。④ 不过，王力的这个看法似乎没能以标音的形式体现出来，因为在他标注的《诗经》和《楚辞》韵脚中，"长入声"也只写作普通的清塞音韵尾，与"短入声"没有形式上的区别。⑤

在整个 20 世纪的讨论中，真正有可能对高本汉的古音构拟形成整体颠覆性意见的是对《切韵》性质的论证。按照历史语言学的思路，高本汉必须首先为诸多的现代汉语方言假定一个共同的始祖，而从现存资料的明确性和完整性考虑，他除了《切韵》之外别无选择。考虑到长安是 7 世纪中国的政治和经济中心，于是他便在缺乏史料依据的情况下断言《切韵》是当时长安方言的忠实记录。高本汉可能觉得针对这个问题不必要也不可能做出切实的考据，然而他始料不及的是，这个前提却遭到了一大批中国学者的非议——高本汉显然没有注意到陆法言在《切韵序》里关于"南北是非，古今通塞"的那几句话，那无疑说明《切韵》所代表的并不是一时一地的语音系统。⑥ 事实上，《切韵》书中所用的反切只是像《经典释文》那样从六朝的韵书抄录下来的，而陆法言的原意也只是要调和当时的各种方言。⑦ 由此人们自然想到，假如《切韵》所代表的不是一个实际存在过的方言，那么高本汉就没有理由把它当作隋朝的语音实录去研究，⑧ 换句话说，如果误会了《切韵》的综合性质，高本汉的全部古音构拟结论就都成了无本之木。当然，人们可以试着在两种观点之外再提出一种意见，例如说《切韵》虽然不能认为是一个地点的方言的记录，但可以认为是 6 世纪文学语言的语音系统。⑨ 这种意见尽管看上去相对"温和"，但毕竟不能对高本汉预置的前提提供决定性的支持。

---

① 王力：《汉语史稿》（修订本），中华书局 1980 年版，上册，第 77—78 页。

② 这个情况是向柏霖（Guillaume Jacques）博士告诉我的，他由此认为，从语言学的历史来讲，高本汉的这个错误非常有趣，它体现了任何学者的思维都受到一定的局限。

③ 参见欧德里古尔《如何构拟上古音》（André-Georges Haudricourt, Comment reconstruire le chinois archaïque, *Word*, 10：2—3，1954）。

④ 王力：《汉语史稿》（修订本），上册，第 79 页。

⑤ 王力：《诗经韵读》、《楚辞韵读》，上海古籍出版社 1980 年版。

⑥ 罗常培：《唐五代西北方音》，中央研究院历史语言研究所 1933 年版，第 1 页。

⑦ 陆志韦：《古音说略》，《燕京学报》专号 20，1947，第 2 页。

⑧ 王力：《汉语音韵学》，中华书局 1956 年版，第 177—178 页。

⑨ 周祖谟：《切韵的性质和它的音系基础》，载《问学集》，中华书局 1966 年版，第 445 页。

四

中国一批顶尖学者对其著作的翻译、介绍和辩难把高本汉推上了 20 世纪上半叶中国语言学的顶峰，可以说，迄今还没有哪一位外国汉学家在中国产生过像高本汉那样巨大的影响，这种影响甚至从语言学界扩展到了历史学界。① 通过高本汉的一系列著作，中国的汉语音韵学在传统"小学"的研究范式之外见到了一片崭新的天地。人们开始明白汉语史是个不断发展变化的过程，其主要阶段的语音系统是可以借助科学手段构拟出来的，汉语的古今音变和方言分化也是可以借助历史语言学的规律来描述的，而要想真正建立科学的汉语语音史，除了清儒留给我们的资料考据方法之外，从西方传入的音标也是不可或缺的有效工具。

不容否认，中国晚清时期的闭关锁国政策一度抑制了本国学人与海外同行交流的愿望，使得他们中的一部分人甚至不具备阅读外文著作的基础能力，这导致 20 世纪上半叶中国学界在与高本汉辩难时表现出的水平参差不齐。有些作为"乾嘉遗脉"的学者由于预先对印欧历史语言学的理论和方法缺乏深入探究，得知高本汉的学术观点也只是凭借道听途说的转述，所以无论是表示支持还是反对，经常是只能涉其皮毛而不能得其精髓。在这种形势下，几位有识之士撰写了一些普及读物，以求学界对西方语音学的成果有一个本质的把握，这些普及读物中最为人们熟知的是王力的《汉语音韵学》和罗常培的《汉语音韵学导论》。② 作者写书的初衷虽然是服务于高等院校教学，但在整个学术界产生的影响却是深远的。从那以后的很长一段时间里，中国大批音韵学者对普通语音学和高本汉学说的了解可以说最初都是来自这两本书，直至今天我们仍然可以说，古代汉语专业的中国学生里还有很多人是通过高本汉的学说来了解西方历史语言学的。

作为 20 世纪汉语音韵学的里程碑，高本汉的研究在那以后的很长一段时间里引发了无穷无尽的讨论。时至今日，中国乃至海外学者重新提出的古音构拟系统已经与高本汉当初的结论有了很大不同，其中一些成果基本上是在原有资料和方法范围内提出的修正意见，③ 而另一些成果则突破了高本汉的基础资料范围，大胆地把汉藏语同源词的比较应用于古汉语音韵构拟。④ 后者的选材标准不但是高本汉当年强烈反对的，而且当代也有不少学者认为"汉藏语"只是个未经科学论证的假说，贸然使用少数民族语言来论证汉语恐怕难以服人，何况按照假想的汉藏语谱系分类，任何人也不能认为汉语是周边任何少数民族语言的直接祖先，所以不能指望仅仅从上古汉语语音系统出发来讲清汉语与现代各少数民族语言之间的

---

① 在伯希和的开端工作之后，中国的一些史学家也尝试着利用高本汉构拟的汉字古音来考证史书里的人名和地名。他们引用的拟音一般来自高本汉的《中日汉字分析字典》（*Analytic Dictionary of Chinese and Sino-Japanese*，Paris，1923）。

② 王力：《中国音韵学》，商务印书馆 1936 年初版，1956 年再版改名"汉语音韵学"；罗常培《中国音韵学导论》，北京大学 1949 年初版，1956 年中华书局再版改名"汉语音韵学导论"。

③ 除了李方桂的《上古音研究》之外，尚可参考雅洪托夫《上古汉语音韵》（С. Е. Яхонтов，Фонетика китайского языка I тысячелетия до н. э.，*Проблемы востоковедения*，No. 2，1959，No. 6，1960）、斯塔罗斯金《古汉语音韵系统的构拟》（С. А. Старостин，*Реконсрукция древнекитайской фонологической системы*，Москва：Наука，1989）和白一平《古汉语音韵学手册》（William H. Baxter，*A Handbook of Old Chinese Phonology*，Berlin：Mouton de Gruyter，1992）。

④ 例如蒲立本《上古汉语的辅音系统》（E. G. Pulleyblank，The Consonantal System of Old Chinese，*Asia Major*，9，1962），潘悟云、徐文堪译，中华书局 1999 年版；潘悟云：《汉语历史音韵学》，上海教育出版社 2000 年版；郑张尚芳：《上古音系》，上海教育出版社 2003 年版。

"演化"关系。由此想来，这一派学者勇于打破历史语言学桎梏的创新精神自然可敬，但高本汉当年经院式的固执态度也并非全无道理。

就学科的基础理论和研究方法而言，我们应该承认汉语音韵学领域的"高本汉时代"仍在延续，这一时代自开创以来近百年的新成果大都可以视为在高本汉范式下的丰富和发展。我们无法预计这个时代会在什么时候、以什么方式结束，那或许要等待原始汉藏语的构拟成功及汉藏诸语言间谱系关系的最终确立，或许还要等待某个新的学科得以取代作为19世纪欧洲人文科学最高成就之一的历史比较语言学。一派学术思想培育了一批求知的学者，他们明知生也有涯而知也无涯，但是他们会尽毕生之力去顽强地追求——追求学术的进步，追求人类的新知。

民俗学与古籍整理

毕 桪[*]

内容提要 本文通过分析民俗学的研究对象，指出民俗学者须重视古籍文献中的材料，揭示了民俗学研究同古籍整理之间的密切关系。

关键词 民族学 古籍整理 关系

民俗学是一门边缘性学科，它同社会科学的，以致某些自然科学的学科交叉重叠，彼此盘根错节，相辅且又相成，而所有涉及这些科学领域里的一切古籍文献和材料无疑都在搜求、整理之列。因此，民俗学研究同古籍整理之间也就必然地发生种种纠葛而关系密切起来，在某种意义上甚至也可以说，它们是相互为用，相互依傍，相互促进的。

这里，首先从民俗学说起。

民俗学的研究对象是继承于民间的生活文化，即所谓"民俗"，而民俗在任何民族共同体里都是具有普遍性和重要性的现象。无疑，民族共同体在人类历史上曾经经历了不同的发展阶段，但是自从原始人类分别组成了在内部成员间相互依存、共同生活的各个氏族集体，社会成员就在各自共同体范围内约定俗成地创造了民俗，并且始终生活在民俗之中，受着民俗的约束而遵守着民俗的规范[①]。迄今为止，任何民族都不可能摆脱民俗而兀然存在。不论是在古代，抑或在现代；不论是在物质文明发达的民族中间，抑或在物质文明不甚发达的民族中间，民俗都是生活的现实。民俗的触角普遍地触及民族共同体内的各个角落，影响着民族共同体成员的心理、意识，规定着他们的言语和行为，它像一条结实的纽带把民族共同体成员维系在一起，民俗的普遍性和重要性使得民俗学研究在各个民族那里不但是可能的，而且也是必需的。

由于民俗是民间生活的现实，是人们实际生活的一部分，并且起着资助现在和创造未来的重要作用，因而民俗学研究应该着重注视和依靠民间继承的活材料，应该用科学的方法尽可能搜集流传于民间的现实的生活文化现象，并加以整理和研究。可是，现实生活当中的各种民俗事项并不是突然凭空产生的，它们总要在前人所创造的生活文化基础上才能形成，民俗是民族共同体成员在长期生活和斗争中被创造和享用的文化财富。它伴随着民族共同体的形成与发展而存在，尽管随着时代的推移民俗不断嬗变，但它总是古已有之。今俗古俗一脉相承，源远流长。民俗所具有的这种历时的纵向继承特征证明它是一种历史的生活文化现象，因而也决定着民俗学在一定意义上是历史学的一部分。为了全面认识和了解今俗，也就需要知道它的来龙去脉，需要深入认识和了解古俗。

---

* 毕桪（1941— ），男，中央民族大学哈萨克语言文学系教授。

① 这只是笼统的说法。因为民俗通常被看作是民间的传承生活、文化，而在原始社会阶段无所谓"民间"与"非民间"之分。

　　况且，民俗学研究并不是孤立地去注视某一些风俗的某一些侧面，也不是单纯地去说明某一民俗事项的肇始或衍变，虽然在民俗学研究当中不可避免地要从这些具体方面入手。民俗学研究的根本任务在于通过对各种民俗事项的条分缕析来寻检民族生活变迁的踪迹，追索并阐明民族生活发展、变化的规律，从而帮助人们顺时应势地正视现在和创造未来。这样，民俗学研究就需要参照历史，理出民俗发展的脉络，总结出它的规律。

　　显然，民俗学研究不应该抛开历史的民俗资料，或说不应该置古俗于不顾。然而，能够给民俗学研究提供历史根据和古俗材料的，一是考古发现，二是文献古籍。不过，考古发掘往往也需要古籍文献提供线索和说明材料。对于民俗学研究来说，考古发掘所展示的往往是一些实物凭证，这是很不够的，因为实物凭证材料通常只是民俗的物化形式，它并不能直接描述心意的、行为的、语言的民俗。古籍文献则不同，它通过语言载体传达各种古代信息，语言的功能特点使它（当然是语言）有可能细致、巧妙、具体、生动地描写和表述各类民俗事象，因此民俗学者必然要重视古籍文献中的材料，这是毋庸置疑的。

　　首先，所谓"古籍"或"文献"不过是书写或镌刻下来的符号，即文字。它是有声语言的代码，而有声语言又是音义结合的符号系统，但无论是有声语言本身，还是作为它的代码的文字，其实都同民俗一样，是人们长期约定俗成的产物，并且是世代传承的。"看一看语言形成的实际，就会清楚了解它是民俗心意的表现。"① 这样说来，语言在一定意义上讲也是民俗的，因此，站在民俗学立场上来考察，古籍文献中具有民俗意义的语言无疑是民俗学研究的宝贵资料。

　　其次，任何古籍文献当然都是具体个人（或某一些人）的言语记录，但是任何时代的任何个人总是生活在具体的民俗之中，民俗不仅是社会的生活方式，也是个人言行的组成部分，社会上的每一个人既无法摆脱民俗的约束，又经常在以不同的行为方式，其中也包括以言语方式不知不觉地在传播着民俗，因此今天被称为古籍文献的这些古人言语的记录自然地也就成为古俗的信息库。

　　再次，虽然在大多数人的心目中民俗是极普遍、极琐细的生活习俗或习惯，但是人们对于民俗从来就不是漠不关心的，不但历代统治者要用它来施行教化，作为国家法律、法令的基础和补充。就是那些古代哲学家、文学家、军事家……以至于技术发明家、医药家们，也都要从民俗中吸取材料，接纳、利用、糅合民俗信息以充实、丰富自己的著作。此外，历来又有许多好事之人出于各种各样的动机而多方搜罗和记述种种民俗事象，把它们单独编纂辑录起来，成为古籍文献的重要组成部分。

　　最后，古籍文献出自不同时代、不同地区人之手，他们把各自时代、各自地方的民俗事象用文字固定了下来，文字记录的稳定性使我们有可能比较准确地把握具体时代、具体地方的民俗，这就为追索民俗变迁的踪迹提供了相对可靠的历时的或共时的根据。

　　由于以上原因，民俗学研究不但需要而且可能从古籍文献中获得历史的材料。但是，因为年代的久远、历史的变迁以及其他种种原因，古籍文献多有流散、传讹、缺损，或被湮没，或生衍文，等等，这就需要通过一定的工作把它收集起来，需要采用一定的方式或手段把它们分别整理出来，才能充分发挥它们的作用。因此，民俗学研究的深入有赖于古籍整理的成果。与此相反，在古籍整理当中，也需要发挥民俗学的作用。民俗学是经过整理、研究的民间传承生活文化的学问或科学知识，这种学问或科学知识对于卓有成效地开展古籍整理

---

① ［日］后藤兴善等著，王汝澜译：《民俗学入门》。

工作几乎是不可缺少的。

古籍文献的内容范围是广阔的，它涉及和包括了政治、经济、文学、艺术、宗教、哲学、语言、文字、天文、地理、生产、技术、建筑、历法、医药等众多部门，记录着以往时代的人们在这众多部门的认识成果和已经达到的水平，形成以文献为中心的表层文化，与其相对应的是以民俗为形式的内容和基层文化。后者是前者的基础和支柱。文献类文化的各个分类独立的部门是从民俗文化中滋生、分离出来的。一方面，它们总可以从民俗中找到自己的胚芽；另一方面，民俗也一一为它们提供着不竭的思想材料。因此，经过科学整理的和探究的民俗学知识不但可以帮助我们恰当地评判历史的文化遗产，而且可以为古籍整理工作具体、直接地提供许多思想的根据和材料的佐证。

古籍整理是一项学术性的工作，它包括一定的环节和程序。假如说，古籍的收集、编目属于进入研究过程的资料准备，古籍的印刷出版属于后期的技术处理，那么古籍的鉴定、考据、校勘、诠释、评注、古文字的解读等，则是实际的研究过程。在这个过程里，古籍整理者实际上是从事具体的科学研究。从科学发展来说，各个分支独立的学科早在民俗学诞生之前就已经取得了很大的成就，甚至在现代科学意义的许多学科建立以前，民俗学研究对象就已经被它们占有和攫取了，诸如古代丧葬、婚姻制度、古老的信仰、礼仪、习俗和传说，自古就是历史家、政治家们注意的对象，由于许多民俗事象同宗教信仰可以相互体验，因此历来的宗教学家们都对信仰民俗表示极大的兴趣。民俗同文艺的关系更是难解难分，历代优秀的文艺作品在其真实的艺术表现中都以民俗生活为重要内容，如此等等。它们虽然并不把民俗文化当作自己专门的研究对象，但它们留给今天的大量古籍文献却无论如何离不开民俗文化这个肥沃的土壤，因此古籍整理者无论整理哪个领域的古籍文献，也就都会遇到同民俗学相关的问题，就都需要科学的民俗学知识的指导。

例如，我国大量古籍文献是用汉语以外的国内其他民族的文字写就的。诸如佉卢文、突厥文、回鹘文、焉耆－龟兹文、于阗文、察合台文、古藏文、契丹文、西夏文、女真文、古蒙古文、八思巴文、彝文、纳西文、老傣文、满文等文字的文献。它们是我国民族文化遗产的重要组成部分。在整理这些文献的时候，释读这些古老的语言文字是一项重要的工作。其中许多文种经过不同的演进，至今仍被使用着。利用现存的活的语言材料译解古老的语言文字是十分重要的途径。一些文字及其所代替的语言在今天已经不存在了，可是它的某些词语或其他材料却保存在另外的语言里，这些被偶然保留下来的材料同样是解读古老文献不可缺少的。而我们知道，语言本身就是民俗文化的一部分，因此民俗学知识是译解古文字的一把钥匙。此外，古籍文献中总有许多古地名、人名、物品名等，对这些材料的考证和诠释也离不开民俗学知识。① 马雍在考证新疆佉卢文书的 Kosava 即"氍毹"，并考及"渠搜"古地名的时候就引用了大量语言的、信仰的、文艺的、经济的诸种民俗材料，因而很有说服力。

又如，马学良在《古礼新证》里说，检阅古籍，有很多礼制，如果拘泥于旧经注疏，以经解经，就难以理出头绪。可是如果参证民俗文化，就可以因为得到新证而焕然冰释。他并且举例说，用苗族椎祭之俗可证汉文古籍里的"椎牛"，用彝族敬社神之俗可证古文献中"各树其土之所宜木以为主也"，用现在彝俗中祭祀可证汉文古籍中的"衃礼"，等等。这些都是很有说服力的例子。事实上，不仅是礼制，古籍文献中的许多问题都可以通过民俗学知

---

① 见《新疆佉卢文中的 Kosava 即"氍毹"——兼论"渠搜"古地名》，载《中国民族古文字研究》，中国古文字研究会编。书中有许多实例，可以说明民俗学的科学知识对古文字研究具有重要意义。

识获得佐证而予以注疏。我国是一个多民族的国家，直到 1949 年前后，各民族处在不同的历史发展阶段上，他们的民俗文化带着各自社会历史发展阶段的特点，这种多层次的民俗文化以历史的纵坐标方式展示出了民俗演化嬗变的轨道，它对于学术研究有着宝贵的价值，在古籍整理中是不可缺少的佐证材料。通过参证各少数民族的民俗事象来释解古文献中的疑难，值得古籍整理者采用，其实整理我国任何一个民族的古籍，都可以考证其他民族的民俗材料。

再如，民俗文化对各民族各时代的经济开发和发展有着极大的关系，它在经济活动中总要留下自己的足迹，许多科学技术的发明也都可以从民间的技术中找到其胚芽，因此有关经济民俗的知识会给整理农、林、牧、医、天文、地理、技艺等诸多领域的古籍文献带来极大益处，像整理有关天文历法的古籍文献就是如此。《西南彝志》凡二十六卷，其中有不少内容谈到天文历法。藏历也有一千多年历史，其著作甚丰，有五百多种。白族的《集圣历》、傣族的《苏定》、《历法星卜要略》、《苏力牙》、《西坦》都是重要的天文历法文献。这些都是在民间天文历法知识基础上形成的。许多天文历法知识在民间世代相传，一直保持到今天。民间关于物候、气象、星象的谚语、俗语、农谚等对于认识和整理这些天文历法方面的古籍文献是大有裨益的。

此外，古籍整理当中有一个重要的环节，就是翻译。它包括从古代语言文字译写成现代语言文字，也包括从一种语言文字译写成另外一种语言文字，但无论哪一种情形，对于翻译者来说都需要具有丰富的民俗学知识。这不仅因为在翻译过程中会遇到大量故事记载，而且因为在言语中总是隐藏着心意的微妙。翻译者必须有功底很深的民俗学修养才可能把这种微妙的民俗心意翻译出来。翻译工作在本质上是从事两种文化的对译，这是不容忽视的。侗族有以汉字记音的文献，因为汉字记侗音无一定准则，辩解相当困难，有的又没有任何附加符号，就更加费解。因此，无论把它译成现代侗语，还是翻译成现代汉语都是不容易的，杨权、郑国乔在翻译整理汉字记侗音的《起源之歌》的时候，为了达到准确翻译的目的，就充分运用了民俗学知识，取得了较好的成绩，

综上所述，民俗学研究同古籍整理有着密切的关系，它们的成果可以相互为用，它们彼此之间是相互依托、相互促进的。但不仅如此，民俗学研究同古籍整理又是相互交叉进行的。对于民俗学研究来说，古籍文献是宝贵的资料库，它当然有理由期望古籍整理工作的成果。但是，对古籍文献中的民俗资料加以整理和研究也是民俗学研究的一个不可忽视的领域。自先秦以来，我国浩瀚的、多民族的古籍文献保存了令世人惊叹的大量民俗材料。无数古代文人学者在其著作中既有关于民俗的记录，也有关于民俗的论述和研究心得，甚至有专门的理论著述。它们都需要用民俗学的方法加以搜求、整理和研究。这种工作当属民俗学的领域，但同时也是古籍整理的范围。诸如著名的《突厥语大辞典》内容涉及语言、文学、民族、历史、宗教、天文、地理、数学、医学、哲学、政治、经济等诸多方面。作者在谈及编写《突厥语大辞典》目的时说："我以表现突厥人民生活见闻的诗歌、歌谣，他们在悲哀和欢乐的日子所说的具有深刻意义的格言、谚语作为（词条诠注）的例子，但愿后人能将它们代代传下来。"如同作者所说，《突厥语大辞典》记录了大量民俗的，其中包括大量民间文学的资料，光是收录的谚语就将近 300 条，各种诗歌材料 240 多段。《突厥语大辞典》堪称突厥语各族人民共同的文化遗产，对于这部古典文献的整理既属民俗学的范围，也属古籍整理的范围，是很难断然开的。同样，许多民族间保存和流传着大量未曾刊印的神话、传说抄本，它们是民族的古典。无论民俗学研究，还是古籍整理者无疑都应该大力收集它，

加强对它的整理工作。此外，结合我国各民族使用语言文字的实际，应该把无文字民族的口头流传作为古籍整理工作的一项内容，但就是在有文字的民族中也有很多不见诸文字的口头古典。它们不但能起到补缺拾遗之功，而且能收到比较勘误之效益①。古籍整理和民俗学研究都不应该冷落了它。因此，民俗学研究与古籍整理工作又是互相辅携，可以并肩合作的。

---

① 参见马学良《从一位地质学家的启示谈整理翻译彝文古籍》，载《民族古籍》1986 年第 2 期。

突厥语附加成分索引

何湘君[*]

1	+ a –	由静词构成动词的附加成分
2	+ ä –	由静词构成动词的附加成分
3	+ ï –	由静词构成动词的附加成分
4	+ i –	由静词构成动词的附加成分
5	+ u –	由静词构成动词的附加成分
6	+ ü –	由静词构成动词的附加成分
7	+ a	抽象名词
8	+ ä	抽象名词
9	+ ï	抽象名词
10	+ i	抽象名词
11	+ u	抽象名词
12	+ ü	抽象名词
13	– a	副动词
14	– ä	副动词
15	– ï	副动词
16	– i	副动词
17	– u	副动词
18	– ü	副动词
19	– yu	副动词
20	– yü	副动词
21	– a	由动词构成静词的附加成分
22	– ä	由动词构成静词的附加成分
23	– ï	由动词构成静词的附加成分
24	– i	由动词构成静词的附加成分
25	– u	由动词构成静词的附加成分
26	– ü	由动词构成静词的附加成分
27	+ a	呼唤语气助词
28	+ ä	呼唤语气助词

---

* 何湘君（1973— ），男，北京信息职业技术学院讲学，中央民族大学少数民族语言文学系在读博士研究生。本文是中央高校基本科研业务费专项资金资助成果，项目编号：10301 –01500202。

续表

29	+ ya	呼唤语气助词
30	+ yä	呼唤语气助词
31	+ a	感叹语气助词
32	+ ä	感叹语气助词
33	+ ma	感叹语气助词
34	+ mä	感叹语气助词
35	+ ad –	由静词构成动词的附加成分
36	+ äd –	由静词构成动词的附加成分
37	+ aɣ	宾格（1）
38	+ äg	宾格（1）
39	+ aɣu	集合数词
40	+ ägü	集合数词
41	+ aɣu	由静词构成形容词的附加成分
42	+ ägü	由静词构成形容词的附加成分
43	+ aqu	由静词构成形容词的附加成分
44	+ äkü	由静词构成形容词的附加成分
45	+ aɣut	由形容词构成人物名词的附加成分
46	+ ägüt	由形容词构成人物名词的附加成分
47	+ aqut	由形容词构成人物名词的附加成分
48	+ äküt	由形容词构成人物名词的附加成分
49	– alïm	复数第一人称愿望式
50	– älim	复数第一人称愿望式
51	– lïm	复数第一人称愿望式
52	– lim	复数第一人称愿望式
53	+ an –	由静词构成动词的附加成分
54	+ än –	由静词构成动词的附加成分
55	+ an	古用复数
56	+ än	古用复数
57	+ ang	抽象名词
58	+ äng	抽象名词
59	– ap	副动词
60	– äp	副动词
61	+ aq	表示"小、爱意、碎"等
62	+ äk	表示"小、爱意、碎"等
63	+ aqu	由静词构成形容词的附加成分
64	+ äkü	由静词构成形容词的附加成分
65	+ aqut	由形容词构成人物名词的附加成分
66	+ äküt	由形容词构成人物名词的附加成分

67	– ar	单数第三人称现在将来时
68	– är	单数第三人称现在将来时
69	– ar	现在将来时形容词
70	– är	现在将来时形容词
71	+ ar	分配数词，表示"各"
72	+ är	分配数词，表示"各"
73	– ar –	动词强制态
74	– är –	动词强制态
75	– ur –	动词强制态
76	– ür –	动词强制态
77	– ar –	由动词构成动词的附加成分
78	– är –	由动词构成动词的附加成分
79	– arbiz	复数第一人称现在将来时
80	– ärbiz	复数第一人称现在将来时
81	– armän	单数第一人称现在将来时
82	– ärmän	单数第一人称现在将来时
83	– arsän	单数第二人称现在将来时
84	– ärsän	单数第二人称现在将来时
85	– arsiz	单数第二人称现在将来时（表尊敬）
86	– ärsiz	单数第二人称现在将来时（表尊敬）
87	– arsizlär	复数第二人称现在将来时
88	– ärsizlär	复数第二人称现在将来时
89	+ at –	由静词构成动词的附加成分
90	+ ät –	由静词构成动词的附加成分
91	– at –	动词强制态
92	– ät –	动词强制态
93	– ayïn	单数第一人称愿望式
94	– äyin	单数第一人称愿望式
95	– yïn	单数第一人称愿望式
96	– yin	单数第一人称愿望式
97	– č	由动词构成明词的附加成分
98	+ č	由名词构成亲昵意义的附加成分
99	+ uč	由名词构成亲昵意义的附加成分
100	+ üč	由名词构成亲昵意义的附加成分
101	+ča	名词比照格
102	+čä	名词比照格
103	+ča	由静词构成名词的附加成分
104	+čä	由静词构成名词的附加成分

105	+ča	比照、顺沿助词
106	+čä	比照、顺沿助词
107	–čang	由动词构成形容词的附加成分
108	–čäng	由动词构成形容词的附加成分
109	+čap	表示"小、幼、初期"
110	+čäk	表示"小、幼、初期"
111	+čïq	表示"小、幼、初期"
112	+čiq	表示"小、幼、初期"
113	+čik	表示"小、幼、初期"
114	+čuq	表示"小、幼、初期"
115	+čük	表示"小、幼、初期"
116	–čap	由动词构成形容词的附加成分
117	–čäk	由动词构成形容词的附加成分
118	+čï	由静词构成形容词的附加成分
119	+čig	由静词构成形容词的附加成分
120	+čïq	表示"小、幼、初期"
121	+čik	表示"小、幼、初期"
122	–čïr –	由动词构成动词的附加成分
123	–čir –	由动词构成动词的附加成分
124	+ču	祈使语气助词
125	+čü	祈使语气助词
126	+čuq	表示"小、幼、初期"
127	+čük	表示"小、幼、初期"
128	+čük	代词
129	+ d –	由静词构成动词的附加成分
130	+ ad –	由静词构成动词的附加成分
131	+ äd –	由静词构成动词的附加成分
132	+ at –	由静词构成动词的附加成分
133	+ äd –	由静词构成动词的附加成分
134	– d –	确定过去时
135	– t –	确定过去时
136	+ da –	由静词构成动词的附加成分
137	+ dä –	由静词构成动词的附加成分
138	+ ta –	由静词构成动词的附加成分
139	+ tä –	由静词构成动词的附加成分
140	+ da	名词时位格（1）
141	+ dä	名词时位格（1）
142	+ ta	名词时位格（1）

143	+ tä	名词时位格（1）
144	– dačï	形动词 由动词构成名词的附加成分
145	– däčï	形动词 由动词构成名词的附加成分
146	– tačï	形动词 由动词构成名词的附加成分
147	– täčï	形动词 由动词构成名词的附加成分
148	+ däm	由静词构成静词的附加成分
149	+ täm	由静词构成静词的附加成分
150	+ daqï	范围限定格
151	+ däki	范围限定格
152	+ taqï	范围限定格
153	+ täki	范围限定格
154	+ daš	由静词构成名词的附加成分
155	+ däg	比拟助词
156	täg	比拟助词
157	+ dï	由形容词构成副词的附加成分
158	+ di	由形容词构成副词的附加成分
159	+ tï	由形容词构成副词的附加成分
160	+ ti	由形容词构成副词的附加成分
161	– dï	单数第三人称过去式 复数第三人称过去式
162	– di	单数第三人称过去式 复数第三人称过去式
163	– tï	单数第三人称过去式 复数第三人称过去式
164	– ti	单数第三人称过去式 复数第三人称过去式
165	– dï	由动词构成静词的附加成分
166	– di	由动词构成静词的附加成分
167	– tï	由动词构成静词的附加成分
168	– ti	由动词构成静词的附加成分
169	– dïlar	复数第三人称过去式
170	– dïlär	复数第三人称过去式
171	– tïlar	复数第三人称过去式
172	– tïlär	复数第三人称过去式
173	– dïm	单数第一人称过去式
174	– dim	单数第一人称过去式
175	– dum	单数第一人称过去式
176	– düm	单数第一人称过去式

177	– tïm	单数第一人称过去式
178	– tim	单数第一人称过去式
179	– tum	单数第一人称过去式
180	– tüm	单数第一人称过去式
181	– dïmz	复数第一人称过去式
182	– dimiz	复数第一人称过去式
183	– dumuz	复数第一人称过去式
184	– dümüz	复数第一人称过去式
185	– tïmïz	复数第一人称过去式
186	– timiz	复数第一人称过去式
187	– tumuz	复数第一人称过去式
188	tümüz	复数第一人称过去式
189	+ dïn	由静词构成静词的附加成分
190	+ din	由静词构成静词的附加成分
191	+ dun	由静词构成静词的附加成分
192	+ dün	由静词构成静词的附加成分
193	+ tïn	由静词构成静词的附加成分
194	+ tin	由静词构成静词的附加成分
195	+ tun	由静词构成静词的附加成分
196	+ tün	由静词构成静词的附加成分
197	+ dïn	名词的从格
198	+ din	名词的从格
199	+ tïn	名词的从格
200	+ tin	名词的从格
201	+ ding	由静词构成名词的附加成分
202	– dïng	单数第二人称过去式
203	– ding	单数第二人称过去式
204	– dung	单数第二人称过去式
205	– düng	单数第二人称过去式
206	– tïng	单数第二人称过去式
207	– ting	单数第二人称过去式
208	– tung	单数第二人称过去式
209	– tüng	单数第二人称过去式
210	– dïngïz	单数第二人称过去式（敬）
211	– dingiz	单数第二人称过去式（敬）
212	– dunguz	单数第二人称过去式（敬）
213	– düngüz	单数第二人称过去式（敬）
214	– tïngïz	单数第二人称过去式（敬）

215	– tingiz	单数第二人称过去式（敬）
216	– tunguz	单数第二人称过去式（敬）
217	– tüngüz	单数第二人称过去式（敬）
218	– dïngïzlar	复数第二人称过去式
219	– dingizlär	复数第二人称过去式
220	– dunguzlar	复数第二人称过去式
221	– düngüzlär	复数第二人称过去式
222	+ dïnqï	由静词构成静词的附加成分
223	+ dinki	由静词构成静词的附加成分
224	+ dunqï	由静词构成静词的附加成分
225	+ dünki	由静词构成静词的附加成分
226	+ tïnqï	由静词构成静词的附加成分
227	+ tinki	由静词构成静词的附加成分
228	+ tunqï	由静词构成静词的附加成分
229	+ tünki	由静词构成静词的附加成分
230	– dïz –	由动词构成动词的附加成分
231	– diz –	由动词构成动词的附加成分
232	– duz –	由动词构成动词的附加成分
233	– düz –	由动词构成动词的附加成分
234	– tïz –	由动词构成动词的附加成分
235	– tiz –	由动词构成动词的附加成分
236	– tuz –	由动词构成动词的附加成分
237	– tüz –	由动词构成动词的附加成分
238	– dum	单数第一人称过去式
239	– düm	单数第一人称过去式
240	– dumuz	复数第一人称过去式
241	– dümüz	复数第一人称过去式
242	+ dun	由静词构成静词的附加成分
243	+ dün	由静词构成静词的附加成分
244	– dung	单数第二人称过去式
245	– düng	单数第二人称过去式
246	– dunguz	单数第二人称过去式（敬）
247	– düngüz	单数第二人称过去式（敬）
248	– tïngïz	单数第二人称过去式（敬）
249	– tingiz	单数第二人称过去式（敬）
250	– tunguz	单数第二人称过去式（敬）
251	– tüngüz	单数第二人称过去式（敬）
252	– dunguzlar	复数第二人称过去式

253	– düngüzlär	复数第二人称过去式
254	+ dunqï	由静词构成静词的附加成分
255	+ dünki	由静词构成静词的附加成分
256	– duq	形容词
257	– dük	形容词
258	– tuq	形容词
259	– tük	形容词
260	– dur –	动词强制态
261	– dür –	动词强制态
262	– tur –	动词强制态
263	– tür –	动词强制态
264	– dur –	由动词构成动词的附加成分
265	– dür –	由动词构成动词的附加成分
266	– tur –	由动词构成动词的附加成分
267	– tür –	由动词构成动词的附加成分
268	+ duz	由静词构成名词的附加成分
269	+ düz	由静词构成名词的附加成分
270	+ tuz	由静词构成名词的附加成分
271	+ tüz	由静词构成名词的附加成分
272	– duz –	由动词构成动词的附加成分
273	– düz –	由动词构成动词的附加成分
274	– ɣ	由动词构成名词以及形容词的附加成分
275	– g	由动词构成名词以及形容词的附加成分
276	– ïɣ	由动词构成名词以及形容词的附加成分
277	– ig	由动词构成名词以及形容词的附加成分
278	– ug	由动词构成名词以及形容词的附加成分
279	– uɣ	由动词构成名词以及形容词的附加成分
280	– üg	由动词构成名词以及形容词的附加成分
281	+ ɣ	宾格（1）
282	+ g	宾格（1）
283	+ iɣ	宾格（1）
284	+ ig	宾格（1）
285	+ uɣ	宾格（1）
286	+ üg	宾格（1）
287	+ aɣ	宾格（1）
288	+ äg	宾格（1）
289	– ɣa	由动词构成形容词的附加成分
290	+ gä	由动词构成形容词的附加成分

291	+ ɣa –	由静词构成动词的附加成分
292	+ gä –	由静词构成动词的附加成分
293	+ qa –	由静词构成动词的附加成分
294	+ kä –	由静词构成动词的附加成分
295	+ ɣa	由静词构成静词的附加成分
296	+ gä	由静词构成静词的附加成分
297	+ qa	由静词构成静词的附加成分
298	+ kä	由静词构成静词的附加成分
299	– ɣač	由动词构成名词的附加成分
300	– gäč	由动词构成名词的附加成分
301	– qač	由动词构成名词的附加成分
302	– käč	由动词构成名词的附加成分
303	– ɣalï	目的副动词
304	– gäli	目的副动词
305	– qalï	目的副动词
306	– käli	目的副动词
307	– ɣalïr	目的将来时
308	– gälir	目的将来时
309	+ ɣan	由静词构成名词的附加成分
310	+ gän	由静词构成名词的附加成分
311	+ qan	由静词构成名词的附加成分
312	+ kän	由静词构成名词的附加成分
313	– ɣan	形容词
314	– gän	形容词
315	– qan	形容词
316	– kän	形容词
317	– ɣan	由动词构成名词的附加成分
318	– gän	由动词构成名词的附加成分
319	– qan	由动词构成名词的附加成分
320	– kän	由动词构成名词的附加成分
321	+ ɣaq	由静词构成名词的附加成分
322	+ gäk	由静词构成名词的附加成分
323	+ qaq	由静词构成名词的附加成分
324	+ käk	由静词构成名词的附加成分
325	– ɣaq	由动词构成名词的附加成分
326	– gäk	由动词构成名词的附加成分
327	– qaq	由动词构成名词的附加成分
328	– käk	由动词构成名词的附加成分

329	+ ɣar –	由静词构成动词的附加成分
330	+ gär –	由静词构成动词的附加成分
331	+ qar –	由静词构成动词的附加成分
332	+ kär –	由静词构成动词的附加成分
333	+ ɣaru	名词方向格
334	+ gärü	名词方向格
335	+ qaru	名词方向格
336	+ kärü	名词方向格
337	+ ɣaru	由静词构成副词的附加成分
338	+ gärü	由静词构成副词的附加成分
339	+ qaru	由静词构成副词的附加成分
340	+ kärü	由静词构成副词的附加成分
341	– ɣay	单数第三人称能愿将来时 复数第三人称能愿将来时
342	– gäy	单数第三人称能愿将来时 复数第三人称能愿将来时
343	+ ɣay	形容词
344	+ gäy	形容词
345	+ qay	形容词
346	+ käy	形容词
347	– ɣaybiz	复数第一人称能愿将来时
348	– gäymän	复数第一人称能愿将来时
349	– ɣaylar	复数第三人称能愿将来时
350	– gäymän	复数第三人称能愿将来时
351	– ɣaymän	单数第一人称能愿将来时
352	– gäymän	单数第一人称能愿将来时
353	– ɣaysän	单数第二人称能愿将来时
354	– gäysän	单数第二人称能愿将来时
355	– ɣaysiz	单数第二人称能愿将来时
356	– gäysiz	单数第二人称能愿将来时
357	– ɣaysizlär	复数第二人称能愿将来时
358	– gäysizlär	复数第二人称能愿将来时
359	– ɣči	由动词构成名词的附加成分
360	– gči	由动词构成名词的附加成分
361	– ïɣčï	由动词构成名词的附加成分
362	– igči	由动词构成名词的附加成分
363	– ɣïč	由动词构成名词的附加成分
364	– gič	由动词构成名词的附加成分
365	– qïč	由动词构成名词的附加成分

366	– kič	由动词构成名词的附加成分
367	– ɣuč	由动词构成名词的附加成分
368	– gič	由动词构成名词的附加成分
369	– quč	由动词构成名词的附加成分
370	– küč	由动词构成名词的附加成分
371	– ɣil	单数第二人称命名式（B）
372	– gil	单数第二人称命名式（B）
373	– qïl	单数第二人称命名式（B）
374	– kil	单数第二人称命名式（B）
375	– ɣul	单数第二人称命名式（B）
376	– gül	单数第二人称命名式（B）
377	– ɣïn	由动词构成名词的附加成分
378	– gin	由动词构成名词的附加成分
379	ɣun	由动词构成名词的附加成分
380	– gün	由动词构成名词的附加成分
381	– ɣïnča	界限副动词
382	– ginčä	界限副动词
383	+ ɣïr –	由静词构成动词的附加成分
384	+ gir –	由静词构成动词的附加成分
385	+ qïr –	由静词构成动词的附加成分
386	+ kir –	由静词构成动词的附加成分
387	+ qur –	由静词构成动词的附加成分
388	+ kür –	由静词构成动词的附加成分
389	– ɣïr –	由动词构成动词的附加成分
390	– gir –	由动词构成动词的附加成分
391	– ɣlï	形容词
392	– gli	形容词
393	– ïɣlï	形容词
394	– igli	形容词
395	– uɣlï	形容词
396	– ügli	形容词
397	– ɣma	1. 形容词 2. 由动词成名词的附加成分
398	– gmä	1. 形容词 2. 由动词成名词的附加成分
399	– ïɣma	1. 形容词 2. 由动词成名词的附加成分
400	– igmä	1. 形容词 2. 由动词成名词的附加成分

401	– uɣma	1. 形容词
		2. 由动词构成名词的附加成分
402	– ügmä	1. 形容词
		2. 由动词构成名词的附加成分
403	– ɣsa –	由动词构成动词的附加成分
404	– gsä –	由动词构成动词的附加成分
405	– ïɣsa –	由动词构成动词的附加成分
406	– igsä –	由动词构成动词的附加成分
407	– uɣsa –	由动词构成动词的附加成分
408	– ügsä	由动词构成动词的附加成分
409	+ ɣu	由静词构成静词的附加成分
410	+ gü	由静词构成静词的附加成分
411	+ qu	由静词构成静词的附加成分
412	+ kü	由静词构成静词的附加成分
413	– ɣu	动名词
414	– gü	动名词
415	– qu	动名词
416	– kü	动名词
417	– ɣuč	由动词构成名词的附加成分
418	– güč	由动词构成名词的附加成分
419	– ɣučï	形容词
420	– güči	形容词
421	– qučï	形容词
422	– küčï	形容词
423	– ɣučï	由动词构成名词的附加成分
424	– güči	由动词构成名词的附加成分
425	– qučï	由动词构成名词的附加成分
426	– küčï	由动词构成名词的附加成分
427	– ɣul	单数第二人称命名式
428	– gül	单数第二人称命名式
429	– ɣuluɣ	形动词
430	– gülüg	形动词
431	– ɣuluq	形动词
432	– gülük	形动词
433	– ɣuluq	由动词构成形容词的附加成分
434	– gülük	由动词构成形容词的附加成分
435	– ɣun	由动词构成名词的附加成分
436	– gün	由动词构成名词的附加成分
437	– ɣuq	由动词构成名词的附加成分

438	– gük	由动词构成名词的附加成分
439	– ɣur –	动词强制态
440	– gür –	动词强制态
441	+ ï –	由静词构成动词的附加成分
442	+ i –	由静词构成动词的附加成分
443	+ ï（1）	抽象名词
444	+ i（1）	抽象名词
445	– ï（1）	副动词
446	– i（1）	副动词
447	– ï（2）	由动词构成静词的附加成分
448	– i（2）	由动词构成静词的附加成分
449	+ ï（2）	单数/复数第三人称领属
450	+ i（2）	单数/复数第三人称领属
451	+ sï（2）	单数/复数第三人称领属
452	+ si（2）	单数/复数第三人称领属
453	– ïɣ	由动词构成名词以及形容词的附加成分
454	– ig	由动词构成名词以及形容词的附加成分
455	+ ïɣ	宾格（1）
456	+ ig	宾格（1）
457	– ïɣčï	由动词构成名词的附加成分
458	– igči	由动词构成名词的附加成分
459	– ïɣlï	形容词
460	– igli	形容词
461	– ïɣma	1. 形容词 2. 由动词构成名词的附加成分
462	– igmä	1. 形容词 2. 由动词构成名词的附加成分
463	– ïɣsa	由动词构成动词的附加成分
464	– igsä	由动词构成动词的附加成分
465	+ ïl	由静词构成形容词的附加成分
466	– ïl	由动词构成名词以及形容词的附加成分
467	– il	由动词构成名词以及形容词的附加成分
468	– ïl –	动词被动态
469	– il –	动词被动态
470	– ïl –	动词自返态
471	– il –	动词自返态
472	+ ïm	单数第一人称领属附加成分
473	+ im	单数第一人称领属附加成分
474	+ ïm	表亲昵

475	+ im	表亲昵
476	+ ïmïz	复数第一人称领属附加成分
477	+ imiz	复数第一人称领属附加成分
478	– ïmsïn –	由动词构成动词的附加成分
479	– imsin –	由动词构成动词的附加成分
480	– ïn	由动词构成名词以及形容词的附加成分
481	– in	由动词构成名词以及形容词的附加成分
482	– ïn –	动词自返态
483	– in –	动词自返态
484	– ïn –	由动词构成动词的附加成分
485	– in –	由动词构成动词的附加成分
486	+ ïn（1）	名词工具格
487	+ in（1）	名词工具格
488	+ ïn（2）	由静词构成静词的附加成分
489	+ in（2）	由静词构成静词的附加成分
490	+ ïn	宾格（3）
491	+ in	宾格（3）
492	+ sïn	宾格（3）
493	+ sin	宾格（3）
494	+ ïnč	序数词
495	+ inč	序数词
496	+ ïnča	名词比照格（2）
497	+ inčä	名词比照格（2）
498	+ sïnča	名词比照格（2）
499	+ sinčä	名词比照格（2）
500	– ïnčïγ	由动词构成形容词的附加成分
501	– inčig	由动词构成形容词的附加成分
502	– ïndi	由动词构成静词的附加成分
503	– indi	由动词构成静词的附加成分
504	+ ïndïn	名词从格（2）
505	+ indin	名词从格（2）
506	+ ïntïn	名词从格（2）
507	+ intin	名词从格（2）
508	+ ïng	单数第二人称领属附加成分
509	+ ing	单数第二人称领属附加成分
510	– ïng	单数第二人称命令式（C） 复数第二人称命令式（A）
511	– ing	单数第二人称命令式（C） 复数第二人称命令式（A）

512	+ ïnga	第三人称与格
513	+ ingä	第三人称与格
514	+ sïnga	第三人称与格
515	+ singä	第三人称与格
516	+ ïngïz	单数第二人称领属附加成分（敬）
517	+ ingiz	单数第二人称领属附加成分（敬）
518	+ ïngïzar	复数第二人称领属附加成分
519	+ ingizär	复数第二人称领属附加成分
520	− ïnglar	复数第二人称命令式（B）
521	− inglär	复数第二人称命令式（B）
522	+ ïnta	名词时位格（2）
523	+ intä	名词时位格（2）
524	+ sïnta	名词时位格（2）
525	+ sintä	名词时位格（2）
526	+ ïntaqï	名词范围限定格（2）
527	+ intaki	名词范围限定格（2）
528	+ sïntaqï	名词范围限定格（2）
529	+ sintäki	名词范围限定格（2）
530	+ ïntïn	名词从格（2）
531	+ intin	名词从格（2）
532	− ïp（1）	副动词
533	− ip（1）	副动词
534	+ ïq −	由静词构成动词的附加成分
535	+ ik −	由静词构成动词的附加成分
536	+ ïq	表示"小、爱意、碎"等
537	+ ik	表示"小、爱意、碎"等
538	− ïq	由动词构成名词以及形容词的附加成分
539	− ik	由动词构成名词以及形容词的附加成分
540	− ïr（1）	单数第三人称现在将来时
541	− ir（1）	单数第三人称现在将来时
542	− ïr（2）	现在将来时形容词
543	− ir（2）	现在将来时形容词
544	− ïrbiz	复数第一人称现在将来时
545	− irbiz	复数第一人称现在将来时
546	− ïrmän	单数第一人称现在将来时
547	− irmän	单数第一人称现在将来时
548	− ïrsän	单数第二人称现在将来时
549	− irsän	单数第二人称现在将来时

550	– ïrsiz	单数第二人称现在将来时（敬） 复数第二人称现在将来时
551	– irsiz	单数第二人称现在将来时（敬） 复数第二人称现在将来时
552	+ ïrqa –	由静词构成动词的附加成分
553	+ irkä –	由静词构成动词的附加成分
554	+ ïš	由静词构成名的附加成分
555	+ iš	由静词构成名的附加成分
556	– ïš	由动词构成名词以及形容词的附加成分
557	– iš	由动词构成名词以及形容词的附加成分
558	– ïš –	动词交互共同态
559	– iš –	动词交互共同态
560	– ïš –	由动词构成动词的附加成分
561	– iš –	由动词构成动词的附加成分
562	– uš –	由动词构成动词的附加成分
563	– üš –	由动词构成动词的附加成分
564	– ït –	动词强制态
565	– it –	动词强制态
566	– ït –	由动词构成动词的附加成分
567	– it –	由动词构成动词的附加成分
568	– ïz	由动词构成名词以及形容词的附加成分
569	– iz	由动词构成名词以及形容词的附加成分
570	– ki	由动词构成动词的附加成分
571	+ kil	由数词构成名词的附加成分
572	– kit –	由动词构成动词的附加成分
573	– l	由动词构成名词以及形容词以及副动次的附加成分
574	– ïl	由动词构成名词以及形容词以及副动词的附加成分
575	– il	由动词构成名词以及形容词以及副动词的附加成分
576	– l –	被动态
577	– ïl –	被动态
578	– il –	被动态
579	– ul –	被动态
580	– ül –	被动态
581	– l –	动词自返态
582	– ïl –	动词自返态
583	– il –	动词自返态
584	– ul –	动词自返态
585	– ül –	动词自返态
586	+ l –	由静词构成动词的附加成分

587	+ ul –	由静词构成动词的附加成分
588	+ lä –（1）	由静词构成动词的附加成分
589	+ lä –（1）	由静词构成动词的附加成分
590	+ la（2）	由静词构成副词的附加成分
591	+ lä（2）	由静词构成副词的附加成分
592	+ la –（3）	助词
593	+ lä –（3）	助词
594	+ lar	名词复数
595	+ lär	名词复数
596	+ lï／lï	并联助词
597	+ li／li	并联助词
598	+ lïɤ	由静词构成静词的附加成分
599	+ lig	由静词构成静词的附加成分
600	+ luɤ	由静词构成静词的附加成分
601	+ lüg	由静词构成静词的附加成分
602	– lïm	复数第一人称能愿将来时
603	– lim	复数第一人称能愿将来时
604	+ lïq	由静词构成名词的附加成分
605	+ lik	由静词构成名词的附加成分
606	+ luq	由静词构成名词的附加成分
607	+ lük	由静词构成名词的附加成分
608	+ luɤ	由静词构成静词的附加成分
609	+ lüg	由静词构成静词的附加成分
610	+ luq	由静词构成静词的附加成分
611	+ lük	由静词构成静词的附加成分
612	– m	由动词构成名词的附加成分
613	– ïm	由动词构成名词的附加成分
614	– im	由动词构成名词的附加成分
615	– um	由动词构成名词的附加成分
616	– üm	由动词构成名词的附加成分
617	+ m（1）	单数第一人称领属附加成分
618	+ ïm（1）	单数第一人称领属附加成分
619	+ im（1）	单数第一人称领属附加成分
620	+ um（1）	单数第一人称领属附加成分
621	+ üm（1）	单数第一人称领属附加成分
622	+ m（2）	表亲昵
623	+ ïm（2）	表亲昵
624	+ im（2）	表亲昵

625	＋ um（2）	表亲昵
626	＋ üm（2）	表亲昵
627	－ ma	由动词构成名词的附加成分
628	－ mä	由动词构成名词的附加成分
629	－ ma（2）	承接与强调助词
630	－ mä（2）	承接与强调助词
631	－ ma －	否定式
632	－ mä －	否定式
633	＋ ma	感叹语气助词
634	＋ mä	感叹语气助词
635	－ madïn	否定式副动词
636	－ mädin	否定式副动词
637	－ matïn	否定式副动词
638	－ mätin	否定式副动词
639	＋ man	由名词构成形容词的附加成分
640	＋ män	由名词构成形容词的附加成分
641	－ maq（1）	动名词
642	－ mäk（1）	动名词
643	－ maq（2）	由动词构成名词的附加成分
644	－ mäk（2）	由动词构成名词的附加成分
645	－ matïn	否定式副动词
646	－ mätin	否定式副动词
647	－ maz	单数第三人称现在将来时否定式
648	－ mäz	单数第三人称现在将来时否定式
649	－ mazbiz	复数第一人称现在将来时否定式
650	－ mäzbiz	复数第一人称现在将来时否定式
651	－ mazlar	复数第三人称现在将来时否定式
652	－ mäzlär	复数第三人称现在将来时否定式
653	－ mazmän	单数第一人称现在将来时否定式
654	－ mäzmän	单数第一人称现在将来时否定式
655	－ mazsän	单数第二人称现在将来时否定式
656	－ mäzsän	单数第二人称现在将来时否定式
657	－ mazsiz	单数第二人称现在将来时否定式
658	－ mäzsiz	单数第二人称现在将来时否定式
659	－ mazsizlär	复数第二人称现在将来时否定式
660	－ mäzsizlär	复数第二人称现在将来时否定式
661	－ mïr	由动词构成名词的附加成分
662	－ mur	由动词构成名词的附加成分

663	– mïš（1）	曾经过去时
664	– miš（1）	曾经过去时
665	– mïš（2）	过去时形动词
666	– miš（2）	过去时形动词
667	– mïš（3）	由动词构成名词的附加成分
668	– miš（3）	由动词构成名词的附加成分
669	– muš（3）	由动词构成名词的附加成分
670	– müš（3）	由动词构成名词的附加成分
671	+ mïz	复数第一人称领属附加成分
672	+ miz	复数第一人称领属附加成分
673	+ muz	复数第一人称领属附加成分
674	+ müz	复数第一人称领属附加成分
675	+ ïmïz	复数第一人称领属附加成分
676	+ imiz	复数第一人称领属附加成分
677	+ umuz	复数第一人称领属附加成分
678	+ ümüz	复数第一人称领属附加成分
679	– msïn –	由动词构成动词的附加成分
680	– msin –	由动词构成动词的附加成分
681	– ïmsïn –	由动词构成动词的附加成分
682	– imsin –	由动词构成动词的附加成分
683	– umsïn –	由动词构成动词的附加成分
684	– ümsin –	由动词构成动词的附加成分
685	– mu	疑问助词
686	– mü	疑问助词
687	– mu（2）	承接与强调助词
688	– mü（2）	承接与强调助词
689	– ma（2）	承接与强调助词
690	– mä（2）	承接与强调助词
691	– muš（3）	由动词构成名词的附加成分
692	– müš（3）	由动词构成名词的附加成分
693	+ muz	复数第一人称领属附加成分
694	+ müz	复数第一人称领属附加成分
695	+ ïmïz	复数第一人称领属附加成分
696	+ imiz	复数第一人称领属附加成分
697	+ umuz	复数第一人称领属附加成分
698	+ ümüz	复数第一人称领属附加成分
699	+ n –	由静词构成动词的附加成分
700	+ an –	由静词构成动词的附加成分

701	+ än –	由静词构成动词的附加成分
702	+ n（1）	名词工具格
703	+ ïn（1）	名词工具格
704	+ in（1）	名词工具格
705	+ un（1）	名词工具格
706	+ ün（1）	名词工具格
707	+ n（2）	由静词构成静词的附加成分
708	+ ïn（2）	由静词构成静词的附加成分
709	+ in（2）	由静词构成静词的附加成分
710	+ un（2）	由静词构成静词的附加成分
711	+ ün（2）	由静词构成静词的附加成分
712	– n（1）	由动词构成名词以及形容词的附加成分
713	– ïn（1）	由动词构成名词以及形容词的附加成分
714	– in（1）	由动词构成名词以及形容词的附加成分
715	– un（1）	由动词构成名词以及形容词的附加成分
716	– ün（1）	由动词构成名词以及形容词的附加成分
717	– n –（1）	动词自返态
718	– ïn –（1）	动词自返态
719	– in –（1）	动词自返态
720	– un –（1）	动词自返态
721	– ün –（1）	动词自返态
722	– n –（2）	由动词构成动词的附加成分
723	– ïn –（2）	由动词构成动词的附加成分
724	– in –（2）	由动词构成动词的附加成分
725	– un –（2）	由动词构成动词的附加成分
726	– ün –（2）	由动词构成动词的附加成分
727	+ nč	序数词
728	+ ïnč	序数词
729	+ inč	序数词
730	+ unč	序数词
731	+ ünč	序数词
732	– nčïɤ	由动词构成形容词的附加成分
733	– nčig	由动词构成形容词的附加成分
734	– ïnčïɤ	由动词构成形容词的附加成分
735	– ničig	由动词构成形容词的附加成分
736	– ndï	由动词构成静词的附加成分
737	– ndi	由动词构成静词的附加成分
738	– ïndï	由动词构成静词的附加成分

739	– indi	由动词构成静词的附加成分
740	– undĭ	由动词构成静词的附加成分
741	– ündi	由动词构成静词的附加成分
742	+ ndi	序数词
743	+ nti	序数词
744	+ ng	单数第二人称领属附加成分
745	+ ïng	单数第二人称领属附加成分
746	+ ing	单数第二人称领属附加成分
747	+ ung	单数第二人称领属附加成分
748	+ üng	单数第二人称领属附加成分
749	– ng	单数第二人称命令式（C） 复数第二人称命令式（A）
750	– ïng	单数第二人称命令式（C） 复数第二人称命令式（A）
751	– ing	单数第二人称命令式（C） 复数第二人称命令式（A）
752	– ung	单数第二人称命令式（C） 复数第二人称命令式（A）
753	– üng	单数第二人称命令式（C） 复数第二人称命令式（A）
754	+ ngïz	单数第二人称领属附加成分（敬）
755	+ ngiz	单数第二人称领属附加成分（敬）
756	+ nguz	单数第二人称领属附加成分（敬）
757	+ ngüz	单数第二人称领属附加成分（敬）
758	+ ïngïz	单数第二人称领属附加成分（敬）
759	+ ingiz	单数第二人称领属附加成分（敬）
760	+ unguz	单数第二人称领属附加成分（敬）
761	+ üngüz	单数第二人称领属附加成分（敬）
762	– nglar	复数第二人称命令式（B）
763	– ïnglar	复数第二人称命令式（B）
764	– inglär	复数第二人称命令式（B）
765	– unglar	复数第二人称命令式（B）
766	– ünglär	复数第二人称命令式（B）
767	+ nguz	单数第二人称领属附加成分（敬）
768	+ ngüz	单数第二人称领属附加成分（敬）
769	+ nguzlar	复数第二人称命令式
770	+ ngüzlär	复数第二人称命令式
771	+ nĭ	宾格（2）
772	+ ni	宾格（2）
773	+ nĭng	名词领属格

774	+ ning	名词领属格
775	+ nung	名词领属格
776	+ nüng	名词领属格
777	+ nti	名词领属格
778	+ nung	名词领属格
779	+ nüng	名词领属格
780	– p	由动词构成副词的附加成分
781	– p（1）	副动词
782	– ap（1）	副动词
783	– äp（1）	副动词
784	– ïp（1）	副动词
785	– ip（1）	副动词
786	– up（1）	副动词
787	– üp（1）	副动词
788	+ q –	由静词构成动词的附加成分
789	+ k –	由静词构成动词的附加成分
790	+ ïq –	由静词构成动词的附加成分
791	+ ik –	由静词构成动词的附加成分
792	+ uq –	由静词构成动词的附加成分
793	+ ük –	由静词构成动词的附加成分
794	– q	由动词构成名词以及形容词的附加成分
795	– k	由动词构成名词以及形容词的附加成分
796	– ïq	由动词构成名词以及形容词的附加成分
797	– ik	由动词构成名词以及形容词的附加成分
798	– uq	由动词构成名词以及形容词的附加成分
799	– ük	由动词构成名词以及形容词的附加成分
800	+ q（2）	表示"小、爱意、碎"等
801	+ k（2）	表示"小、爱意、碎"等
802	+ aq（2）	表示"小、爱意、碎"等
803	+ äk（2）	表示"小、爱意、碎"等
804	+ ïq（2）	表示"小、爱意、碎"等
805	+ ik（2）	表示"小、爱意、碎"等
806	+ uq（2）	表示"小、爱意、碎"等
807	+ ük（2）	表示"小、爱意、碎"等
808	– q	由动词构成名词的附加成分
809	– k	由动词构成名词的附加成分
810	– uq	由动词构成名词的附加成分
811	– ük	由动词构成名词的附加成分

812	+ qa –	由静词构成动词的附加成分
813	+ kä –	由静词构成动词的附加成分
814	+ qa	由静词构成名词的附加成分
815	+ kä	由静词构成名词的附加成分
816	+ qa	名词与格
817	+ kä	名词与格
818	– qač	由动词构成名词的附加成分
819	– käč	由动词构成名词的附加成分
820	– qalä	目的副动词
821	– käli	目的副动词
822	+ qan	由静词构成名词的附加成分
823	+ kän	由静词构成名词的附加成分
824	– qan（1）	形动词
825	– kän（1）	形动词
826	– qan（2）	由动词构成名词的附加成分
827	– kän（2）	由动词构成名词的附加成分
828	– qan（3）	强调助词
829	– kän（3）	强调助词
830	+ qaq	由静词构成名词的附加成分
831	+ käk	由静词构成名词的附加成分
832	– qaq	由动词构成名词的附加成分
833	– käk	由动词构成名词的附加成分
834	+ qar –	由静词构成动词的附加成分
835	+ kär –	由静词构成动词的附加成分
836	+ qaru	由静词构成副词的附加成分
837	+ kärü	由静词构成副词的附加成分
838	+ qay	形容词
839	+ käy	形容词
840	+ qaya	表示"小、爱意、碎"等 & 强调语气
841	+ käyä	表示"小、爱意、碎"等 & 强调语气
842	+ qya	表示"小、爱意、碎"等 & 强调语气
843	+ kyä ~	表示"小、爱意、碎"等 & 强调语气
844	+ qïa	表示"小、爱意、碎"等 & 强调语气
845	+ kiä	表示"小、爱意、碎"等 & 强调语气
846	+ qï（1）	由静词构成形容词的附加成分
847	+ ki（1）	由静词构成形容词的附加成分
848	+ qï（2）	限定助词
849	+ ki（2）	限定助词

850	+ qïa	强调语气
851	+ kiä	强调语气
852	+ qaya	强调语气
853	+ käyä	强调语气
854	+ qïya	强调语气
855	+ kiyä	强调语气
856	– qïč	由动词构成名词的附加成分
857	– kič	由动词构成名词的附加成分
858	– qïl	单数第二人称命令式（B）
859	– kil	单数第二人称命令式（B）
860	– qïn	由动词构成名词的附加成分
861	– kin	由动词构成名词的附加成分
862	– qun	由动词构成名词的附加成分
863	– kün	由动词构成名词的附加成分
864	+ qïr –	由静词构成动词的附加成分
865	+ kir –	由静词构成动词的附加成分
866	+ qïya	强调语气
867	+ kiyä	强调语气
868	+ qu	由静词构成静词的附加成分
869	+ kü	由静词构成静词的附加成分
870	– qu（2）	由动词构成形容词以及名词的附加成分
871	– kü（2）	由动词构成形容词以及名词的附加成分
872	– quč	由动词构成名词的附加成分
873	– küč	由动词构成名词的附加成分
874	– qučï（1）	形动词
875	– küči（1）	形动词
876	– qučï	由动词构成名词的附加成分
877	– küči	由动词构成名词的附加成分
878	– qun	由动词构成名词的附加成分
879	– kün	由动词构成名词的附加成分
880	– quq	由动词构成名词的附加成分
881	– kük	由动词构成名词的附加成分
882	+ qur –	由静词构成动词的附加成分
883	+ kür –	由静词构成动词的附加成分
884	+ r –	由静词构成动词的附加成分
885	– r（1）	单数第三人称现在将来时
886	– ar（1）	单数第三人称现在将来时
887	– är（1）	单数第三人称现在将来时

888	– ïr（1）	单数第三人称现在将来时
889	– ir（1）	单数第三人称现在将来时
890	– ur（1）	单数第三人称现在将来时
891	– ür（1）	单数第三人称现在将来时
892	– yur（1）	单数第三人称现在将来时
893	– yür（1）	单数第三人称现在将来时
894	– r（2）	现在将来时形动词
895	– ar（2）	现在将来时形动词
896	– är（2）	现在将来时形动词
897	– ïr（2）	现在将来时形动词
898	– ir（2）	现在将来时形动词
899	– ur（2）	现在将来时形动词
900	– ür（2）	现在将来时形动词
901	– yur（2）	现在将来时形动词
902	– yür（2）	现在将来时形动词
903	– r –（2）	由动词构成动词的附加成分
904	– ar –（2）	由动词构成动词的附加成分
905	– är –（2）	由动词构成动词的附加成分
906	– ur –（2）	由动词构成动词的附加成分
907	– ür –（2）	由动词构成动词的附加成分
908	+ ra –	由拟声词构成动词的附加成分
909	+ rä –	由拟声词构成动词的附加成分
910	+ ra	由静词构成静词的附加成分
911	+ rä	由静词构成静词的附加成分
912	+ rä	由静词构成副词的附加成分
913	+ raq	比较级
914	+ räk	比较级
915	+ rar	分配数词，表"各"
916	+ rär	分配数词，表"各"
917	– rbiz	复数第一人称现在将来时
918	– arbiz	复数第一人称现在将来时
919	– ärbiz	复数第一人称现在将来时
920	– ïrbiz	复数第一人称现在将来时
921	– irbiz	复数第一人称现在将来时
922	– urbiz	复数第一人称现在将来时
923	– ürbiz	复数第一人称现在将来时
924	– yurbiz	复数第一人称现在将来时
925	– yürbiz	复数第一人称现在将来时

926	– rlar（1）	复数第三人称现在将来时
927	– rlär（1）	复数第三人称现在将来时
928	– arlar（1）	复数第三人称现在将来时
929	– ärlär（1）	复数第三人称现在将来时
930	– ïrlar（1）	复数第三人称现在将来时
931	– irlär（1）	复数第三人称现在将来时
932	– urlar（1）	复数第三人称现在将来时
933	– ürlär（1）	复数第三人称现在将来时
934	– yurlar（1）	复数第三人称现在将来时
935	– yürlär（1）	复数第三人称现在将来时
936	– rmän	单数第一人称现在将来时
937	– armän	单数第一人称现在将来时
938	– ärmän	单数第一人称现在将来时
939	– ïrmän	单数第一人称现在将来时
940	– irmän	单数第一人称现在将来时
941	– urmän	单数第一人称现在将来时
942	– ürmän	单数第一人称现在将来时
943	– yurmän	单数第一人称现在将来时
944	– yürmän	单数第一人称现在将来时
945	– rsän	单数第二人称现在将来时
946	– arsän	单数第二人称现在将来时
947	– ärsän	单数第二人称现在将来时
948	– ïrsään	单数第二人称现在将来时
949	– irsän	单数第二人称现在将来时
950	– ursän	单数第二人称现在将来时
951	– ürmän	单数第二人称现在将来时
952	– yurmän	单数第二人称现在将来时
953	– yürmän	单数第二人称现在将来时
954	– rsiz	单数第二人称现在将来时（敬）
955	– arsiz	单数第二人称现在将来时（敬）
956	– ärsiz	单数第二人称现在将来时（敬）
957	– ïrsiz	单数第二人称现在将来时（敬）
958	– irsiz	单数第二人称现在将来时（敬）
959	– ursiz	单数第二人称现在将来时（敬）
960	– ürsiz	单数第二人称现在将来时（敬）
961	– yursiz	单数第二人称现在将来时（敬）
962	– yürsiz	单数第二人称现在将来时（敬）
963	– rsizlär	复数第二人称现在将来时

964	– arsizlär	复数第二人称现在将来时
965	– ärsizlär	复数第二人称现在将来时
966	– ïrsizlär	复数第二人称现在将来时
967	– irsizlär	复数第二人称现在将来时
968	– ursizlär	复数第二人称现在将来时
969	– ürsizlär	复数第二人称现在将来时
970	– yursizlär	复数第二人称现在将来时
971	– yürsizlär	复数第二人称现在将来时
972	+ rqa –	由静词构成动词的附加成分
973	+ rkä –	由静词构成动词的附加成分
974	+ ïrqa –	由静词构成动词的附加成分
975	+ irkä –	由静词构成动词的附加成分
976	+ urqa –	由静词构成动词的附加成分
977	+ ürkä –	由静词构成动词的附加成分
978	– ru	由动词构成静词的附加成分
979	– rü	由动词构成静词的附加成分
980	+ sa –	由静词构成意愿动词的附加成分
981	+ sä –	由静词构成意愿动词的附加成分
982	– sa –	由动词构成动词的附加成分
983	– sä –	由动词构成动词的附加成分
984	– sa	单数第三人称条件式 复数第三人称条件式
985	– sä	单数第三人称条件式 复数第三人称条件式
986	+ sap	由静词构成形容词的附加成分
987	+ säk	由静词构成形容词的附加成分
988	– sar	单数第三人称条件式 复数第三人称条件式
989	– sär	单数第三人称条件式 复数第三人称条件式
990	– sa	单数第三人称条件式 复数第三人称条件式
991	– sä	单数第三人称条件式 复数第三人称条件式
992	– sarbiz	复数第一人称条件式
993	– särbiz	复数第一人称条件式
994	– sarlar	复数第三人称条件式
995	– särlär	复数第三人称条件式
996	– sarmän	单数第一人称条件式
997	– särmän	单数第一人称条件式
998	– sarsän	单数第二人称条件式

999	– särsän	单数第二人称条件式
1000	– sarsiz	复数第二人称条件式
1001	– särsiz	复数第二人称条件式
1002	– sarsizlär	复数第二人称条件式
1003	– särsizlär	复数第二人称条件式
1004	+ sï –	由静词构成动词的附加成分
1005	+ si –	由静词构成动词的附加成分
1006	+ sï（2）	单数第三人称以及复数第三人称领属附加成分
1007	+ si（2）	单数第三人称以及复数第三人称领属附加成分
1008	+ sïɣ	由静词构成形容词的附加成分
1009	+ sig	由静词构成形容词的附加成分
1010	+ sïɣ（2）	由静词构成形容词的附加成分
1011	+ sig（2）	由静词构成形容词的附加成分
1012	+čïɣ（2）	由静词构成形容词的附加成分
1013	+čig（2）	由静词构成形容词的附加成分
1014	– sïɣ	由动词构成名词以及形容词的附加成分
1015	– sig	由动词构成名词以及形容词的附加成分
1016	– sïq	由动词构成名词以及形容词的附加成分
1017	– sik	由动词构成名词以及形容词的附加成分
1018	– suɣ	由动词构成名词以及形容词的附加成分
1019	– süg	由动词构成名词以及形容词的附加成分
1020	– suq	由动词构成名词以及形容词的附加成分
1021	– sük	由动词构成名词以及形容词的附加成分
1022	+ sïn	宾格（3）
1023	+ sin	宾格（3）
1024	+ sïn –	由静词构成动词的附加成分
1025	+ sin –	由静词构成动词的附加成分
1026	+ sïnča	名词比照格
1027	+ sinčä	名词比照格
1028	+ sïnga	名词与格
1029	+ singä	名词与格
1030	+ sïnta	名词时位格
1031	+ sintä	名词时位格
1032	+ sïntaqï	名词范围限定格（2）
1033	+ sintäki	名词范围限定格（2）
1034	– sïq	由动词构成名词以及形容词的附加成分
1035	– sik	由动词构成名词以及形容词的附加成分
1036	– sïq –	由动词构成动词的附加成分

1037	– sik –	由动词构成动词的附加成分
1038	– suq –	由动词构成动词的附加成分
1039	– sük –	由动词构成动词的附加成分
1040	– sïr –	由动词构成动词的附加成分
1041	– sir –	由动词构成动词的附加成分
1042	+ sïra –	由静词构成动词的附加成分
1043	+ sirä –	由静词构成动词的附加成分
1044	+ sïz	由静词构成形容词的附加成分（表缺无）
1045	+ siz	由静词构成形容词的附加成分（表缺无）
1046	+ suz	由静词构成形容词的附加成分（表缺无）
1047	+ süz	由静词构成形容词的附加成分（表缺无）
1048	– suɣ	由动词构成名词以及形容词的附加成分
1049	– süg	由动词构成名词以及形容词的附加成分
1050	+ suq	由静词构成静词的附加成分
1051	+ sük	由静词构成静词的附加成分
1052	– suq	由动词构成名词以及形容词的附加成分
1053	– sük	由动词构成名词以及形容词的附加成分
1054	– suq – （1）	动词被动态
1055	– sük – （1）	动词被动态
1056	– suq – （2）	由动词构成动词的附加成分
1057	– sük – （2）	由动词构成动词的附加成分
1058	+ suš	由静词构成名词的附加成分
1059	+ suz	由静词构成形容词的附加成分（表缺无）
1060	+ süz	由静词构成形容词的附加成分（表缺无）
1061	+ š	由静词构成名词的附加成分
1062	+ ïš	由静词构成名词的附加成分
1063	+ iš	由静词构成名词的附加成分
1064	+ š	形容词减抑级
1065	+ uš	形容词减抑级
1066	+ üš	形容词减抑级
1067	– š	由动词构成名词以及形容词的附加成分
1068	– ïš	由动词构成名词以及形容词的附加成分
1069	– iš	由动词构成名词以及形容词的附加成分
1070	– uš	由动词构成名词以及形容词的附加成分
1071	– üš	由动词构成名词以及形容词的附加成分
1072	– š – （1）	动词交互共同态
1073	– ïš – （1）	动词交互共同态
1074	– iš – （1）	动词交互共同态

1075	– uš – （1）	动词交互共同态
1076	– üš – （1）	动词交互共同态
1077	– š – （2）	由动词构成动词的附加成分
1078	– ÿš – （2）	由动词构成动词的附加成分
1079	– iš – （2）	由动词构成动词的附加成分
1080	– uš – （2）	由动词构成动词的附加成分
1081	– üš – （2）	由动词构成动词的附加成分
1082	– t	由动词构成名词的附加成分
1083	– t – （1）	动词强制态
1084	– at – （1）	动词强制态
1085	– ät – （1）	动词强制态
1086	– ÿt – （1）	动词强制态
1087	– it – （1）	动词强制态
1088	– ut – （1）	动词强制态
1089	– üt – （1）	动词强制态
1090	– t – （2）	由动词构成动词的附加成分
1091	– ÿt – （2）	由动词构成动词的附加成分
1092	– it – （2）	由动词构成动词的附加成分
1093	– ut – （2）	由动词构成动词的附加成分
1094	– üt – （2）	由动词构成动词的附加成分
1095	+ t	古复数
1096	+ ta –	由静词构成动词的附加成分
1097	+ tä –	由静词构成动词的附加成分
1098	+ ta	名词时位格
1099	+ tä	名词时位格
1100	– tačÿ	形容词 由动词构成名词的附加成分
1101	– täči	形容词 由动词构成名词的附加成分
1102	+ taqÿ	范围限定格
1103	+ täki	范围限定格
1104	+ täg	比拟助词
1105	+ täm	由形容词构成副词的附加成分
1106	+ tÿ	由形容词构成副词的附加成分
1107	+ ti	由形容词构成副词的附加成分
1108	– tÿ	由动词构成静词的附加成分
1109	– ti	由动词构成静词的附加成分
1110	+ tik	形容词
1111	– tÿlar	复数第三人称过去时

1112	– tilär	复数第三人称过去时
1113	– tĭm	单数第一人称过去时
1114	– tim	单数第一人称过去时
1115	– tĭmzĭ	复数第一人称过去时
1116	– timiz	复数第一人称过去时
1117	– tumuz	复数第一人称过去时
1118	– tümüz	复数第一人称过去时
1119	+ tĭn（1）	由静词构成静词的附加成分
1120	+ tin（1）	由静词构成静词的附加成分
1121	+ tĭn（2）	从格
1122	+ tin（2）	从格
1123	– tĭng	单数第二人称过去时
1124	– ting	单数第二人称过去时
1125	– tĭngïz	单数第二人称过去时（敬）
1126	– tingiz	单数第二人称过去时（敬）
1127	– tĭngïzlar	复数第二人称过去时
1128	– tingizlär	复数第二人称过去时
1129	– tunguzlar	复数第二人称过去时
1130	– tüngüzlär	复数第二人称过去时
1131	+ tĭnqĭ	由静词构成静词的附加成分
1132	+ tinki	由静词构成静词的附加成分
1133	– tĭz –	由动词构成动词的附加成分
1134	– tiz –	由动词构成动词的附加成分
1135	– tum	单数第一人称过去时
1136	– tüm	单数第一人称过去时
1137	– tumuz	复数第一人称过去时
1138	– tümüz	复数第一人称过去时
1139	+ tun（1）	由静词构成静词的附加成分
1140	+ tün（1）	由静词构成静词的附加成分
1141	– tung	单数第二人称过去时
1142	– tüng	单数第二人称过去时
1143	– tunguz	单数第二人称过去时（敬）
1144	– tüngüz	单数第二人称过去时（敬）
1145	– tunguzlar	复数第二人称过去时
1146	– tüngüzlär	复数第二人称过去时
1147	+ tunqĭ	由静词构成静词的附加成分
1148	+ tünki	由静词构成静词的附加成分
1149	– tuq	形容词

1150	– tük	形容词
1151	– tur – （1）	动词强制态
1152	– tür – （1）	动词强制态
1153	– tur – （2）	由动词构成动词的附加成分
1154	– tür – （2）	由动词构成动词的附加成分
1155	+ tuz	由静词构成动词的附加成分
1156	+ tüz	由静词构成动词的附加成分
1157	– tuz –	由动词构成动词的附加成分
1158	– tüz –	由动词构成动词的附加成分
1159	+ u –	由静词构成动词的附加成分
1160	+ ü –	由静词构成动词的附加成分
1161	+ u	抽象名词
1162	+ ü	抽象名词
1163	– u （1）	副动词
1164	– ü （1）	副动词
1165	– u	由动词构成静词的附加成分
1166	– ü	由动词构成静词的附加成分
1167	+ uč	由名词构成亲昵词的附加成分
1168	+ üč	由名词构成亲昵词的附加成分
1169	– uɣ	由动词构成名词以及形容词的附加成分
1170	– üɣ	由动词构成名词以及形容词的附加成分
1171	+ uɣ	宾格（1）
1172	+ üɣ	宾格（1）
1173	– uɣli	形动词
1174	– üɣlï	形动词
1175	– uɣma	1. 形动词 2. 由动词构成名词的附加成分
1176	– ügmä	1. 形动词 2. 由动词构成名词的附加成分
1177	– uɣsa –	由动词构成动词的附加成分
1178	– ügsä –	由动词构成动词的附加成分
1179	+ ul	由静词构成动词的附加成分
1180	– ul – （1）	动词被动态
1181	– ül – （1）	动词被动态
1182	– ul – （2）	动词自返态
1183	– ül – （2）	动词自返态
1184	– um	由动词构成名词的附加成分
1185	– üm	由动词构成名词的附加成分
1186	+ um （1）	单数第一人称领属附加成分

1187	+ üm（1）	单数第一人称领属附加成分
1188	+ um（2）	表亲昵
1189	+ üm（2）	表亲昵
1190	− umsïn −	由动词构成动词的附加成分
1191	− ümsin −	由动词构成动词的附加成分
1192	+ umuz	复数第一人称领属附加成分
1193	+ ümüz	复数第一人称领属附加成分
1194	+ un（1）	名词工具格
1195	+ ün（1）	名词工具格
1196	+ un（2）	由静词构成静词的附加成分
1197	+ ün（2）	由静词构成静词的附加成分
1198	− un（1）	由动词构成名词以及形容词的附加成分
1199	− ün（1）	由动词构成名词以及形容词的附加成分
1200	− un −（1）	动词自返态
1201	− ün −（1）	动词自返态
1202	− un −（2）	由动词构成动词的附加成分
1203	− ün −（2）	由动词构成动词的附加成分
1204	+ umč	序数词
1205	+ ümč	序数词
1206	− undï	由动词构成静词的附加成分
1207	− ündi	由动词构成静词的附加成分
1208	+ ung	单数第二人称领属附加成分
1209	+ üng	单数第二人称领属附加成分
1210	− ung	单数第二人称领属附加成分（C） 复数第二人称领属附加成分（A）
1211	− üng	单数第二人称领属附加成分（C） 复数第二人称领属附加成分（A）
1212	− unglar	复数第二人称领属附加成分（B）
1213	− ünglär	复数第二人称领属附加成分（B）
1214	+ ungluz	单数第二人称领属附加成分（敬）
1215	+ ünglüz	单数第二人称领属附加成分（敬）
1216	+ ungluzlar	复数第二人称领属附加成分
1217	+ ünglüzlär	复数第二人称领属附加成分
1218	− up（1）	副动词
1219	− üp（1）	副动词
1220	+ uq −	由静词构成动词的附加成分
1221	+ ük −	由静词构成动词的附加成分
1222	− uq	由动词构成名词以及形容词的附加成分
1223	− ük	由动词构成名词以及形容词的附加成分

1224	– uq（2）	由动词构成名词的附加成分
1225	– ük（2）	由动词构成名词的附加成分
1226	+ uq	表示"小、爱意、碎"等
1227	+ ük	表示"小、爱意、碎"等
1228	– ur（1）	单数第三人称现在将来时
1229	– ür（1）	单数第三人称现在将来时
1230	– ur（2）	现在将来时形动词
1231	– ür（2）	现在将来时形动词
1232	– ur –（1）	动词强制态
1233	– ür –（1）	动词强制态
1234	– ur –（2）	由动词构成动词的附加成分
1235	– ür –（2）	由动词构成动词的附加成分
1236	– urbiz	复数第一人称现在将来时
1237	– ürbiz	复数第一人称现在将来时
1238	– urmän	单数第一人称现在将来时
1239	– ürmän	单数第一人称现在将来时
1240	– ursän	单数第二人称现在将来时
1241	– ürsän	单数第二人称现在将来时
1242	– ursiz	单数第二人称现在将来时（敬）
1243	– ürsiz	单数第二人称现在将来时（敬）
1244	– arsiz	复数第二人称现在将来时
1245	– ärsiz	复数第二人称现在将来时
1246	– ursizlär	复数第二人称现在将来时
1247	– ürsizlär	复数第二人称现在将来时
1248	+ urqa –	由静词构成动词的附加成分
1249	+ ürkä –	由静词构成动词的附加成分
1250	+ uš	形容词减抑级
1251	+ üš	形容词减抑级
1252	– uš	由动词构成名词以及形容词的附加成分
1253	– üš	由动词构成名词以及形容词的附加成分
1254	– uš –（1）	动词交互共同态
1255	– üš –（1）	动词交互共同态
1256	– uš –（2）	由动词构成动词的附加成分
1257	– üš –（2）	由动词构成动词的附加成分
1258	– ut –（1）	动词强制态
1259	– üt –（1）	动词强制态
1260	– ut	由动词构成动词的附加成分
1261	– üt –	由动词构成动词的附加成分

1262	+ uz	由静词构成动词的附加成分
1263	+ üz	由静词构成动词的附加成分
1264	– uz –（1）	动词强制态
1265	– üz –（1）	动词强制态
1266	– uz –（2）	由动词构成动词的附加成分
1267	– üz –（2）	由动词构成动词的附加成分
1268	+ ya	呼唤语气助词
1269	+ yä	呼唤语气助词
1270	– yaq	由动词构成名词的附加成分
1271	– yäk	由动词构成名词的附加成分
1272	– yïn	单数第一人称能愿将来时
1273	– yin	单数第一人称能愿将来时
1274	– yu（1）	副动词
1275	– yü（1）	副动词
1276	– yuq（1）	形动词
1277	– yük（1）	形动词
1278	– yuq（2）	由动词构成名词的附加成分
1279	– yük（2）	由动词构成名词的附加成分
1280	– yur（1）	单数第三人称现在将来时
1281	– yür（1）	单数第三人称现在将来时
1282	– yur（2）	现在将来时形动词
1283	– yür（2）	现在将来时形动词
1284	– yurbiz	复数第一人称现在将来时
1285	– yürbiz	复数第一人称现在将来时
1286	– yurlar（1）	复数第三人称现在将来时
1287	– yürlär（1）	复数第三人称现在将来时
1288	– yurmän	单数第一人称现在将来时
1289	– yürmän	单数第一人称现在将来时
1290	– yursän	单数第二人称现在将来时
1291	– yürsän	单数第二人称现在将来时
1292	– yursiz	单数第二人称现在将来时（敬）
1293	– yürsiz	单数第二人称现在将来时（敬）
1294	– yursizlär	复数第二人称现在将来时
1295	– yürsizlär	复数第二人称现在将来时
1296	– z	由动词构成名词以及形容词的附加成分
1297	– ïz	由动词构成名词以及形容词的附加成分
1298	– iz	由动词构成名词以及形容词的附加成分
1299	+ z	由静词构成名词的附加成分

续表

1300	+ uz	由静词构成名词的附加成分
1301	+ üz	由静词构成名词的附加成分
1302	– z –（1）	动词强制态
1303	– uz –（1）	动词强制态
1304	– üz –（1）	动词强制态
1305	– z –（2）	由动词构成动词的附加成分
1306	– uz –（2）	由动词构成动词的附加成分
1307	– üz –（2）	由动词构成动词的附加成分
1308	– zun	单数第三人称祈使式
1309	– zun	复数第三人称祈使式
1310	– zün	单数第三人称祈使式
1311	– zün	复数第三人称祈使式
1312	– zunlar	复数第三人称祈使式
1313	– zünlär	复数第三人称祈使式

《民族古籍研究》 简介与稿约

　　《民族古籍研究》是由国家民委少数民族古籍保护与资料信息中心和中央民族大学中国少数民族语言与古籍研究所创办的学术刊物。本刊依靠广大民族古籍研究者，以弘扬民族文化、提高民族古籍研究的综合水平为己任，发表具有原创性的学术研究论文、书评和综述等。

　　《民族古籍研究》以我国少数民族古籍为主要研究对象，内容涵盖政治、经济、社会、宗教、语言、文字、文学、地理、考古等多个方面。欢迎广大民族古籍研究者积极赐稿。除中文外，如系其他文字稿件，请授予本刊中文刊用的权利，由本刊以外文或聘请专家译为中文发表。

　　《民族古籍研究》一经出版，将向作者寄赠样书 2 册；大陆作者，酌付稿酬。

　　来稿务必参照《〈民族古籍研究〉文献引证标注方式的规定》，以纸质和 Word 电子版两种形式，并附作者简介与详细通信地址、邮编、电子邮箱或其他联系方式，赐寄至以下地址：

　　100081　北京海淀区中关村南大街 27 号，中央民族大学中国少数民族语言与古籍研究所《民族古籍研究》编辑部收

　　电话：（010）68932279

　　E-mail：mindagjb@163.com

关于《民族古籍研究》文献引证标注方式的规定

《民族古籍研究》是由国家民委少数民族古籍保护与资料信息中心和中央民族大学中国少数民族语言与古籍研究所主办的不定期、连续性的学术刊物。凡属民族古籍研究范畴的专题研究论文，内容充实，有一定广度、深度，均在收辑之列。每辑约35万字。本刊编辑部研究规定：

一、本刊主要登载中国学者的有关论文，也适量刊用外籍学者同类论文。后者主要以汉译文的形式发表，若以英、日、德、俄文，亦可以原文发表。

二、本刊一般只刊登作者首次发表的作品。

三、本刊主要刊登论文，也适量刊登有关的书评。

四、论文要求有纸质打印稿、Word电子版。论文中涉及特殊字符或图版，请随Word电子版一并寄来。

五、论文要求有：论文题目、内容提要（以汉文计200字以内）、关键词（最多5个）要求有中英文。

六、论文采用同页注形式，注号：①、②、③、④，置于字、句右上角。

七、为了便于学术交流和推进本刊编辑工作的规范化，在研究和借鉴其他学术期刊有关规定的基础上，我们对文献引证标注方式作出如下规定，敬请作者参考。

1. 普通图书

标注项目与顺序：（1）责任者与责任方式；（2）书名；（3）卷册；（4）出版地点（城市）；（5）出版者；（6）出版时间；（7）页码。如：

张公瑾主编：《民族古文献概览》，北京：民族出版社1997年版，第10页。

方国瑜：《纳西象形文字谱》，昆明：云南人民出版社1981年版，第2页。

2. 析出文献

注项目与顺序：（1）作者；（2）析出文献名；（3）文集编者；（4）文集题名；（5）卷册；（6）出版地点（城市）；（7）出版者；（8）出版时间；（9）页码。

（一）文集

华涛：《高昌回鹘与契丹的交往》，段晴主编：《吐鲁番学新论》，乌鲁木齐：新疆人民出版社2006年版，第739页。

（二）书信集、档案文献汇编

《复孙毓修函》，1911年6月3日；高平叔、王世儒编注：《蔡元培书信集》上册，杭州：浙江教育出版社2000年版，第99页。

（三）古籍

一般情况下，引证古籍标注项目与顺序：（1）责任者与责任方式；（2）书名；（3）卷次；（4）部类名及篇名；（5）版本；（6）页码。

袁大化修，王树楠等撰：《新疆图志》卷48《礼俗》，上海：上海古籍出版社1992年影印本，第443页。

《资治通鉴》卷200，唐高宗永徽六年十月乙卯，北京：中华书局1956年版，第6293页。

《通典》卷54，北京：中华书局1988年版，第1508页。

（四）期刊、报纸

引证期刊中的文章，标注项目与顺序：（1）作者；（2）文章名称；（3）期刊名称；（4）卷册号及出版日期；（5）页码。

吴艳红：《明代流刑考》，载《历史研究》2000年第6期，第34页。

王钟翰：《满文档案与清史研究》，载《社会科学战线》2002年第3期，第5页。

引证报纸中的文章，标注项目与顺序：（1）作者；（2）文章名称；（3）报纸名称；（4）出版日期；（5）版次。

（五）外文文献

1. 引证外文文献，原则上应使用该文种通行的引证标注方式。

2. 引证外文文献的标注方式：

（1）引证专著（编著、译著），标注项目与顺序：①作者；②书名（斜体）；③出版地点；④出版者；⑤出版时间；⑥页码。

M. Polo, *The Travels of Marco Polo*, trans. by William Marsden, Hertfordshire：Cunberland House, 1997, pp. 55, 88.

T. H. Aston and C. H. E. Phlipin（eds.）, *The Brenner Debate*, Cambridge：Cambridge University Press, 1985, p. 35.

（2）引证期刊中的文章，标注项目与顺序：①作者；②文章名称；③期刊名称（斜体）；④卷期号；⑤出版时间；⑥页码。

Heath B. Chamberlain, "On the Search for Civil Society in China", *Modern China*, Vol. 19, No. 2（April 1993）, pp. 199—215.

3. 引证文集中的析出文献，标注项目与顺序：（1）作者；（2）文章名；（3）编者；（4）文集名（斜体）；（5）出版地点；（6）出版者；（7）出版时间；（8）页码。

R. S. Schfield, "The Impact of Scarcity and Plenty on Population Change in England," in R. I. Rotberg and T. K. Rabb（eds.）, *Hunger and History：The Impact of Changeing Food Production and Consumption Patern on Society*, Cambridge：Cambridge University Press, 1983, p. 79.